SÉRIE SEGREDOS BÍBLICOS

KEVIN J. CONNER

OS SEGREDOS DO
TABERNÁCULO
DE
DAVI

Conner, Kevin J.
   Os segredos do Tabernáculo de Davi / Kevin J. Conner; [tradutora Lenita Ananias do Nascimento]. Belo Horizonte: Editora Atos, 2004.

   Título original: The tabernacle of David
   Bibliografia.
   ISBN 85-7607-045-6

   1. Bíblia – Estudo e ensino 2. Bíblia A.T. - Comentários 3. Davi, rei de Israel 4. Louvor a Deus 5. Tabernáculo I. Título.

04-6211   CDD-222.407

Índices para catálogo sistemático:
1. Tabernáculo de Davi Antigo Testamento:
   Bíblia: Comentários   222.407

The tabernacle of David
© Copyright 1976 by K J C Publications
All rights reserved

Tradução para o português
Lenita Ananias do Nascimento

Revisão
Heloisa Lima

Capa
Leandro Schuques

Ilustrações
Holy Design

Projeto gráfico
Leandro Schuques

Segunda edição
Novembro de 2015

Nenhuma parte deste livro pode ser reproduzida, arquivada ou transmitida por qualquer meio – eletrônico, mecânico, fotocópias, etc. – sem a devida permissão dos editores, podendo ser usada apenas para citações breves.

Publicado com a devida autorização e com todos os direitos
reservados pela EDITORA ATOS LTDA

Atos

www.editoraatos.com.br

SUMÁRIO

Apresentação 7
Prefácio 9
Prefácio à nova edição revista e ampliada 13

PARTE UM
A aliança davídica 17
1. Aplicação do Antigo Testamento ao Novo Testamento 19
2. O tabernáculo de Davi – Estudo do termo 25
3. O contexto histórico de atos 15 39
4. Importância da história de Davi 47
5. As três unções de Davi 51
6. A aliança davídica 59

PARTE DOIS
O tabernáculo do culto davídico 67
7. Dois tabernáculos de Davi? 69
8. Reconstrução do tabernáculo de Davi 77
9. A conversão dos gentios 83
10. Dois tabernáculos reunidos em um só 91

PARTE TRÊS
Introdução – O tabernáculo de culto davídico 99
11. "Como era no passado" 101
12. O tabernáculo de Moisés – do sinai a Siló 103
13. A arca da aliança 105
14. De volta a Siló 109
15. Cativeiro e jornadas da arca – a arca no cativeiro 119
16. A preparação do tabernáculo de Davi 127
17. A arca é levada para o tabernáculo de Davi – o dia da dedicação ... 135
18. Dois tabernáculos – de Moisés e de Davi 145
19. "Percorram sião" 155
20. De acordo com a ordem de Davi 163
21. Ordem de culto divina 169
22. Breve história da música 177
23. A ordem dos cantores e músicos 203
24. Títulos e epígrafes dos salmos 207
25. Instrumentos musicais nos tempos bíblicos 215
26. A música falsificada de satanás 237
27. Avaliação do poder da música 245

28. O tabernáculo no livro de hebreus 253
29. O sacerdócio de Zadoque 259
30. "Como os montes cercam Jerusalém" 267
31. A arca no templo de Salomão 271
32. Verdades teológicas no tabernáculo de Davi 275

Conclusão 277

Apêndice 279
1. Interpretação de "selá" 279
2. A dança 283
3. Histórico bíblico da arca da aliança 287

Bibliografia 293

Outras obras disponíveis de Kevin J. Conner 295

APRESENTAÇÃO

Nos últimos quinhentos anos a igreja tem se afastado do período de trevas e restaurado a verdade através de uma nova luz que vem iluminando seu caminho.

Com a restauração da verdade revelada sob essa nova luz, não é nem um pouco surpreendente que o Espírito de Deus desvendasse os segredos do "Tabernáculo de Davi".

O propósito de Deus é que sua Igreja seja tão verdadeiramente perfeita e glorificada quanto o Tabernáculo de Moisés e o Templo de Salomão. E ainda mais.

Desta forma, era fundamental que Deus começasse revelando os escritos dos profetas e apresentasse o verdadeiro padrão que deve servir de modelo para a igreja e ao qual ela deve se ajustar.

A compreensão da verdade e a representação magistral do modelo apresentada pelo rev. Kevin Conner trazem verdadeiro equilíbrio e ajudam a revelar os aspectos finais da ação restauradora do Espírito Santo sobre a igreja.

Rev. David E. Schoch
Bethany Chapel
6th & Dawson Avenue
Long Beach,
California 90814
EUA

PREFÁCIO

Nesses últimos dias do período da graça, todos aqueles que têm olhos para ver e ouvidos para ouvir podem perceber que tem havido uma tremenda ação do Espírito Santo no mundo e na igreja em geral.

O Senhor Jesus Cristo, como o cabeça da igreja, está trazendo uma série de ênfases especiais para a igreja enquanto busca, através do Espírito, completar a obra de preparar a sua Igreja para apresentá-la a Deus e a si mesmo como "igreja gloriosa, sem mancha nem ruga ou coisa semelhante, mas santa e inculpável" (Ef 5.27).

Várias verdades se destacam aqui a fim de tornar o povo de Deus maduro e guiá-lo em toda a verdade que está em Jesus: o senhorio de Cristo, o ministério do Espírito Santo, a igreja como o corpo de Cristo, o discipulado, a justiça divina, o fruto e os dons do Espírito, a restauração da igreja local, a ascensão do ministério dos dons e outras verdades relacionadas.

A verdade deve ser vista como um todo relacionado às suas gloriosas facetas.

Uma das coisas mais difíceis de se manter em todas essas várias facetas da verdade que Deus está trazendo para a igreja é o *equilíbrio*! Devemos forçosamente reconhecer que muitas formas de heresia se originaram da verdade. De fato, não pode haver heresia sem que haja uma verdade. É impossível ocorrer uma falsificação se não existir primeiro o artigo genuíno. Uma falsificação jamais será um original. O original vem primeiro, a imitação vem logo depois. A mesma coisa acontece com a verdade e o erro. A verdade é anterior ao erro. O erro utiliza a verdade para se lançar, para edificar sobre ela. O que é a heresia? Heresia é simplesmente um aspecto da verdade levado ao extremo e ampliado além dos limites da verdade total. A heresia provoca divisões entre seus adeptos.

Isso ocorre porque a *verdade* não é vista como um todo em relação às suas partes. Nenhuma faceta da verdade pode ser usada para contradizer ou distorcer outra faceta da verdade. Quando isso acontece, nasce a heresia. Enfatizar uma parte da verdade em detrimento de outras ou violar outros aspectos da verdade produz discórdia. Por isso a igreja precisa ter equilíbrio ao destacar alguma verdade. Equilibrar significa harmonizar, organizar todas as partes num arranjo agradável e harmônico.

À luz dessas considerações, podemos dizer que outra grande ênfase trazida para a igreja atual é aquela que diz respeito à *ordem divina de adoração*.

O homem foi feito para adorar a Deus, mas é difícil para o coração humano aceitar que não sabemos como adorar a Deus de maneira adequada. Por isso, desenvolvemos várias formas de adoração e reunimos as pessoas de forma a obter um nível de apelo espiritual, emocional e mental. Por causa da ignorância e da incapacidade do homem saber por si mesmo como adorar a Deus de forma adequada, o próprio Deus estabeleceu em sua Palavra como, quando e por que devemos adorá-lo. O Senhor Jesus expressou isso claramente dizendo que Deus, o Pai, procura verdadeiros adoradores, que o "adorem em *espírito* e em *verdade*" (Jo 4.24).

Alguns dos aspectos compreendidos na adoração "em espírito e em verdade" serão abordados neste livro.

Durante os anos em que se dedicou ao ministério, servindo em várias igrejas, participando de convenções, conferências de ministros e lecionando em seminários, o autor desse livro considerou as várias formas e expressões de adoração e buscou alguma fundamentação sólida nas Escrituras sobre o assunto. Ao fazer um estudo sobre o Tabernáculo de Davi, grande parte de seu objetivo foi alcançado. Cabe aqui uma palavra de explicação sobre como este livro veio a ser escrito.

Em 1965, o reverendo David Schoch da Bethany Chapel, Long Beach, Califórnia, EUA, foi convidado para falar numa convenção na Nova Zelândia. Durante uma de suas pregações, ele citou o texto de Amós 9.11, em que Deus disse: "Naquele dia levantarei a tenda caída de Davi. Consertarei o que estiver quebrado, e restaurarei as suas ruínas. Eu a reerguerei, para que seja como era no passado".

O reverendo mencionou em determinado momento que o texto não estava dizendo que era o "Tabernáculo de Moisés" que Deus iria reconstruir como nos tempos antigos, e sim o "Tabernáculo de Davi". Em seguida, ele deu continuidade à sua mensagem sem perceber exatamente a plena importância daquele versículo nem do que sua declaração iria causar. Entretanto, como profeta de Deus, ele deixara cair uma "semente" divina. Vários irmãos da Nova Zelândia plantaram essa "semente", o Espírito de Deus começou a regá-la, e as Escrituras revelaram então uma nova área da verdade relacionada à adoração sob esse título: *O Tabernáculo de Davi*.

O autor desse livro teve o privilégio de compartilhar essa experiência com esses irmãos e viu que havia algo ali. Todavia, havia ainda muitas questões a serem respondidas e muitas dúvidas sobre o assunto, o que exigiu um longo tempo de pesquisa na Palavra de Deus. Esse livro surgiu como resultado dessa pesquisa.

Durante muitos anos as verdades preciosas do "Tabernáculo de Moisés" foram ensinadas e enfatizadas, mas pouco se sabia sobre o "Tabernáculo de Davi". Surgiam inúmeras perguntas: O que era o Tabernáculo de Davi? Por que ele foi necessário? Ele se opunha ao que foi estabelecido pelo "Tabernáculo de Moisés"? Haveria possibilidade de conciliar ambos? Qual o significado de tudo isso? Eu nem sabia que Davi tinha um Tabernáculo!

Este livro procura oferecer, de forma didática, as respostas a todas essas perguntas. Foi escrito principalmente do ponto de vista teológico, embora tenha aspectos devocionais em algumas partes. Desejo expressar meu reconhecimento ao irmão David Schoch por ter lançado essa "semente", bem como a vários irmãos da Nova Zelândia não mencionados aqui, por me auxiliarem na compreensão deste tema.

Como dizem as Escrituras: "Afinal de contas, quem é Apolo? Quem é Paulo? Apenas servos por meio dos quais vocês vieram a crer, conforme o ministério que o Senhor atribuiu a cada um. Eu plantei, Apolo regou, mas Deus é quem fez crescer; de modo que nem o que planta nem o que rega são alguma coisa, mas unicamente Deus, que efetua o crescimento. O que planta e o que rega têm um só propósito, e cada um será recompensado de acordo com o seu próprio trabalho" (1 Co 3.5-8).

Como o tema desse livro exigiu muita pesquisa, o autor achou que seria mais adequado reunir todas essas informações em um capítulo para que fossem facilmente localizadas. Foi aberto um vasto reservatório de verdades relacionadas à verdadeira adoração. Inúmeros versículos e passagens das Escrituras foram abertos ao entendimento através do emprego desta "chave de Davi" (Ap 3.7).

Desde então o autor tem ensinado em muitos lugares sobre o "Tabernáculo de Davi" e um grande número de pessoas tem sido esclarecido e estimulado. Esse livro oferece respostas a muitas perguntas relacionadas às expressões de adoração na igreja, mas acima de tudo, apresenta os *fundamentos bíblicos* para algumas coisas que podem fazer parte da adoração em uma igreja local do Novo Testamento.

No entendimento do autor, um dos melhores caminhos para se chegar à ordem divina de adoração, tanto no Antigo Testamento como para os santos do Novo Testamento, pode ser encontrado no "Tabernáculo de Davi".

É preciso esclarecer que esse livro apresenta apenas uma faceta da verdade. Não é a verdade completa, mas uma parte da verdade que o Espírito de Deus está destacando. Não deve ser distorcida, nem supervalorizada em proporção à verdade total. De outro modo, irá provocar extremismo, confusão e desordem em vez daquilo que pretendia trazer, isto é, a ordem divina de adoração. O texto de Hebreus 1.1, 2 aplica-se bem a esse propósito: "Há muito tempo Deus falou muitas vezes e de várias maneiras aos nossos antepassados por meio dos profetas, mas nestes últimos dias falou-nos por meio do Filho, a quem constituiu herdeiro de todas as coisas e por meio de quem fez o universo". O Tabernáculo de Davi é uma das "várias maneiras" usadas por Deus para revelar alguns aspectos da verdade expostos no Antigo Testamento. Não representa toda a verdade, mas apenas uma faceta ou uma parte relacionada com a verdade.

Talvez o que está sendo apresentado aqui seja uma área totalmente nova para o leitor. É recomendável que este livro seja lido com muita atenção, juntamente com os versículos citados, meditando nos pensamentos expressados. Leia e pondere sobre o assunto. Ore para que o Espírito da Verdade ilumine sua mente e seu coração para as glórias de Deus reveladas no *Tabernáculo de Davi*.

O apóstolo Paulo testemunhou diante de Félix e do Conselho dizendo: "Confesso-te que adoro o Deus de nossos antepassados como seguidor do Caminho, a que chamam seita. Creio em tudo que concorda com a Lei e no que está escrito nos Profetas" (At 24.14). Verifique o que está escrito na Lei, nos Salmos e nos Profetas e confira se o que está exposto aqui pode ser confirmado pelo ensino do Novo Testamento através dos evangelhos, do livro de Atos, das epístolas e na igreja. Seja como os bereanos que, quando o apóstolo Paulo lhes apresentou o evangelho da Nova Aliança em Cristo, foram "mais nobres do que os tessalonicenses, pois receberam a mensagem com grande interesse, examinando todos os dias as Escrituras, para ver se tudo era assim mesmo" (At 17.11).

Este livro foi elaborado principalmente como instrumento de ensino, e dividido de forma a auxiliar as séries de estudos.

Que o Espírito da Verdade possa conduzir, guiar e orientar a leitura para esse aspecto da "presente verdade", isto é, "a verdade já presente convosco" (2 Pe 1.12 – ARA), tal como revelada no *Tabernáculo de Davi*.

Kevin John Conner

PREFÁCIO À NOVA EDIÇÃO REVISTA E AMPLIADA

O autor deseja expressar sua gratidão às pessoas que demonstraram agradecimento e apreciação pelas bênçãos recebidas através das verdades reveladas na edição anterior de *O Tabernáculo de Davi*.

Durante esse tempo, o autor também recebeu várias cartas contendo algumas questões muito importantes e desafiadoras relacionadas ao uso das passagens de Atos 15 e Amós 9 como uma aplicação válida da ordem de adoração de Davi.

A seguir, comentaremos as principais questões levantadas, que levaram o autor a uma pesquisa mais acurada de certas passagens das Escrituras usadas como base para estes textos.

As questões seguem um determinado padrão, como pode ser observado nas perguntas a seguir.

É biblicamente correto que se empregue a expressão "Tabernáculo de Davi"? Argumenta-se que as expressões "Tabernáculo de Moisés" e "Tabernáculo de Davi" não são usadas nas Escrituras, e que por essa razão não deveríamos empregar a expressão "Tabernáculo de Davi". Isso é verdade?

A expressão "Tabernáculo de Davi" em Amós 9.8-12 refere-se à reconstrução da linhagem, família ou casa de Davi? O emprego da palavra hebraica *sukkah* (cabana, ou barraca) refere-se à condição humilde do reino, da casa e do trono de Davi, ou se refere à ordem de adoração davídica estabelecida no "Tabernáculo de Davi", o *ohel* no monte Sião?

Os textos de Atos 15 e Amós 9, citados pelo apóstolo Tiago, referem-se à participação dos gentios na ordem de adoração davídica ou referem-se à linhagem familiar de Davi, seu trono e seu reino, cumprida no Senhor Jesus Cristo? Qual a interpretação válida e bíblica? A restauração da adoração davídica pode ser fundamentada pelo texto de Atos 15 visto que nessa passagem "adoração" não é explicitamente o tema? O texto de Atos 15 não estaria sendo usado erroneamente como "prova" para fundamentar o ensino do "Tabernáculo de Davi"?

O "Tabernáculo de Davi" mencionado no texto de Amós e citado por Tiago em Atos 15 é o mesmo "Tabernáculo de Davi" mencionado em 2 Samuel 6.17 e 1 Crônicas 16.1? Argumenta-se que são empregadas duas palavras hebraicas diferentes (i.e., *sukkah* e *ohel*), portanto, não poderiam se referir ao mesmo "Tabernáculo".

Resumindo, essas questões levantam o verdadeiro problema: a expressão "Tabernáculo de Davi" se refere ao *reino davídico* ou à *ordem de adoração davídica*? Qual a posição dos gentios: junto com os judeus ou sendo introduzidos? Esta é a questão real. Como se interpretam as passagens de Amós 9 e Atos 15 à luz de 2 Samuel 6 e 1 Crônicas 16? As repostas a essas perguntas certamente são fundamentais para uma interpretação correta das passagens bíblicas consideradas.

Há diferentes opiniões sobre esses assuntos. Alguns dão ênfase aos gentios entrando no reino davídico e por isso interpretam o "Tabernáculo de Davi" a partir dessa posição. Outros enfatizam a ordem de adoração davídica e, assim, interpretam a passagem como os gentios entrando no "Tabernáculo de Davi". Outros ainda acreditam que ambas as situações são possíveis.

Depois de muito pesquisar sobre o assunto e considerar seriamente todas essas questões, o autor acredita que ambos, tanto o reino davídico quanto a ordem de adoração davídica estão implicados.

Alguns enfatizam somente o reino davídico, e com isso perdem totalmente ou rejeitam a ordem de adoração davídica. Outros ressaltam apenas a ordem de adoração davídica e excluem ou negligenciam o reino davídico. O perigo está em super enfatizar as expressões de louvor e adoração, negligenciando, desse modo, a questão básica da participação dos gentios no reino de Jesus Cristo, Filho de Davi. É necessário ter equilíbrio para não valorizar uma questão em detrimento da outra.

Nas edições anteriores, o autor mostrou claramente a entrada dos gentios, juntamente com os judeus, no reino davídico. Entretanto, a ênfase do texto recaiu mais sobre a ordem de adoração davídica.

Devido às questões pertinentes levantadas pelas inúmeras cartas recebidas, e das pesquisas adicionais, o autor sentiu que deveria esclarecer melhor essas questões, o que resultou nesta nova edição revista e ampliada.

O capítulo dois foi totalmente reescrito, trazendo um estudo completo da palavra "Tabernáculo" tanto no Antigo quanto no Novo Testamento.

Foi acrescentado um capítulo que trata do emprego duplo da expressão "Tabernáculo de Davi", e examina a distinção entre o reino davídico e a ordem de adoração davídica.

Outros dados foram acrescentados em outras partes do texto referentes à relação entre o reino davídico e a adoração davídica. Porém, a maior parte do livro ainda se refere à ordem de adoração davídica na tenda levantada por ele no monte Sião.

O autor espera que todos aqueles que tinham dúvidas em relação a essas questões possam obter o esclarecimento necessário nesta nova edição.

Kevin J. Conner
16 O'Brien Crescent
Blackburn South
Victoria 3130
Austrália

PARTE UM

A ALIANÇA DAVÍDICA

1. Aplicação do Antigo Testamento ao Novo Testamento 7
2. O tabernáculo de Davi – Estudo do termo 23
3. O contexto histórico de atos 15 37
4. Importância da história de Davi 45
5. As três unções de Davi 49
6. A aliança davídica 57

CAPÍTULO 1

APLICAÇÃO DO ANTIGO TESTAMENTO AO NOVO TESTAMENTO

Antes de iniciarmos um estudo pormenorizado do Tabernáculo de Davi, seria proveitoso consultar os importantes princípios utilizados para interpretar as Escrituras, pois é por meio da descoberta e do uso desses princípios que encontraremos a verdade. "A glória de Deus é ocultar certas coisas; tentar descobri-las é a glória dos reis" (Pv 25.2).

Precisamos ter em mente que a igreja primitiva não tinha o Novo Testamento. O "novo testamento" deles estava implícito no "Antigo Testamento". Sobre esta relação entre o Antigo e o Novo Testamento, há um comentário bastante apropriado:

"O Novo está contido no Antigo,
O Antigo é explicado no Novo,
O Novo está escondido no Antigo,
O Antigo é revelado no Novo,
O Novo está implícito no Antigo,
O Antigo é esclarecido pelo Novo."

Assim, pelo fato do cânon do Novo Testamento não ter sido escrito nem completado na época da igreja primitiva, os apóstolos recorriam continuamente aos escritos do Antigo Testamento para compreender tudo que Deus estava fazendo entre eles.

Cristo concede três "aberturas" para a compreensão do Antigo Testamento

Lucas 24.26-45. Nessa passagem do evangelho de Lucas encontramos dois discípulos caminhando pela estrada de Emaús, com grande tristeza no coração por causa do sofrimento e da morte do Senhor Jesus. Vários relatos haviam chegado aos seus ouvidos contando que Jesus havia ressuscitado e aparecido a algumas mulheres.

Enquanto discutiam os trágicos acontecimentos ocorridos poucos dias antes, o próprio Jesus aproximou-se deles e acompanhou-os. Mas eles não o reconheceram. Jesus perguntou-lhes sobre o que conversavam, e quando lhe contaram, Começou a censurá-los pela morosidade da percepção espiritual deles. À medida que prosseguiam caminhando, Jesus lhes expôs as Escrituras a partir do Antigo Testamento. Começando em Moisés e chegando aos profetas, Ele expôs, explicou e interpretou as Escrituras, ensinando-lhes as coisas que se referiam a Ele. Mostrou-lhes que "no Livro" estava verdadeiramente escrito sobre Ele (Hb 10.5-9, Sl 40.6-8) e que tinha vindo para fazer a vontade do Pai e cumprir nele mesmo as promessas do Antigo Testamento.

Observe os três aspectos que o Senhor ressuscitado "abriu" a esses dois discípulos:

Seus olhos *foram abertos* (v. 31)
As *Escrituras se abriram* (v. 32)
Seu *entendimento se abriu* (v. 46)

A palavra "aberto" tem o significado de "abrir-se completamente" e é empregada nas Escrituras no sentido literal ou como uma metáfora.

No versículo 44, Jesus divide o Antigo Testamento em três partes:

A Lei
Os Salmos
Os Profetas

A Lei, os Salmos e os Profetas são como um "livro selado" até serem abertos e seus selos rompidos pela ressurreição do Senhor. Ele precisa abrir os olhos espirituais, escancarar as Escrituras e abrir o entendimento. Se Ele não fizer isso, a verdade do Antigo e do Novo Testamento nunca irá penetrar no coração.

A abertura dos olhos fala da libertação da cegueira religiosa e das trevas espirituais.

A abertura das Escrituras significa a revelação da verdade a esse respeito, que o homem natural, ou carnal, não consegue enxergar.

A abertura do entendimento se refere à luz e ao esclarecimento que entram no coração junto com as duas aberturas anteriores. Paulo discutiu com os judeus acerca das Escrituras e lhes mostrou que Jesus de Nazaré era o cumprimento profético e histórico de tudo que estava nas Escrituras (At 17.1-3). A relação entre eles era evidente.

Somente o Cordeiro de Deus, Jesus Cristo, poderia tomar o livro e os seus sete selos (*biblion*, no grego), abrir e dar entendimento não apenas a João, mas também às igrejas (Ap 5.1-9).

O apóstolo Paulo, ao comparar e contrapor as glórias da Antiga e da Nova Aliança em 2 Coríntios 3, fala sobre a cegueira que se instalou no coração dos judeus em relação ao Messias esperado por eles. O Antigo Testamento havia predito o advento do Messias, seu sofrimento, e a glória que viria a seguir. Contudo a cegueira da descrença tomou conta da nação. Eles não podiam enxergar Cristo através das Escrituras por causa da cegueira provocada pela incredulidade. Paulo escreve:

> Na verdade a mente deles se fechou, pois até hoje o mesmo véu permanece quando é lida a antiga aliança. Não foi retirado, porque é somente em Cristo que ele é removido. De fato, até o dia de hoje, quando Moisés é lido, um véu cobre os seus corações. Mas quando alguém se converte ao Senhor, o véu é retirado.
> (2 Coríntios 3.14-16).

A tragédia de tudo isso é evidente até mesmo para muitas pessoas do povo de Deus na igreja atual. Parece que há um véu cobrindo o coração, um estado de cegueira espiritual na leitura do Antigo Testamento.

Quantos crentes já disseram: "Isso é do Antigo Testamento, não há nada nele que se aplique a nós, tudo foi abolido com Cristo, precisamos apenas do Novo Testamento". O Antigo Testamento é visto por alguns apenas como um livro histórico. Os escritos dos profetas são relegados ao Israel natural e assim, com esse tipo de argumentação, a igreja é roubada de muitas verdades que lhe pertencem.

Um genuíno retorno para o Senhor retiraria esse véu do coração e os olhos do entendimento se iluminariam. Então veríamos Cristo e sua Igreja na leitura do Antigo Testamento: na Lei, nos Salmos e nos Profetas. O Senhor, através de seu Santo Espírito, está abrindo esses livros para a igreja hoje de uma maneira como nunca foi vista.

Por que estudar o Antigo Testamento?

Como grande parte desse estudo sobre o Tabernáculo de Davi nos leva ao que está encoberto no Antigo Testamento, devemos entender por que é necessário estudar esses escritos.

A seguir, apresentamos uma série de razões que explicam por que o crente deve usar o Antigo Testamento nas pesquisas relacionadas a este assunto.

1. O Tabernáculo de Davi faz parte das Escrituras, que foram dadas por inspiração divina e são proveitosas para doutrinar, repreender, corrigir e instruir com justiça (2 Tm 3.16).

2. O próprio Cristo expôs os assuntos do Antigo Testamento referentes a Ele encontrados na Lei, nos Salmos e nos Profetas (Lc 24.26, 27, 44, 45).

3. Tudo que foi escrito anteriormente no Antigo Testamento foi escrito para nos ensinar, para que com a paciência e o bom ânimo procedentes das Escrituras, pudéssemos ter esperança (Rm 15.4).

4. O próprio Jesus veio para cumprir a Lei e os Profetas (Mt 5.17, 18).

5. Jesus disse que a Lei e os Profetas profetizaram sobre Ele (Mt 11.13).

6. Os profetas do Antigo Testamento falaram dos sofrimentos de Cristo e das glórias que se seguiriam. Foi revelado a eles que suas declarações não se referiam apenas à sua geração, mas a outras (1 Pe 1.10-12).

7. Os fatos que ocorreram na história de Israel narrados no Antigo Testamento servem como exemplo para nós e foram escritas como advertência para nós, sobre quem tem chegado o fim dos tempos (1 Co 10.6, 11).

8. O autor da carta aos Hebreus disse: *"No livro está escrito a meu respeito* [isto é, a respeito de Cristo]; *vim para fazer a tua vontade, ó Deus"* (Hb 10.7; Sl 40.6-8).

9. As Escrituras afirmam: *"Não foi o espiritual que veio antes, mas o natural; depois dele, o espiritual. O primeiro homem era do pó da terra; o segundo homem, dos céus"* (1 Co 15.46, 47). Isto é um princípio que pode muito bem ser aplicado neste estudo.

10. O Tabernáculo de Moisés foi dado como uma sombra, tipo ou modelo das realidades espirituais eternas e celestiais (Hb 8.5; 9.23, 24). Isso também se aplica ao Tabernáculo de Davi.

O Tabernáculo de Davi manifesta a verdade e o conhecimento divino de modo concreto, na forma de uma tenda. Precisamos voltar ao passado e olhar para essa forma externa a fim de descobrir o conhecimento e a verdade ocultos ali. As formas externas da antiga aliança podem ter passado, mas o conhecimento e a verdade contidos nela, e preservados no Novo Testamento, permanecem (Rm 2.20).

O uso do Antigo Testamento na igreja primitiva

O livro de Atos, bem como todo o Novo Testamento, revela que os apóstolos receberam uma "abertura" referente a Cristo e sua igreja que foi prenunciada e profetizada no Antigo Testamento. Muitos crentes conseguem enxergar Cristo no Antigo Testamento, mas não veem nele também a igreja. Os dois não podem ser separados. Cristo, o Cabeça, e a igreja, que é seu corpo, são um. Deus predisse não apenas as coisas referentes a Cristo, mas também as que se referem a seu corpo, a Igreja.

Desse modo, os apóstolos recorriam constantemente à Lei, aos Salmos e aos Profetas para entender tudo o que o Senhor, pelo Espírito Santo, estava fazendo no meio deles.

Apresentaremos a seguir várias referências tiradas do livro de Atos. Cada uma delas demonstra claramente o uso que a igreja primitiva fazia do Antigo Testamento e também como aqueles crentes interpretavam muitas de suas passagens. Uma análise mais profunda dessas passagens irá revelar que os escritores do Novo Testamento passaram a ser os intérpretes infalíveis dos profetas do Antigo Testamento. Portanto, eles nos dão diretrizes seguras para seguirmos em nossa interpretação das escrituras do Antigo Testamento à luz de Cristo e de sua igreja.

As passagens são citadas resumidamente, destacando a referência à Lei, aos Salmos ou aos Profetas e o autor.

Atos 1.18-20	Salmos. *Davi* referiu-se a Judas através do Espírito.
Atos 2.14-21	Profetas. *Joel* profetizou sobre o derramamento do Espírito Santo nos últimos dias.
Atos 2.22-36	Salmos. *Davi* falou da ressurreição do Messias e de sua exaltação à direita do trono do Pai.
Atos 3.19-22	Lei. *Moisés*, como profeta, predisse a vinda de Cristo.
Atos 3.23-25	Profetas. *Samuel* e todos os profetas que vieram a seguir falaram desses dias.
Atos 4.23-30	Salmos. *Davi* se referiu ao Messias nos Salmos.
Atos 8.30-35	Profetas. *Isaías* profetizou sobre os sofrimentos do Messias na cruz.
Atos 13.15, 38-41	A Lei e os profetas. O profeta *Habacuque* falou sobre a obra que Deus iria fazer nos dias do Messias.
Atos 10.43	Profetas. Todos os profetas dão testemunho do sofrimento de Cristo e da glória que se seguiria.
Atos 17.2, 3	Profetas. O Antigo Testamento. Paulo abriu as Escrituras e declarou que Jesus de Nazaré era o cumprimento das Escrituras (2 Co 3.12-16).
Atos 28.23-31	A Lei e os profetas. *Moisés* e *Isaías* falaram de Cristo.
Atos 15.15-18	Profetas. Foi o profeta *Amós* que profetizou sobre o Tabernáculo de Davi e a aproximação dos gentios.

Uma passada de olhos rápida por essa breve lista de referências mostra quanto discernimento os apóstolos receberam e quanto empregaram a Lei, os Salmos e os Profetas. Eles usaram esses textos como sendo proféticos e interpretativos do mover de Deus em sua época.

O diagrama a seguir ilustra a verdade de todas essas coisas e mostra como os profetas do Antigo Testamento apontavam para os acontecimentos do Novo Testamento.

Desse modo, o Novo Testamento inteiro é uma revelação daquilo que está em forma de "semente" no Antigo Testamento. Os evangelhos, o livro de Atos dos Apóstolos, o livro de Apocalipse, todos são fartos em citações, alusões e revelações interpretativas do que estava oculto na Lei, nos Salmos e nos Profetas.

Há abundantes verdades relativas ao Tabernáculo de Davi na Lei, nos Salmos e nos Profetas, todas confirmadas pelo Novo Testamento e "abertas" aos seus escritores.

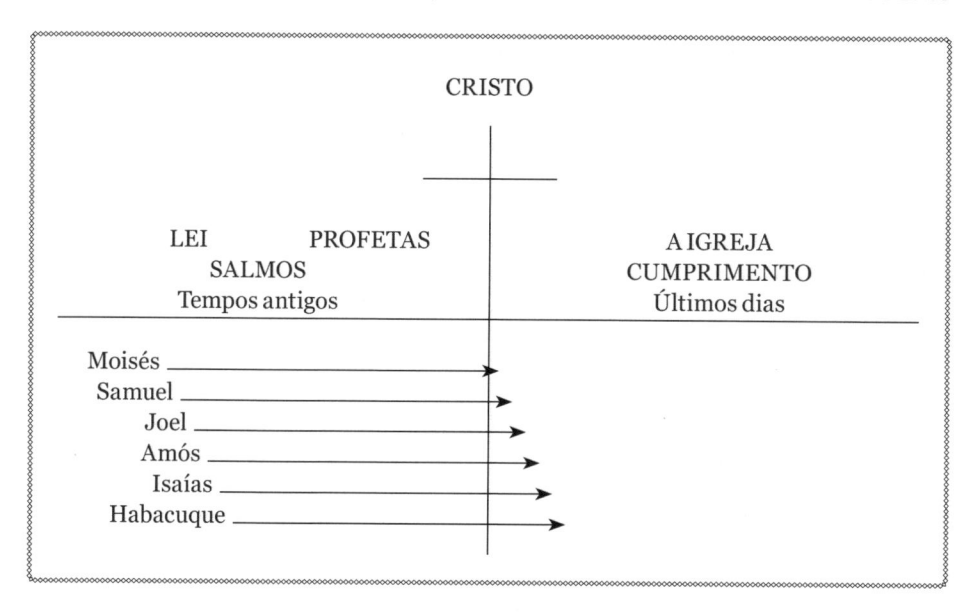

```
                        CRISTO
                          |
                          |
                          |
   LEI      PROFETAS      |    A IGREJA
      SALMOS              |   CUMPRIMENTO
    Tempos antigos        |    Últimos dias
_____|_____
 Moisés _____→ |
 Samuel _____→  |
 Joel _____→  |
 Amós _____→  |
 Isaías _____→  |
 Habacuque _____→  |
                          |
```

CAMAFEUS DIVINOS NO ANTIGO TESTAMENTO

O dicionário *Aurélio* define a palavra "camafeu" como "uma pedra semipreciosa, com duas camadas de cores diferentes, numa das quais é esculpida uma figura em relevo".

O Antigo Testamento nos oferece muitos "camafeus". Muitas coisas que aconteceram no Antigo Testamento foram planejadas por Deus para serem realmente assim. Deus frequentemente pedia aos homens que agissem de forma a tipificar o que Ele próprio poderia *realmente cumprir*. Por favor, isso não significa que essas coisas não aconteceram de fato no Antigo Testamento. O que queremos dizer é que o acontecimento histórico foi também um típico prenúncio do que Deus ia cumprir em Cristo e em sua igreja no período do Novo Testamento.

Abraão oferece Isaque (Gn 22)

Nesse capítulo encontramos a história de Abraão sendo chamado por Deus para oferecer seu único filho, Isaque, como sacrifício no monte Moriá. O pai Abraão tomou pela mão seu único filho e depois de três dias de caminhada ofereceu-o como tipo no monte designado. Ali foi revelado o nome redentor de Jeová Jireh: "O Senhor proverá". Um carneiro foi oferecido em sacrifício no lugar do único filho de Abraão. Hebreus 11.17-19 diz que Abraão ofereceu Isaque, o filho da promessa, e figuradamente recebeu-o de volta dentre os mortos.

Quem pode deixar de reconhecer este fato como um camafeu divino? A pedra preciosa da verdade foi esculpida numa camada tendo outra como fundo. Deus Pai no devido tempo ofereceria seu Filho Unigênito, Jesus (Jo 3.16), no monte Calvário. Em relação ao sinal de três dias e três noites (Mt 12.39,40), o Filho da Promessa seria ressuscitado dos mortos depois desse mesmo período de tempo. Entretanto, em vez de um animal ser oferecido em seu lugar, como aconteceu com Isaque, Ele próprio seria oferecido, abolindo assim, de uma vez por todas, o sacrifício de animais do Antigo Testamento por meio de sua condição imaculada, perfeita, sem pecado.

Desse modo, Deus fez Abraão realizar de modo figurado no Antigo Testamento o que Ele, Deus, realizaria de fato no Novo Testamento. Este sem dúvida foi um camafeu divino!

O sumo sacerdote Arão (Êx 28; 29; Lv 8; 9; 16)

Outro camafeu é representado no ministério de sumo sacerdote de Arão. Arão é tomado dentre os homens e designado pelos homens para oferecer tanto ofertas quanto sacrifícios pela nação de Israel (Hb 5.1-5). Seu ministério sacerdotal, servindo como sacerdote no santuário e oferecendo sacrifício, é uma figura do ministério do Senhor Jesus Cristo. Arão era o representante de toda a nação de Israel diante de Jeová. Havia somente um sumo sacerdote, um mediador entre Deus e o homem, e todo israelita só podia se dirigir a Deus por intermédio de Arão.

Quem pode deixar de notar o camafeu divino aqui apresentado? O escritor de Hebreus apresenta essa camada da pedra preciosa de verdade conforme ela se destaca no contexto da história de Israel, assim como a outra camada. O ministério de Arão apontava para o ministério de Cristo.

O maior superou o menor, uma vez que no Antigo Testamento sacerdote e sacrifício eram duas coisas distintas, enquanto no Novo Testamento Cristo é tanto sacerdote quanto sacrifício, em uma única Pessoa (Hb 7, 8, 9, 10). Cristo ministra no santuário celestial, e todo aquele que quer se aproximar de Deus só pode fazer isso por intermédio de Cristo.

Desse modo, Deus fez com que Arão, o sumo sacerdote, prefigurasse o que seu Filho, como sumo sacerdote da ordem de Melquisedeque, iria realmente cumprir. Esse é mais um camafeu divino! Há vários camafeus divinos no Antigo Testamento. Uma vez que se enxerga o princípio dos camafeus divinos, as Escrituras se abrem de forma notável. Todas essas figuras divinas são como "instantâneos" colocados numa moldura especial, que revelam as verdades do Antigo Testamento figuradamente, tal como essas verdades seriam cumpridas de fato no Novo Testamento.

O Tabernáculo de Davi

O mesmo princípio é verdadeiro no que diz respeito ao Tabernáculo de Davi. Deus tomou o rei Davi e o fez demonstrar de maneira real e figurada o que Ele iria fazer de fato e *espiritualmente* em Cristo e na igreja.

O Tabernáculo de Davi é outro camafeu divino. Sobre o contexto histórico da época de Davi destaca-se a pedra preciosa da verdade. Está limitada pela moldura, como todas as figuras do Antigo Testamento, mas dentro dessa moldura Deus coloca as verdades espirituais que persistem na igreja do Novo Testamento por meio da cruz de nosso Senhor Jesus Cristo.

Estabelecidas as principais bases para a interpretação das Escrituras, procederemos agora à exposição do Tabernáculo de Davi.

CAPÍTULO 2

O TABERNÁCULO DE DAVI – ESTUDO DO TERMO

Há inúmeros textos bíblicos que se referem, direta ou indiretamente, ao Tabernáculo de Davi.

Os textos das Escrituras que citaremos a seguir referem-se especificamente a esse título. Estes versículos, juntamente com muitas outras passagens relatadas direta ou indiretamente nas Escrituras, serão considerados juntamente com nossa pesquisa e estudo do termo.

1. O que disse o profeta Samuel

2 Samuel 6.17: "Eles trouxeram a arca do Senhor e a colocaram na tenda que Davi lhe havia preparado; e Davi ofereceu holocaustos e sacrifícios de comunhão perante o Senhor" (veja também 1 Cr 16.1).

2. O que disse o profeta Isaías

Isaías 16.5: "Então, em amor será firmado um trono; em fidelidade um homem se assentará nele na tenda de Davi: um Juiz que busca a justiça e se apressa em defender o que é justo".

3. O que disse o profeta Amós

Amós 9.11,12: "'Naquele dia levantarei a tenda caída de Davi. Consertarei o que estiver quebrado, e restaurarei as suas ruínas. Eu a reerguerei, para que seja como era no passado, para que o meu povo conquiste o remanescente de Edom e todas as nações que me pertencem', declara o Senhor, que realizará essas coisas".

4. O que disse Estêvão

Atos 7.45-47: "Tendo recebido o Tabernáculo, nossos antepassados o levaram, sob a liderança de Josué, quando tomaram a terra das nações que Deus expulsou de diante deles. Esse Tabernáculo permaneceu nesta terra até a época de Davi, que encontrou graça diante de Deus e pediu que ele lhe permitisse providenciar uma habitação para o Deus de Jacó. Mas foi Salomão quem lhe construiu a casa".

5. O que disse o apóstolo Tiago

Atos 15.16, 17: "Depois disso voltarei e reconstruirei a tenda caída de Davi. Reedificarei as suas ruínas, e a restaurarei, para que o restante dos homens busque o Senhor, e todos os gentios sobre os quais tem sido invocado o meu nome, diz o Senhor, que faz estas coisas".

No *Prefácio* desta nova edição revista e ampliada, observamos algumas questões levantadas com referência a este assunto e quanto à validade do uso da expressão "Tabernáculo de Davi". Um dos pontos levantados diz respeito ao emprego da preposição "de" em "Tabernáculo *de* Davi". O "Tabernáculo de Davi" significa o Tabernáculo construído por Davi ou habitado por Davi? Alguns dizem que isso significa apenas que Davi morava lá, não que tenha construído esse lugar.

A profecia de Isaías poderia ser aplicada, em princípio, por aqueles que *"com uma palavra tornam réu o inocente"* (Is 29.21 – ARA). Neste caso, um homem tornou-se réu por causa de uma preposição!

O dicionário *Aurélio* esclarece que "de" é uma preposição largamente empregada, indicando, entre outras coisas, uma relação de posse, habitação, ou ainda de causa, substituindo a preposição "por" ou "feito por". Desse modo, as duas ideias são pertinentes, isto é, "construído por" ou "onde ele mora". Um exemplo é encontrado em Rute 4.11: "... que ambas *edificaram* a casa de Israel".

Desse modo, a expressão "Tabernáculo de Davi" pode se referir ao "que pertence a Davi" ou que foi "edificado por Davi", ou ainda ao Tabernáculo em que Davi habitava.

Embora expressões como "Tabernáculo de Moisés" e "Templo de Salomão" não sejam empregadas especificamente pelas Escrituras, o Tabernáculo de Davi é. Todavia, por "Tabernáculo de Moisés" deve-se entender o Tabernáculo que foi construído por Moisés. Para usar a expressão bíblica exata, deveríamos citar o texto de 1 Crônicas 21.29: "Naquela época, o Tabernáculo do Senhor que Moisés fizera no deserto e o altar de holocaustos estavam em Gibeom".

"Tabernáculo *do [de + o] Senhor*" refere-se a quem o habitava, enquanto que *"fizera"* indica quem o construiu.

"A *Tenda do Encontro*" refere-se à congregação de Israel reunida para encontrar o Senhor. Foi construída por alguns deles, porém todos se reuniam ali para encontrar o Senhor Deus, apesar de não morarem nesse Tabernáculo (Êx 33.7-11).

"O Tabernáculo do Senhor" foi edificado por Moisés, juntamente com outros construtores, "pois toda casa é construída por alguém, mas Deus é o edificador de tudo" (Hb 3.1-6). O Senhor habitava nesse Tabernáculo.

Isso também é verdade no *"Templo de Salomão"*. 2 Crônicas 3.1 diz: "Então Salomão começou a construir o templo do Senhor em Jerusalém, no monte Moriá..." Salomão não ia morar no templo, mas esse templo seria a casa do Senhor edificada por Salomão.

Salomão construiu "a casa do Senhor, onde o Senhor habitava", e também construiu sua própria casa, onde ele morava. A casa *de* Salomão era tanto a casa que ele havia construído quanto a casa em que ele morava (1 Rs 6.1; 7.1; 2 Cr 2.1; 8.1).

Assim, quando falamos de *"Tabernáculo de Davi"*, de um lado, estamos nos referindo ao Tabernáculo montado por Davi, principalmente a tenda para a Arca de Deus no monte Sião e a ordem de ministrações sacerdotais que a acompanhava. Por outro lado, também podemos querer dizer "o Tabernáculo *de* Davi", onde estava seu trono, envolvendo sua casa e seu reino. A única maneira de saber a qual delas a passagem se refere é pelo contexto, como demonstram as referências bíblicas a seguir:

> "Davi tinha transportado a arca de Deus... para a tenda [ohel] que ele tinha armado para ela em Jerusalém" (2 Cr 1.4).
> "Eles trouxeram a arca de Deus e a colocaram na tenda [ohel] que Davi lhe havia preparado..." (1 Cr 16.1)
> "Eles trouxeram a arca do Senhor e a colocaram na tenda [ohel] que Davi lhe havia preparado" (2 Sm 6.17).
> "A arca e os homens de Israel e de Judá repousam em tendas [sookah]..." (2 Sm 11.11).

Esses textos referem-se especificamente à Arca de Deus no Tabernáculo de (montado por) Davi.

Por outro lado, quando as Escrituras falam de "Tabernáculo de Davi" a expressão também inclui a casa que ele construiu e onde habitava. Esses *dois* conceitos são coerentes com a revelação bíblica.

O Senhor prometeu construir uma casa para Davi (2 Sm 7). Como essa casa foi realmente construída? Pelo próprio Davi e sua descendência. A casa de Davi foi construída por ele e habitada por ele, ou por seus sucessores no trono (Is 7.13).

"Tabernáculo de Davi", o *ohel* de Davi em Isaías 16.5 e o *sookah* de Amós 9.11, juntamente com a *skene* de Atos 15.15-17, falam da casa que Davi construiu, em que ele morava, em que morou sua descendência, estabelecendo desse modo a sua dinastia.

Quando falamos de "a casa *de* Israel" e "a casa *de* Judá", falamos da casa que Jacó construiu, isto é, a nação de Israel, principalmente as dez tribos do reino do norte, e a casa de Judá, que era o reino do sul com suas três tribos. Essas casas foram construídas por ele e por isso passaram a ser a casa, a nação ou reino em que os israelitas viveram.

Assim, "Tabernáculo de Davi" inclui o Tabernáculo que pertencia a Davi, diz respeito a Davi, foi construído por Davi, e era habitado por Davi. Davi não pode ser separado daquilo que construiu para o Senhor nem do que o Senhor construiu para ele.

Foram levantadas algumas outras questões referentes às palavras gregas e hebraicas traduzidas por "Tabernáculo" na Versão Autorizada da Bíblia.

A verdade sobre o Tabernáculo de Davi poderia ser plenamente revelada ou teria seu sentido limitado pelo emprego de palavras diferentes?

A expressão "Tabernáculo de Davi" refere-se à tenda montada por Davi em Sião para uma nova ordem de adoração em torno da Arca de Deus ou representa a casa real de Davi e seu trono no monte Sião? O que as palavras hebraicas significam quando empregadas nessas expressões? É correto do ponto de vista hermenêutico e bíblico construir o conceito de uma ordem de culto davídica sobre este fundamento: "Tabernáculo de Davi"?

Um estudo de várias palavras hebraicas e gregas mostrará que a inter-relação da ideia com a palavra "Tabernáculo" como "lugar de habitação" é coerente. Poderia referir-se tanto ao lugar sagrado ou secular de habitação de Deus, ou do homem, ou das criaturas.

Consideraremos, em primeiro lugar, algumas palavras hebraicas do Antigo Testamento, observando as definições da *Strong's Concordance* e outras de dicionários hebraico/caldeu.

Antigo Testamento hebraico/caldeu – definições de palavras

1. Ohel
   1. Concordância de Strong – SC168. Ohel: uma tenda (claramente visível à distância): Traduzido como cobertura, morada, lugar de habitação, casa, Tabernáculo, tenda.

   2. Dicionário Internacional de Teologia do Antigo Testamento – Harris, Archer, Waltke. Ohel: habitação, casa, Tabernáculo, tenda. Ohel, substantivo masculino, ocorre 340 vezes e é empregado para a pele de animal ou pêlo de cabra (Ct 1.5); lugar de habitação de povos nômades (Gn 4.20; 13.5; 18.16; 25.27 etc.), pastores (Jr 6.3), mulheres (Gn 31.33, Jz 4.17, cf. Is 54.2), guerreiros (1 Sm 17.54; Jr 37.10, etc.) e gado (2 Cr 14.14). Também empregado para designar tenda nupcial (2 Sm 16.22). A palavra "ohel" continuou sendo empregada para habitação ou casa (1 Rs 8.66; 12.16; Sl 91.10; Jz 19.9), inclusive para o palácio de Davi (Is 16.5) bem depois de os israelitas terem adotado moradias mais permanentes.

   "Ohel" é empregada em sentido figurado para o povo de Edom (Sl 83.7). Quedar (Sl 120.5; Ct 1.5), Judá (Jr 30.8), Cusã (Hb 3.7) e outros.

   A "tenda da cidade de Sião" (Lm 2.4) é uma analogia para Jerusalém.

   O Tabernáculo era essencialmente uma tenda, composta de duas camadas de tecido e duas camadas de pele esticadas sobre uma estrutura de madeira (Êx 27.7, 14, 15). É chamada de "tenda do encontro" (Êx 33.7-11), bem como "tenda do testemunho" (Nm 9.15; 17.22, 23 etc.).

3. William Gesenius – Léxico hebraico-inglês do Antigo Testamento
Ohel: tenda, moradia familiar ou de companheiros.
Comentário de Gesenius sobre a palavra hebraica:

a. Tenda de nômades – Jeremias 6.3; 49.29; Ct 1.5
habitante de tendas – Gênesis 4.20; 25.27
tendas de gado – 2 Crônicas 14.14
tenda de soldados – 1 Samuel 17.54
tenda do prazer à vista de todos – 2 Samuel 16.22. Tenda nupcial, pavilhão nupcial.

b. Moradia, habitação – Salmo 91.10
minha casa – Salmo 132.3, Daniel 11.45
casa ou palácio de Davi, onde estava firmado o trono – Isaías 16.5
casa do ímpio – Jó 8.22

c. A tenda sagrada de adoração a Deus
Refere-se ao Tabernáculo do Senhor que Moisés havia edificado. É chamada:
a tenda
a tenda do encontro de Deus com seu povo
a tenda da congregação ou assembleia – Êxodo 33.7-11; Números 12.5, 10; Deuteronômio 31.14, 15
a tenda do testemunho – Números 9.15; 17.22, 23; 18.2 (que contém a Arca e as Tábuas do Testemunho)
Davi ergueu uma tenda para a Arca de Deus no monte Sião – 2 Samuel 6.17; 1 Crônicas 15.1; 16.1; 2 Crônicas 1.4. Deus ia de uma tenda a outra – 1 Crônicas 17.5 com 2 Samuel 6.17

De modo geral, o *ohel* era uma cobertura externa feita de peles, colocada sobre a estrutura do próprio Tabernáculo que Moisés havia feito no deserto, no Monte Sinai.

4. Emprego secular de *ohel*
As referências bíblicas a seguir mostram que a palavra *ohel* era empregada secularmente para "cobertura", "lugar de habitação", "morada de homens ou de animais", ou de uma família:

As tendas de Sem – Gênesis 9.27
Abraão, Isaque e Jacó habitavam em tendas – Gênesis 12.8; 13.3, 5; 24.67; 25.27; 31.25.33
Israel vivia em tendas – Êxodo 16.16; Números 24.6; Deuteronômio 1.27; Josué 3.14; Juízes 7.8; Salmo 78.55; Jeremias 30.18
As tendas também serviam de abrigo para o gado – 2 Crônicas 14.15
Os céus são uma tenda para o sol – Salmo 19.4
As tendas de Cusã – Habacuque 3.7
As tendas de Judá – Zacarias 12.7
As tendas de Jacó – Malaquias 2.12

As tendas de Kedar – Salmo 120.5; Cânticos 1.5
Os Tabernáculos de Edom – Salmo 83.6
O Tabernáculo de José – Salmo 78.67
Os Tabernáculos de Cam – Salmo 78.51
As tendas dos perversos – Salmo 84.10
A tenda do pastor – Isaías 38.12
As tendas dos saqueadores – Jó 12.6
As tendas de suborno – Jó 15.34

5. Emprego sagrado de *ohel*
Essa palavra hebraica é empregada centenas de vezes, porém mais de 150 referências estão relacionadas ao Tabernáculo do Senhor, o Tabernáculo que Moisés erigiu, chamado:

a. O Tabernáculo do Senhor – 1 Reis 1.39; 2.28-30; 2 Crônicas 1.5. Esse "Tabernáculo" era a *tenda* sobre a *estrutura* de madeira.
Uma cobertura (*ohel*) sobre o Tabernáculo (*mishkan*) – Êxodo 26.7.
O Tabernáculo – Êxodo 26.9
O Tabernáculo da congregação – Êxodo 27.21; Levítico 1.7; 24.3; Números 2.17, 28; 4.25; 8.19
O Tabernáculo do testemunho – 2 Crônicas 24.6; Números 17.7, 8; 18.2
A tenda do encontro que Moisés, o servo do Senhor fez, no deserto – 2 Crônicas 1.3

b. O Tabernáculo da Congregação
Parece que também havia uma *tenda* (*ohel*) da congregação, onde Moisés encontrava o Senhor *antes* de o Tabernáculo propriamente dito ser erguido – Êxodo 33.7, 8, 9, 10, 11.

c. O Tabernáculo de Davi
A tenda ou Tabernáculo que Davi ergueu para a Arca do Senhor era *ohel* e era o lugar de habitação de Deus por causa da Arca.
O Tabernáculo de Davi – 2 Samuel 6.17
A tenda que Davi levantou para a Arca – 1 Crônicas 15.1; 16.1
O Senhor ia de uma tenda (*ohel*) para outra tenda (*ohel*) – 1 Crônicas 17.5.
O Senhor ia de uma tenda (*ohel*) para um Tabernáculo (*mishkan*) – 2 Samuel 7.6
Davi montou uma tenda em Jerusalém para a Arca – 2 Crônicas 1.4
Um homem se assentará no trono na tenda de Davi – Isaías 16.5

Resumo
Desta forma, Ohel é empregado para designar uma cobertura, um lugar de habitação, lar, Tabernáculo ou tenda para gado, homens, famílias ou para o próprio Deus. Pode ter uso tanto secular quanto sagrado, como lugar de habitação de Deus ou de homens. O próprio fato de a Arca da Aliança, onde o Senhor habitava entre os querubins (2 Sm 6.2), ter sido colocada no Tabernáculo de Davi (2 Sm 6.17) mostra que o *"ohel* de Davi" era a casa de Deus, o lugar de habitação de Deus, o lar de Deus. A Arca não estava na casa de Davi, como esteve na casa de Obede-edom durante três meses. Ela foi colocada numa tenda (*ohel*) que tinha sido montada no monte Sião. Aqui se inicia a ordem de adoração davídica, e Sião adquire um significado mais sagrado daí em diante, tanto do ponto de vista eclesiástico quanto político.

2. Mish-kan

1. Concordância Strong – SC4908
Outra palavra hebraica frequentemente traduzida por "Tabernáculo" é *mish-kan*. A concordância de Strong diz: *mish-kan*, residência (incluindo cabana de pastor, abrigo de animais, sepultura – em sentido figurado –, e também o templo). Especificamente Tabernáculo (a estrutura de madeira): – traduzido por moradia, habitação, residência, Tabernáculo, tenda.

2. William Gesenius – Léxico Hebraico-caldeu do Antigo Testamento
Gesenius faz o seguinte comentário da palavra *mish-kan:*

a. Habitação, lugar de habitação de homens (Jó 18.21; Sl 87.2), de animais (isto é, cova, Jó 39.6) de Deus (isto é, templo, Sl 46.5; 84.2; 132.5)

b. Principalmente tenda, Tabernáculo – Ct 1.8; o Tabernáculo santo dos israelitas – Êx 25.9; 26.1; o Tabernáculo do testemunho – Êx 38.21; Nm 1.50, 53; 10.11.

3. Emprego secular de *mish-kan*
Assim como *ohel*, *mish-kan* também é usada de forma secular e sagrada, como tenda ou Tabernáculo. Exemplos de uso secular da palavra:

O Tabernáculo de Corá – Números 16.24, 27
Os Tabernáculos de Israel – Números 24.27
As tendas dos pastores – Cânticos 1.8
Lugares de habitação – Jeremias 30.18; 51.30; Habacuque 1.6; Jó 21.28
Habitações – Isaías 54.2; 22.16; Salmo 78.28

4. Emprego sagrado de *mish-kan*
Das 136 citações dessa palavra, mais de 113 se referem ao Tabernáculo do Senhor construído por Moisés de acordo com as instruções divinas. Entre os capítulos 25 – 40 de Êxodo essa palavra aparece várias vezes, e também em Levítico 8.10; 15.31; 26.11; Números 1.50-53; 3.23-38. É traduzida como:

Tabernáculo do Senhor – Josué 22.19
Tabernáculo de Siló – Salmo 78.60
Local da habitação do Senhor – 2 Crônicas 29.6
Habitação do Senhor – Salmo 43.3; 84.1; 132.7
Tabernáculo do Senhor – 1 Crônicas 21.29
Lugar em que habita tua glória – Salmo 26.8
Santuário do Senhor – Salmo 74.7
Habitação do Poderoso de Jacó – Salmo 132.5

Observação – O Tabernáculo de Davi nunca foi chamado de *mishkan* porque era apenas uma tenda, e não uma estrutura de madeira.

5. *Ohel* e *Mish-kan*
Vale a pena observar a ligação entre *ohel* e *mish-kan* em várias passagens. Em relação ao Tabernáculo do Senhor edificado por Moisés, as duas palavras são empregadas e

traduzidas geralmente como "tenda" ou "Tabernáculo". Entretanto, a tenda (*ohel*) era uma cobertura colocada sobre o Tabernáculo (*mishkan*) ou estrutura de madeira, mas ambas estão relacionadas ao Tabernáculo do Senhor.

O Senhor tinha andado numa tenda (*ohel*) e num Tabernáculo (*mishkan*) –2 Samuel 7.6
O Tabernáculo (*mishkan*) com sua tenda (*ohel*) – Êxodo 35.11
Tenda (*ohel*) para cobrir o Tabernáculo (*mishkan*) – Êxodo 36.14
Estender a tenda (*ohel*) sobre o Tabernáculo (*mishkan*) – Êxodo 40.19
Abandonou o Tabernáculo (*mishkan*) de Siló, a tenda (*ohel*) onde habitava entre os homens – Salmo 78.60.

Desse modo, Ohel era a tenda que cobria o Mishkan, ou a estrutura de madeira chamada Tabernáculo. Era um Tabernáculo sobre o Tabernáculo.

Resumo

Mish-kan, portanto, também é usada no sentido de habitação, moradia, quer para animais, quer para homens, quer para o próprio Deus. A palavra também tem emprego natural ou espiritual, secular ou sagrado. Entretanto, o uso predominante é o de Tabernáculo do Senhor, principalmente o que Moisés construiu de acordo com o padrão divino no monte Sinai. Mishkan é o lugar em que Deus habitava nos tempos do Antigo Testamento.

3. *Sook-kah* (ou *sukkah*)

Outra palavra hebraica traduzida por "Tabernáculo" é *SOOK-KAH*. Mencionamos abaixo as definições dessa palavra.

1. Concordância de Strong – SC 5521
Strong menciona *sook-kaw*, feminino de SC 5520 (SOKE; cabana, assim como de galhos de árvores emaranhados; ou também "abrigo"; traduzida por cobertura, covil, pavilhão, Tabernáculo); cabana de refúgio: tradução: abrigo, cobertura, pavilhão, Tabernáculo, tenda.

2. William Gesenius – Léxico hebraico-caldeu do Antigo Testamento
Gesenius diz o seguinte da palavra *sook-kah*:
Cabana, casebre, feito de folhas e ramos entrelaçados – Jonas 4.5; Jó 27.18; Isaías 4.6.
A Festa dos Tabernáculos ou Festa das Cabanas – Levítico 23.24; Deuteronômio 16.13.
O Tabernáculo (ou cabana) de Davi – Amós 9.11
Tendas de cortinas – Levítico 23.43; 2 Samuel 11.11; 22.12
Habitação de Deus – Salmo 18.11; Jó 36.29
Abrigo para o gado – Gênesis 33.17
Toca de leões – Jó 38.40

3. Emprego secular de *sook-kah*
Assim como com *ohel* e *mish-kan*, também ocorre com *sook-kah*. Essa palavra hebraica também tem aplicação natural e espiritual. Pode ser usada de maneira secular e sagrada, para o homem e para Deus.
Abrigo para gado e para homens – Gênesis 33.17; Jó 27.18; Jonas 4.5
Toca ou covil de leões – Jó 38.40

Tendas para Israel e Judá – 2 Samuel 11.11
Pavilhões para os reis de Israel – 2 Samuel 22.12; 1 Reis 20.12, 16; Salmo 31.20
Abrigo no campo – Isaías 1.8

4. Emprego sagrado de *sook-kah*
Sook-kah também era empregada em relação às coisas sagradas de Deus e de seu povo.

a. A Festa dos Tabernáculos ou Festa das Cabanas: acontecia no sétimo mês e era a mais alegre de todas as festas do Senhor – Levítico 23.34; Deuteronômio 16.13, 16; 31.10; 2 Crônicas 8.13; Esdras 3.4.
Cabanas – Levítico 23.42, 43; Neemias 8.15-17; Zacarias 14.16, 18, 19. O mês dos Tabernáculos era o mês mais sagrado em Israel.

b. A habitação celestial de Deus também é *sook-kah*, sua cabana – Jó 36.29; Salmo 18.11.

c. Deus colocará sua coluna de nuvem de fogo e cobrirá de glória o Tabernáculo (cabana) no monte Sião – Isaías 4.6. A nuvem gloriosa de fogo esteve outrora no monte Sinai e no Tabernáculo do Senhor, construído por Moisés. Agora está no monte Sião. Isto significa transferência da glória e da presença de Deus para esse Tabernáculo (*sook-kah*).

d. Urias disse que "a arca e os homens de Israel e Judá repousam em tendas (cabanas)" – por isso ele não iria para sua casa – 2 Samuel 11.11. Obs.: A Arca foi colocada no Ohel (2 Sm 7.1, 2; 6.17), mas essa mesma tenda é chamada aqui de *sook-kah*. A tenda era uma cabana!

e. Deus prometeu que construiria novamente o Tabernáculo (*sook-kah*, "cabana") de Davi que havia sido destruído – Amós 9.11. A maior parte dos comentários considera essa passagem como uma profecia que foi aceita por Tiago em Atos 15.15-18 com a entrada dos gentios no reino de Cristo. Seu significado, portanto, é espiritual.

f. Tabernáculo de Moloque: uma falsificação religiosa do Tabernáculo. Strong menciona (SC5522, *sik-kooth*) que seu rei, Sicute, fez uma tenda idólatra, traduzida por "Tabernáculo"– Amós 5.26.

Resumo

Sook-kah também pode ser empregada no sentido natural ou espiritual. Como é um lugar de habitação temporária, é usada como cabana ou abrigo para animais, para homens e para o lugar de habitação de Deus nos céus, mas irá passar antes que os novos céus e a nova terra venham.

Veremos, portanto, que essas três palavras hebraicas têm emprego secular e sagrado. Essas moradias, lugares de habitação, cabanas, tendas ou Tabernáculos podiam ser utilizados por animais, pelos homens ou pelo próprio Deus. O conceito de secular ou sagrado desse lugar será determinado pelo seu uso.

Em relação ao "Tabernáculo de Davi" temos as seguintes considerações:

a. A *Tenda* ou o *Tabernáculo* que Davi montou em Sião para a Arca sagrada do Senhor era Ohel, ou seja, uma cobertura, um lugar de habitação ou um lar para a Arca até que o Templo de Salomão fosse construído (1 Cr 15.1; 16.1; 2 Cr 1.4; 2 Sm 6.17). Ali os sacerdotes ministravam diante do Senhor.

b. A *Tenda* ou o *Tabernáculo* de Davi deveria ter alguém sentado no trono para julgar com justiça, no devido tempo. Essa tenda era Ohel (Is 16.5).

c. O *Tabernáculo* de Davi, que havia sido derrubado e estava em ruínas, seria reconstruído e os gentios viriam ao Senhor em relação ao Tabernáculo. Esse Tabernáculo era o Sook-kah ou "tenda" de Davi (Am 9.11).

O Tabernáculo de Davi nunca é mencionado como *mish-kan* porque era uma simples tenda, não uma estrutura de madeira como o Tabernáculo do Senhor construído por Moisés. Embora a tenda ou Tabernáculo montado por Davi no monte Sião seja *ohel* e não *mish-kan*, havia uma nova ordem de adoração estabelecida nele. No devido tempo ele foi incorporado à ordem do templo, e essa casa do Senhor foi construída por Salomão. O padrão para a ordem do templo dado pelo Espírito ao rei Davi e a tenda ou Tabernáculo de Davi era uma preparação para a ordem desse templo.

O Tabernáculo de Davi era apenas um lugar de habitação temporário para a Arca da Aliança do Senhor até que o templo, uma casa mais permanente, fosse construído.

Novo Testamento grego – definições de palavras

Vamos agora considerar as palavras do Novo Testamento. O Novo Testamento menciona esses lugares de habitação do Antigo Testamento. Veremos que há algumas palavras gregas relacionadas, que interpretam essas palavras, apesar de a ideia básica ser de lugar de habitação, moradia, lugar de residência. Essas palavras são empregadas também para Deus e para o homem.

1. Skene

1. Concordância de Strong – SC 4633
Skene: palavra aparentemente cognata de SC 4632 e 4639; uma tenda ou cabana de pano (literal ou figuradamente) – traduzida por habitação, Tabernáculo.

2. Dicionário Expositivo de Vine
SKENE, cognato de *Skenoo*, habitar em tenda ou Tabernáculo; traduzida por "moradas" em Lucas 16.9 – NVI, "Tabernáculos" – ARA; o lugar de eterna morada dos redimidos. Significa "tenda, cabana, Tabernáculo". É empregada para: tendas ou habitações (Mt 17.4; Mc 9.5; Lc 9.33; Hb 11.9). "Vamos fazer três Tabernáculos (ou tendas)". Abraão, Isaque e Jacó moravam em tendas ou Tabernáculos.

a. O Tabernáculo mosaico – o Tabernáculo do testemunho (At 7.44; Hb 8.5; 9.1, 8, 21), tenda do encontro, Tabernáculo da congregação, pátio externo (Hb 9.2, 6); o Santo dos Santos (Hb 9.3)

b. O protótipo celestial, o verdadeiro Tabernáculo (Hb 8.2; 9.2, 3, 6, 8, 11, 21; Ap 13.6; 15.5; 21.3 – de sua cópia no futuro)

c. A habitação eterna dos santos, as moradas eternas (Lc 16.9)

d. O templo de Jerusalém, mantendo o culto do Tabernáculo (Hb 13.10)

e. A casa de Davi, como uma metáfora de a casa de seu povo. O Tabernáculo de Davi, que havia sido destruído, será novamente reconstruído (At 15.16)

f. O santuário do deus de Moloque. O Tabernáculo de Moloque (At 7.43) com Amós 5.26

2. Skenopegia

A *Concordância Strong* define essa palavra: *Skenopegia*, de *skeos*, cabana ou residência temporária. Isto é, (figuradamente) o corpo humano (como habitação do espírito): Tabernáculo, e *pegnumi*, forma provável de um verbo primitivo (que em sua forma mais simples ocorre somente como uma alternativa em certos tempos), fixar ("cravelha"), i.e, (especificamente), armar (tenda): aposento. A Festa dos Tabernáculos (assim chamada por causa do costume de montar tendas para habitação temporária): Tabernáculos.

A Festa dos Tabernáculos dos judeus estava se aproximando – João 7.2

Chamada de Festa do Encerramento da Colheita em Êxodo 23.16; 34.22.

Chamada de Festa dos Tabernáculos ou das Cabanas em Levítico 23.34; Deuteronômio 16.13, 16; 31.10; 2 Crônicas 8.13; Esdras 3.4 com Neemias 8.14-18. Era uma forma de lembrar aos israelitas de que seus pais habitaram em tendas na peregrinação pelo deserto.

Por isso, a palavra hebraica *sookkah* se transformou em *skenopegia* em grego. A ideia principal é de lugar de habitação temporária, residência temporária.

3. Skenopoios

A *Concordância de Strong* define *skenopoios* como um fabricante de tendas. Empregado em Atos 18.3. Paulo e o casal Áquila e Priscila eram fabricantes de tendas.

4. Skeenos

A *Concordância de Strong* define *skeenos* como cabana ou residência temporária, isto é, (figuradamente) o corpo humano (como morada do espírito): Tabernáculo. 2 Coríntios 5.1, 4.

5. Skeenoo

1. A *Concordância de Strong* define *skeenoo* como armar tendas ou acampar, i.e (figuradamente), ocupar (como residência) ou (especificamente) residir (como Deus residia no Tabernáculo antigo; um símbolo de proteção e comunhão: habitação.

"A *palavra* tornou-se carne e viveu (lit. tabernaculou) entre nós" (Jo 1.14).

"Aquele que está assentado no trono estenderá sobre eles o seu Tabernáculo" (Ap 7.15).

"... os céus e os que nele habitam!... o seu Tabernáculo, os que habitam nos céus" (Ap 12.12; 13.6).

"Agora o Tabernáculo de Deus está com os homens" (Ap 21.3).

2. O Dicionário Expositivo de Vine diz que significa "estender Tabernáculo sobre", "erguer uma tenda".

6. Skeenoma

1. A entrada *skenoma*, pela *Concordância de Strong* significa: acampamento, isto é (fig.), o Templo (como lugar onde Deus habita), o corpo como morada da alma: Tabernáculo.

2. O *Dicionário Expositivo de Vine* define *skeenoma* como cabana, ou tenda armada

(cognato de *skene*). É empregada para o templo como habitação de Deus, como o que Davi desejava construir em Atos 7.46: "habitação" (NVI), "morada" (ARA); metaforicamente para o corpo como habitação temporária (2 Pe 1.13, 14).
Habitação para o Deus de Jacó (Atos 7.46).
Tabernáculo deste corpo – para o homem (2 Pedro 1.13, 14).

3. *Novo Dicionário Internacional de Teologia do Novo Testamento*, Colin Brown (vol. 3, p. 811, 812). Comentário sobre a palavra grega traduzida por "tenda" ou "Tabernáculo":

Na Septuaginta (LXX), as palavras *skene* e *skenoma* são empregadas como sinônimo, embora a primeira seja citada cinco vezes mais que a última. Geralmente as duas palavras transmitem a ideia de *ohel* (tenda), algumas vezes de *miskan* (habitação) e, eventualmente, *sukka* (cabana de palha, abrigo ou tenda).
O Tabernáculo (LXX, *skene, skenoma*) nunca é chamado de *sukka*, mas de *ohel* ou *ohel mo'ed* ("tenda do encontro", o lugar designado por Deus para se encontrar com seu povo, cf. Êxodo 36.26, Josué 6.24) ou, às vezes, *miskan* (o lugar onde Deus habita). Colin Brown comentando o relato de Lucas em Atos 15 diz: "Ao resumir as decisões do Concílio de Jerusalém (At 15.13-21), Tiago recorreu ao texto de Amós 9.1112 (LXX). Ele reconheceu que a reconstrução da tenda caída de Davi (*skene*, possivelmente referindo-se à uma tenda coberta de palha que servia de moradia para o rei quando estava em expedição militar) seria uma referência à *ressurreição e exaltação de Cristo e ao surgimento da igreja como o novo Israel*. Exatamente por causa dessa restauração, os gentios estavam buscando o Senhor (At 15. 1718); desta forma, a missão de levar o evangelho aos gentios era legítima (At 15.19)".
Colin Brown enfatiza o conceito dos gentios sendo introduzidos na igreja, que é o novo Israel, com base na ressurreição e na exaltação de Cristo, e interpreta o Tabernáculo de Davi como a tenda caída usada pelo rei nas campanhas militares.

Resumo

Essas palavras gregas originam-se do conceito de lugar de habitação, tanto para Deus quanto para o homem, temporário ou eterno, terreno ou celestial.
A verdade dessas palavras gregas e hebraicas certamente foi cumprida, acima de tudo, no Senhor Jesus Cristo. Ele é a *Tenda* (*ohel*) de Deus. É o Tabernáculo de Deus (*mishkan*). É a *Cabana* de Deus (*sooka*). A *Habitação* de Deus. O Verbo "tabernaculou" entre nós (*skene*). Ele é o cumprimento do Tabernáculo construído por Moisés. É o cumprimento do Tabernáculo que Davi fixou. Ele é o lugar de habitação de Deus. A plenitude da trindade habita corporalmente nele (Cl 1.19; 2.9; Jo 1.1-3, 14-18). Ele assumiu a forma humana, tornando-se um Tabernáculo humano, e "montou sua tenda entre nós". Seu corpo jamais conheceu corrupção e Ele agora vive no poder da vida eterna desde sua ressurreição, eternamente na morada de Deus.
Para concluir este capítulo, mencionaremos os princípios hermenêuticos envolvidos em nosso estudo dos termos. A expressão "Tabernáculo de Davi" demonstrou ser apropriada tanto para a ideia da ordem de culto davídica quanto para o reino davídico, de acordo com a hermenêutica.
A expressão "Tabernáculo de Davi" expressa corretamente os significados compreendidos nas palavras hebraicas e gregas? A resposta é afirmativa.
Dois princípios hermenêuticos básicos foram aqui empregados:

1. O Novo Testamento interpreta o Antigo Testamento
Se o Novo Testamento interpreta o Antigo Testamento, logo a interpretação correta do

Antigo Testamento deve ser baseada no Novo Testamento. Desta forma, começamos pelo Novo Testamento e consideramos a língua em que foi escrito. É fato reconhecido que os escritores do Novo Testamento eram intérpretes infalíveis dos profetas do Antigo Testamento. Embora tenham escrito em grego, os escritores do Novo Testamento eram hebreus, pensavam e tinham conceitos nessa língua, e, sob a inspiração do Espírito Santo, empregaram as palavras corretas para transmitir-nos o que estava na mente do Senhor.

2. O contexto
Em nosso estudo dos termos, utilizamos o princípio do contexto. Esse princípio não leva em conta apenas o versículo, mas todo o contexto da passagem e do livro onde está inserida, em relação ao contexto de toda a Bíblia.

A grande lacuna a ser preenchida é a lacuna linguística. Pelo fato dos cristãos aceitarem a inspiração "literal" das Escrituras, aceitamos o fato de que as *próprias palavras e ideias* das Escrituras, em suas línguas originais, foram inspiradas pelo Espírito Santo.

Das palavras gregas empregadas para expressar o conceito de "Tabernáculo" no Novo Testamento (de acordo com a tradução Septuaginta das Escrituras hebraicas), apenas uma, a palavra *skene*, é utilizada para dar a ideia tanto do Tabernáculo de Moisés quanto do Tabernáculo de Davi.

Os escritores do Novo Testamento, embora escrevessem em grego eram, antes de tudo, crentes judeus. Como tais, não faziam qualquer distinção entre sagrado e secular, e empregavam a mesma palavra para ambos. Só é possível descobrir a qual Tabernáculo a palavra se refere através da análise gramatical da palavra.

O mesmo radical grego é usado para se referir ao Tabernáculo de Moisés, ao Tabernáculo de Davi, ao Tabernáculo celestial, e até mesmo à Festa dos Tabernáculos. Isso é bastante significativo, pois se houvesse motivo para distinguir as palavras, certamente essa distinção teria sido feita.

Se os escritores do Novo Testamento não fizeram nenhuma distinção entre diferentes palavras gregas e hebraicas, temos razão suficiente para aceitá-las, pois, isso prova claramente que até palavras hebraicas diferentes têm basicamente o mesmo significado, isto é, lugar de habitação, tanto secular quanto sagrado.

Em vista disso, os textos de Atos 15 e Amós 9 devem ser considerados levando-se em conta o versículo, seu contexto imediato, o livro, o Testamento e, sobretudo, todo o contexto bíblico. Somente pelo exame do conceito de Tabernáculo de Davi em toda a Bíblia chegaremos à interpretação correta das passagens que estão sendo analisadas.

Do ponto de vista hermenêutico, nós não usamos o Antigo Testamento para interpretar o Novo Testamento, mas nós, crentes da Nova Aliança, empregamos o Novo Testamento para interpretar o Antigo Testamento, permeando tudo pela cruz. A cruz é a chave! Assim, por que precisamos fazer distinção do uso de palavras diferentes no Antigo Testamento para "Tabernáculo" se os próprios escritores do Novo Testamento não a fizeram?

Antigo Testamento hebraico	Novo Testamento grego
1. Ohel	1. Skene
2. Mishkan	2. Skene
3. Sookah	3. Skenopegia

"O Tabernáculo de Davi" é evidentemente uma expressão escriturística relacionada a Davi e a tudo quanto ele fez. Veremos que a expressão, na verdade, inclui tanto o *Reino* davídico quanto a ordem de *Adoração* estabelecida por Davi no monte Sião.

Há grande quantidade de material disponível relacionado ao Tabernáculo de Moisés, e de maneira geral esse tema das Escrituras é bem mais conhecido pelo povo de Deus. Todavia, as passagens das Escrituras relacionadas ao Tabernáculo de Davi colocam diante do crente a verdade integral. Muitos versículos e passagens bíblicas que aparentemente não tinham um significado real adquiriram um novo sentido através do estudo dessa expressão. Por isso a pergunta: "O que as Escrituras dizem sobre esse Tabernáculo?".

Apresentamos aqui um diagrama com o resumo dos principais fatos de nosso estudo do termo "Tabernáculo".

RESUMO DO ESTUDO DO TERMO			
ANTIGO TESTAMENTO			
Tabernáculo do Senhor – Mishkan	Tabernáculo montado por Davi – Ohel	Tabernáculo de Davi Ohel	Tabernáculo de Davi Sookah
Tabernáculo do Senhor construído por Moisés no altar em Gibeom (1 Cr 16.39; 2 Cr 3 – 6;13; 1 Rs 3.4, 5) Zadoque e os sacerdotes oferecem ofertas de manhã e à tarde nesse Tabernáculo (1 Cr 16.40) Davi colocou nesse Tabernáculo alguns cantores e músicos (1 Cr 16.41, 42)	Davi preparou um lugar para a Arca de Deus. Davi montou uma tenda para a Arca de Deus no monte Sião, em Jerusalém (2 Sm 6.17-19; 1 Cr 15 e 16). Davi nomeou sacerdotes e levitas para servirem diariamente nesse Tabernáculo como cantores e músicos diante da Arca de Deus A ordem de adoração davídica foi estabelecida no Monte Sião A arca de Deus estava nessa tenda, representando o trono de Deus na terra Ministério sacerdotal	Um descendente de Davi se assentaria no trono, nessa tenda, e julgaria com retidão e justiça, misericórdia e verdade O trono fica na tenda de Davi (Is 16.5)	O Senhor irá reconstruir novamente a tenda caída de Davi e irá erguê-la das ruínas, como fez no passado. O remanescente de Edom e os pagãos serão conquistados. O nome do Senhor será declarado sobre eles Nota – Amós 9.11, 12 Nota – 2 Samuel 11.11 A Arca de Deus também estava numa tenda (*sookah*).

NOVO TESTAMENTO
Tabernáculo de Davi – SKENE

O Senhor reconstruirá novamente o Tabernáculo caído de Davi (*skene*). Ele o levantará das ruínas. Os gentios entrarão nesse Tabernáculo. Eles clamarão o nome do Senhor (At 15.15-18). Tiago menciona que isso seria o cumprimento do que foi profetizado em Amós

Judeus e gentios, juntos na tenda do Messias, são reis e sacerdotes do Senhor. A ordem de Melquisedeque

CAPÍTULO 3

O CONTEXTO HISTÓRICO DE ATOS 15

Devemos começar com uma breve análise de Atos 15, uma vez que é nesse contexto que o assunto relativo ao Tabernáculo de Davi é introduzido pelo seu escritor, Lucas, mais especificamente pelo apóstolo Tiago.

Os fatos da história da igreja primitiva narrados no capítulo 15 de Atos ocorreram entre os anos 50 e 51 d.C. Nessa época, o Senhor Jesus Cristo estava edificando a sua igreja, conforme havia prometido. Naturalmente, a revelação plena da verdade da igreja como sendo o corpo de Cristo ainda não havia sido compreendida pelos apóstolos ou pelos crentes em geral.

Cerca de dezoito anos atrás (33 d.C.), o Senhor Jesus derramou seu Espírito sobre os judeus e batizou-os na igreja, que é seu corpo (At 2.1-4). Alguns anos mais tarde (por volta de 41 d.C.), o Senhor derramou novamente seu Espírito sobre os gentios, na casa de Cornélio, batizando-os no mesmo corpo (At 10 e 11). Nas duas ocasiões Pedro foi o instrumento para usar as chaves do reino do céu a fim de permitir a entrada, pela porta da fé, tanto de judeus quanto de gentios, conforme o Senhor havia prometido (Mt 16.15-19).

Todavia, a revelação de que judeus e gentios formavam uma só igreja e faziam parte de um só corpo, o corpo de Cristo, ainda não tinha sido plenamente compreendida pelos primeiros apóstolos. Coube ao apóstolo Paulo declarar essa verdade. Por isso ele escreveu em 1 Coríntios 12.13, dizendo: "Pois em um só corpo todos nós fomos batizados em um único Espírito: quer judeus, quer gregos, quer escravos, quer livres. E a todos nós foi dado beber de um único Espírito". O apóstolo Paulo havia aberto a porta da fé para os gentios (At 14.27), transformando-se assim no grande apóstolo dos gentios.

Coerente com seu padrão de aproximação, Paulo começava sempre pelas sinagogas judaicas, ou seja, buscava "primeiro ao judeu" (Rm 1.16) para levar o evangelho de Cristo. Um estudo dessas passagens de Atos confirma esse fato. Leia Atos 13.5, 15; 14.1; 17.1; 18.5; 19.8; Romanos 1.13-16; 2.9, 10; 10.12.

Depois de ter buscado primeiro os judeus, Paulo voltou-se então para os gentios, uma vez que este era seu ministério específico. Principalmente depois de os judeus terem rejeitado o evangelho de Cristo e se considerarem imerecedores da vida eterna. Leia Atos 13.46; 28.25-29; Romanos 15.9-18, 27; 16.4 e Atos 9.15.

Como crescia a oposição dos judeus, Paulo se dirigia cada vez mais aos gentios, levando-lhes o evangelho. Os gentios foram sensíveis ao evangelho da graça de Deus, provocando o ciúme dos judeus, o que era propósito de Deus, conforme predito pelos profetas (Rm 10.19-21; Is 65.1, 2).

O problema na época do relato de Atos 15 era o conflito envolvendo os milhares de judeus e gentios crentes que estavam chegando à igreja do Senhor Jesus Cristo.

Não podemos esquecer que a igreja primitiva estava passando por um notável período de transição, saindo da Antiga Aliança, com todas as suas leis e rituais que os mantinham cativos, e passando para a Nova Aliança, com a sua liberdade em Cristo. Parecia que a igreja primitiva ia dividir-se em duas facções, duas igrejas: uma para os judeus e outra para os gentios, dividindo assim o corpo de Cristo.

O Problema – At 15.1-5

Esses versículos revelam que alguns homens tinham saído da Judeia e foram visitar as igrejas dos gentios. A controvérsia deles girava basicamente em torno de duas questões principais:

1. Os gentios deveriam ser circuncidados
A circuncisão era o selo da aliança abraâmica (Gn 17) e tinha sido confirmada pela aliança mosaica (Êx 12.43-50). De modo geral, os gentios ou prosélitos do judaísmo só podiam participar da aliança com Deus através do ritual da circuncisão (At 7.8).

2. Os judeus deveriam obedecer à lei de Moisés
Isso incluía as leis morais, civis e cerimoniais que faziam parte da aliança mosaica.

O motivo da discussão era se os gentios teriam que se sujeitar a essas coisas juntamente com a fé em Cristo para serem salvos. Era Moisés de um lado e Cristo de outro, numa mistura de fé e obras, lei e graça, Moisés e Jesus, Antigo Testamento e Novo Testamento.

Paulo e Barnabé, que haviam sido enviados especificamente para os gentios pela igreja de Antioquia (At 13.1-4) enfrentaram muitas discussões e debates com esses mestres judaizantes.

Finalmente ficou decidido que as partes envolvidas deveriam ir a Jerusalém, de volta à igreja local de onde esses irmãos tinham saído para provocar tumulto entre as igrejas dos gentios.

Jerusalém foi a primeira igreja, e ali estava o governo apostólico original dos doze apóstolos, por isso era o único lugar onde eles poderiam se reunir para decidir a questão.

Durante o percurso, eles passaram por várias cidades, e contaram às igrejas como os gentios estavam se convertido, o que trouxe grande alegria para todos os irmãos.

Na chegada deles a Jerusalém, foram recebidos pelos apóstolos, pelos anciãos e por toda a igreja. Paulo e Barnabé relataram tudo o que Deus tinha feito por meio deles entre os gentios. Alguns da seita dos fariseus se levantaram e apresentaram as questões polêmicas aos apóstolos, aos anciãos e à igreja.

O Concílio – At 15.6-21

Foi formado um concílio temporário pelos apóstolos e anciãos para considerar essa questão, e houve muita discussão, com apresentação de argumentos pró e contra. A questão, na verdade, era um grave problema doutrinário, relacionado ao conflito entre a igreja da antiga aliança e a igreja da Nova Aliança, ou seja, entre lei e graça. Como conciliar circuncisos e incircuncisos no mesmo corpo? O problema entre carne e espírito, cerimônias e lei espiritual, era evidente. Para ser salva, a pessoa deveria ou não se submeter à circuncisão? A pessoa poderia ser salva sem a Lei ou somente pela Lei?

Paulo e Barnabé, ambos hebreus circuncidados, discutiram com os mestres judaizantes, legalistas, que misturavam lei e graça e colocavam Cristo de um lado e Moisés de outro. Os apóstolos foram contra esse "fermento de legalidade" que estava sendo lançado nas igrejas dos gentios.

Houve muita discussão durante os debates, e quando finalmente cessaram as discussões, a decisão coube às quatro autoridades principais: Pedro, Barnabé, Paulo e por fim, Tiago.

A seguir, iremos analisar o que ficou decidido pelo Concílio de Jerusalém.

1. O apóstolo Pedro – apóstolo da circuncisão (At 15.7-11; Gl 2.7, 8)

O apóstolo Pedro foi o primeiro a falar, lembrando aos presentes que ele foi o primeiro que o Senhor Jesus escolheu para ir pregar aos gentios a fim de que estes ouvissem o evangelho por sua boca e cressem para ser salvos. Isso foi o cumprimento da palavra profética de Cristo a Pedro, conforme Mateus 16.15-19, onde lemos que lhe foram dadas "as chaves do reino do céu".

No livro de Atos, vemos Pedro utilizando essas chaves. Primeiro para os judeus, no dia de Pentecostes, durante o primeiro derramamento do Espírito (At 2). Em seguida, aos gentios, na casa de Cornélio, durante o próximo derramamento soberano do Espírito (At 10 e 11).

Uma leitura cuidadosa dos capítulos 10 e 11 de Atos revela o quanto Pedro relutou em se sujeitar à ordem de pregar aos gentios. O próprio Senhor Jesus havia dado a Pedro a visão dos animais impuros e dos répteis da terra descendo do céu em um lençol. Essa visão repetiu-se três vezes, para que "pela boca de duas ou três testemunhas" fosse confirmada cada palavra (Dt 19.15).

O Espírito Santo ordenou que Pedro fosse com os homens enviados por Ele. Pedro obedeceu à ordem, apesar de não ter a mínima ideia do que estava acontecendo, nem de qual era o propósito de Deus para os gentios.

Assim, Pedro, acompanhado de seis irmãos, foi até a casa de Cornélio, ou seja, até os gentios. Pedro confessou aos presentes que estava começando a perceber que Deus não fazia acepção de pessoas, e que Ele honrava aqueles que o temiam, de *todas as nações*.

Enquanto Pedro pregava a Palavra do evangelho, o Senhor derramou soberanamente seu Espírito sobre os gentios, confirmando o acontecimento com as mesmas evidências do derramamento soberano do Espírito sobre os judeus no Pentecostes, isto é, através do dom de línguas (At 10.44-46; 11.15-17; 2.1-4).

Aparentemente, Pedro não pretendia batizar os gentios com água, porém, quando viu que o Senhor Jesus havia derramado seu Espírito Santo sobre eles, mandou que os gentios fossem batizados com água, em nome do Senhor. Esse batismo foi consequência do primeiro, e sua conclusão.

Quando Pedro retornou a Jerusalém, os que eram da circuncisão contenderam com ele sobre essa questão de ter ido aos gentios. Antes da cruz, Jesus tinha proibido os doze de ir aos samaritanos e às cidades dos gentios (Mt 10.5). Depois da cruz, Jesus ordenou-lhes que fossem por todo o mundo, a todas as nações, para pregar o evangelho (Mt 28.19, 20; Mc 16.15-20). Eles ainda não haviam entendido plenamente as implicações dessa comissão.

Com o testemunho de Pedro, os da circuncisão se dispuseram a aceitar a visitação divina e se alegraram porque Deus estava concedendo "arrependimento para a vida até mesmo aos gentios" (At 11.18).

Resumindo os comentários de Pedro no Concílio, podemos observar:

a. Deus usou Pedro para levar o evangelho aos gentios.
b. Os gentios creram no evangelho, separadamente da circuncisão e da Lei.
c. Deus confirmou em seus corações, derramando o Espírito Santo sobre eles, dando-lhes a mesma evidência que dera aos judeus.
d. Os gentios tiveram o coração purificado pela fé.
e. A circuncisão e a lei foram consideradas um "jugo pesado demais" que nem os judeus do presente nem seus antepassados podiam suportar.
f. Pedro resumiu seu discurso dizendo que os gentios podiam ser salvos pela *Graça*, assim como os judeus.

Logo, circuncisos e incircuncisos, judeus e gentios, todos são salvos pela graça mediante a fé, sem circuncisão nem obras da lei. Deus vê o coração. Esse foi o testemunho de Pedro.

2. O apóstolo Paulo e Barnabé (At 15.12)

O livro de Atos mostra que Barnabé e Paulo foram enviados juntos para trabalhar entre os gentios (At 13.1-4).

Em Atos 11.19-22, vemos que os discípulos espalharam a semente do Evangelho durante um período de perseguição. Consequentemente, muitos gentios creram.

A igreja de Jerusalém enviou Barnabé a Antioquia. Depois de ter visto a graça de Deus se derramar sobre os gentios, Barnabé foi a Tarso buscar Saulo. Encontrando-o, levou-o consigo a Antioquia, onde juntos ensinaram os crentes gentios (At 11.22-26).

Após alguns anos ali, o Espírito Santo indicou explicitamente que Barnabé e Paulo deveriam ser separados para uma tarefa especial. Depois de passarem um tempo em jejum e oração, Saulo e Barnabé foram comissionados para essa obra pela imposição de mãos dos profetas e mestres (At 13.1-3).

Atos 13.4 a 14.28 registram os acontecimentos dessa primeira viagem apostólica e a notável receptividade dos gentios em várias cidades, assim como a de alguns judeus nas sinagogas, e muita oposição de outros.

Deus confirmava sua Palavra entre os gentios com sinais e maravilhas, e muitas igrejas foram plantadas nessas cidades.

No devido tempo, Barnabé e Paulo voltaram para a igreja em Antioquia e relataram o que Deus havia feito com eles e por intermédio deles.

Barnabé e Paulo tinham boa qualificação para testificar diante do Concílio de Jerusalém que Deus havia salvado os gentios independentemente de circuncisão e independentemente de obras e cerimônias da lei. Deus salvou tanto judeus quanto gentios pela graça, mediante a fé.

De acordo com o pensamento de Paulo e Barnabé, Deus olha para o coração, e não para o que diz respeito à carne.

Paulo foi especialmente designado para ser o apóstolo dos incircuncisos, o apóstolo dos gentios (Gl 2.7-9). O evangelho da justificação pela fé, pregado por Paulo e exposto no livro de Romanos, testemunha plenamente a verdade de que o evangelho de Cristo é tanto para os judeus quanto para os gentios (Rm 2.24-29; 3.29,30; 4.9-12). Deus não faz diferença entre a salvação dos judeus e dos gentios. A salvação de ambos é firmada no mesmo fundamento: a graça de Deus.

3. O apóstolo Tiago (At 15.13-18)

Depois de Pedro testemunhar do derramamento soberano do Espírito sobre os gentios através de seu ministério, e da evidência da graça salvadora de Deus sobre os gentios pelo ministério de Barnabé e Paulo, o apóstolo Tiago levantou-se para falar.

Tiago, Pedro e João eram os pilares da igreja de Jerusalém (Gl 2.9).

Um estudo dos capítulos 1 e 2 de Gálatas revela a extensão que a questão da situação do gentio alcançava na igreja primitiva. O período de transição da dispensação da antiga aliança para a dispensação da nova aliança certamente teve suas dores de parto.

Pedro obedeceu imediatamente à revelação concernente à graça de Deus para os gentios, mas depois voltou atrás, temendo os irmãos da circuncisão, que tinham vindo da parte de Tiago.

Ao que parece, até Barnabé vacilou e se deixou levar pela hipocrisia, embora tenha visto o poder da graça de Deus entre os gentios (Gl 2.13).

A tese *favorável* à circuncisão seria defendida com base no fato de que era o selo da aliança feita com Abraão, *antes da lei* (Gn 17; Rm 4.11). Qualquer indivíduo que recusasse esse rito era excluído. Somente aquele que era circuncidado podia participar da aliança com Deus e tinha direito às bênçãos, aos privilégios e às promessas dessa aliança (At 7.8).

Novamente, eles estavam discutindo que a circuncisão havia sido *confirmada debaixo da Lei*. Esse ritual era tão sério que Deus quis matar Moisés por ele não ter circuncidado seus próprios filhos, deixando-os de fora da relação de aliança com Deus (Êx 4.24-26).

Na nação de Israel, nenhum homem podia participar da Páscoa, fosse judeu, israelita ou gentio, se não fosse circuncidado (Êx 12.43-50; Js 5.1-10).

Esses, sem dúvida, seriam os argumentos em favor desse ritual. A circuncisão foi dada na aliança abraâmica e confirmada na aliança mosaica, e deveria continuar na nova aliança.

Entretanto, como já foi mencionado, Pedro, Barnabé e Paulo haviam testemunhado que Deus salvava os gentios independentemente da circuncisão. Eles apresentaram a tese *contrária* à circuncisão e as obras da Lei.

O apóstolo Paulo teve que enfrentar a atitude de Pedro em relação a essa questão quando este voltou atrás de seu testemunho anterior. Se Pedro, sendo judeu, foi aos gentios, comeu com eles e viu a graça de Deus se derramar sobre eles, então por que deveria esperar que os gentios vivessem como judeus?

O judeu não podia exigir que o gentio se transformasse em judeu a fim de ser salvo, pois o próprio Deus não havia exigido isso. Deus mesmo salvou o judeu como judeu e o gentio como gentio, pela fé na obra redentora de Cristo.

Em Cristo, o fato de ser judeu ou gentio não importa, mas sim ser nova criatura. Judeu e gentio se referem à nacionalidade e à nação de origem. Em Cristo, Deus admitiu um novo nascimento espiritual. Todos seriam agora um "em Cristo" (Gl 3.28; 6.15). Esse era o verdadeiro Israel de Deus.

As distinções de nacionalidade cessam de existir em Cristo, na igreja, que é o corpo de Cristo. Essa é a verdadeira comunidade de Israel, o Israel de Deus (Gl 6.16; Ef 2.11-22; 3.5, 6).

Voltando ao texto de Atos 15, vejamos o que o apóstolo Tiago tinha a declarar com referência aos gentios e ao encontro deles com Cristo.

Depois que Barnabé e Paulo terminaram de falar, Tiago encerrou o Concílio apelando para as Escrituras. Ele confirmou o testemunho de Pedro de que Deus de fato estava separando dentre os gentios um povo para ser chamado pelo seu nome.

Vejamos o texto bíblico completo:

> Concordam com isso as palavras dos profetas, conforme está escrito: "Depois disso voltarei e reconstruirei a *tenda caída de Davi*. Reedificarei as suas ruínas, e a restaurarei, para que o restante dos homens busque o Senhor, e *todos os gentios* sobre os quais tem sido invocado o meu nome, diz o Senhor, que faz estas coisas conhecidas desde os tempos antigos"
> (Atos 15.15-18).

Tiago citou uma passagem de um dos profetas do Antigo Testamento, apelando para as Escrituras como argumento final. Porém, antes de examinar este texto mais detalhadamente, vejamos o veredicto final do Concílio de Jerusalém.

4. A decisão final (At 15.19-21)

O Concílio chegou à decisão, declarada por Tiago, de que as igrejas dos gentios não precisavam exigir que estes fossem circuncidados, nem que se submetessem à lei de Moisés. Os mestres da lei judaizantes foram advertidos para não colocarem obstáculos à conversão dos gentios.

Quatro coisas foram proibidas tanto aos gentios como aos judeus:

• Abstinência da impureza dos ídolos
• Abstinência da imoralidade sexual
• Abstinência de animais estrangulados
• Abstinência do sangue

Sobre essas proibições, leia os textos de 1 Coríntios 8.1-13; Gênesis 9.4; Levítico 17.10-14; 22.8;

1 Coríntios 5.1-13; 6.13-20 e 7.2.
Em síntese, Deus estava proibindo a idolatria e a imoralidade, que também eram proibidas para qualquer pessoa que desejasse manter um relacionamento verdadeiro com Deus.

5. As cartas enviadas às igrejas dos gentios (At 15.22-35)

Foram enviadas cartas às igrejas dos gentios, levadas por um grupo formado pelos profetas Judas e Silas, juntamente com Barnabé e Paulo.

Chegando a Antioquia, houve grande alegria entre os crentes gentios ao lerem a carta.

Assim, o grande cisma que ameaçava a igreja primitiva, o corpo de Cristo, foi impedido com a liderança e a revelação apostólica.

Retornando à passagem das Escrituras citada por Tiago, podemos observar que esse texto provoca uma série de questões.

O leitor deve observar, em primeiro lugar, que não foi a visão de Pedro sobre o ministério aos gentios nem o ministério de Paulo e Barnabé que levaram à decisão final no Concílio de Jerusalém, mas o que estava escrito nas Escrituras, no Antigo Testamento.

Tiago, inspirado pela Palavra de sabedoria, citou essa passagem pouco conhecida das Escrituras referente aos gentios, assim como Pedro no dia de Pentecostes tinha citado o profeta Joel com relação ao derramamento do Espírito sobre os judeus. A citação é do texto de Amós 9.11, 12. É interessante observar algumas ligeiras diferenças de interpretação por parte do apóstolo, pelo Espírito, sobre a palavra do profeta.

Vamos comparar as duas passagens e examinar os pontos contrastantes, para tornar as diferenças mais evidentes.

O PROFETA AMÓS (Amós 9.11,12)	O APÓSTOLO TIAGO (Atos 15.14-17)
• Naquele dia	• Depois disso voltarei
• Levantarei a tenda caída de Davi	• Reconstruirei a tenda caída de Davi
• Consertarei o que estiver quebrado	
• Restaurarei as suas ruínas	• Reedificarei as suas ruínas
• Eu a reerguerei para que seja como era no passado	• e a restaurarei
• Para que o meu povo conquiste o remanescente de Edom	• para que o restante dos homens busque o Senhor
• e todas as nações	• e todos os gentios
• que se chamam pelo meu nome	• sobre os quais tem sido invocado o meu nome
• declara o Senhor, que fará essas coisas	• diz o Senhor que faz estas coisas

Focalizando os pontos mais importantes, temos:

Deus está chamando os gentios para tirar do meio deles um povo que será chamado pelo seu nome.

As palavras dos profetas do Antigo Testamento estão de acordo com isso.

Embora mencione "profetas", Tiago cita apenas um profeta: Amós.

O cerne da profecia expressa que:

"Depois disso *voltarei*
Reconstruirei o Tabernáculo de Davi.

O Tabernáculo caído de Davi
eu levantarei novamente as suas ruínas
e a *restaurarei*."

O propósito é que o remanescente de Edom (restante dos homens) busque o Senhor, e que os gentios (todas as nações) tenham o nome do Senhor sobre eles.
É Deus quem está fazendo essas coisas.
Essas obras eram conhecidas por Deus desde a fundação do mundo.

Não podemos nos esquecer de que a igreja primitiva até então não tinha o Novo Testamento. Tudo o que Deus estava fazendo no meio deles tinha que ter respaldo e fundamento nas Escrituras do Antigo Testamento. Este era a único e infalível argumento de apelação. A igreja primitiva tinha que descobrir o Novo Testamento no Antigo Testamento. Por isso, Tiago está dando, através do Espírito, uma Palavra de Sabedoria, aplicando corretamente uma passagem do Antigo Testamento à questão relacionada aos gentios.

Essas passagens das Escrituras provocam em nós uma série de questões que demandam respostas.

O que fez o apóstolo Tiago citar essa passagem das Escrituras do profeta Amós? Aparentemente, essa passagem não tinha nada a ver com o contexto imediato, anterior ou posterior. Aparentemente, Tiago citou-a totalmente fora do contexto, tanto na aplicação como no modo de empregá-la.

Além disso, o que a reconstrução do Tabernáculo de Davi tem a ver com a entrada dos gentios na dispensação do evangelho? O que é o Tabernáculo de Davi? Por que os gentios não podiam vir para o Tabernáculo de Moisés? Davi tinha um Tabernáculo? Como ele era? Os gentios entraram no Tabernáculo de Davi?

Mais ainda, onde estava o Tabernáculo de Davi naquela época? Se ele devia ser reconstruído e ter suas ruínas restauradas nos dias do passado, então o que significa essa reconstrução? O que exatamente aconteceu nos dias antigos?

Quando Tiago citou essa passagem, aplicando-a no contexto da discussão entre judeus e gentios, ela deveria ser entendida no sentido literal ou espiritual? Estamos esperando uma restauração literal do Tabernáculo de Davi ou devemos procurar algum significado espiritual?

Os gentios entraram no Tabernáculo? O que isso tem a ver com gentios, pagãos, o restante dos homens, ou o remanescente de Edom?

Se esse Tabernáculo de Davi deve ser entendido literalmente, então, onde ele está atualmente? Seria reconstruído no período da igreja primitiva ou durante a história da igreja? Ou será construído no futuro?

Qual seria então o significado exato e a interpretação correta dessa passagem? Ela se refere aos judeus e à nação dos judeus? Essa nação foi reconstruída ou entrou no Tabernáculo de Davi? Como é possível conciliar isso com o Tabernáculo de Moisés na nação de Israel?

Sem dúvida a passagem inteira levanta inúmeras questões, que precisam ser respondidas pela Palavra de Deus.

Resumo

Analisamos o contexto histórico de Atos 15 para a igreja primitiva e a decisão do Concílio de Jerusalém em relação à questão entre os judeus e os gentios. A Palavra de Deus passou a ser o último tribunal de apelação. Os gentios, assim como os judeus, seriam bem-vindos no Tabernáculo de Davi, que Deus estava reconstruindo – seja ele qual for!

Colocadas essas questões, procuremos agora algumas respostas.

CAPÍTULO 4

IMPORTÂNCIA DA HISTÓRIA DE DAVI

Há inúmeros personagens na Bíblia que proporcionam excelentes estudos biográficos. Se reconhecermos que esta é uma das principais razões para que Deus permitisse o registro de tantas coisas sobre várias pessoas, isto poderá nos ajudar a entender melhor a Palavra de Deus. Alguns registros são maiores, outros menores, dependendo do quanto suas características pessoais estão relacionadas aos propósitos divinos.

Determinadas pessoas são figuras de Cristo ou dos crentes quer no caráter, quer no serviço, quer na função. Caim, Cão, Absalão, Saul, Judas e vários outros, apresentam certos traços de personalidade relacionados com Satanás e com o espírito do Anticristo, ou com características do ímpio.

Geralmente, ambos os grupos têm indivíduos que manifestam algumas características distintas daqueles que tipificam:

- *Adão* foi um tipo de Cristo. Adão foi o primeiro homem e Cristo foi o último Adão, o Segundo homem, o Senhor do céu (1 Co 15.45-47; Rm 5.14).
- *Isaque*, o único filho unigênito do Antigo Testamento, manifesta certas características que tipificam Jesus, o filho unigênito do Novo Testamento (Hb 11.17-19; Jo 3.16).
- *José*, o filho amado de Jacó, foi rejeitado e depois exaltado, manifestando características que tipificam Jesus, o Filho amado do Novo Testamento, também rejeitado e depois exaltado (Fp 2.1-12; At 2.34-36).
- *Arão*, como vimos nos camafeus divinos, pelo serviço e ministério de sumo sacerdote de Israel e mediador da nova aliança (Hb 7.1-12).

Desta forma, essas coisas podem ser vistas nas várias pessoas mencionadas acima, cada uma tipificando alguma verdade distinta concernente à pessoa de Cristo.

A mesma coisa acontece em relação às características negativas das pessoas ímpias mencionadas.

- *Caim* manifesta características de Satanás, como assassino e mentiroso, ao rejeitar o sangue do cordeiro (Gn 4.1-16; Jo 3.12).
- *Coré* e seus companheiros manifestaram as características da rebelião de Satanás contra o governo divino (Nm 16).

Uma das figuras mais notáveis do Messias é o rei Davi, o amável cantor e salmista de Israel. Seu nome é mencionado centenas de vezes nas Escrituras. Abraão se destaca por aquilo que foi diante de Deus. Moisés se destaca por causa de seu ministério notável. Davi também se destaca no que foi provado em sua vida em relação aos propósitos de Deus.

Antes de mais nada, devemos reconhecer que não existe um tipo ou figura "perfeito" ou completo. A natureza das pessoas usadas por Deus como tipos era marcada por imperfeições e fraquezas. Deus teve que usar o que era imperfeito para simbolizar seu Filho até que este viesse. Isso pode ser visto claramente na vida de pessoas como Moisés, o profeta, Arão, o sumo sacerdote e outros juízes, profetas, sacerdotes e reis. Todos tiveram suas vidas marcadas por fraqueza moral, imperfeição e enfermidade, mas Deus usou-os para tipificar e prefigurar os aspectos do ministério de seu filho unigênito.

Isso também vale para o rei Davi. Davi, embora marcado pela imperfeição e pelas fraquezas de sua natureza pecaminosa, é usado pelo Senhor Deus para simbolizar o Messias, o verdadeiro Filho de Davi.

A vida de Davi, de acordo com essa interpretação, pode ser dividida basicamente em dois períodos, prefigurando a vida do Messias, Filho de Davi: fase da rejeição e fase da exaltação.

1. Fase da rejeição de Davi

Davi aparece pela primeira vez como um pastor em Belém de Judá. Com a desobediência e consequente rebelião do rei Saul, Deus chamou o profeta Samuel para ungir o jovem pastor, Davi, para que este assumisse o trono no tempo indicado por Deus. Davi significa "amado".

Samuel chamou os filhos de Jessé e todos passaram diante dele, mas o Senhor não aceitou nenhum para ser o novo rei. Finalmente, Davi, que estava cuidando das ovelhas, foi apresentado ao profeta. O Senhor então ordenou que Samuel ungisse Davi para aquele alto e santo cargo. O Espírito do Senhor selou essa unção vindo habitar em Davi a partir desse dia. Entretanto, o Espírito do Senhor deixou o rei Saul, e um espírito mau passou a perturbá-lo (1 Sm 16.1-15). Davi não se dera conta, na ocasião, que o caminho para o trono passaria por um vale de humilhação e rejeição.

Davi foi trazido à presença do rei para tocar harpa e acalmar o espírito ruim que havia em Saul, e este o deixou por um tempo (1 Sm 16.16-18). Mais tarde, Davi tornou-se escudeiro de Saul, continuando a exercer sua função de músico, tocando para o rei sempre que ele estava perturbado pelo mau espírito (1Sm 16.19-23).

O Senhor usou Davi para vencer o gigante Golias (1 Sm 17). O rei Saul pediu a Jessé, pai de Davi, que deixasse o filho morar na residência real. Davi recebeu um posto elevado no exército, exercendo suas funções com sabedoria de modo que se tornou amado por todos no palácio.

Com os elogios dirigidos a Davi por causa da vitória sobre Golias, o rei Saul ficou tomado de inveja e de ciúmes por causa de Davi. Quando o mau espírito o perturbou, Saul pediu a Davi para tocar sua harpa, mas enquanto ele tocava, Saul atirou-lhe a lança. Davi escapou de morrer em várias ocasiões. Saul temia o comportamento sábio daquele jovem. Ele não havia ainda percebido que esse mesmo jovem, no devido tempo, iria substitui-lo no trono da nação de Israel (1 Sm 18).

A inveja e o ciúme de Saul fizeram que ele procurasse assassinar Davi. Davi fugiu para o deserto e para as cavernas da Judeia, onde viviam os aflitos, perseguidos, endividados e descontentes, que se juntaram a ele. Davi se tornou capitão desse exército (1 Sm 22.1, 2).

A partir daí, Davi transformou-se num fugitivo, caçado pelo rei Saul e pelos seus homens. Ele atravessou um período de humilhação e rejeição. Caçado pelo rei Saul, Davi escapou com vida em várias ocasiões pela misericórdia de Deus, através de Abiatar, o sacerdote com o éfode (a estola sacerdotal).

Nesse período, Davi teve duas oportunidades de matar o rei Saul, porém demonstrou um espírito reto, sabendo que não deveria tocar no ungido do Senhor, mesmo depois do rei Saul ter perdido essa unção!

"Não erga a mão contra o ungido do Senhor" – Davi tinha gravado essa lição no fundo do seu coração, mesmo se o ungido do Senhor estivesse errado (1 Sm 24.1-15; 26.5-25; Sl 105.15).

Quando chegou o tempo, Saul morreu por ter transgredido a ordem divina e procurado uma vidente para se aconselhar (1 Sm 28; 31; 1 Cr 10.13, 14). Terminou assim o período em que Davi foi humilhado e rejeitado por Saul.

2. Fase da exaltação de Davi

A segunda fase da história de Davi foi o período de exaltação. Com a morte de Saul depois de quarenta anos reinando como o primeiro rei de Israel, o povo procurou Davi para ser seu rei. Os israelitas reconheceram a unção de Deus sobre ele para ocupar esse cargo. Assim, Davi assumiu o trono e deu início a um reinado glorioso sobre toda a nação. Aqueles que haviam participado de sua experiência do exílio no deserto agora reinavam com ele na glória do reino davídico.

Nos vinte primeiros anos de seu reinado, Davi obteve vitória sobre os inimigos e conseguiu unificar as doze tribos de Israel em um notável reino unido.

Foi depois de ter sido exaltado ao trono de Israel que Davi edificou o Tabernáculo e tudo que diz respeito a ele (2 Sm 2.1-4; 5.1-12).

O padrão é evidente. Primeiro, Davi é ungido ainda como pastor para ser rei. Em seguida vem o período de humilhação e rejeição sob o governo de Saul. Depois disso, há o período de exaltação de Davi ao trono e posteriormente ele constrói o Tabernáculo de Davi e estabelece ali a ordem de culto. Primeiro, o pastor foi ungido, em seguida veio o sofrimento; depois disso o rei foi entronizado e exaltado e por fim edificou o Tabernáculo que tem o seu nome.

Como uma figura da vida de Cristo, o magnífico Filho de Davi, as correspondências e aplicações deveriam ser evidentes.

3. Fase da rejeição de Cristo

Jesus, como Davi, nasceu em Belém de Judá. Foi ungido com o Espírito Santo no rio Jordão. O Espírito do Senhor veio sobre Ele quando estava entre seus irmãos. Ele foi aceito e amado pelas pessoas comuns, que reconheciam sua unção (Lc 4.18-22). Ele era o bom pastor disposto a dar a vida pelas ovelhas (Jo 10.11).

Entretanto, os líderes religiosos de seu tempo, os sacerdotes, os escribas, os fariseus e os saduceus ficaram com inveja e ciúmes dele, e assim fizeram o povo se voltar contra Ele. Todos eles representavam o "governo de Saul" da época de Cristo. Tinham perdido a unção, embora permanecessem como os ungidos do Senhor. Logo começaram a atirar as "lanças" de falsas acusações, de ódio, inveja e assassínio sobre Ele (Mt 12.14; Mc 15.10).

Nesse tempo, Jesus reuniu à sua volta discípulos oriundos das classes inferiores e marginalizadas. Essas pessoas estavam dispostas a sofrer com Ele na sua rejeição. No devido tempo, Cristo foi rejeitado e crucificado no Calvário. Isto encerra seu período de humilhação (Is 53).

4. Fase da exaltação de Cristo

O segundo período do ministério do Messias é o de exaltação e entronização. Depois de sua humilhação e morte, Deus o ressuscitou dos mortos e colocou-o à sua direita, exaltando-o sobremaneira e dando-lhe um nome acima de todos os nomes (Ef 1.21-23; At 2.29-36; Fp 2.1-12).

Ele agora está assentado com o Pai no seu trono de glória. Os profetas predisseram os sofrimentos de Cristo e a glória que viria em seguida (1 Pe 1.10-12; Ap 3.21).

Aqueles que sofrem com Ele reinarão com Ele (2 Tm 2.12). Depois de sua exaltação ao trono, Ele também começou a construir seu Tabernáculo – a igreja, que é chamada pelo seu nome. Essa igreja é o verdadeiro Tabernáculo de Davi (Mt 16.18, 19); At 15.15-18).

Logo, Cristo Jesus foi primeiramente o pastor, que, depois de ungido, experimentou os sofrimentos da cruz e se tornou o rei entronizado em glória. Ele é o legítimo Filho de Davi, pois pertence à raiz e descendência de Davi (Mt 1.1; Ap 22.16).

O diagrama a seguir representa esses períodos.

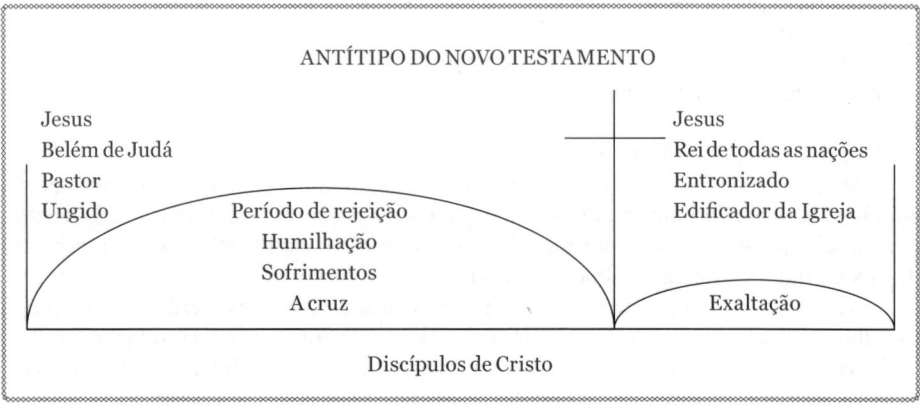

```
┌─────────────────────────────────────────────────────────────┐
│                    TIPO DO ANTIGO TESTAMENTO                │
│                                                             │
│  Davi                                              Davi     │
│  Belém de Judá                        Governo sobre Israel  │
│  Pastor                                         Ungido rei  │
│  Ungido                              Edificador do Tabernáculo │
│              Período de rejeição                            │
│                  Humilhação                                 │
│                  Sofrimentos                  Exaltação     │
│                                                             │
│                     Exército de Davi                        │
└─────────────────────────────────────────────────────────────┘
```

```
┌─────────────────────────────────────────────────────────────┐
│                  ANTÍTIPO DO NOVO TESTAMENTO                │
│                                                             │
│  Jesus                                             Jesus    │
│  Belém de Judá                         Rei de todas as nações │
│  Pastor                                         Entronizado │
│  Ungido         Período de rejeição     Edificador da Igreja │
│                    Humilhação                               │
│                    Sofrimentos                              │
│                     A cruz                     Exaltação    │
│                                                             │
│                  Discípulos de Cristo                       │
└─────────────────────────────────────────────────────────────┘
```

NOTA:
A vida de três homens das Escrituras apresenta um padrão semelhante a esse:

1. Moisés – primeiro foi pastor, depois rei, e posteriormente edificador do Tabernáculo, o Tabernáculo de Moisés. Rejeitado, e depois exaltado.

2. Davi – primeiro foi pastor, em seguida rei, depois edificador de um Tabernáculo, o Tabernáculo de Davi. Rejeitado, depois exaltado.

3. Jesus – primeiro um pastor, em seguida, rei, depois edificador do verdadeiro Tabernáculo, a Igreja do Novo Testamento. Rejeitado, depois exaltado.

CAPÍTULO 5

AS TRÊS UNÇÕES DE DAVI

Um dos fatos mais notáveis na história da vida de Davi é o fato dele ter recebido três unções distintas. Ele é o único personagem em toda a Escritura que recebeu três unções, e certamente o Espírito de Deus tinha um propósito ao deixar registrada essa informação. Antes de examinarmos a importância espiritual dessas unções, apresentamos a relação das passagens que registram essas informações. Examinaremos também o significado do ato de ungir.

Primeira unção de Davi – na presença de seus irmãos (1 Sm 16.1, 12, 13)
Segunda unção de Davi – como rei da tribo de Judá (2 Sm 2.4, 7, 11)
Terceira unção de Davi – como rei de Israel (2 Sm 5.1-5)

A REVELAÇÃO DO SANTO ÓLEO DA UNÇÃO

No livro de Êxodo, junto com as instruções que o Senhor deu a Moisés referentes ao Tabernáculo e tudo que estava relacionado a ele, encontramos as instruções específicas quanto ao preparo do santo óleo da unção. Leia Êxodo 30.22, 23.

Destacamos, a seguir, os pontos mais importantes.

1. Esse óleo deveria ser feito com finas especiarias

Mirra líquida	6 quilos
Canela	3 quilos
Cana aromática	3 quilos
Cássia	6 quilos
	18 quilos, de acordo com o peso padrão do santuário.
Azeite de oliva	1 galão

Temos, portanto, uma mistura de cinco ingredientes para fazer o santo óleo da unção. O número cinco representa a graça de Deus, a vida e a unção. É somente através da graça de Deus e da expiação que se pode obter o óleo da unção.

Essas especiarias produziam um sabor doce e amargo, e o óleo de oliva misturava tudo. Observe os versículos que se referem a essas especiarias: Cântico 1.13; 3.6; 4.6; Salmos 45.5-8.

O azeite de oliva misturando tudo se relaciona à unidade envolvida na santa unção do Senhor sobre seus ministérios (Sl 133; Êx 30.22-33).

Esse óleo era muito caro. "Getsêmani" significa "prensa de óleo", e foi por meio do sofrimento de Cristo (um alto preço) que o santo óleo da unção do Espírito foi fornecido para a igreja.

2. Todos os elementos deveriam ser misturados

Essa combinação de todos os elementos diz respeito à unidade e à mistura de especiarias doces e amargas de várias árvores por meio do óleo de oliva (Sl 133.1,2). A verdadeira unção se manifesta na unidade da igreja.

3. Seria o óleo sagrado para as unções
Era um símbolo do Espírito Santo de Deus. Nada profano poderia ser colocado sobre o povo do Senhor, ungido para servir e ministrar no santuário.

4. Deveria permanecer geração após geração
Cada geração precisa experimentar a santa unção do Senhor. É preciso uma unção renovada do Espírito para o serviço. Uma geração não pode servir sob a unção derramada sobre a geração anterior (cf. Jz 2.10).

5. Não podia ser derramado sobre a carne do homem
Isso diz respeito à natureza adâmica, a natureza não regenerada. O homem é "carne" e Deus não pode aceitar um ministério exercido na carne no estado caído e corrupto em que se encontra. Muitos serviços oferecidos na Casa do Senhor não passam de religiosidade da carne, segundo a mente de Deus, e o santo óleo da unção não deveria ser derramado sobre essa carne.

6. Não podia ser derramado sobre estrangeiros
É "estrangeiro" todo aquele que não nasceu no verdadeiro Israel de Deus. Somente pela regeneração é possível deixar de ser forasteiro e estrangeiro e se tornar concidadão dos santos e membro da família de Deus (Ef 2.12-22). O santo óleo de Deus não é para os estrangeiros (Jo 14.17; At 8.14-24).

7. Nenhum outro óleo poderia ser feito com a mesma composição, para uso pessoal
Deus proibiu terminantemente que se fizessem imitações desse óleo santo ou composições semelhantes a ele. Quem desobedecesse sofreria o juízo divino. Isso está relacionado à imitação das coisas divinas. Muitos hoje em dia substituem a unção do Espírito por uma falsa unção. Nos últimos dias surgirão falsos ungidos, alegando ser ungidos do Senhor, mas com uma unção falsa.

8. Todo aquele que violasse o mandamento seria cortado do meio do povo de Deus
Aqueles que ousassem imitar ou substituir o santo óleo da unção de Israel deveriam ser cortados do meio do povo de Deus. Muitos atualmente são "cortados" por falsificarem essa unção.

O Senhor foi bastante preciso ao explicar como deveria ser feito esse óleo sagrado. Esse óleo era diferente de todas as outras essências aromáticas. Não deveria ser falsificado de forma nenhuma, caso contrário, o falsificador sofreria a penalidade divina.

O USO DIVINO DO ÓLEO SAGRADO DA UNÇÃO

Deus também foi bastante claro ao dar as instruções sobre o uso do santo óleo da unção. Relacionamos abaixo uma série de coisas e pessoas que estavam sob a unção divina. Essa lista demonstra o uso específico de Deus para seu santo óleo. A unção santificava tudo e a todos, separando o que havia sido ungido para uso santo:

1. O Tabernáculo foi ungido (Êx 30.26-28; 40.1-11)
A arca do testemunho, a mesa dos pães da proposição, o candelabro de ouro, o altar do incenso, o altar do holocausto, a bacia e sua base e todos os utensílios deveriam ser ungidos.

2. A Bíblia menciona os patriarcas como ungidos do Senhor (Sl 105.15)
3. O sacerdote Arão e seus filhos eram ungidos (Êx 30.30; 40.12-16)
4. Os leprosos eram ungidos na cerimônia de purificação (Lv 13.15-18)
5. Os reis de Israel eram ungidos (1 Sm 9.16; 10.1; 15.17; 1 Rs 19.15, 16)
6. Às vezes os profetas eram ungidos (1 Rs 19.16; Ap 11.3, 4)

O significado da unção das pessoas e dos objetos é uma síntese daquilo que diz respeito ao "Ungido do Senhor".

A maior parte dos comentários da Bíblia considera o óleo da unção como um símbolo do ministério do Espírito Santo, que vivifica, ilumina e capacita aquele que é ungido ou aquilo que é ungido (Lc 4.18). Isso é confirmado pela palavra hebraica empregada no caso.

O Ungido do Senhor

A palavra hebraica para "ungido" é "mashiyach", referindo-se ao ungido, normalmente uma pessoa consagrada como um rei, sacerdote ou santo. Indicava explicitamente o Messias, Jesus Cristo.

A expressão "seu ungido" é usada pela primeira vez no cântico de Ana ao Senhor, referindo-se ao nascimento de Samuel (1 Sm 2.10):

1. O rei Saul foi chamado de "o ungido do Senhor" por causa desse santo óleo de unção derramado sobre ele pelo profeta Samuel (1 Sm 24.6, 10; 26.9-16; 2 Sm 1.14).
2. O rei Davi foi chamado de "o ungido do Senhor" por causa desse mesmo óleo de unção derramado sobre ele (2 Sm 19 – 21; 2 Cr 6.42; Sl 20.6).
3. O Messias, o Filho de Davi, é chamado nas profecias e nos salmos messiânicos de "o ungido do Senhor" (Sl 2.2; Dn 9.25, 26).

A importância da unção tanto no Antigo como no Novo Testamento é o fato de separar alguém para exercer uma função especial, como ungido do Senhor. Tendo em vista essas considerações, vejamos agora as três unções de Davi.

A primeira unção de Davi (1 Sm 16.1, 12, 13)

A primeira unção de Davi ocorreu *na presença de seus irmãos*. O rei Saul tinha perdido a unção por causa de sua rebelião obstinada à palavra do Senhor. O profeta Samuel lamentou a rejeição do rei Saul pelo Senhor, assim, o Senhor o desafiou a abandonar sua tristeza por alguém que o próprio Senhor havia rejeitado. Deus mandou que Samuel enchesse com óleo santo o vasilhame feito de chifre e fosse a Belém, à casa de Jessé, onde deveria ungir um jovem para ser o futuro rei de Israel, no tempo indicado por Deus. Samuel obedeceu.

Depois de oferecer o sacrifício juntamente com Jessé e seus filhos, Samuel mandou que todos os filhos de Jessé passassem diante dele. O Senhor disse claramente a Samuel que nenhum deles tinha sido escolhido para ser rei, "pois o Senhor não vê como o homem: o homem vê a aparência, mas o Senhor vê o coração" (v. 7).

Samuel perguntou então a Jessé se todos os seus filhos estavam presentes. Jessé disse a Samuel que seu filho mais novo, Davi, estava cuidando das ovelhas. Davi foi chamado diante do profeta do Senhor, e assim que chegou, o Senhor revelou a Samuel: "É este. Levante-se e unja-o" (v. 12).

Em seguida, Samuel apanhou o chifre com o óleo – chifre que fora providenciado com base no sacrifício de sangue (sem sangue também não há óleo!) – e derramou-o sobre a cabeça de Davi na presença de seus irmãos. A partir desse dia, o Espírito Santo veio sobre Davi. É importante destacar que o Espírito Santo agiu em conexão com aquilo que o simbolizava, pois, quando o santo óleo da unção foi derramado sobre Davi, o Espírito Santo também se derramou sobre ele! Em outras palavras, o verdadeiro Óleo da Unção veio sobre Davi quando o óleo simbólico da unção foi derramado sobre ele. Esta foi a primeira unção de Davi. Todavia, passariam anos até que Davi de fato se tornasse rei.

A SEGUNDA UNÇÃO DE DAVI (2 SM 2.4)

A segunda unção veio depois da morte do rei Saul, vários anos depois da primeira, quando Davi estava com trinta anos de idade (2 Sm 5.4). Na época da primeira unção ele era ainda muito jovem e imaturo, e não estava qualificado para governar o povo de Deus. Como mencionamos na visão panorâmica da história de Davi, depois de ter sido ungido quando ainda era um jovem pastor de ovelhas, Davi teve de esperar o tempo de Deus. Durante esse tempo, ele aprendeu com as experiências que sofreu. O leão, o urso e o gigante Golias foram vencidos através da força do Senhor. Davi também serviu como músico na corte de Saul, além de ter trabalhado como escudeiro do rei.

Se Davi não aprendeu com Saul como deveria agir, com certeza aprendeu como *não* deveria agir! Deus estava preparando seu rei para o trono. Davi precisou sofrer rejeição e humilhação nas mãos de Saul. Entre a unção, a promessa e o cumprimento da promessa ele teria que passar pela experiência do deserto. Tudo isso fazia parte do treinamento de Deus para levar Davi ao trono. Embora Davi tenha tido algumas oportunidades de matar Saul, ele não ousou tocar no ungido do Senhor, ainda que Saul tivesse perdido a verdadeira unção. Os detalhes desse período podem ser encontrados em 1 Samuel 16 – 30.

Quando Saul e seus filhos morreram (1 Sm 31; 2 Sm 1), Davi revelou seu verdadeiro caráter e o espírito de Cristo ao chorar e ficar de luto pela morte de todos eles. Embora tivesse passado por duras experiências, Davi não se tornou uma pessoa amarga. A graça de Deus se manifestou verdadeiramente na vida do rei-pastor.

Com a morte de Saul, Davi consultou o Senhor para saber sua vontade. O Senhor mandou que Davi fosse a Hebrom ("comunhão"), pois ali os homens de Judá iriam chegar e ungi-lo como rei sobre a casa de Judá.

A tribo de Judá reconheceu que Deus havia estabelecido Davi para substituir o rei Saul. Davi reinou sete anos e meio em Hebrom. Isso aconteceu sob a segunda unção de Davi (2 Sm 2.7-11).

A TERCEIRA UNÇÃO DE DAVI (2 SM 5.1-13)

A terceira unção veio depois dos sete anos e meio do reinado de Davi em Hebrom. A nação de Israel não tinha aceitado Davi como rei, apenas a tribo de Judá. O cetro tinha sido prometido à tribo de Judá. Entretanto, Israel se empenhou para manter o cetro na família de Saul, que era da tribo de Benjamim.

Houve uma longa guerra entre Israel e Judá, mas os que defendiam o trono para a família de Saul foram se enfraquecendo enquanto os defensores de Davi ficavam cada vez mais fortes (2 Sm 3.1).

Com a morte de Is-bosete, o filho de Saul que Abner havia posto no trono (2 Sm 2.8-10;

4.1-12), as doze tribos pediram a Davi que ele reinasse sobre toda a nação. Os israelitas reconheceram a palavra profética que tinha sido proferida diante de Davi anos antes e agora formavam uma aliança diante do Senhor. Assim, Davi foi ungido rei sobre toda a nação de Israel. Esta foi a sua terceira unção (2 Sm 5.3). Davi tinha trinta anos quando começou a reinar, e reinou durante quarenta anos como o ungido do Senhor (2 Sm 5.4, 5).

Significado espiritual das três unções

É evidente que por trás das unções reais de Davi nos seus respectivos contextos históricos, há um significado espiritual muito mais profundo. Sem dúvida Davi tocou alguma coisa em sua experiência diante de Deus como o ungido do Senhor. Nessas unções, Davi era uma figura do Senhor Jesus Cristo, que é o maior dos descendentes de Davi.

Nessas três unções vemos uma alusão às três principais funções para as quais os homens eram ungidos no Antigo Testamento. Essas três funções foram tipificadas em Davi e se cumpriram plenamente no Senhor Jesus Cristo em seu tríplice ministério como profeta, rei e sacerdote:

1. Profeta – O ministério da Palavra (1 Rs 19.16).Os profetas às vezes eram ungidos. Todos os verdadeiros profetas eram ungidos pelo Espírito de Deus para pregar a Palavra de Deus.
2. Rei – Ministério de reinar e governar (1 Sm 10.1; 15.1,17; 16.1-3; 1 Rs 1.34-39). Os reis de Israel e Judá eram ungidos para reinar.
3. Sacerdote – Ministério de reconciliação (Lv 8.1-13; Êx 30.20; Lv 21.12). Os sacerdotes eram ungidos para servirem no templo.

Quando examinamos a história de Davi, percebemos que ele exerceu essas três funções, isto é, foi profeta, rei e sacerdote.

1. Davi como profeta – a primeira unção

A primeira unção de Davi prefigurava a função de profeta. As Escrituras declaram expressamente que Davi era profeta (At 2.29, 30). No Antigo Testamento, a evidência de que uma pessoa recebera o Espírito era em geral manifestada em profecia (Nm 11.24-30; 1 Sm 10.1-13; 19.18-24). Davi escreveu muitos salmos, e alguns são revelações messiânicas. No Novo Testamento há um grande número de citações desses salmos. Isso confirma o fato de que depois da primeira unção de Davi, quando o Espírito do Senhor veio sobre ele, o Espírito profético estava de fato sobre ele. Logo, como profeta, ele predisse os sofrimentos de Cristo e a glória que viria em seguida (1 Pe 1.10-12).

2. Davi como rei – a segunda unção

Essa segunda unção confirmava sua função como rei de fato, prefigurando Jesus como rei. O cargo mais importante para o qual Davi foi ungido foi como rei. A primeira unção não fez com que ele se tornasse rei. Ele foi ungido como pastor para tornar-se rei no tempo determinado por Deus. Depois de sete anos e meio, ele foi ungido como rei de Israel. Vários salmos escritos por Davi como rei são profecias sobre o Messias, o Rei Jesus, o Rei dos reis e Senhor dos senhores. Davi, como rei, prefigurava Cristo, o Rei (Sl 2; 72; 110; 133; 89).

3. Davi como sacerdote – a terceira unção

As Escrituras também mencionam que Davi exerceu funções que pertencem ao ministério sacerdotal. Esse aspecto só aparece com a terceira unção de Davi como rei de Israel.

De certa maneira, Davi representava a Ordem de Melquisedeque como sacerdote e rei. Isso transparece no fato de que, depois de ter sido ungido pela terceira vez, Davi conquistou Sião e estabeleceu o Tabernáculo de Davi ali, exercendo funções sacerdotais. Foi através dessa experiência que Davi passou a exercer suas funções sacerdotais.

No Antigo Testamento, as funções de profeta, rei e sacerdote não se concentravam numa só pessoa, com exceção de duas pessoas. Qualquer um que ousasse exercer mais de uma função era castigado por Deus.

O rei Saul, depois que foi ungido, tentou unir as funções de sacerdote e rei oferecendo sacrifícios, em vez de esperar Samuel, o sacerdote-profeta, para fazer isso. Por causa disso, perdeu o trono (1 Sm 13.5-15).

O rei Uzias ousou entrar no Templo do Senhor e usurpar o ministério sacerdotal queimando incenso. Os sacerdotes o apoiaram. Deus castigou-o colocando lepra em sua testa até o dia em que morreu (2 Cr 26.15-21; Is 6.1).

Se Davi, como rei, tivesse a pretensão de ser sacerdote, ou sacerdote-rei, Deus certamente o teria castigado. Mas não foi isso que aconteceu. Davi atuou como sacerdote-rei no estabelecimento do Tabernáculo de Davi:

Davi usou o colete sacerdotal de linho (éfode) como sacerdote (2 Sm 6.14).
Colocou a Arca da Aliança no Tabernáculo que havia montado para ela (2 Sm 6.17)
Davi ofereceu holocausto e ofertas pacíficas diante do Senhor – sacrifícios sacerdotais (2 Sm 6.17).
Davi abençoou o povo em nome do Senhor dos Exércitos. Essa era uma bênção sacerdotal (2 Sm 6.18 com Nm 6.24-27).
Desta forma, Davi exerceu a função de sacerdote-rei, da Ordem de Melquisedeque (1 Cr 15.27; 16.1-13).

As três unções de Davi apontam de fato para três funções – profeta, sacerdote e rei – em uma só pessoa. Assim, Davi foi uma figura de Cristo, que reuniu em si mesmo essas três funções, como o Ungido do Senhor.

As Escrituras mencionam três pessoas que reuniram essas três funções, sendo que cada uma construiu um Tabernáculo:

1. Moisés – Construiu o Tabernáculo de Moisés – aliança mosaica.
   a. Profeta   – Deuteronômio 18.15-18
   b. Rei   – Deuteronômio 33.5
   c. Sacerdote – Levítico 2.1-3, 10. Da tribo sacerdotal de Levi

2. Davi – Construiu o Tabernáculo de Davi – aliança davídica.
   a. Profeta   – Atos 2.29, 30
   b. Rei   – 2 Samuel 2.4; 5.1-3 – Rei pertencente à tribo de Judá
   c. Sacerdote – 2 Samuel 6.14-18

3. Jesus – Construtor do verdadeiro Tabernáculo – nova aliança.
   a. Profeta   – Atos 3.22-26. Palavra de Deus
   b. Rei   – Apocalipse 19.16. Rei da tribo de Judá. Governo de Deus
   c. Sacerdote – Hebreus 7.1-14. Ordem de Melquisedeque. Mediador de Deus

Todos os lugares, coisas e pessoas ungidos no Antigo Testamento apontavam para o

Senhor Jesus Cristo ou profetizavam dele, que é o Messias, o Ungido do Senhor. Jesus é de fato profeta, rei e sacerdote. Ele é a personificação do Tabernáculo de Deus, com todos os seus utensílios (Jo 1.14). Ele foi ungido pelo Pai com o Espírito Santo. Ele não recebeu porção limitada do Espírito, e sim da sua plenitude (Jo 3.33, 34; 1.17, 18; Cl 1.19; 2.9). O propósito da divina unção sobre ele era que agisse na função tríplice de profeta, rei e sacerdote.

Embora conhecido como Jesus de Nazaré durante trinta anos, Ele passou a ser pública e oficialmente Jesus *Cristo*, *Ungido* no rio Jordão, depois de seu batismo na água, com a vinda do Espírito Santo sobre ele. Foi depois disso que Ele pôde dizer: "O Espírito do Senhor está sobre mim, porque Ele me ungiu..." (Is 62.1, 2; Lc 3.21-23; 4.1, 14-19).

A palavra grega para "ungido" é *christos*, de onde veio a palavra *Cristo*. Essa palavra é equivalente à palavra hebraica *Messiah* (Jo 1.41).

As três palavras relacionadas à expressão unção são as seguintes:

1. Chrio   – Verbo grego que significa "ungir". Deus Pai é aquele que unge (At 4.27; 10.38; 2 Co 1.21; Hb 1.9).
2. Christos – Substantivo grego que significa "o ungido". O Filho de Deus é o Ungido (Jo 1.41).
3. Chrisma   – Substantivo grego que significa "unção". O Espírito Santo é quem dá a unção (1 Jo 2.20, 27).

O Senhor Jesus é o Cristo, o Ungido do Senhor, e os crentes, que constituem a Igreja, o seu corpo, também são ungidos do Senhor, por causa dessa mesma unção do Espírito Santo dentro deles e sobre eles.

A palavra grega *chrisma* significa "óleo, unção". O Espírito Santo é o óleo da unção divina (Is 10.27 com 1 Jo 2.20, 27).

No Antigo Testamento a unção sempre envolvia uma tríplice unidade:

Aquele que unge   – Samuel, Elias etc.
O ungido   – Saul, Davi etc.
O óleo da unção   – o óleo sagrado

O Novo Testamento revela o cumprimento dessa tríplice unidade envolvida na unção do Antigo Testamento, través da Trindade: Pai, Filho e Espírito Santo.

Aquele que unge   – o Pai
O Ungido   – o Filho
O óleo da unção   – o Espírito Santo

A Igreja, o corpo de Cristo, participa da mesma unção do Espírito. É por isso que é chamada assim (2 Co 1.21, 22; 1 Co 12.27; Is 10.27; 1 Jo 2.20, 27).

A Igreja, ligada à Cabeça, leva consigo as unções proféticas, reais e sacerdotais:

1. Unção profética   – Ministério da palavra, ministério de dons e dons do Espírito (Ap 10.10; Ef 4.9-11; 1 Co 14.1).
2. Unção real   – Ministério de autoridade, governo, reino e poder sobre o inimigo (Ap 1.6; 5.10; 1 Pe 2.5-9; Mt 16.16-18).
3. Unção sacerdotal   – Ministério de reconciliação, intercessão, oração, adoração e louvor a Deus (1 Pe 2.5-9; Ap 1.6; 5.10).

As três unções de Davi, portanto, prefiguram a plenitude das funções de profeta, rei e sacerdote, presentes em Cristo e em sua Igreja. Foi depois dessa unção que Davi conquistou Sião, que em seguida se tornou a Cidade de Davi. Foi ali que foi construído o Tabernáculo que tem o seu nome. Mais adiante, iremos analisar a importância de Sião.

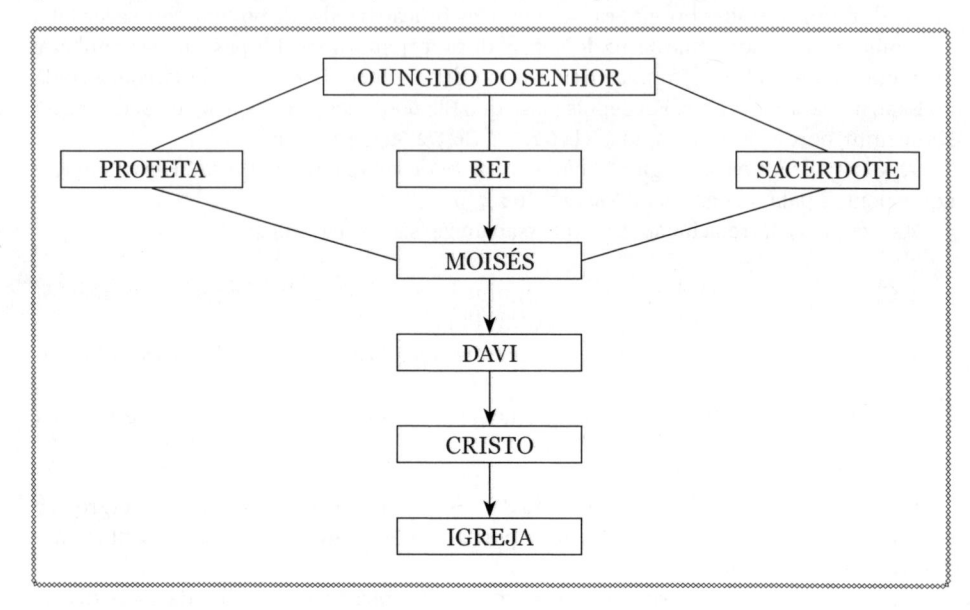

```
              O UNGIDO DO SENHOR
         /           |            \
   PROFETA          REI          SACERDOTE
                     ↓
                  MOISÉS
                     ↓
                   DAVI
                     ↓
                  CRISTO
                     ↓
                  IGREJA
```

CAPÍTULO 6

A ALIANÇA DAVÍDICA

A Bíblia revela que Deus é um Deus que faz e mantém suas alianças. Antes de Davi, houve as seguintes alianças:

Aliança edênica	–	Gênesis 1
Aliança adâmica	–	Gênesis 2
Aliança com Noé	–	Gênesis 8 – 9
Aliança abraâmica	–	Gênesis 15, 17, 22
Aliança mosaica	–	Êxodo 24, Deuteronômio 4 – 5
Aliança palestina	–	Deuteronômio 29 – 30

A última das grandes alianças realizadas no Antigo Testamento foi a que Deus fez com Davi. É chamada de aliança davídica. Deus o fez (Is 55.4):

Testemunha
Líder
Governante

Os detalhes da Aliança se encontram principalmente em 2 Samuel 7, 1 Crônicas 17 e Salmos 89 e 132. A maior parte dos comentaristas da Bíblia aceita o fato de que o cumprimento final da aliança davídica se realiza no Senhor Jesus Cristo, o Filho de Davi. Ele é aquele que estabeleceu a Nova Aliança. A aliança davídica compreendia Jesus Cristo como o supremo rei do universo, Rei dos reis e Senhor dos senhores.

Sem dúvida nenhuma, há um significado terreno, natural e nacional na Aliança de Israel. Entretanto, acima disso está o cumprimento celestial, espiritual e eterno da Aliança entre Cristo e a Igreja. É este último aspecto que vamos considerar neste capítulo. Não se pode compreender nem valorizar o que é espiritual e eterno sem primeiro enxergar o que é natural e temporal (2 Co 4.18). Primeiro veio o natural, depois o que é espiritual (1 Co 15.46).

Um dos princípios básicos de interpretação em relação ao Antigo e ao Novo Testamento pode ser visto no que está disposto nas duas colunas abaixo. Veremos isso na aliança davídica e na nova aliança.

Antigo Testamento		**Novo Testamento**
O tipo	–	O antítipo
A sombra	–	A substância
O terreno	–	O celestial
O natural	–	O espiritual
O temporal	–	O eterno
A promessa	–	O recebimento
A profecia	–	O cumprimento

A predição — A realização
A nação de Israel terrena — O Israel espiritual, a Igreja
A aliança davídica — A nova aliança

É importante que o leitor leia cuidadosamente os capítulos relativos à aliança davídica, bem como as outras passagens relacionadas a essa aliança.

Depois que Davi foi ungido rei sobre todo o Israel, ele conquistou Sião e estabeleceu o seu Tabernáculo. Certo dia, Davi estava em sua casa, depois que o Senhor lhe havia concedido a vitória sobre seus inimigos, e ficou preocupado por Deus não ter uma casa. Davi disse ao profeta Natã que ele, como rei de Israel, tinha uma bela casa, mas a Arca do Senhor, o Rei dos reis, estava numa tenda, atrás de cortinas. Natã incentivou Davi a fazer o que estava em seu coração. O desejo de Davi era construir uma casa para Deus e dentro dela guardar a Arca.

Todavia, a Palavra do Senhor veio ao profeta Natã dizendo-lhe que dissesse a Davi que não seria ele que iria construir a casa de Deus, mas seu filho Salomão.

O Senhor lembrou Davi de que desde o tempo da saída do povo de Israel do Egito, Ele não havia pedido a ninguém para que lhe construísse uma casa. O Senhor declarou expressamente: "Não tenho morado em nenhuma casa, desde o dia em que tirei Israel do Egito, mas fui de uma tenda para outra, e de um Tabernáculo para outro" (1 Cr 17.5; 2 Sm 7.6).

Entretanto, o Senhor disse a Davi que ele lhe construiria uma casa. Deus deu a Natã uma síntese da aliança através de uma visão à noite, e este a transmitiu a Davi. Há várias passagens entre os salmos e os profetas que se referem à aliança davídica. É impossível ler essas passagens sem notar que elas apontam para Jesus Cristo, o Filho de Davi, para seu pleno cumprimento.

Já mencionamos que há um sentido natural relacionado ao que diz respeito à casa terrena de Davi, mas subjacente a tudo isso há um sentido messiânico, confirmado muitas vezes pelos escritores do Novo Testamento através do uso e aplicação dos elementos da aliança davídica a Jesus Cristo, raiz e descendência de Davi. Os escritores do Novo Testamento são os intérpretes infalíveis dos relatos do Antigo Testamento.

Por causa da grande quantidade de material relacionado à aliança davídica, iremos nos ater aos seus aspectos mais preeminentes, começando pelos aspectos naturais e, em seguida, os espirituais. Vamos examinar o que foi dado a Davi e cumprido depois pelo Filho de Davi, Cristo Jesus. O estudioso deve ler e comparar as passagens bíblicas indicadas.

A Aliança com Davi

1. Aspecto natural – (Sl 89.3; 34 – 37; Jr 33.17-26)

Deus fez uma aliança com Davi, uma aliança eterna que envolvia a descendência, a casa, o reino e o trono de Davi. Essa era uma aliança indissolúvel. Apesar de implicar em punição sobre os descendentes pecadores de Davi, Deus jamais romperia esse pacto. O Senhor revelou esse pacto ao profeta Natã numa visão, e este comunicou-o a Davi. A Bíblia revela que Deus é um Deus de aliança. Deus confirmou esse pacto com um voto (Sl 89.3, 49).

2. Aspecto espiritual (Mt 26.26-28; Hb 13.20)

Jesus Cristo é o cumprimento da aliança davídica, como o Filho de Davi. Ele estabeleceu a nova aliança, que é uma aliança eterna. Na verdade, a nova aliança estava incluída na aliança davídica, e ambas estavam na aliança abraâmica. Cada aliança era um prolongamento da outra. Deus confirmou a nova aliança, personificada em Jesus Cristo, com um voto (Sl 110.4; Hb 7.20-22, 28).

A DESCENDÊNCIA DE DAVI

1. Aspecto natural (Sl 89.4, 29-36; 2 Sm 7.12-15; 1 Cr 17.11-13; Jr 33.17-26; Sl 89.26).
Davi sempre teria descendentes. Embora a descendência de Davi possa ser acusada de iniquidade, Deus puniria esses descendentes, mas sempre preservaria a descendência de Davi, mantendo um relacionamento de pai e filho. A Bíblia menciona uma série de reis da dinastia de Davi que foram castigados por Deus, entretanto, Ele preservou essa semente de acordo com a aliança.

2. Aspecto espiritual (Is 7.13, 14; Mt 1.1; Rm 1.3, 4; Ap 5.5; 22.16; Jr 33.15, 16)
Sem dúvida a descendência natural de Davi tem permanecido ao longo dos séculos, mas a semente de Davi encontra sua verdadeira expressão em Jesus Cristo, que descende de Davi na carne. Cristo é o Senhor que veio da raiz de Davi. Cristo, no aspecto humano, era descendente de Davi, assim como também era descendente de Abraão na carne (Gl 3.16). O escritor da carta aos Hebreus aplica esse relacionamento de Pai e Filho da aliança davídica a Jesus Cristo. Compare 2 Samuel 7.14 com Hebreus 1.5.

A CASA DE DAVI

1. Aspecto natural (1 Cr 17.10, 16-27; 2 Sm 7.4-7, 12-29).
Davi desejava construir uma casa para Deus. O Senhor disse que iria construir uma casa natural para Davi. O cumprimento desse pacto se deu através da continuidade da casa de Davi ao longo dos séculos.

2. Aspecto espiritual (Hb 3.1-6; 1 Tm 3.15; Ef 2.21, 22; 2 Tm 2.20; Gl 6.10; 1 Pe 2.4, 5).
Jesus Cristo, como semente de Davi, também precisa ter uma casa. As passagens mencionadas mostram claramente que a igreja é sua casa. Não é uma casa material nem natural, mas uma casa espiritual. Cristo é o Filho que habita sua casa, que somos nós. Tanto judeus quanto gentios fazem parte da família da fé por meio de Jesus Cristo.

O REINO DE DAVI

1. Aspecto natural (2 Sm 7.12-17; 1 Cr 17.11, 14)
Davi sempre teria um reino, um domínio, um povo sobre quem governar e reinar. A história bíblica atesta esse fato. Compare os reis da casa de Israel, o Reino do Norte, que pertencem a dinastias diferentes, com os reis de Judá, que eram da mesma dinastia, da linhagem de Davi. O reino de Davi continuou seu domínio sobre a Palestina de Davi a Zedequias. Nesse período, o domínio foi interrompido. Essa aparente quebra da aliança davídica foi relatada pelo salmista no Salmo 89.38-52. O profeta Jeremias confirmou o fato de que a aliança de Deus com Davi jamais seria rompida ou anulada (Jr 33.17-26). O reino natural de Davi prefigurava o reino eterno de Cristo.

2. Aspecto espiritual (Is 9.6, 7; Jr 23.5, 6; 33.15, 16; Lc 1.30-33; Ap 5.5; Hb 1.8; Dn 2.44)

Os escritores do Novo Testamento, bem como os do Antigo Testamento, mostram expressamente que o reino de Davi continua em Cristo e através dele. Jesus mostrou que seu reino não era desse mundo. Seu reino é um reino *celestial* e espiritual (Jo 18.36, 37). A única maneira de entrar nesse reino é através do novo nascimento (Jo 3.1-5). O anjo Gabriel anunciou a Maria que Jesus, o Filho dela, reinaria sobre a casa de Jacó para sempre e que seu reinado não teria fim. Cristo certamente não se referiu a nenhum reino nacional ou terreno durante seu ministério. O evangelho de Mateus, o evangelho do Reino, revela que o reino de Jesus é celestial, espiritual e eterno.

O TRONO DE DAVI

1. Aspecto natural (2 Sm 7.13-16; 1 Cr 17.11-15; Sl 89.29-36; 122.5; 132.11)

Davi teria um trono para sempre. O trono é um símbolo de realeza e soberania, e está intrinsecamente associado ao reino. O reino requer um trono. A soberania requer um rei, um cetro. O trono de Davi permaneceu através de sua dinastia, de Davi a Zedequias, que foi o último dos reis procedentes de Judá da linhagem de Davi a governar sobre a casa de Judá na Palestina. Entretanto, as mesmas passagens que se referem ao reino de Davi também se aplicam ao trono de Davi (Sl 89.38-52; Jr 33.17-26). A aliança de Deus é eterna e indissolúvel. Deus mantém suas alianças. O trono de Davi é eterno.

2. Aspecto espiritual (Is 9.6, 7; Lc 1.30-33; At 2.22-36; Rm 1.3)

Os escritores do Novo Testamento mencionam mais uma vez que Jesus Cristo deveria receber o trono de Davi. Não um trono político, de uma nação, mas um trono de soberania celestial. Quando Davi previu que Deus levantaria Cristo para assentar-se em seu trono, ele falava da ressurreição de Cristo e de sua exaltação à direita do Pai. Cristo está assentado no trono do Pai, à direita de Deus, agora e até que Ele ponha os seus inimigos debaixo de seus pés (Sl 110.1-4; Mt 22.44; Hb 1.3; 10.11-13; Ap 3.21; Ef 1.20; 1 Co 15.25, 26). O trono terreno de Davi apontava para o trono celestial do Filho de Davi.

AS MISERICÓRDIAS GARANTIDAS A DAVI

1. Aspecto natural (2 Sm 7.12-17; 1 Cr 17.13; Is 55.3,4; Sl 89.1, 2, 14, 28-34)

A aliança que Deus fez com Davi é uma aliança de misericórdia. Se os descendentes de Davi viessem a ser iníquos, Deus os castigaria, mas não retiraria dele a sua misericórdia, como fez com Saul. Deus julgou o rei Saul e o levou à sepultura sob juízo. Deus retirou sua misericórdia dele. Ausência de misericórdia significa morte. Entretanto, Deus prometeu a Davi que ele teria garantia de suas misericórdias mesmo que tivesse que punir os pecados de seus descendentes. Essa era uma aliança de misericórdia, a certeza de receber a misericórdia de Deus. Não é de admirar que muitos dos salmos de Davi se refiram à misericórdia do Senhor, ao seu amor e fidelidade (Sl 85.10).

2. Aspecto espiritual (At 13.27-37, 34; 2 Tm 2.8; Rm 1.3, 4)

Paulo, no livro de Atos, interpreta a garantia de misericórdia como relacionada à ressurreição de Cristo. Cristo, como Filho de Davi, foi ferido por nossas transgressões e moído pelas nossas iniquidades. Foi levado à sepultura por nossa causa. As misericórdias garantidas, ou as "santas e fiéis bênçãos" (At 13.34) prometidas a Davi implicavam a ressurreição de Cristo, da mesma maneira que implica a ressurreição dos santos. Por causa da morte e ressurreição de Cristo, as misericórdias garantidas a Davi por meio da nova aliança são estendidas a todo aquele que crê em Cristo. A misericórdia de Deus é estendida a todos os que creem, mas a ressurreição para a vida eterna é a maior garantia de misericórdia de Deus (Ap 20.6; Ef 1.3). A garantia das misericórdias implica a ressurreição, e o trono implica a exaltação de Cristo à direita de Deus.

A CHAVE DE DAVI

1. Aspecto natural (Is 22.20-25)

Esse é o único texto específico do Antigo Testamento que menciona a chave de Davi. A profecia foi dada a Eliaquim ("A ressurreição de Deus" ou "Deus, o Vingador"). A Eliaquim foi prometida a chave da casa de Davi. A chave é um objeto que abre e fecha, permitindo que as pessoas fiquem do lado de dentro ou do lado de fora. É um instrumento usado para trancar e destrancar as portas. Davi, na condição de rei, podia dar "a chave" de sua casa, de seu trono, de seu reino, para quem desejasse. Aquele que utilizasse a chave seria o verdadeiro sucessor do trono de Davi e de toda a sua riqueza. Seria o governante. O Antigo Testamento representou a transmissão dessa chave.

2. Aspecto espiritual (Ap 3.7)

Não há nenhuma dúvida quanto ao significado espiritual da chave de Davi no Novo Testamento. O próprio Jesus, na carta à igreja de Filadélfia, declara que Ele é "aquele que é santo e verdadeiro, que tem a chave de Davi". Ele fecha e abre a porta, e ninguém pode reverter sua decisão. Ele é o verdadeiro Eliaquim, "a Ressurreição" e "o Vingador".

O Novo Testamento declara que Ele tem todas as chaves:

Do Reino dos céus (Mt 16.19)
Do conhecimento (Lc 11.52)
Da morte e do Hades (Ap 1.18)
Do poço do Abismo (Ap 9.1; 20.1)
De Davi (Ap 3.7)

Ele tem a chave para todas as situações. Ele deixa que as pessoas entrem ou as mantêm do lado de fora. Se ele não usar a chave para abrir a porta, ninguém poderá entrar. Esse é o significado verdadeiro de seu uso em Atos 15.15-18. A chave de Davi é a que abre a porta da fé e deixa tanto judeus quanto gentios entrarem no relacionamento da nova aliança com Deus, por meio de Cristo.

O CHIFRE COM ÓLEO DE DAVI

1. Aspecto natural (Sl 132.17; 92.10; 89.20,2 4; 18.2; 1 Rs 1.39)

Nas Escrituras, o chifre está relacionado ao poder e unção para governar (Sl 75.4, 5, 10), e diz respeito a reis e reinos. Para Davi, o chifre era um símbolo da unção para o cargo. Davi valorizava a unção do Espírito de Deus. O chifre era obtido através da morte sacrificial, isto é, fora derramado sangue para se obter o chifre do óleo. Ele apontava para a expiação pelo sangue, antes da unção com óleo. Quando Deus disse que faria o chifre de Davi renascer, significava que Davi iria reunir duas funções: sacerdote e rei. Deus havia confirmado o sacerdócio de Arão fazendo seu ramo florescer, atestando com isso que Arão era o ungido de Deus e o sumo sacerdote indicado. Por isso, o fato do chifre florescer confirmaria que Davi era o ungido de Deus como sacerdote e rei.

2. Aspecto espiritual (Lc 1.67-70; Ap 5.6)

Zacarias, o sacerdote da tribo de Levi, pai do precursor do Messias, João Batista, profetizou sobre o chifre de Davi. Ele disse que o Senhor Deus de Israel tinha visitado e redimido seu povo e havia levantado um "chifre de salvação" (Lc 1.69 – nota de rodapé) da linhagem de Davi. O Cordeiro de Deus, que é a raiz de Davi, é visto com sete chifres. Esses chifres simbolizam a perfeição e a plenitude do poder da salvação. Jesus, como o sacrifício supremo, derramou seu sangue. Por meio de sua morte sacrificial encheu o chifre de óleo, a unção do Espírito Santo. Sem sangue não há óleo! O Espírito Santo passou a ser esse óleo da unção para a igreja por causa do corpo e do sangue do Cordeiro de Deus, que era substituído anteriormente pelo cordeiro do sacrifício (Gn 22.13).

O Tabernáculo de Davi

1. Aspecto natural (Is 16.5; Am 9.11-13; 2 Sm 7.17-19; 1 Cr 17.1-3)

No relato histórico vemos que Davi ergueu uma tenda, ou Tabernáculo, para a arca da presença de Deus. Era uma tenda real abrigando uma arca real. Depois disso, Davi separou um grupo de sacerdotes e estabeleceu uma nova ordem de adoração e louvor ao Senhor, Deus de Israel. A tenda foi erguida no monte Sião, a cidade do rei Davi. Nesse local foram escritos muitos dos salmos referentes ao Messias. O objetivo deste livro é explorar essa área mais detalhadamente. É importante notar que o Tabernáculo de Davi e a Aliança Davídica estão relacionados da mesma forma que o Tabernáculo de Moisés e a aliança mosaica se relacionavam.

2. Aspecto espiritual (At 15.13-18; Hb 12.22-24)

Quando os escritores do Novo Testamento citam a referência profética à construção do Tabernáculo de Davi, fica evidente que eles não esperavam a restauração no sentido literal de uma tenda ou Tabernáculo, tampouco esperavam a restauração da Arca da Aliança. O natural aponta para o espiritual. Os escritores do Novo Testamento receberam a revelação do significado espiritual do Tabernáculo de Davi e da ordem nele estabelecida. Mais uma vez, repetimos, o propósito deste livro é apresentar esse significado.

O Tabernáculo de Davi está relacionado a Cristo e à sua Igreja. A Igreja é seu Tabernáculo e está relacionada com a nova aliança. Não pode haver aliança sem santuário e sacerdócio (Hb 8.1-13).

Resumo

A glória da aliança davídica se evidencia quando descobrimos que ela foi totalmente cumprida no Filho de Davi, Jesus, o Messias, e na nova aliança. Foram os escritores do Novo Testamento que tomaram os nove itens da aliança davídica e aplicaram a Cristo e sua Igreja. Portanto, o que era natural, nacional e material na aliança davídica revela ser eterno somente no sentido espiritual, e por meio do espiritual, o celestial e eterno na nova aliança em Cristo e a Igreja.

Na verdade, a própria natureza dessas coisas envolvidas na aliança davídica confirma essa verdade. Visto que essas coisas são materiais, carnais, terrenas e temporais, não podem ser eternas. O único meio de se tornarem eternas é através da nova aliança, que é espiritual e eterna (2 Co 4.18).

PARTE DOIS

O TABERNÁCULO DO CULTO DAVÍDICO

7. Dois tabernáculos de Davi? 69
8. Reconstrução do tabernáculo de Davi 77
9. A conversão dos gentios 83
10. Dois tabernáculos reunidos em um só 91

CAPÍTULO 7

DOIS TABERNÁCULOS DE DAVI?

"Envia a tua luz e a tua verdade; elas me guiarão e me levarão ao teu santo monte, ao lugar onde habitas" (Sl 43.3).

"Como é agradável o lugar da tua habitação, Senhor dos Exércitos!" (Sl 84.1).

Uma análise dos textos bíblicos relacionados ao Tabernáculo de Davi indica dois aspectos a serem considerados. Algumas passagens apontam para o verdadeiro Tabernáculo de Davi e tratam do *Reino* davídico, incluindo a casa, a família, a linhagem e o trono de Davi. Outras passagens apontam para o verdadeiro Tabernáculo de Davi e tratam da ordem de culto davídica, incluindo a Arca de Deus, que era o trono de Deus na terra.

De acordo com nosso propósito nesse livro, quando falarmos do Tabernáculo com referência à casa e ao trono de Davi, estaremos nos referindo genericamente ao *Tabernáculo do reino davídico*. Quando falarmos de Tabernáculo de Davi com referência à ordem de louvor e adoração que Davi estabeleceu, estaremos nos referindo ao *Tabernáculo de adoração davídico*.

O Tabernáculo de Davi – o reino davídico

Como mencionamos anteriormente nos comentários sobre a aliança davídica, Deus prometeu edificar uma casa e um reino para Davi. Davi desejava edificar uma casa para Deus. O próprio Davi tinha-se mudado de uma tenda para um palácio real, construído de cedro. Nesse palácio estava o trono de Davi. Dali ele governava e reinava sobre o reino de Israel. Ali se assentava em conselho, cercado por seus conselheiros nos tribunais de justiça, os tribunais da casa real de Davi (Sl 122.5).

O profeta Isaías profetizou o estabelecimento do trono de Davi. Sem dúvida esta é uma profecia messiânica. "Então, em amor será firmado um trono; em fidelidade um homem se assentará nele na tenda de Davi: um juiz que busca a justiça e se apressa a defender o que é justo" (Is 16.5).

A versão Revista e Atualizada diz: "Então um trono se firmará em benignidade, e sobre ele, no Tabernáculo de Davi se assentará com fidelidade um que julgue, busque o juízo e não tarde em fazer justiça" (Is 16.5 – ARA).

O contexto imediato de Isaías 16.1-5 menciona Sião, um trono e um juiz, de onde se conclui que nesse reinado a justiça se manifestará resultando em retidão. A pessoa a que se refere o texto é o Messias, que se assentará na tenda de Davi como soberano, e pertence à linhagem, ou casa, de Davi. O texto de Isaías 9.6-9 é muito semelhante e fala do governo, de um trono, de justiça e de julgamento no trono de Davi. Todas essas coisas, de fato, são messiânicas.

No Comentário Bíblico de Jamieson, Faussete e Brown encontramos:

> Isaías evidentemente põe essas palavras na boca dos embaixadores moabitas ao rei de Judá, mas numa "linguagem divinamente planejada para aplicar-se aos 'últimos dias' sob o reinado do Rei Messias, quando o Senhor trará de novo (reverterá) o cativeiro de Moabe".

Aqui o *Tabernáculo de Davi* é associado ao *Trono* de Davi. Os elementos relacionados ao trono de Davi são: descendência, casa e reino, todos pertencentes à aliança davídica, ao reino davídico. Em outras palavras, tudo encontra seu cumprimento definitivo no reino do Messias, pois Jesus Cristo é o maior entre os descendentes de Davi.

A casa real de Davi, ou "o Tabernáculo de Davi", onde estava o trono, ficava na cidade de Davi, que era Sião. Sião era a cidade do rei. Sião era a cidade que dominava sobre Israel e era uma cidade dentro de uma cidade. Sião era a sede do governo em Jerusalém.

Os salmos reais de Davi falam de Sião como a cidade do grande rei. Falam também do reino davídico, em última análise, o reino do Messias.

"Eu mesmo estabeleci o meu *rei* em Sião, no meu santo monte" (Sl 2.6). "Grande é o Senhor, e digno de todo louvor na cidade do nosso Deus. Seu santo monte, belo e majestoso, é a alegria de toda a terra. Como as alturas do Zafom é o Monte Sião, a cidade do grande Rei" (Sl 48.1, 2).

A ênfase dessas referências está no *reinado* e em tudo que faz parte do reino davídico.

Citações de comentários bíblicos

Confirmamos todas as coisas sobre as duas linhas de interpretação relacionadas ao Tabernáculo com algumas citações bastante detalhadas. As duas citações a seguir enfatizam o fato do reino do Messias ser profetizado no "Tabernáculo de Davi".

1. Commentary on the Whole Bible, de Matthew Henry

Matthew Henry oferece o seguinte comentário (p. 1268) sobre a passagem de Amós:

Àquele de quem todos os profetas dão testemunho, este profeta, no final de seu livro, dá seu testemunho e fala *daquele dia*. Dias virão em que Deus irá fazer grandes coisas para sua Igreja e estabelecer *o reino do Messias*. A rejeição dos judeus por terem rejeitado o reino do Messias foi predita nos versículos anteriores. A promessa concorda com a implantação da igreja cristã e de seu cumprimento na igreja, em Atos 15.15-18. Está prometido:

a. Que através do Messias o reino de Davi seria restaurado (v. 11); que será chamado de *Tabernáculo de Davi*, isto é, sua casa e família, que embora grande e estabelecido em comparação com o reino do céu, ainda era simples e móvel como um Tabernáculo. A igreja militante, em seu estado atual, uma habitação semelhante a tendas para pastores, e de soldados nas batalhas, é o *Tabernáculo de Davi*. O Tabernáculo de Deus é chamado de Tabernáculo de Davi porque Davi desejava e preferia habitar no Tabernáculo de Deus para sempre (Sl 61.4). Mas esse Tabernáculo caiu e ficou destruído, a família real ficou empobrecida, seu poder reduzido, sua honra manchada de lama porque muitos dessa raça degeneraram e perderam a dignidade imperial no cativeiro. As brechas se abriram e finalmente ficou em ruínas. Assim foi com a igreja dos judeus. Nos últimos dias, sua glória se foi. Ficou como um Tabernáculo derrubado e arruinado, em relação à pureza e à prosperidade. Por meio de Jesus Cristo esses Tabernáculos foram levantados e reconstruídos. Nele, o pacto de Deus com Davi teve seu cumprimento, e a glória dessa casa, que estava não apenas desonrada, mas também caída, reviveu. Suas *brechas foram fechadas* e suas *ruínas reerguidas, como nos dias do passado*; mais ainda, a glória espiritual da família de Cristo excedeu em muito a glória temporal da família de Davi no seu apogeu. Nele também a aliança de Deus com Israel teve sua realização, e na igreja do evangelho o Tabernáculo de Deus foi estabelecido entre os homens novamente e levantado das ruínas do estado judeu. Isso foi mencionado no primeiro concílio de Jerusalém ao tratar da chamada dos gentios e da separação *de um povo para seu nome*. Observe que, enquanto o mundo existir, a igreja de Deus estará nele e, se ela cair em algum lugar, será reerguida em outro.

b. Que o reino será aumentado e seus territórios se estenderão pela inclusão de muitos países a ele (v. 12), isso acontecerá para que a casa de Davi possa tomar posse do *remanescente de Edom e de todos os pagãos*, isto é, que Cristo possa tê-los como sua *herança*, até *as partes mais remotas da terra para sua possessão* (Sl 2.8). Os que eram estrangeiros e inimigos se sujeitarão de boa vontade ao Filho de Davi, e *serão acrescentados à igreja*, ou aqueles que *se chamam pelo meu nome, diz o Senhor*, isto é, que pertencem à eleição da graça e são destinados à vida eterna (At 13.48), pois é verdade para os gentios, bem como para os judeus, que a *eleição prevaleceu* e *o restantes foram cegados* (Rm 11.7). Cristo morreu para *reunir num só povo os filhos de Deus que estavam espalhados*, aqueles que aqui são chamados pelo seu nome. A promessa é para todos aqueles que estão distantes, tantos quantos o Senhor nosso Deus chamar (At 2.39). Tiago expôs isso como uma promessa de que o remanescente dos homens deveria buscar ao Senhor, ao menos todos os gentios que forem chamados pelo seu nome (grifos do comentarista).

2. The Pulpit Commentary (p. 177, 178)
Apresenta o seguinte comentário sobre esta passagem de Amós:

Esta passagem é mencionada por Tiago (At 15.16, 17), principalmente para os gregos, confirmando a doutrina de que a igreja de Deus é aberta a todos, quer judeu, quer gentio. O Tabernáculo (sukkah): cabana ou tenda (como em Jn 4.5), agora não mais palácio, mas reduzido a condição inferior, "uma casa pequena" (Am 6.11). O profeta provavelmente estava se referindo à derrota do reino de Davi pelos caldeus, até restarem somente as ruínas. Interpretado do ponto de vista espiritual, o texto prenuncia a igreja universal de Cristo, erguida a partir dos judeus [...] A Septuaginta diz: "Que o remanescente do homem procure o Senhor com seriedade", considerando Edom como representante dos que estão alheios a Deus e alterando o texto para tornar o sentido mais compreensível. Essa versão, que interpreta "Adão", homens, em vez de "Edom", é endossada por Tiago. Que são chamados por meu nome; "sobre quem meu nome foi chamado" (Septuaginta). Essa versão está mais próxima do hebraico, mas o significado é o mesmo, ou seja, todos aqueles que são devotados a Deus e pertencem a Ele, são incorporados, pela fé, ao verdadeiro Israel.

O Tabernáculo de Davi – o culto davídico

O próximo aspecto do Tabernáculo de Davi é o que diz respeito à Arca de Deus, a Arca da Aliança, que era o trono de Deus na terra.

Um estudo das referências bíblicas (2 Sm 6.17; 1 Cr 15.1; 16.1) dentro do contexto de seus respectivos capítulos, junto com 2 Cr 1.4, fornece os seguintes fatos históricos acerca do Tabernáculo de Davi, a tenda erguida por Davi.

Com o retorno da Arca da terra dos filisteus para Judá e o castigo de Deus sobre Uzá, por seu ato presunçoso, a Arca da Aliança foi deixada na casa de Obede-Edom durante três meses. Davi, depois de consultar seus líderes, ergueu uma tenda, ou Tabernáculo (*ohel*) para a Arca no monte Sião, em Jerusalém, no lugar que havia preparado para ela. Em seguida colocou sacerdotes e levitas para servirem diariamente como cantores e músicos diante da Arca de Deus. Foi estabelecida uma ordem de culto davídica no monte Sião. A Arca de Deus, que era seu trono em Israel, estava no Tabernáculo erguido pelo rei Davi. O monte Sião adquiriu grande importância a partir dessa época diante de Deus e de seus profetas. A ênfase nesse monte era o ministério *sacerdotal*. Como veremos, muitos comentários da Bíblia veem nisso um tipo, uma figura profética da dispensação do evangelho. A história se tornou profecia; a profecia se tornará história. Aqui "o Tabernáculo de Davi" é relacionado à Arca de Deus, ao trono e à presença de Deus entre seu povo redimido, Israel. A ênfase do texto se concentra nesse aspecto.

Mais uma vez vamos recorrer a alguns estudiosos notáveis citando alguns trechos de comentários bíblicos. A ênfase aqui está sobre o Tabernáculo de Davi no culto davídico, embora não exclua o aspecto do reino davídico.

1. The Hope of Israel, de Phillip Mauro (p. 213, 214)

Phillip Mauro faz o seguinte comentário do texto de Atos 15.14-18:

> De acordo com o entendimento do autor dessa passagem, o período de tempo referido na frase "depois disso voltarei", corresponde *à presente dispensação do evangelho*, da qual a conversão dos gentios é a característica evidente (o "mistério": veja Ef 3.3-6); e que o "Tabernáculo de Davi" é um símbolo profético dessa "casa espiritual", na qual os gentios convertidos, juntamente com os judeus convertidos, são edificados, "como pedras vivas", sobre Cristo, a "Pedra Angular", "para se tornarem morada de Deus por seu Espírito" (Mt 16.18; Ef 2.20-22; 1 Pe 2.5, 6; Is 28.16).
> Nas palavras de Tiago fica claro que a promessa de Deus, por intermédio do profeta Amós, que ele "iria reconstruir o Tabernáculo de Davi", relacionava-se com o que estava exatamente começando a fazer, isto é, voltar-se para *os gentios, "a fim de reunir dentre as nações um povo para o seu nome"*.
> Isso associa diretamente a promessa referente à reconstrução do Tabernáculo de Davi com a obra que Deus estava iniciando, convertendo pecadores entre os gentios (grifos do comentarista).

Continuando nas páginas 217, 218 e 222, Phillip Mauro diz:

> Para começar, devemos observar que *não* se trata do Templo de Salomão. As duas estruturas eram bem distintas e diferem enormemente em significado. Amós profetizou em relação a um "Tabernáculo", associado claramente com *Davi*, um Tabernáculo que, de acordo com sua profecia, tinha "caído" e estava "em ruínas". Amós profetizou "nos dias de Uzias, rei de Judá" (1.1), tempo em que o Templo de Salomão ostentava toda sua glória, e os serviços e sacrifícios eram realizados de acordo com o ordenado. Certamente existe algo muito importante no fato de que, enquanto o Templo de Salomão estava ainda em pé, Deus declarou seu propósito de "reconstruir a *tenda caída de Davi*, que estava caída" e de "reedificar suas ruínas".
> Na profecia de Amós temos as palavras de Deus: "Eu a reerguerei para que seja *como era no passado*". Os dias em que Davi construiu um Tabernáculo em Sião para a Arca eram dias de alegria, dança e felicidade, de vitória e prosperidade, dias em que Davi reinava sobre um povo unido e feliz (grifo do comentarista).

2. **Commentary on the Whole Bible, de Jamieson, Fausett e Brown**
Sobre o texto de Amós 9.11, 12 (p. 679):

> Naquele dia – citado por Tiago (At 15.16,17), "depois disso", isto é, na dispensação do Messias (Gn 49.10; Os 3.4, 5; Jl 2.28; 3.1). Tabernáculo de Davi, não "a casa de Davi", "que se tornava cada vez mais forte" (2 Sm 3.1), mas a tenda ou cabana, que expressa a condição inferior em que seu reino e sua família se encontravam no tempo do profeta Amós e posteriormente no cativeiro da Babilônia, antes da restauração; subsequentemente, nos últimos dias antes da restauração de Israel sob o Messias, o antítipo de Davi (Sl 102.13, 14; Is 12.1; Jr 30.9; Ez 23.24; 37.24). "Tabernáculo" é adequado para Deus, já que ao assumir sua natureza humana esta foi o seu Tabernáculo, quando se tornou Emanuel, "Deus conosco" (Jo 1.14). "Habitou", literalmente, "tabernaculou" entre nós (Ap 21.3). Alguns entendem que o Tabernáculo de Davi seja aquele que Davi ergueu para a arca em Sião depois de trazê-la da casa de Obede-Edom. A arca permaneceu lá durante todo seu reinado, trinta anos, até que o Templo de Salomão fosse construído; quando a "Tenda do Encontro" permaneceu em Gibeom (2 Cr 1.3), onde os sacerdotes ofereciam sacrifícios (1 Cr 16.39).
> Música e louvor eram os serviços dos assistentes de Davi diante da arca (Asafe etc.); um tipo de separação do evangelho entre o serviço sacrificial (o sacerdócio do Messias agora no céu) e o acesso dos crentes na terra à presença de Deus, separado do sacrifício (cf. 2 Sm 6.12-17; 1 Cr 16.37-39; 2 Cr 1.3).

3. **Harmony of the Divine Dispensations, de George Smith (1856)**
Comentário de Philip Mauro (p. 224-225):

> Assim o Tabernáculo de Davi é, evidentemente, repleto de significado figurado, o que será suficiente ao nosso propósito de assinalar que Davi, o homem segundo o coração de Deus, era uma clara figura de Cristo, e está mais intimamente associado com o evangelho que qualquer outro patriarca (Mt 1.1; At 13.22, 34; Rm 1.3; 2 Tm 2.8; Ap 22.16). A ele foi dado conhecer a mente de Deus no que diz respeito à adoração espiritual e, sendo profeta, "sabia que Deus lhe prometera sob juramento que colocaria um de seus descendentes em seu trono" (At 2.30). A ele foi concedido oferecer, no Tabernáculo que ergueu no monte Sião, uma maravilhosa prefigura de culto, pela oração, pregação e música, o que caracteriza as reuniões do povo de Deus na dispensação do evangelho.

E novamente, nas páginas 226-228, Mauro diz:

> A resolução desta questão, de vital importância para o crescimento da igreja, foi formalmente encaminhada aos apóstolos e anciãos em Jerusalém. Paulo, Barnabé e outros foram de Antioquia à capital dos hebreus para tomar parte nessa importante discussão. Pedro, Barnabé e Paulo relataram as maravilhas operadas entre os gentios pela pregação do evangelho. Mas ainda estava faltando uma *autoridade escriturística clara, penetrante e poderosa* para o entendimento decisivo desta questão de tamanha magnitude. Tiago supriu essa necessidade citando as palavras de Amós 9.10,11 como evidência indiscutível sobre o caso. A questão era: *A lei ritual de Moisés deveria ser obedecida pelos cristãos convertidos?* A isso o apóstolo respondeu: "Certamente que não, pois a profecia inspirada declara que o reino de Cristo não

deve ser uma extensão dos rituais mosaicos, mas, ao contrário, uma restauração do Tabernáculo de Davi. E, uma vez que nesse santuário o ritual mosaico não tem lugar, também não deve ter lugar na igreja cristã".

E lá mesmo *em Jerusalém, à vista do templo, onde o ritual da lei ainda se realizava em toda sua extensão e detalhes*, toda a igreja repudiou suas reivindicações e adotou o *Tabernáculo de Davi* como o modelo divinamente indicado para todas as práticas e instituições cristãs.

A circuncisão foi eliminada da igreja cristã diante da citação divinamente inspirada da profecia de Amós pelo apóstolo Tiago. O sacrifício foi abolido juntamente com a circuncisão, pois não fazia parte do culto oferecido a Deus no monte Sião.

Juntamente com a circuncisão e o sacrifício, o sacerdócio também foi abolido. Na verdade, sacerdócio sem oferta de sacrifício é uma contradição, "pois todo sacerdote é constituído para apresentar ofertas e sacrifícios" (Hb 8.3). Mas não havia nada disso no Tabernáculo de Davi, cujos serviços sagrados representavam nitidamente a adoração adequada para essa igreja, que é redimida pelo sangue do Cordeiro, cujo sacrifício pelo pecado é único, universal e eternamente eficaz – "oferecido uma vez por todas" (Hb 10.10). Também não se pode esquecer que com esses elementos da tradição mosaica tudo que era *tipo* e *simbólico* foi banido, isto é, <u>todas</u> as "sombras" da lei foram abolidas e substituídas pelas realidades espirituais correspondentes (grifos do comentarista).

4. Fundamental Revelation in Dramatic Symbol, Rev. J. T. Horger

O autor faz o seguinte comentário sobre o Tabernáculo e o templo (p. 195-197, 204-207):

Por volta de 1491 a.C., Moisés ergueu um Tabernáculo temporário no monte Sinai que seria usado até a construção do Tabernáculo, nesse mesmo ano, de acordo com o modelo específico dado a ele por Jeová, no monte Sinai, onde os israelitas estavam acampados. Esse Tabernáculo era carregado pelos israelitas, durante os quarenta anos de peregrinação pelo deserto, e mantido como santuário santo onde quer que eles fossem, por mais de 350 anos na terra de Canaã. Mais tarde, por volta de 1045 a.C., Davi construiu um novo Tabernáculo, erguendo-o no monte Sião, em Jerusalém, e tomou a Arca que, durante cerca de cem anos, estivera fora do Tabernáculo que Moisés havia construído, e colocou-a no novo Tabernáculo que acabara de construir no monte Sião (leia 1 Sm 4 e 1 Cr 15 e 16). Cerca de quarenta anos depois que Davi instalara a Arca em seu novo Tabernáculo, Salomão construiu um magnífico templo no monte Moriá, também localizado em Jerusalém... O apóstolo Tiago se refere da mesma forma ao Tabernáculo construído por Davi e estabelecido no monte Sião, no limite sudoeste de Jerusalém, como um tipo da igreja formada pelos discípulos de Jesus Cristo. Ele diz, citando o profeta: "Depois disso voltarei e reconstruirei a tenda caída de Davi" (At 15.16).

Embora este escritor não acompanhe totalmente a analogia de Horger em *Fundamental Revelation in Dramatic Symbol*, ele coloca esse dois Tabernáculos como figuras das duas alianças, e o Tabernáculo de Davi tipificando a igreja dos tempos do Novo Testamento.

Horger afirma (p. 204-207):

Entretanto, outro traço significativo dessa cidade é o fato de que ela foi construída sobre duas pequenas elevações: o monte Sião e o monte Moriá. Para o escritor, isso era indicativo das duas alianças sobre as quais o plano da salvação é edificado e, consequentemente, indicativo das duas obras da graça, a saber, o novo nascimento e o batismo do Espírito... Como mencionamos anteriormente, o coração, a vida e a glória do Tabernáculo era a Arca da Aliança no Santo dos santos. Quando a Arca foi capturada pelos filisteus, conforme registra o capítulo cinco de 1 Samuel, a glória foi retirada do Tabernáculo e nunca mais voltou, pois a Arca jamais voltou para o Tabernáculo construído por Moisés. Todavia, quando Davi tomou Jerusalém das mãos dos jebuseus, cidade que Deus designara como o lugar onde Ele habitaria e abençoaria seu povo, Davi construiu um novo Tabernáculo no monte Sião. Esse novo Tabernáculo construído por Davi seria um tipo da nova igreja construída por Jesus Cristo, pois Davi era um tipo de Cristo. De acordo com essa linha de pensamento, Davi construiu um novo Tabernáculo e o colocou no monte Sião, não no monte Moriá, pois este estava reservado para ser a sede do templo construído por Salomão, como tipo de santificação e plenitude do Espírito sob a dispensação do Espírito Santo.

Peço desculpas aos leitores por essas longas citações (usadas com permissão), mas como esse assunto tem sido tão negligenciado, considerei essas citações úteis e necessárias.

Todas essas citações são suficientes para confirmar o fato de que os comentaristas bíblicos reconhecem que a expressão "Tabernáculo de Davi" tanto pode se referir ao Tabernáculo do reino davídico como ao Tabernáculo do culto davídico, ou a ambos. Os dois ficavam no monte Sião e os dois são chamados de Tabernáculo. Um está ligado ao reino, o outro ao sacerdócio.

CAPÍTULO 8

RECONSTRUÇÃO DO TABERNÁCULO DE DAVI

O profeta Amós declarou: "Naquele dia levantarei a tenda caída de Davi. Consertarei o que estiver quebrado, e restaurarei as suas ruínas. Eu a reerguerei, para que seja como era no passado" (Am 9.11).

Tiago, citando esse versículo afirmou: "Depois disso, voltarei e reconstruirei a tenda caída de Davi. Reedificarei as suas ruínas, e a restaurarei, para que o restante dos homens busque o Senhor, e todos os gentios sobre os quais tem sido invocado o meu nome, diz o Senhor, que faz estas coisas" (At 15.16, 17).

Neste capítulo, iremos abordar as questões relacionadas ao *"elemento tempo"* no que diz respeito à reconstrução do Tabernáculo de Davi. *Quando* será reedificado o Tabernáculo de Davi? *Quando* o Senhor reconstruirá a tenda caída de Davi? É preciso levar em consideração o "elemento tempo".

Os comentaristas bíblicos se dividem basicamente em duas linhas de pensamento e interpretação dessas passagens em relação ao tempo.

O primeiro grupo – a linha dispensacionalista – interpreta que o cumprimento dessas passagens ocorrerá num futuro reino milenar judaico, sob o governo de Cristo, e os gentios serão abençoados nesse período. Eles entendem que a passagem fala particularmente do reino davídico.

O segundo grupo, chamado de "linha da profecia cumprida", entende que essas mesmas passagens estão sendo cumpridas aqui e agora, tendo começado no livro de Atos. Entretanto, mesmo dentro desse grupo há opiniões diferentes quanto ao Tabernáculo que vai ser reconstruído. Alguns acreditam que essas passagens se referem somente ao Tabernáculo do reino davídico, outros acreditam que elas se referem ao Tabernáculo do culto davídico, e outros ainda acreditam que estejam se referindo a ambos.

Vamos analisar aqui as duas principais correntes interpretativas: o dispensacionalismo e a profecia cumprida, no que diz respeito ao "elemento tempo", e *quando* o Tabernáculo de Davi será reconstruído.

A PROFECIA DE AMÓS

1. Visão dispensacionalista

A visão dispensacionalista sustenta que a profecia de Amós ainda está para se cumprir no reino milenar, depois da segunda vinda de Cristo. Um exemplo dessa opinião pode ser encontrado na Bíblia anotada de Finnis Jennings Dake, em seus comentários sobre a passagem de Amós, que citamos a seguir.

Os comentários se referem ao texto de Amós 9.11, 12:

> *Naquele dia* – o milênio, quando o Messias vier restaurar o reino e o trono de Davi e reinar sobre a casa de Jacó para sempre (v. 11; Is 9.6, 7; Lc 1.32, 33; Ap 11.15; 20.1-10). A expressão *naquele dia* é empregada particularmente em Isaías, onde aparece

cinquenta vezes enquanto que no livro de Amós apenas cinco (2.16; 8.3, 9, 13; 9.11). Essa passagem é *citada* em Atos 15.14-18, onde está claro que deveria ser cumprida depois da era da igreja. O texto diz: "Simão nos expôs como Deus, no princípio, voltou-se para os gentios a fim de reunir dentre as nações um povo para o seu nome. Concordam com isso as palavras dos profetas, conforme está escrito: '*Depois disso* (depois de separar um povo dos gentios para a igreja) voltarei e reconstruirei a tenda caída de Davi. Reedificarei as suas ruínas e a restaurarei'".

Os profetas concordam que o Tabernáculo de Davi será reedificado. Em Atos 15 está claro que isso não acontecerá antes do arrebatamento da igreja – depois da separação dentre os gentios de um povo para seu nome. Também está claro que isso ainda não se cumpriu, pois Simão fez essas afirmações sobre o tempo da destruição de Jerusalém e a dispersão de Israel entre as nações (Lc 21.20-24). Desde 70 d.C. os judeus não tiveram nenhum rei governando em Jerusalém, no trono de Davi, por isso a referência deve ser ao futuro, quando o Messias estabelecerá seu reino e restaurará o trono de Davi (v. 11; Is 9.6, 7; Lc 1.32, 33; Ap 11.15; 20.1-10).

O Tabernáculo de Davi refere-se a esse trono e a esse reino, que agora estão caídos. Foram derrubados em 616 a.C. e permanecem *caídos* desde essa época. Não serão restaurados novamente enquanto não terminar a era da igreja – com a segunda vinda de Cristo.

Como era no passado – quando Davi era rei. Davi será o futuro rei de Israel no governo do Messias (Is 9.6, 7; 16.5; Jr 30.9; Ez 34.23, 24; 37.24, 25; Os 3.4, 5).

Compare o v. 12 com Atos 15.17. No versículo 12 está escrito que Israel irá conquistar o remanescente de Edom e todas as nações, enquanto em Atos 15.17 o propósito é que todos os homens busquem o Senhor. As duas afirmações são literalmente verdadeiras. Israel irá vencer (conquistar) seus inimigos e, quando o reino de Davi for instaurado novamente e ele e o Messias reinarem, os homens vão buscar o Senhor como nunca antes buscaram. Veja Isaías 11.9.

Logo, a visão dispensacionalista é que essa profecia do Tabernáculo de Davi se refere à casa, ao trono e ao reino de Davi, e sua restauração acontecerá no milênio sob o governo de Davi e Cristo.

2. Visão da profecia cumprida

De acordo com essa interpretação, os apóstolos do Novo Testamento perceberam que o que Deus estava fazendo no meio deles era o cumprimento, ou pelo menos o começo, daquilo que os profetas do Antigo Testamento falaram sobre o tempo do Messias.

"*Naquele dia*" – isto é, nos tempos do Messias, especialmente da sua exaltação em diante.

"*Levantarei a tenda caída de Davi. Consertarei o que estiver quebrado, e restaurarei as suas ruínas. Eu a reerguerei, para que seja como era no passado*" – isto é, a tenda de Davi seria levantada. O texto fala da casa de Davi e de sua linhagem real, que deveria durar para sempre. A tenda refere-se à posição humilhante que o trono de Davi chegaria durante sua história. Uzias era o rei da dinastia de Davi nessa época (787 a.C.). Ele era um rei piedoso até que seu orgulho provocou a sua queda, pois queimou incenso no templo do Senhor, tarefa reservada aos sacerdotes (2 Cr 26). Portanto, a casa de Davi não estava "caída" nem em "ruínas" nessa época.

"*O que estiver quebrado*" – previsão profética daqueles anos em que não havia nenhum descendente de Davi no trono, desde Zedequias até o Messias, 606-4 a.C. A ordem de culto davídica também entrou em decadência quando não havia mais nenhum rei piedoso sobre Judá.

A encarnação e a exaltação do Messias realizam essa promessa quanto ao trono (Lc 1.30-33). Ele é o Senhor de Davi e também o filho de Davi.

Eu a reerguerei para que seja como era no passado – diz respeito à restauração da antiga glória do reino e da casa de Davi.

Para que o meu povo conquiste o remanescente de Edom e todas as nações que me pertencem, declara o Senhor – isto é, o reino de Davi ia herdar o remanescente de Edom e os pagãos, que seriam chamados pelo nome do Senhor, uma vez que também poderiam chamar o nome do Senhor para salvação (At 15.15-18; At 2.33-37; Jl 2.28-32; Rm 10.11-13).

Podemos ver também em Amós alusão ao Tabernáculo de Davi bem como à ordem de culto davídica que tinham caído e sofrido rupturas ao longo dos anos por causa de reis infiéis da linhagem de Davi. Isso pode ser visto nas referências a Sião e Davi em Amós:

"O Senhor ruge de Sião e troveja de Jerusalém..." (Am 1.2).

"Ai de vocês que vivem tranquilos em Sião... vocês acham que estão afastando o dia mau, mas na verdade estão atraindo o reinado do terror" (Am 6.1, 5).

"Levantarei a tenda caída de Davi... restaurarei as suas ruínas" (Am 9.11).

A linha da profecia cumprida entende a passagem de Amós como já cumprida, ou que começou a ser cumprida no derramamento do Espírito Santo sobre os gentios e sua participação na igreja do Novo Testamento, o povo de Deus. Em outras palavras, a chegada dos gentios seria no Tabernáculo ou casa e reino do Filho de Davi, o Messias Jesus. Portanto, essa profecia não seria cumprida num futuro reino milenar, mas na presente dispensação messiânica. Judeus e gentios seriam como um só povo nessa tenda, nessa igreja!

A PROFECIA DE ISAÍAS

Outra profecia relacionada ao "Tabernáculo de Davi" se encontra em Isaías 16.5. Isaías e Amós foram profetas durante o reinado de Uzias, o rei de Judá da casa de Davi. Apresentamos a seguir as duas interpretações dessa passagem.

1. Visão dispensacionalista

É basicamente a mesma da interpretação da passagem de Amós. Leia Isaías 16.5. Alguém vai assentar-se no trono na tenda de Davi. De acordo com essa linha, a profecia se refere ao Messias e se cumprirá no Milênio, quando Cristo reinar sobre Israel do trono de Davi.

2. Visão da profecia cumprida

De acordo com essa linha de interpretação, a profecia dessa passagem está se cumprindo agora, na presente era. Isaías 16.5 é uma profecia messiânica, portanto foi cumprida integralmente em Cristo, o Filho de Davi, a quem foi prometido o trono de Davi (Lc 1.30-33).

Isaías 16.1 menciona o Monte Sião. Nesse monte ficava a cidade de Davi, a cidade onde estava o trono de Davi, bem como o Tabernáculo de Davi. O versículo 5 menciona especificamente o trono de Davi, sua casa, seu reino, seu governo, sua monarquia: "Então, em amor será firmado (preparado) um trono; em fidelidade um homem (sem dúvida, o Messias) se assentará nele na tenda (oehl) de Davi: um juiz que busca justiça e se apressa em defender o que é justo".

Assim, o Messias seria o "homem" de Isaías 16.5, que se assentaria no trono, na tenda de Davi. Seu governo seria de justiça e retidão.

Numa época em que os reis de Judá seriam ímpios e injustos, o Senhor Deus colocaria um rei justo assentado no trono de Davi (Jr 23.1-5). Esse trono ficava na *Tenda* (*ohel*) de Davi. O Tabernáculo de Davi era apenas uma tenda. Não era chamado de *Mish-kan*, já que essa palavra era geralmente empregada para designar o Tabernáculo do Senhor construído por Moisés, principalmente a estrutura de madeira.

A *Tenda* sobre o Tabernáculo do Senhor era *ohel*. A *Tenda* de Davi também era *ohel*. O trono de Davi ficava no *ohel*. A Arca de Deus também ficava dentro do *ohel*. A ênfase dessa passagem de Isaías está no trono de Davi – seu reino.

O CUMPRIMENTO DA PROFECIA DE AMÓS DE ACORDO COM TIAGO

Tiago, o apóstolo, usando de sabedoria, cita a passagem de Amós e aplica-a à chegada dos gentios. Mencionaremos brevemente as duas linhas interpretativas referentes às palavras de Tiago.

1. Visão dispensacionalista

Não há necessidade de comentar aquilo que foi observado da visão dispensacionalista quanto à passagem de Amós. A mesma linha interpretativa defende que Tiago está falando dos gentios chegando à igreja, em seguida vem o arrebatamento e "depois disso" o Senhor virá novamente e reedificará a tenda ou casa e reino de Davi. Isso acontecerá no Milênio (At 15.15-18). O estudante é conduzido à visão dispensacionalista da profecia de Amós.

2. Visão da profecia cumprida

De acordo com essa linha de interpretação, Atos 15.15-18 está sendo cumprido na era presente.

Tiago, tendo recebido uma palavra de sabedoria do Cabeça da igreja, Jesus Cristo, citou a passagem de Amós e aplicou-a à entrada dos gentios no reino do Messias e às obras que Deus estava operando entre os gentios nessa época.

A igreja seria constituída por judeus e gentios. Deve-se lembrar que os apóstolos do Novo Testamento são intérpretes infalíveis dos profetas do Antigo Testamento. Os do Antigo Testamento predisseram a entrada dos gentios no reino do Messias. O Messias era o Filho de Davi e se assentaria no trono de Davi, na tenda de Davi.

"*Depois disso*" – isto é, o "naquele dia" de Amós passa a ser o "depois disso" de Atos pela palavra de Tiago. Depois do Antigo Testamento, com a chegada do Messias: é o que se entende por esse elemento temporal.

"*Voltarei*" – não é a segunda vinda de Cristo, mas sua primeira vinda, como o Senhor retornou para seu povo quando este retornou para Ele (Os 5.15; 6.1-3; Jr 4.1; 24.7; Jl 2.14; Ml 3.7).

"*E reconstruirei a tenda caída de Davi. Reedificarei as suas ruínas e a restaurarei*" – isto é, o *sookah* de Amós se tornará o *skene* de Tiago, falando da linhagem, da casa e do reino de Davi. É o lugar de habitação de Davi. Essa profecia será cumprida na exaltação do Messias, o Filho de Davi, ao trono de Deus, à direita da Majestade do Altíssimo, eternamente (At 2.33-37 com At 13.26-37).

"*Para que o restante dos homens busque o Senhor, e todos os gentios sobre os quais tem sido invocado o meu nome, diz o Senhor que faz estas coisas*" – isto é, a chegada dos gentios ao evangelho e o derramamento do Espírito Santo sobre eles, como já havia acontecido sob o testemunho de Pedro, Paulo e Barnabé nos capítulos 10, 11, 13 e 14 de Atos. Amós e Tiago equiparam a restauração do Tabernáculo de Davi e de sua casa com a conversão dos gentios, tanto naquela época como agora.

Voltando à questão levantada no capítulo anterior, o "Tabernáculo de Davi" refere-se à *Casa* e ao *Reino* de Davi, ou refere-se à *Tenda* que Davi ergueu para a nova ordem de culto em torno da Arca de Deus em Sião?

As diferenças de opinião aparecem a partir da forma como os versículos de Isaías 16.5 e Amós 9.11 em associação com 2 Samuel 6.17; 1 Crônicas 15.1; 16.1 são interpretados. Esses versículos dizem respeito à casa de Davi, o que implica o seu trono e o seu reino (*ohel* ou *soo-kah*), ou se referem à tenda onde estava a Arca de Deus e ao culto davídico?

Se diz respeito a casa ou reino de Davi, a passagem de Atos deve ser interpretada no sentido de que os gentios vão entrar na casa ou no reino de Davi por meio de Cristo, o Filho de Deus.

Uma interpretação se refere ao reino, enquanto que a outra ao sacerdócio!

O *autor acredita que as duas verdades estão presentes no Tabernáculo*. Isso pode ser visto no contexto da passagem referente à casa de Davi e ao Tabernáculo de Davi. Ambas se cumprem na igreja, onde judeus e gentios juntos se tornam sacerdotes e reis, através de Cristo, da ordem de Melquisedeque, como o próprio Cristo.

Ambos se reconciliam através de Cristo, que é *Rei* e *Sacerdote*, combinando em si mesmo as duas funções.

CAPÍTULO 9

A CONVERSÃO DOS GENTIOS

Vamos considerar agora algumas questões levantadas pelo emprego do texto de Amós em Atos 15 em relação à reconstrução do Tabernáculo de Davi e à conversão dos gentios a Cristo. Em qual Tabernáculo de Davi os gentios estão entrando? É no Tabernáculo do reino davídico ou no Tabernáculo do culto davídico?

Nesse capítulo e no próximo buscaremos responder a essas questões.

A CONVERSÃO DOS GENTIOS

No capítulo três, consideramos o contexto histórico do livro de Atos em que o apóstolo Tiago utiliza a profecia de Amós para explicar a conversão dos gentios. Foram colocadas várias questões, sendo que a principal seria: "O que o Tabernáculo de Davi tem a ver com os gentios?". Foi a esse resultado que chegamos em nossa longa busca quanto aos gentios serem participantes da bênção no Tabernáculo de Davi. Nossos estudos sobre esse assunto têm mostrado que o Tabernáculo de Davi se tornou uma profecia de Cristo e sua Igreja.

Os mestres judaizantes que tinham ido a Jerusalém estavam procurando submeter os crentes gentios ao jugo da lei de Moisés. O propósito da reunião dos apóstolos e anciãos em Jerusalém era discutir esse assunto. Os gentios estavam sendo salvos mediante a fé em Cristo. Como deveria ser o relacionamento deles com a antiga aliança e com o ritual mosaico? Evidentemente isso envolvia algumas questões vitais, pois a decisão dos apóstolos e anciãos afetaria todo o futuro da igreja do Novo Testamento e a relação entre judeus e gentios durante séculos. Para usar uma linguagem franca, os judaizantes estavam de fato se esforçando para levar os gentios para o Tabernáculo de Moisés – Tabernáculo que significava Lei e sujeição às obras da Lei; que implicava circuncisão, ordenanças da carne, o sacerdócio aarônico e o sistema de sacrifícios. A questão, no entanto, era: "Qual é a relação dos gentios com a aliança mosaica e seus rituais, conforme demonstrado no Tabernáculo de Moisés?".

Conforme já mencionamos anteriormente, em Atos 15.7 Pedro começou relatando sua experiência. Contou que o Senhor tinha derramado seu Espírito sobre os gentios exatamente como fizera sobre os judeus no dia de Pentecostes. Sem circuncisão e sem nenhuma lei ou rituais mosaicos. A experiência de Pedro foi de grande valor para o testemunho sobre a conversão dos gentios. Entretanto, experiência não era o bastante. Isso estaria de acordo com as Escrituras? Estaria de acordo com a Palavra do Senhor?

Paulo e Barnabé (At 15.12) também apresentaram um relatório dos sinais e maravilhas operados entre os gentios, que eram chamados de "incircuncisos", ou aqueles que eram "sem lei" (Ef 2.11,12; Rm 2.12-15). Deus tinha levantado igrejas entre os gentios sem qualquer elemento da tradição mosaica.

Entretanto, foi o apóstolo Tiago, que, por uma palavra de sabedoria citou a profecia de Amós, do Antigo Testamento, referente à restauração do Tabernáculo de Davi e mostrou que o propósito disso era que "o restante dos homens e todos os gentios busquem o Senhor" (At 15.15-17).

Deus, com efeito, visitara os gentios na casa de Cornélio para separar dentre eles um povo para si, como Pedro já havia testificado. As palavras dos profetas concordavam com isso, e, embora Tiago cite apenas um profeta, Amós, ele diz que foram os profetas que falaram da participação dos gentios na bênção da nova aliança.

O versículo 16 de Atos 15 tem sido frequentemente mal interpretado, dando a impressão que os judeus vão chegar só depois que os gentios tiverem sido levados, ou depois que a igreja tiver sido removida da terra. A passagem é, às vezes, empregada para apoiar uma restauração futura da nação judaica ao sistema mosaico. Mas não é bem assim. O versículo 15 desse mesmo capítulo e seu contexto faz toda a diferença.

O que Pedro, Paulo e Barnabé tinham visto Deus fazer entre os gentios através de seus ministérios era exatamente o que Deus havia dito que faria, ou seja, reconstruir o Tabernáculo de Davi. Para quê? Para que o restante dos homens e todos os gentios sobre os quais tem sido invocado o seu nome busquem o Senhor.

Os profetas tinham predito claramente que chegaria um tempo em que os gentios participariam da bênção. Essas profecias em geral eram colocadas em algum período futuro, mas os gentios vieram nessa era presente, que teve início com a morte, sepultamento, ressurreição, ascensão e glorificação do Senhor Jesus Cristo. Isso foi confirmado pelo próprio Senhor durante o derramamento do Espírito Santo tanto sobre judeus (At 2) quanto sobre gentios (At 10 – 11).

É isso que vem a ser a "chave de Davi" (Ap 3.7). A chave de Davi não deve e não pode ficar limitada à adoração e louvor, ainda que implique em ambas as coisas. A chave de Davi está relacionada às chaves do Reino. O apóstolo Pedro foi quem recebeu essas "chaves do reino" (Mt 16.16-18). Ele realmente usou essas chaves? Que chaves são essas? Para que servem? O livro de Atos declara inequivocamente que Pedro usou de fato essas chaves. Chaves servem para abrir ou fechar portas; para deixar as pessoas entrar ou deixá-las do lado de fora. Pedro foi aquele que o Senhor usou para "abrir" a porta da fé tanto para os judeus quanto para os gentios. A notável igreja missionária de Antioquia alegrou-se quando ficou sabendo que Deus "tinha aberto a porta da fé aos gentios" (At 14.27).

Foi à igreja de Filadélfia que o Senhor se dirigiu como Aquele que tem a chave de Davi. Ele disse a essa igreja que tinha colocado diante dela uma porta que ninguém conseguiria fechar uma vez que estivesse aberta, e ninguém poderia abrir, uma vez fechada (Ap 3.7). A igreja de Filadélfia teve uma grande porta de evangelização aos gentios aberta por essa chave de Davi. Onde a chave de Davi deixaria que os gentios entrassem? Na ordem do Tabernáculo de Davi ou no Tabernáculo de Moisés? A resposta é clara. A chave de Davi permitiria que os gentios entrassem no Tabernáculo de Davi.

Isso encerra a questão relacionada aos gentios. Eles não precisam se submeter à circuncisão nem à Lei, isto é, ao Tabernáculo de Moisés. Eles entraram no Tabernáculo de Davi, que não tem nenhum ritualismo mosaico. A cruz introduziu uma nova ordem em que tanto judeus quanto gentios são recebidos – sem precisar se submeter ao sistema mosaico – na igreja, o Tabernáculo de Davi do Novo Testamento. Os gentios entraram no Tabernáculo de Davi e não precisavam se submeter ao jugo de Moisés.

Depois de chegarem a essa conclusão, os apóstolos, os anciãos e toda a igreja de Jerusalém, com o testemunho do Espírito, alegraram-se pelo fato de não ser preciso lançar nenhum fardo mosaico sobre os gentios.

A igreja primitiva estava num notável período de transição entre a ordem da antiga aliança e o Tabernáculo de Moisés e a ordem da Nova Aliança e a igreja do Novo Testamento. Não se tratava mais de uma nação escolhida para receber o evangelho, mas de todas as nações recebendo o evangelho. O Tabernáculo de Davi era uma figura profética da igreja, "a morada de Deus por seu Espírito" na qual judeus e gentios estão sendo edificados juntos para se tornar um santuário santo no Senhor (Ef 2.20-22).

Saindo da confusão das alianças

Sem dúvida, o ponto central de Atos 15 tem a ver com *Alianças*. Embora a palavra "aliança" (ou pacto) não seja especificamente mencionada no capítulo, as alianças estão implícitas. Essas alianças são a abraâmica, a mosaica, a davídica e a nova aliança. O problema nessa época foi a confusão entre as alianças:

• A aliança abraâmica está implícita por causa do rito da circuncisão, sendo este o sinal e o selo da relação pactual com Deus (Gn 17; At 15.1-7; 7.8).
• A aliança mosaica ou antiga aliança está implícita também através da menção específica a Moisés nesse capítulo. A lei mosaica confirmava o rito da circuncisão bem como outras leis e cerimoniais pertencentes a essa aliança. A seita dos fariseus dizia que era necessário circuncidar os gentios e que eles deveriam observar a lei de Moisés (At 15.5). A lei de Moisés era ensinada em todas as cidades desde os tempos antigos, sendo lida nas sinagogas todos os sábados (At 15.21).
• A nova aliança também está implícita. Pedro, Paulo e Barnabé testificaram da salvação pela graça mediante a fé no Senhor Jesus Cristo, sem necessidade de circuncisão nem dos cerimoniais da lei mosaica (At 15.7-12).
• A aliança davídica também está implícita pela própria menção da tenda caída de Davi, que seria reconstruída e estabelecida para que os gentios nela pudessem entrar (At 15.13-17).

Assim, o cerne da questão é a *Aliança*! As principais promessas da aliança abraâmica e da aliança davídica se referem a Cristo Jesus. Jesus Cristo era o Filho de Abraão e o Filho de Davi (Mt 1.1). Quando os gentios se converteram a Cristo, tornaram-se descendência de Abraão e entraram no reino de Davi por intermédio do Messias (Gl 3.16, 29; Is 55.3, 4).

Profecias do Antigo Testamento

Os textos proféticos do Antigo Testamento referentes à conversão dos gentios ao evangelho de Cristo estavam sendo revelados à igreja primitiva. A seguir, citaremos algumas dessas profecias bem como alguns textos do Novo Testamento que foram revelados aos primeiros apóstolos, mais especificamente a Paulo, o apóstolo dos gentios.

Gênesis 22. 17, 18: "Sua descendência (Cristo) conquistará as cidades dos que lhe forem inimigos, e por meio dela *todos os povos da terra* serão abençoados" (Gl 3.8, 14-16, 29).

Isaías 11.10: "Naquele dia, as nações buscarão a Raiz de Jessé, que será como uma bandeira *para os povos*, e o seu lugar de descanso será glorioso" (Is 11.1-10).

Isaías 42.1: "Eis o meu servo...ele trará justiça às *nações*" (Is 42.1-4; Mt 12.17-20).

Isaías 49.6: "Também farei de você uma luz para os *gentios* para que você leve a minha salvação até os confins da terra" (Is 49.1-6; At 13.46-48).

Jeremias 16.19: "... a ti virão as *nações* desde os confins da terra..."

Malaquias 1.11: "... porque grande é o meu nome entre as *nações*".

Zacarias 2.11: "*Muitas nações* se unirão ao Senhor naquele dia e se tornarão meu povo" (At 10.45).

Lucas 2.32: "... luz para revelação aos *gentios*..."

Mateus 12.21: "Em seu nome as *nações* porão sua esperança".

Mateus 28.19: "Portanto, vão e façam discípulos de todas as *nações*".

Marcos 16.15: "Vão pelo mundo todo e preguem o evangelho a *todas as pessoas*".

Atos 1.8: "...e serão minhas testemunhas em Jerusalém, em toda a Judeia e Samaria, e até os confins da terra".

Atos 11.18: "Então, Deus concedeu arrependimento para a vida até mesmo para os *gentios*!"

Atos 15.14: "... Deus...voltou-se para os *gentios* a fim de reunir dentre as *nações* um povo para o seu nome".

Romanos 15.9-12. Observe a ênfase aos gentios nestes versículos:
"A fim de que os *gentios* glorifiquem a Deus por sua misericórdia, como está escrito: Por isso eu te louvarei entre os *gentios*" (v.9).
"Cantem de alegria, ó *gentios*, com o povo dele" (v. 10).
"Louvem o Senhor todos vocês, *gentios*..." (v. 11).
"....aquele que se levantará para reinar sobre os *gentios*" (v. 12).

Romanos 11: este capítulo menciona que os *gentios* são os ramos enxertados na boa oliveira, o verdadeiro Israel de Deus.

1 Coríntios 12.13: "Todos nós fomos batizados em um único Espírito: quer judeus, quer gregos..."

Veja também Efésios 2.11-22.

    Poderíamos citar várias outras passagens, todas indicando a entrada dos gentios na igreja do Novo Testamento, o corpo de Cristo, composto de judeus e gentios. Os judeus que receberam Cristo não estavam mais sob a antiga aliança nem sob a lei de Moisés. Eles estavam livres do sistema mosaico. Os gentios que receberam Cristo não precisam entrar no Tabernáculo de Moisés nem se sujeitar ao sistema mosaico. Onde eles estão? Juntos, como um em Cristo, no Tabernáculo de Davi e participam do culto, sem o ritualismo mosaico.
    Nesse Tabernáculo, Cristo está assentado no trono de Davi. "Então em amor será firmado um trono; em fidelidade um homem se assentará nele na tenda de Davi, um juiz que busca a justiça e se apressa a defender o que é justo" (Is 16.5).
    O trono de seu pai Davi foi prometido a Cristo Jesus (Lc 1.31-33). Em Atos 2.29-36, Pedro interpreta a subida de Cristo ao trono de Davi como profecia da ressurreição, ascensão e entronização de Cristo no trono de Deus, à direita da Majestade Altíssima. A ressurreição estava implícita nas "santas e fiéis bênçãos prometidas a Davi" (At 13.33, 34).

Cristo está assentado no Tabernáculo de Davi (Hb 1.3). Está entronizado como Filho de Davi. Esse homem certamente está à espera que todos os seus inimigos sejam postos como estrado de seus pés. Ele ministra no santuário verdadeiro, o santuário celestial e ministra em sua igreja no meio dos louvores da congregação (Hb 10.11-13). Ministra segundo a ordem de Melquisedeque (Sl 110), tanto a judeus quanto a gentios.

A diferença entre os dois Tabernáculos é a chave para a compreensão de Atos 15. Esses Tabernáculos não eram idênticos. Deus não estava duplicando a ordem mosaica nos dois Tabernáculos. Ele estava nos oferecendo uma figura profética ainda nos tempos do Antigo Testamento do que iria fazer nos tempos do Novo Testamento.

Se Tiago tivesse dito que Deus estava "reconstruindo a tenda caída de *Moisés* para que os gentios pudessem buscar o Senhor", então não haveria dúvidas de que os gentios deveriam entrar na aliança da lei. Mas ele não disse isso! A diferença entre os dois Tabernáculos é a diferença entre as duas alianças. Os judeus sabiam a diferença entre as duas ordens, o Tabernáculo em Gibeom e o Tabernáculo em Sião, mesmo que não entendessem plenamente. Foi o Espírito de Deus que orientou Tiago a apresentar esse texto das Escrituras diante do concílio de Jerusalém.

O fato dos gentios entrarem pode ser visto possivelmente no uso significativo do nome de Edom na profecia de Amós: "'Naquele dia levantarei a tenda caída de Davi. Consertarei o que estiver quebrado, e restaurarei as suas ruínas. Eu a reerguerei, para que seja como era no passado, para que o meu povo conquiste o *remanescente de Edom* e *todas as nações* que me pertencem', declara o Senhor, que realizará essas coisas". Em Atos 15.16, 17, Tiago interpreta "o remanescente de Edom e todas as nações" como "o *restante dos homens* e todos os *gentios*".

O nome "Edom" associado com as nações parece ser um nome representativo dos gentios; todos aqueles da linhagem de Abraão segundo a carne assim como todas as nações, exceto a nação escolhida através de Isaque. Edom vem de Esaú, o irmão gêmeo de Jacó. O nome Esaú significa "cabeludo, rude, peludo", enquanto Edom significa "vermelho".

Há profecias tremendas de juízo declaradas contra Esaú/Edom pelos antigos profetas. As referências bíblicas a seguir falam desses juízos: Isaías 11.14; 34.5, 6; 63.1-4; Jeremias 9.26; 25.21; 27.1-11; 49.7-11; Ezequiel 25.12-14; 32.28, 29; Joel 3.19; Amós 1.6, 11, 12; Salmo 60.8, 9; 108.9, 10; 83.6; Malaquias 1.1-5.

Contudo, o profeta Amós (9.11, 12) declara que de Edom, bem como das nações (pagãos), surgiria um povo pertencente ao Senhor. Isso só é possível pelo evangelho e pela aceitação do nome do Senhor Jesus Cristo em redenção e graça. O livro de Atos registra o fato dos gentios aceitando a Cristo e sendo chamados pelo seu nome. Os discípulos foram chamados de cristãos pela primeira vez em Antioquia (At 11.26). Essa igreja de Antioquia era a grande igreja missionária aos gentios.

Um possível exemplo disso se encontra no Tabernáculo de Davi, na pessoa e na família de Obede-*Edom*, de Gate (2 Sm 6.6-12; 1 Cr 13.13, 14; 15.25). Seu nome significa "servindo Edom" ou "servo de Edom". Ele se dispôs a receber a Arca de Deus em sua casa como sacerdote levítico. No devido tempo, ele entrou na ordem do Tabernáculo davídico. A associação está no fato desse homem ter "Edom" como parte de seu nome, e é a Edom que Deus prometeu abençoar.

Ao que parece havia vários Obede-Edoms associados ao serviço do Tabernáculo de Davi. De acordo com Herbert Lockyer, em *All the men of the Bible* [Todos os homens da Bíblia] (p. 263), havia pelo menos quatro pessoas com esse nome relacionadas ao Tabernáculo de Davi:

1. Um levita, da guarda pessoal de Davi, em cuja casa a Arca ficou escondida durante três meses. A presença da Arca trouxe bênçãos a Obede-Edom e a toda sua família (2 Sm 6.10-12; 1 Cr 13.13, 14; 15.25).

2. Um levita, porteiro do Tabernáculo, que acompanhou a Arca durante sua remoção para Jerusalém (1 Cr 15.18-24; 26.4, 8, 15).
3. Um levita, merarita de segundo escalão, que servia regularmente na tenda erguida para a Arca (1 Cr 16.5, 38). Ele ministrava diante da Arca.
4. Um filho de Jedutum, que também servia no santuário. Talvez seja Obede-Edom, o coratita (1 Cr 16.38; 2 Cr 25.24). Ao que parece era um porteiro.

Desse modo, o mesmo Edom está relacionado com o Tabernáculo de Davi no seu contexto histórico, nas famílias de nome Obede-Edom, e também em seu contexto profético na profecia de Amós. É difícil deixarmos de pensar que as famílias identificadas com esse nome pela descendência da carne (Esaú) não sejam um prenúncio da vinda do "remanescente de Edom" como sacerdócio a Deus na igreja do Novo Testamento.

Qualquer que seja o significado pleno da profecia, o livro de Atos mostra claramente que os apóstolos a entenderam como prenúncio da entrada dos gentios no relacionamento da nova aliança com Deus por intermédio de Cristo, sem os cerimoniais mosaicos.

Por toda a terra, entre todos os povos, de todas as línguas, tribos e nações, Deus hoje está separando um povo dentre os gentios para ser chamado pelo seu nome. Essas pessoas estão vindo para a sua igreja, o cumprimento antitípico do Tabernáculo de Davi. Nenhuma dessas pessoas está sujeita à lei de Moisés nem está entrando no Tabernáculo de Moisés, mas debaixo da graça no Tabernáculo de Davi, para que haja sacerdotes de adoração com cânticos e louvores a Deus por meio de Cristo.

O profeta Amós falou que virão dias "em que a ceifa continuará até o tempo de arar, e o pisar das uvas até o tempo de semear. Vinho novo gotejará dos montes e fluirá de todas as colinas" (Am 9.13). Isso indica um tempo de grande safra. O lavrador, o semeador e o ceifeiro verão o Senhor realizar sua obra rapidamente. O apóstolo Paulo disse em Romanos 9.28: "Pois o Senhor executará na terra a sua sentença, rápida e definitivamente".

A plenitude dos gentios (Rm 11.26) está na igreja, uma vez que o Senhor tomou um povo para o seu nome de todas as nações. Eles ficarão diante de seu trono cantando um cântico novo, o cântico da redenção, e tocando harpa para adorar eternamente o Cordeiro que está assentado no trono de Davi (Ap 5.9, 10).

Matthew Henry, em *Commentary on the Whole Bible* (p. 1268), afirmou:

"A ceifa continuará até o tempo de arar". Isto quer dizer que haverá tamanha fartura de colheita todo ano, e tanto cereal para ser colhido, que durará todo o verão, ou mesmo até o outono, quando é novamente tempo de começar a arar. Da mesma maneira, a produção de vinho continuará até o tempo da semeadura e haverá tamanha abundância de uvas que até as montanhas deixarão fluir vinho novo nas vasilhas dos colhedores de uva, e as colinas que estiverem secas e estéreis serão umedecidas e se derreterão com a gordura ou a suavidade do solo. Compare esse texto com Joel 2.24 e 3.18. Certamente isso deve ser entendido como abundância de bênçãos espirituais sobre todos aqueles que serão abençoados, todos os que chegam com sinceridade a Cristo e sua igreja. Eles serão abundantemente supridos pela generosidade da casa de Deus, com a graça e o consolo do seu Espírito. Terão pão, o pão da vida, para fortalecer-lhes o coração, e o vinho das consolações divinas para lhes dar alegria – comida e bebida –, todos os benefícios que advêm da palavra e do Espírito de Deus à alma dos homens. Tudo isso esteve por muito tempo restrito à vinha da igreja judaica. A revelação divina e o poder que a acompanha eram encontrados apenas nesse local, mas, na era do evangelho, as montanhas e as colinas dos gentios serão enriquecidas com esse privilégio pela pregação do evangelho de Cristo, e confessada pelo poder desse evangelho. Quando grandes multidões se converterem à fé em Cristo, e as nações forem surgindo ao mesmo tempo, quando os pregadores do evangelho sempre obtiverem sucesso em sua pregação, então a ceifa continuará até o tempo de arar. E quando as igrejas gentias forem enriquecidas *"em toda palavra e em todo conhecimento"* (1 Co 1.5), e em todas as formas de dons espirituais, então dos montes irá fluir um vinho suave.

CAPÍTULO 10

DOIS TABERNÁCULOS REUNIDOS EM UM SÓ

Nos capítulos anteriores nos dedicamos particularmente ao estudo dos dois Tabernáculo de Davi: o Tabernáculo do reino davídico e o Tabernáculo de culto davídico. Oferecemos abundantes evidências apresentando várias ideias de outros autores.

Parece que não resta nenhuma dúvida de que, nos tempos do Antigo Testamento, havia *dois Tabernáculo de Davi*. Um era o do trono de Davi, que dizia respeito ao reino de Davi. O outro era o do trono de Deus, a Arca do Senhor, referindo-se à ordem de culto davídica.

As opiniões divergentes e a confusão entre os Tabernáculos resultam do não reconhecimento de que existiam dois Tabernáculos. Alguns estudiosos tendem a enxergar o Tabernáculo de Davi como o reino do Messias e a conversão dos gentios. Outros tendem e enxergar o Tabernáculo de Davi como sendo a ordem de culto do Messias e a conversão dos gentios nessa ordem.

Historicamente, Davi está relacionado aos dois Tabernáculos, e profeticamente envolvido com ambos, já que ambos apontavam para o Filho de Davi, o Senhor Jesus Cristo, tanto no aspecto histórico como profético.

Porém, se os gentios fazem parte do Tabernáculo de Davi, em qual Tabernáculo eles entrarão? No Tabernáculo do reino davídico ou no Tabernáculo de culto davídico? As opiniões se dividem. Nossa pergunta é a seguinte: "Podem eles entrar no Tabernáculo de Davi em Sião, a casa e o reino de Davi, e *não* entrarem no Tabernáculo de Davi, a ordem de culto davídica que também está no monte Sião? Como seria possível entrar em um e não no outro? Como podemos aceitar um e rejeitar o outro? Não devemos aceitar apenas um, nem supervalorizar um em detrimento do outro. Naturalmente, a ordem divina é de buscar *primeiro* o Reino (Jo 3.1-5), e depois a verdadeira adoração (Jo 4.20-24). Os dois aspectos do Tabernáculo são relacionados ao Senhor.

Dizer que os gentios devem entrar no Reino ou na casa de Davi (isto é, o reino do Filho de Davi, o Messias) e não no Tabernáculo de Davi (isto é, a ordem davídica de adoração sacerdotal) é incoerente com as revelações do Novo Testamento.

R. C. H. Linski, em *The interpretation of the Acts of the Apostles* [Interpretação de Atos dos Apóstolos] (p. 609, 610), diz: " 'Tabernáculo refere-se ao Tabernáculo do tempo de Davi antes de Salomão receber permissão para construir o templo. Nesse Tabernáculo, Davi adorava com Israel. Desse modo, correspondia à igreja. Assim, foi a igreja que caiu. A igreja de Israel estava de fato num triste estado e ficou assim durante anos. Deus iria restaurá-la" (Augsburg Publishing House, Minneapolis, 1934).

Este autor acredita que os *dois* Tabernáculos estão implícitos. No Antigo Testamento havia dois Tabernáculos de Davi, os dois no monte Sião, um *real*, o outro *sacerdotal*. Não se pode separar a casa (*sookah*) de Davi do Tabernáculo (*ohel*) de Davi, pois os dois ficavam em Sião.

Passando todas essas coisas pela cruz, eles se tornam *um só Tabernáculo* no Novo Testamento, na pessoa do Senhor Jesus Cristo. Ele reúne em si mesmo tanto a função de *Rei* quanto a de *sacerdote*, unindo em si, portanto, os *dois Tabernáculos* e o que eles ressaltavam. Isso está evidente no fato de que Jesus era *Sacerdote* e *Rei* segundo a ordem de Melquisedeque (Sl 110; Hb 7).

Isso não só se refere a Cristo, o Cabeça, mas também vale para a igreja, seu corpo. Judeus e gentios não entram no Tabernáculo de Davi sob o Reino de Cristo e também não entram no Tabernáculo de Davi sob o Sacerdócio de Cristo! Os crentes da nova aliança são membros da ordem de Melquisedeque e também são reis e sacerdotes diante de Deus, em Cristo (Ap 1.6; 5.9, 10; 20.4,5; 1 Pe 2.5-9).

Mencionamos também que o propósito da "adoração" não é a preocupação principal da passagem de Atos 15. Entretanto, isto novamente está implícito na linguagem do contexto.

O propósito de Deus em reconstruir o Tabernáculo de Davi é "que o restante dos homens busque o Senhor, e todos os gentios sobre os quais tem sido invocado o *Meu nome*, diz o Senhor que faz essas coisas" (At 15.17). Mas seria possível alguém verdadeiramente *buscar o Senhor* e não *louvar* o Senhor? Se Deus chama um povo para o seu nome e seu nome é colocado sobre esse povo, como esse povo não iria adorá-lo em espírito e em verdade?

Também se tem chamado atenção para o fato de que a expressão "Tabernáculo de Davi" não é mencionada em mais nenhum outro lugar no Novo Testamento. Entretanto, esse tipo de argumento não prova nada. A expressão "nascido de novo" não é mencionada especificamente no livro de Atos nem em nenhuma das epístolas paulinas. O que isso prova? Absolutamente nada! É empregada outra expressão em Atos para designar os crentes "nascidos de novo". Além disso, embora "Tabernáculo de Davi" não seja mencionado em mais nenhum outro lugar no Novo Testamento, a linguagem que a ele se refere, bem como ao reino davídico e ao culto davídico, é utilizada com muita frequência no Novo Testamento.

Por exemplo, o monte Sião, em Jerusalém, é mencionado em várias referências (Hb 12.22-24; Ap 14.1-4; Mt 21.4, 5; Rm 9.33; 11.26; Ap 5.5-14; Hb 7 etc.). Não se pode falar em monte Sião sem aludir aos Tabernáculos de Davi, uma vez que ambos ficavam no monte Sião e davam a Sião a importância que tinha nos dias de Davi e nas épocas posteriores.

Aqui, Cristo é mencionado tanto como *Rei* quanto como *Sacerdote*, governando seu povo no monte Sião celestial, na Jerusalém celestial. Tudo isso, por dedução, é linguagem referente ao Tabernáculo de Davi. Cristo é a raiz e a descendência de Davi. Ele é tanto Senhor de Davi quanto Filho de Davi (Ap 22.16).

Os gentios, juntamente com os judeus, entraram na *Casa de Davi*, que é o reino do Messias, e também no *Tabernáculo de Davi*, que é a adoração do Messias. Como essas coisas poderiam estar separadas em Cristo, o Filho de Davi? Judeus e gentios entraram em Sião da nova aliança e na Jerusalém celestial, na tenda e casa de Davi, tanto no ministério real quanto sacerdotal, como é tipificado na casa real de Davi, em Sião, e no Tabernáculo sacerdotal erguido por Davi em Sião.

A importância de Davi não pode ser ignorada. Judeus e gentios entrando na tenda, na casa, no reino de Davi, automaticamente vão entrar em todas as bênçãos de Davi referentes à sua casa e à sua ordem de culto. Judeus e gentios vão igualmente participar:

- da *aliança* (pacto) de Davi – Sl 89.3, 34-37; Jr 33.17-26; Hb 13.20
- da *cabana* ou tenda de Davi – Am 9.11,12; At 15.15-17
- do *reino* de Davi – 2 Sm 7.12-17; 1 Cr 17.11, 14; Is 9.6-9; Lc 1.30-33
- do *trono* de Davi – Is 9.6-9; At 2.22-36; Rm 1.3; Sl 122.5
- da *descendência* de Davi – Jr 33.17-26; Gl 3.16, 29
- da *casa* de Davi – 2 Sm 7.4-7, 12-29; Hb 3.1-6; 1 Pe 2.5-9
- das *fiéis* bênçãos prometidas a Davi – Is 55.3, 4; Sl 89.1, 2; At 13.27-37; 2 Tm 2.8
- da *chave* de Davi – Is 22.20-25; Ap 3.7
- da *unção* de Davi – Sl 132.17; 92.10; 1 Rs 1.39; Lc 67-70; Ap 5.6
- dos *cânticos e salmos* de Davi – livro dos Salmos
- dos *instrumentos musicais* ordenados pelo rei Davi – 2 Cr 29.25-28; 35.4, 10, 15; Ed 3.10, 11; Ne 12.24, 44-47
- do *Tabernáculo* (tenda) de Davi – 2 Sm 6.17; 1 Cr 15.1; 16.1; 2 Cr 1.4

Davi recebeu essas coisas como líder, governante e testemunha do Senhor (Is 55.3, 4).

O quadro comparativo abaixo mostra que Sião envolvia tanto a função de *rei* quanto de *sacerdote*, e que a expressão "Tabernáculo de Davi" implica as duas ideias sem contradição nenhuma com a revelação bíblica total.

ANTIGO TESTAMENTO

SIÃO
A CIDADE DE DAVI

A CASA DE DAVI O PALÁCIO REAL DO TRONO DE DAVI GOVERNO REAL EM SIÃO	O TABERNÁCULO DE DAVI O MINISTÉRIO SACERDOTAL DA ARCA DE DEUS SACERDÓCIO ECLESIÁSTICO EM SIÃO
1. Davi construiu casas e um palácio de cedro na cidade de Davi (1 Cr 14.1; 15.1; 16.43). O Tabernáculo (*ohel*) da casa de Davi (Sl 132.3)	1. Davi preparou um lugar para a Arca de Deus e ergueu uma tenda (*ohel*) para ela (1Cr 15.1; 2Cr 1.4)
2. A fortaleza de Sião é a cidade de Davi (2 Sm 5.7; 1 Rs 8.1)	2. A Arca de Deus foi colocada no meio da tenda que Davi ergueu para ela. A Arca foi colocada no Tabernáculo que Davi ergueu para ela (2 Sm 16.17-19; 1 Cr 16.1-3)
3. Davi governou e reinou de seu trono em Sião. Tipo do Messias, seu Filho que reina na Sião celestial (1 Cr 11.4-9; Sl 2.6, 7; 146.10; At 4.23-26; 13.23; Hb 12.22-24)	3. Davi indicou determinados sacerdotes e levitas para ministrar diante da Arca do Senhor, para registrar os feitos do Senhor, agradecer e louvar ao Senhor Deus de Israel (1 Cr 16.4-38)
4. Davi estabelecido em sua casa de cedro manifesta preocupação com a Arca de Deus guardada numa tenda (1 Cr 17.1, 2; 2 Sm 7.1, 2; Sl 132.1-18)	4. A Arca de Deus estava protegida por cortinas numa tenda, ou cabana (*ohel* ou *sookah*) (1 Cr 17.1; 2 Sm 7.1; 11.11)
5. O Senhor proíbe Davi de construir-lhe uma casa, mas prometeu que seu filho Salomão construiria o templo (1 Cr 17.3-15; 2 Sm 7.3-17)	5. O Senhor disse a Davi que tinha ido de tenda em tenda (*ohel-ohel*) e de Tabernáculo em Tabernáculo (*mish-kan-mishkan*) (1 Cr 17.5; 2 Sm 7.6)
6. Jerusalém (no monte Sião) foi a cidade onde todos os reis davídicos, da tribo de Judá, reinaram, até o último rei, Zedequias, em 606 a.C.	6. Sião foi escolhida por Deus para sua habitação. Cantem louvores a Deus que habita em Sião, a cidade do grande rei (Sl 9.11, 14; 147.2; 48.1-3). De Sião, Deus resplandece (Sl 50.1,2). Sião é mais amada que todas as habitações (*mish-kans*) de Jacó (Sl 87.2)
7. O trono de Davi seria estabelecido em misericórdia. O Messias se assentaria nele em verdade, justiça, juízo e retidão (Is 16.5)	7. Cristo seria Sacerdote-rei no trono de seu Pai (Zc 6.12, 13; Sl 110; Hb 7)

O Novo Testamento mostra que *Cristo* e a *Igreja*, juntos, constituem o sacerdócio real, reis e sacerdotes, segundo a ordem de Melquisedeque. Isso coloca junto o que se refere à Davi e à revelação sobre o Tabernáculo de Davi com o que se refere a seu reino (reinado), e à ordem de sacerdócio (sacerdote) que ele estabeleceu na tenda para a Arca em Sião. Sião é a cidade do sacerdócio real e uma figura da dispensação do evangelho, quando judeus e gentios se tornam *um*, como reis e sacerdotes, no Tabernáculo de Davi e adoram o Senhor.

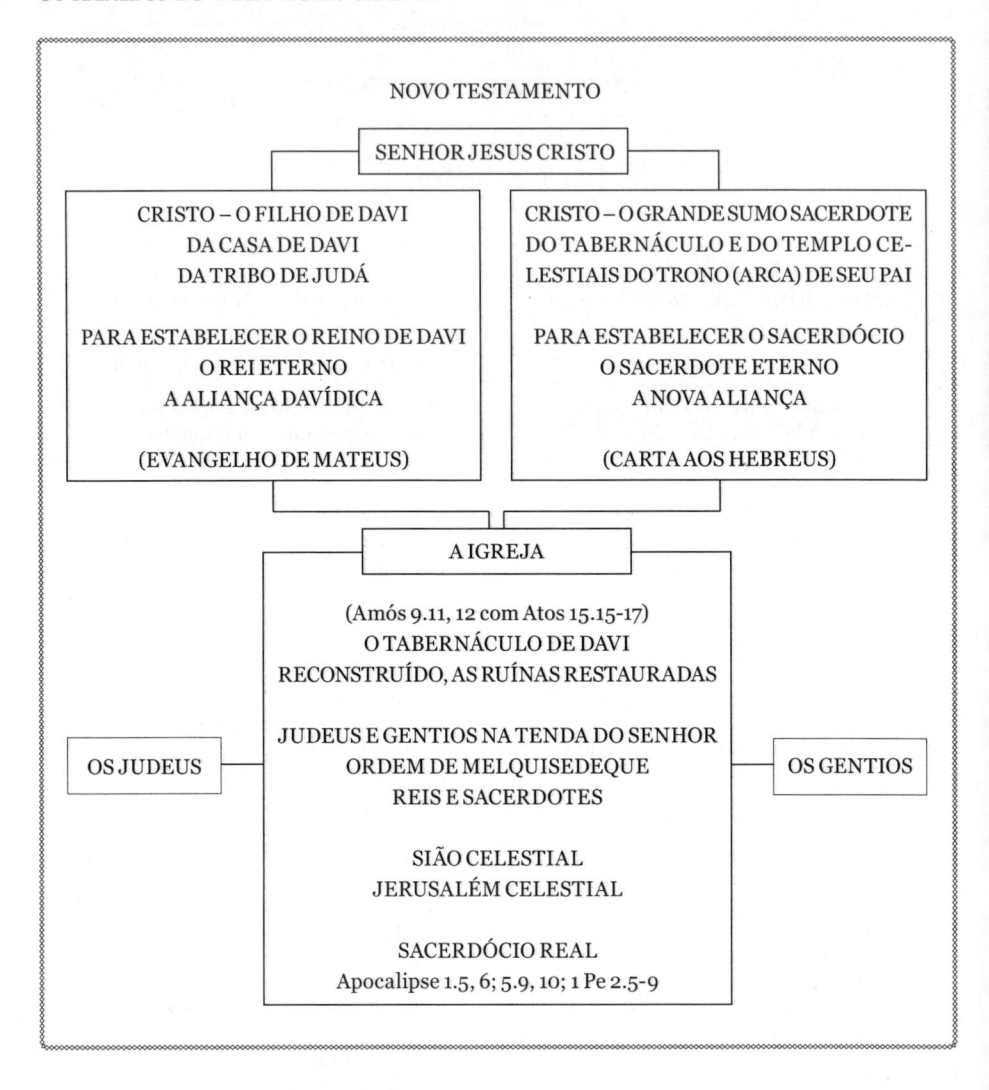

```
┌─────────────────────────────────────────────────────────────────┐
│                         NOVO TESTAMENTO                          │
│                   ┌──────────────────────┐                       │
│                   │ SENHOR JESUS CRISTO  │                       │
│              ┌────┴──────┐      ┌────────┴──────┐                │
│   CRISTO – O FILHO DE DAVI      CRISTO – O GRANDE SUMO SACERDOTE │
│        DA CASA DE DAVI          DO TABERNÁCULO E DO TEMPLO CE-   │
│        DA TRIBO DE JUDÁ         LESTIAIS DO TRONO (ARCA) DE SEU PAI│
│                                                                  │
│   PARA ESTABELECER O REINO DE DAVI   PARA ESTABELECER O SACERDÓCIO│
│          O REI ETERNO                   O SACERDOTE ETERNO       │
│        A ALIANÇA DAVÍDICA                  A NOVA ALIANÇA        │
│                                                                  │
│      (EVANGELHO DE MATEUS)              (CARTA AOS HEBREUS)      │
│                                                                  │
│                       ┌──────────┐                               │
│                       │ A IGREJA │                               │
│                                                                  │
│              (Amós 9.11, 12 com Atos 15.15-17)                   │
│                   O TABERNÁCULO DE DAVI                          │
│              RECONSTRUÍDO, AS RUÍNAS RESTAURADAS                 │
│                                                                  │
│              JUDEUS E GENTIOS NA TENDA DO SENHOR                 │
│  OS JUDEUS       ORDEM DE MELQUISEDEQUE         OS GENTIOS       │
│                     REIS E SACERDOTES                            │
│                                                                  │
│                       SIÃO CELESTIAL                             │
│                    JERUSALÉM CELESTIAL                           │
│                                                                  │
│                      SACERDÓCIO REAL                             │
│              Apocalipse 1.5, 6; 5.9, 10; 1 Pe 2.5-9              │
└─────────────────────────────────────────────────────────────────┘
```

Assim como duas funções, de rei e sacerdote, eram exercidas separadamente no Antigo Testamento e se juntaram numa só pessoa, Jesus Cristo, no Novo Testamento, também os dois tabernáculos de Sião foram reunidos no único Tabernáculo do Novo Testamento, isto é, em Cristo e sua igreja. O Tabernáculo do trono de Davi e o trono da Arca de Deus, no outro Tabernáculo, se juntaram em Cristo.

Isto posto, passamos agora para a parte três, especialmente a tudo que está relacionado ao culto davídico, porém sem excluir o reino davídico. Judeus e gentios participam juntos do reino do Messias e da adoração ao Messias. Judeus e gentios se tornam um em Cristo. Os dois Tabernáculo passam a ser um em Cristo. As duas funções, de rei e sacerdote, passam a ser uma em Cristo. Essa é a revelação do Novo Testamento.

O diagrama a seguir apresenta os dois Tabernáculos tal como eram no tempo do Antigo Testamento, com as duas funções, de rei e sacerdote, e como ambos se reuniram em um só Tabernáculo no Novo Testamento, em Cristo, que é tanto rei quanto sacerdote em seu trono.

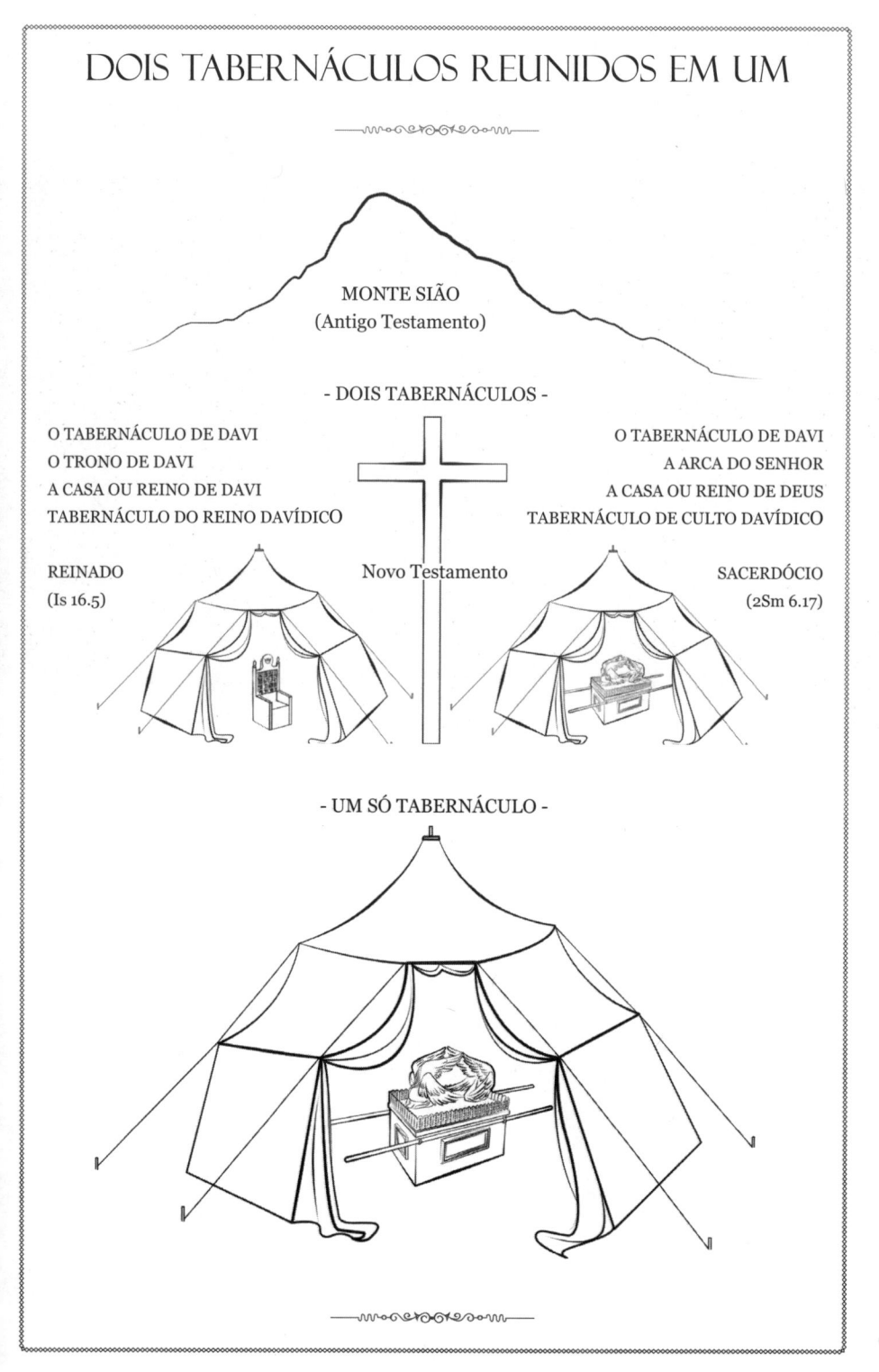

DOIS TABERNÁCULOS REUNIDOS EM UM

MONTE SIÃO
(Antigo Testamento)

- DOIS TABERNÁCULOS -

O TABERNÁCULO DE DAVI
O TRONO DE DAVI
A CASA OU REINO DE DAVI
TABERNÁCULO DO REINO DAVÍDICO

REINADO
(Is 16.5)

Novo Testamento

O TABERNÁCULO DE DAVI
A ARCA DO SENHOR
A CASA OU REINO DE DEUS
TABERNÁCULO DE CULTO DAVÍDICO

SACERDÓCIO
(2Sm 6.17)

- UM SÓ TABERNÁCULO -

PARTE TRÊS

Introdução – o tabernáculo de culto davídico

11. "Como era no passado" 101
12. O tabernáculo de Moisés – do sinai a Siló 103
13. A arca da aliança 105
14. De volta a Siló 109
15. Cativeiro e jornadas da arca – a arca no cativeiro ... 119
16. A preparação do tabernáculo de Davi 127
17. A arca é levada para o tabernáculo de Davi – o dia da dedicação 135
18. Dois tabernáculos – de Moisés e de Davi 145
19. "Percorram sião" 155
20. De acordo com a ordem de Davi 163
21. Ordem de culto divina 169
22. Breve história da música 177
23. A ordem dos cantores e músicos 203
24. Títulos e epígrafes dos salmos 207
25. Instrumentos musicais nos tempos bíblicos 215
26. A música falsificada de satanás 237
27. Avaliação do poder da música 245
28. O tabernáculo no livro de hebreus 253
29. O sacerdócio de Zadoque 259
30. "Como os montes cercam Jerusalém" 267

31. A arca no templo de Salomão 271
32. Verdades teológicas no tabernáculo de Davi 275

Conclusão 277

Apêndice 279
   1. Interpretação de "selá" 279
   2. A dança 283
   3. Histórico bíblico da arca da aliança 287

Bibliografia 293

Outras obras disponíveis de Kevin J. Conner 295

INTRODUÇÃO

O TABERNÁCULO DE CULTO DAVÍDICO

Creio que a verdade sobre o Tabernáculo de Davi quanto ao reino e à participação tanto de judeus como de gentios foi devidamente estabelecida.

Afirmo novamente que, embora houvesse dois tabernáculos de Davi no Antigo Testamento – um para o trono de Davi e outro para o trono do Senhor –, ficou claro que ambos se tornaram um só Tabernáculo no Novo Testamento por meio da cruz.

Vale lembrar que o próprio Senhor Jesus disse que Ele *edificaria sua igreja* (Mt 16.15-19), e *construiria o tabernáculo de Davi* (At 15.16,17). É importante ter em mente que Cristo *não* está construindo duas coisas diferentes no Novo Testamento, mas apenas uma: sua *igreja*. Portanto, se o Tabernáculo de Davi for reconstruído – e realmente será – será aquele que está sendo construído na igreja.

O Tabernáculo de Davi, tanto quanto o reino e a adoração, são plenamente cumpridos em Cristo e na igreja. O povo do reino se tornou um povo adorador. O aspecto de reino do Tabernáculo de Davi e o aspecto de culto do Tabernáculo de Davi, embora separados em Sião, no Antigo Testamento, não podem ser separados no Novo Testamento. Assim como as funções de rei e sacerdote estavam separadas no Antigo Testamento e se juntaram em Cristo no Novo Testamento, também os dois Tabernáculos foram unidos em Cristo. O trono de Davi e a Arca do Senhor apontam para uma única verdade. Não há dois tronos diferentes para Cristo assentar-se. Há apenas um trono no Novo Testamento. Jesus Cristo se assenta no trono de Davi (At 2.22-36; 13.22-37). Jesus Cristo se assenta no trono de Deus, simbolizado no trono de misericórdia da Arca da Aliança. Esses tronos foram reunidos num só a partir da cruz, no período da nova aliança.

A diferença principal entre o Antigo e o Novo Testamento se evidencia na questão das funções de rei e sacerdote. Os reis provinham da tribo de Judá. Os sacerdotes, da tribo de Levi. Na cruz, o sacerdócio aarônico e a ordem levítica foram abolidos. Mas a função sacerdotal permanece por intermédio da cruz na ordem de Melquisedeque, que é rei e sacerdote. Cristo é Melquisedeque. Ele é rei e sacerdote da tribo de Judá. Esta é a diferença entre as funções na antiga e na nova aliança.

Além disso, o trono terreno de Davi desapareceu, assim como a Arca da Aliança, mas a arca celestial de Deus, o trono celestial de Deus, permanece (Ap 11.19; 3.21; 5.1-10; 22.1, 2). Esse é agora o trono de Deus e do Cordeiro. Cristo está assentado no trono como rei e sacerdote, e "haverá harmonia entre os dois" (Zc 6.12-14).

Ele reina sobre seu *reino*, e ministra sobre seu *sacerdócio*. O reino diz respeito ao governo, regência, domínio e autoridade sobre seus súditos. O sacerdócio diz respeito à reconciliação, intercessão e ao culto.

Na terceira parte de nosso estudo trataremos mais especificamente do Tabernáculo de culto davídico. Embora Davi tenha reinado em seu trono, na Arca do Senhor, ele era adorador, cantor e salmista de Israel (2 Sm 23.1, 2). A palavra estava em seus lábios e o Espírito estava sobre ele em adoração e louvor.

Davi é um dos personagens que mais se destaca no Antigo Testamento. Há cerca de quatorze capítulos destinados à história de Abraão, onze destinados à vida de Jacó e quinze destinados a seu filho predileto, José. Encontramos também dez capítulos sobre a vida do profeta Elias. Mas, existem 66 capítulos da Bíblia dedicados à história de Davi, e cerca de 1.200 referências ao nome de Davi, sendo 59 no Novo Testamento.

Quando pensamos em alguém que tenha sido um exemplo de fé, lembramos de Abraão, o pai de todos os que creem. Quando pensamos em alguém como exemplo de mansidão, lembramos de Moisés ou de Jesus. Quando procuramos por um homem capaz de fazer milagres, lembramos de Elias ou de Eliseu. Mas quando pensamos num personagem bíblico caracterizado pelo louvor e adoração, o nome de Davi surge imediatamente em nossa mente.

As Escrituras registram que Davi era um homem "segundo o coração de Deus". Os salmos de Davi são basicamente salmos de adoração.

Davi estabeleceu Sião como sua cidade e graças a ele Sião se tornou famosa. Sião é a cidade do grande rei, o Senhor Jesus, não Davi.

Enquanto outras cerimônias e rituais do Antigo Testamento passam pela cruz e são abolidos nela, as expressões de adoração passam pela cruz e através da cruz são purificadas para a nova aliança. A adoração e o louvor nunca deixarão de existir, pois são eternos.

É claro que podem existir diferentes expressões de louvor e adoração. Não podemos menosprezar outros grupos de crentes por não praticarem o mesmo tipo de adoração que o nosso. Deus olha o coração. Ele aceita somente o louvor purificado pela cruz do Calvário, em espírito e em verdade, não simplesmente a forma exterior.

Peço aos leitores que mantenham um foco adequado sobre essas coisas enquanto dedicamos a maior parte desse estudo a essa ordem de culto relacionada com o Tabernáculo erguido por Davi em Sião para a Arca do Senhor. Nosso objetivo a partir desse capítulo não é o Tabernáculo de Davi no aspecto de reino. Porém, não podemos esquecer que os dois aspectos estão estreitamente relacionados, pois são um em Cristo. Ele é rei e sacerdote. Governa e reina sobre seu reino. Nós o adoramos como Rei dos reis e Senhor dos senhores, e também como sacerdote do Deus Altíssimo.

CAPÍTULO II

"COMO ERA NO PASSADO"

O profeta Amós profetizou nos dias de Uzias, rei de Judá, e nos dias de Jeroboão II, rei de Israel (Am 1.1; 9.11, 12).

Isso ocorreu por volta do ano 787 a.C.. Embora sua profecia envolvesse diversas nações gentias e o reino do Sul, Judá, seu ministério se concentrava principalmente no reino do Norte, Israel.

O reino de Israel havia se desviado da fé e caído em apostasia. Os reis de Israel tinham perpetuado a adoração ao Bezerro de Ouro estabelecida por Jeroboão I (1Rs 12.25-33) por volta de 975 a.C., cerca de duzentos anos atrás. Aproximadamente sessenta anos depois, o reino de Israel seria levado para o cativeiro assírio e daí seria disperso entre as nações (Am 9.8; Os 1.4; Is 7.8).

Os profetas Amós e Oseias foram contemporâneos, e ambos previram a chegada do cativeiro assírio para o reino de Israel. O profeta Isaías, embora ministrando especificamente para o reino de Judá, também fala da vinda do cativeiro assírio sobre Israel.

É nesse contexto histórico que Amós profetiza: "Naquele dia levantarei a tenda caída de Davi. Consertarei o que estiver quebrado, e restaurarei as suas ruínas. Eu a reerguerei, para que seja *como era no passado*".

Qual o significado dessa profecia para o povo de Israel da mesma geração do profeta? O Templo de Salomão ainda estava em Jerusalém. A adoração idólatra ao Bezerro de Ouro continuava em vigor em Betel e Dã, no reino de Israel, cuja capital era Samaria.

Será que o profeta queria dizer que Deus iria deixar o Templo de Salomão e voltar para a tenda real ou Tabernáculo que Davi tinha erguido para a Arca antes que o templo fosse construído? Alguém poderia entender que o profeta estava dizendo que Deus iria reconstruir literalmente uma tenda, como nos dias de Davi e voltaria para ela? Dificilmente alguém pensaria assim.

O mais provável é que aquela geração entendeu que essa declaração dizia respeito à restauração ou ressurgimento da verdadeira adoração, como nos dias do rei Davi.

A nação havia se desviado, era idólatra e imoral, estando muito distante do verdadeiro culto a Jeová. A adoração estava corrompida e contaminada, e havia se distanciado muito do culto estabelecido no Tabernáculo de Davi. A adoração no Tabernáculo de Davi estava de fato caída e em ruínas.

Assim, quando o profeta mencionou que o Tabernáculo de Davi seria restaurado, ele não estava se referindo exatamente a uma tenda, no sentido literal. Se fosse assim, já se passaram mais de 2.800 anos e nesse tempo Deus jamais construiu nenhuma tenda semelhante ao Tabernáculo de Davi, para habitar. E nem vai construir... Deus jamais voltará a habitar em uma tenda, Tabernáculo ou templo.

Quando o profeta disse que o Senhor construiria o Tabernáculo *"como era no passado"*, ele estava se referindo a uma restauração ou avivamento, ou seja, a um ressurgimento do culto verdadeiro que Davi estabelecera em seu tempo no auge da resposta da nação ao Senhor.

Phillip Mauro, em *The Hope of Israel* (p. 217, 218, 222), referindo-se ao Tabernáculo de Davi, afirma:

Para começar, devemos observar que não se trata do Templo de Salomão. As duas estruturas eram bem distintas e seus significados eram totalmente diferentes. Amós profetizou em referência a um "Tabernáculo", claramente associado com *Davi*, um Tabernáculo que, no tempo dessa profecia, tinha "caído" e estava em "ruínas". Amós profetizou "nos dias de Uzias, rei de Judá" (1.1), quando o Templo de Salomão estava firmado em toda sua glória, e os serviços e sacrifícios eram realizados na devida ordem. Um fato sem dúvida bastante significativo é que Deus tenha declarado sua intenção de "reedificar a *tenda caída de Davi*" e "restaurar suas ruínas" enquanto o Templo de Salomão estava firme.

Na profecia de Amós temos a seguinte mensagem de Deus: "Eu a reerguerei, para que seja *como era no passado*". Os dias em que Davi ergueu o Tabernáculo para a Arca em Sião eram dias de alegria e felicidade, de canto e dança, de vitória e prosperidade, dias em que Davi reinava sobre um povo unido e feliz (grifo do comentarista).

Oportunamente, iremos ver que todo despertamento em Israel ou Judá sob o governo de reis piedosos era um retorno à ordem do Tabernáculo de Davi – *não* a uma tenda no sentido literal –, mas à verdadeira adoração estabelecida no reinado glorioso de Davi. Em outras palavras, um retorno ao Tabernáculo de Davi!

Para entender o que o Senhor queria dizer, tanto na época do profeta quanto no livro de Atos, precisamos voltar e analisar "*o passado*", quando o Tabernáculo de Davi foi erguido, e o significado simbólico disso tudo.

CAPÍTULO 12

O TABERNÁCULO DE MOISÉS – DO SINAI A SILÓ

Como a principal característica do Tabernáculo de Davi era a ordem de culto estabelecida em torno da Arca da Aliança, que fora trazida do Tabernáculo de Moisés, é necessário um breve comentário sobre o Tabernáculo de Moisés.

Não se pode avaliar corretamente o Templo de Salomão sem uma compreensão clara do Tabernáculo de Davi, e não se pode avaliar o Tabernáculo de Davi sem compreender o Tabernáculo de Moisés. Cada um compõe uma parte da verdade.

A revelação dos detalhes e do modelo de construção do Tabernáculo de Moisés está registrada no livro de Êxodo, nos capítulos 25 – 40 (para uma explicação mais completa sobre o Tabernáculo de Moisés e seus utensílios, leia *Os Segredos do Tabernáculo de Moisés*, Editora Atos).

O Tabernáculo de Moisés era a habitação de Deus entre os filhos de Israel durante a peregrinação pelo deserto, do monte Sinai a Siló, na Terra Prometida. Consistia de uma estrutura de madeira, com várias cortinas e coberturas. Essa estrutura tinha dois lugares, o Lugar Santíssimo e o Lugar Santo, separados apenas por um véu pendurado em quatro colunas de madeira de acácia revestidas de ouro.

O tamanho total dessa estrutura era de 15 metros (30 côvados) de comprimento, 5 metros (10 côvados) de largura e 5 metros (10 côvados) de altura. Na extremidade oriental havia uma cortina de linho bordada chamada "porta do Tabernáculo", pendurada em cinco colunas de madeira revestida de ouro. Essa estrutura de madeira com as colunas era firmada em bases de prata.

A estrutura do Tabernáculo era rodeada por um pátio cercado por cortinas de linho fino penduradas em 60 colunas em bases de bronze. O pátio tinha 50 metros (100 côvados) de comprimento, 25 metros (50 côvados) de largura e as cortinas tinham 2,5 metros (5 côvados) de altura. Na extremidade oriental havia uma outra entrada chamada "porta do pátio", também confeccionada de linho fino bordado.

O Tabernáculo de Moisés consistia de três lugares: o Lugar Santíssimo, o Lugar Santo e o pátio externo.

Cada lugar tinha um mobiliário determinado por Deus. Tudo devia ser construído de acordo com o padrão divino, o padrão do Senhor dado a Moisés no monte. Tudo foi construído pela capacitação da sabedoria e do Espírito de Deus.

No pátio externo havia dois objetos de bronze. O primeiro era um altar de madeira de acácia revestido de bronze. Era o único lugar onde se oferecia sacrifício de sangue. Todas as ofertas de sacrifício eram preparadas nesse local. Era o lugar de purificação pelo sangue.

O segundo era a bacia de bronze, feita com os espelhos das mulheres de Israel. Era uma bacia cheia de água para uso dos sacerdotes, que ali lavavam as mãos e os pés antes de entrarem no Santuário do Senhor. Era o lugar de purificação pela água.

No Lugar Santo havia três objetos. No lado norte ficava a Mesa dos pães da Presença contendo 12 pães. Essa mesa era de madeira revestida de ouro, com uma moldura de ouro ao redor. Os pães sobre a mesa eram o alimento dos sacerdotes. Eram chamados de "pães da presença" ou pães da proposição.

Do lado oposto da mesa, havia o candelabro de ouro, no lado sul do Tabernáculo. Era feito de ouro puro de acordo com o projeto divino. Tinha 7 braços e 7 lâmpadas. As lâmpadas eram cheias de óleo e queimavam continuamente diante do Senhor. Era a única luz no Lugar Santo. Os sacerdotes ministravam à luz do candelabro.

O terceiro objeto era o Altar de ouro do incenso. Era feito de madeira de acácia revestida de ouro. Feito de acordo com o modelo divino. Ficava em frente do véu que separava o Lugar Santo do Lugar Santíssimo. Nesse altar era queimado diante do Senhor o incenso composto de especiarias aromáticas. O santuário ficava impregnado pela fragrância do incenso, que simbolizava as orações, a adoração e as intercessões do povo diante do Senhor. O altar também tinha uma moldura ou coroa.

O Lugar Santíssimo tinha apenas um objeto, a Arca da Aliança, o objeto mais importante de toda a mobília do Tabernáculo. Todos os outros objetos que estavam no Tabernáculo só tinham significado se a Arca da Aliança estivesse no Lugar Santíssimo.

A Arca era uma caixa alongada feita de madeira de acácia, revestida de ouro por dentro e por fora. Tinha uma moldura de ouro ao seu redor. Na tampa ficava o Trono da Misericórdia, feito de ouro puro e trazendo a figura de dois querubins, um em cada extremidade da tampa. Dentro da Arca se encontravam a vasilha de ouro com o maná, as tábuas da lei e a vara de Arão, que florescera (Hb 9.1-5; Êx 20; Êx 16; Nm 17).

Sobre a Arca habitava a visível presença da glória de Deus. Uma vez por ano era aspergida com sangue, no grande Dia de Expiação.

Desse modo, o Tabernáculo era a Casa de Deus, a habitação de Deus no meio de seu povo. A presença da glória de Deus era evidenciada pela coluna de nuvem e pela coluna de fogo durante a peregrinação de Israel pelo deserto.

Depois que o Tabernáculo foi erguido no monte Sinai, o Senhor acompanhou o povo em sua jornada de quarenta anos pelo deserto. Durante o trajeto, os objetos eram protegidos por coberturas designadas especificamente para cada objeto.

No devido tempo, quando a segunda geração entrou em Canaã, sob o comando de Josué, as Escrituras nos dizem que o Tabernáculo de Moisés foi estabelecido num lugar chamado Siló.

"Toda a comunidade dos israelitas reuniu-se em Siló e ali armou a Tenda do Encontro. A terra foi dominada por eles" (Js 18.1).

Leia também Josué 18.8-10; 19.51; 21.2; 22.9, 12, 19; Jz 18.31.

Siló passou a ser o centro da vida religiosa de Israel em Canaã durante muitos anos.

O Tabernáculo do Senhor, com a Arca da Presença de Deus, seguiu com o povo de Israel até o monte Sinai, através do deserto e finalmente encontrou seu lugar na Terra Prometida, a terra de descanso, em "Siló", que significa "repouso, paz, enviado".

CAPÍTULO 13

A ARCA DA ALIANÇA

Dentre todos os objetos do Tabernáculo de Moisés, a Arca da Aliança era certamente o mais importante, por causa do significado espiritual e de seu maravilhoso simbolismo. Há mais referências a essa peça do Tabernáculo do que a todas as outras juntas. Isso nos mostra o quanto ela era importante aos olhos de Deus.

A Arca da Aliança, em sua história e simbolismo, era o mais precioso de todos os símbolos que apontavam para Senhor Jesus Cristo. Tudo que a Arca representava para Israel no Antigo Testamento, Jesus Cristo representa para a igreja no Novo Testamento. A história da Arca é a história de Cristo. Do mesmo modo que a Arca tinha a supremacia no Tabernáculo de Israel, Cristo também tem a supremacia em sua igreja (Cl 1.17-19).

Havia somente *uma Arca*! A Arca foi transportada do Tabernáculo de Moisés ao Tabernáculo de Davi e deste para o Templo de Salomão.

Apresentaremos, a seguir, um breve relato sobre a história da Arca, mas antes vamos mencionar as principais verdades representadas na Arca:

- A Arca representava o *trono de Deus* na terra
- A Arca representava a *presença de Deus* entre seu povo redimido, Israel
- A Arca representava a *glória de Deus* revelada na ordem divina da congregação dos santos
- A Arca representava a *plenitude da divindade manifestada corporalmente* no Senhor Jesus Cristo (Cl 1.19; 2.9). Tudo que a Arca representava para Israel, Cristo representa para sua igreja

ARCA NO MONTE SINAI

Foi no monte Sinai que o Senhor deu a Moisés as instruções para a construção da Arca da Aliança (Êx 25.10-22).

A Arca era uma caixa oblonga de um metro e dez centímetros (2,5 côvados) de comprimento, por setenta centímetros (1,5 côvado) de largura e setenta centímetros (1,5 côvado) de altura. Isso aponta para o fato de que o trono de Deus tem um padrão divino semelhante.

A Arca era feita de madeira de acácia, ou "madeira incorruptível", de acordo com a Septuaginta. A madeira de acácia simboliza a perfeição de Cristo, sua humanidade incorruptível e sem pecado (Sl 16.10; Lc 1.35; 1 Pe 1.23; 1 Jo 3.5; Jr 23.5; Zc 3.8; 6.12).

A Arca era revestida de ouro por dentro e por fora. O ouro geralmente é associado à divindade ou à natureza divina. A construção feita de madeira e ouro simboliza as duas naturezas de Cristo, e representa a divindade e a humanidade unindo-se na nova criação. A plenitude da divindade habitou corporalmente nele (1 Tm 3.15, 16; Is 7.14; Is 9.6; Jo 1.14; Cl 1.19; 2.9).

Em torno da parte superior da Arca havia uma moldura ou coroa de ouro. A coroa representa majestade e aponta para o verdadeiro Reino de Cristo. Ele está coroado de glória e honra (Hb 2.9; Ap 19.11-21).

Nas laterais da Arca ficavam as argolas onde se encaixavam as varas usadas para transportá-la. A verdade aqui simbolizada é que o Senhor Jesus Cristo, que é a nossa Arca, tem um ministério universal para seu povo. Ele acompanha a igreja em sua peregrinação. Assim como as varas ajudavam a manter a Arca estável e equilibrada, a igreja deve apresentar o evangelho de Cristo com equilíbrio (At 1.8; Mc 16.15-20; Sl 85.10).

Em cima da Arca, funcionando como tampa, estava o Trono de Misericórdia ladeado por querubins (Hb 9.1-5; Rm 3.20-27). As Escrituras identificam claramente o fato de que o Trono de Misericórdia era uma figura de Cristo Jesus como nossa propiciação. O Trono de Misericórdia aspergido com sangue indicava a obra sacrificial de Jesus. Os dois querubins em total união com o Trono de Misericórdia simbolizam a união na eterna trindade, como Pai, Filho e Espírito Santo. Tudo era moldado numa única peça de ouro.

Dentro da Arca havia três artigos: as tábuas da lei, a vasilha de ouro do maná e a vara de Arão que florescera, simbolizando a lei do Pai, o Filho como nosso maná celestial e a frutificação do Espírito Santo. Também simbolizavam a plenitude da trindade corporificada no Senhor Jesus Cristo (Hb 9.1-5; Êx 16, Nm 17; Êx 19 e 20).

Essa Arca foi construída de acordo com o modelo divino dado a Moisés. Foi feita pela sabedoria e pelo Espírito de Deus sobre Bezalel (Êx 35.12, 37.1-9; Hb 10.5-7; Gl 4.4).

Depois de terminada a obra, a Arca foi inspecionada por Moisés e colocada no mais santo de todos os lugares, o Lugar Santíssimo (Êx 39.35; 26.34; 40.3). Primeiro ela foi ungida com o óleo santo da unção, depois a glória do Senhor encheu o Tabernáculo de modo que nenhum homem podia ministrar por causa dessa glória (Êx 30.26; 40.9; At 10.38; Is 61.1-3). Jesus, nossa Arca é, sem dúvida, o Ungido de Deus (Lv 8.10 com Lc 4.18).

No Lugar Santíssimo, atrás do véu, o sumo sacerdote deveria vir uma vez por ano, no grande Dia da Expiação, para aspergir sangue sobre o Trono de Misericórdia e fazer expiação pelos pecados de toda a nação (Lv 16.1, 2, 14 com Hb 6.18-20; 10.19, 20; Jo 14.1-6). Cristo Jesus foi oferecido uma vez por todas por nossos pecados e agora podemos entrar com plena confiança no Santo dos Santos através de seu precioso sangue.

Quando era transportada, a Arca ficava sempre coberta. A primeira cobertura era um véu, simbolizando o corpo encarnado do Filho de Deus; depois, era coberta com couro (provavelmente peles de animais marinhos), simbolizando Deus Pai, que está sobre todas as coisas; e finalmente, era coberta com um pano azul, simbolizando o Espírito Santo do céu (Nm 4.5, 6). Assim, nenhum olho humano podia ver a Arca quando estava sendo transportada, de acordo com a divina instrução. A Arca em trânsito deveria ser carregada nos ombros pelos coatitas (responsáveis por cuidar do santuário; veja Nm 3.27-32).

A Arca deveria ficar "*no meio*" do acampamento de Israel, quando o povo estava acampado (Nm 4.13-28; 10.14-28; 21). O Senhor Jesus Cristo, nossa Arca, está sempre no meio de seu povo (Mt 18.20).

A Arca nas jornadas pelo deserto

A Arca tinha uma posição de destaque na marcha de Israel. Quando a Nuvem de Glória se movia, as trombetas soavam para a viagem do acampamento do Senhor (Nm 4.13-28; 10.21; 14 – 28).

A primeira jornada da Arca teve a duração de três dias, saindo do monte Sinai em direção à Terra Prometida e ao lugar de descanso para Israel. (Nm 10.33-36; Sl 68.1-19). O Senhor Jesus Cristo conduz seu povo ao repouso verdadeiro através de sua obra redentora no Calvário e de sua ressurreição, depois de três dias e três noites (Mt 11.28-30; 12.38-40).

Quando a Arca do Senhor não acompanhava os israelitas na batalha, eles eram derrotados (Nm 14.44). A igreja precisa da presença do Senhor nas batalhas contra o inimigo. O inimigo só será derrotado se Cristo estiver presente.

Quando Israel murmurou contra Arão, como o sacerdote ungido do Senhor, Deus fez que a vara de Arão florescesse em sua presença como sinal de que havia escolhido e ungido Arão para ser seu sumo sacerdote e mediador. A vara foi colocada dentro da Arca de Deus como testemunha e confirmação do sacerdócio de Arão diante de Deus e de Israel (Hb 9.4). Cristo é o nosso sumo sacerdote, indicado e ungido por Deus. Deus selou esse fato ressuscitando-o dos mortos (Hb 4.14; Sl 110.1-4).

O Livro da Lei foi colocado dentro da Arca (Dt 31.9-26), prefigurando o Senhor Jesus, o único que cumpriu perfeitamente a Lei de Deus, pois veio para fazer a vontade do Pai (Hb 10.5-7).

A Arca na Terra Prometida

A Arca do Senhor foi usada na separação das águas do rio Jordão permitindo à nova geração entrar na terra de Canaã, do mesmo modo que o cajado de Deus tinha separado as águas do mar Vermelho para a primeira geração entrar no deserto (Js 3 – 4). A Arca deveria ser mantida cerca de um quilômetro (2.000 côvados) à frente do povo. Isso novamente aponta para o Senhor Jesus Cristo, que tem estado por 2 mil anos à frente da igreja, vencendo as águas da morte e levando seu povo para o descanso eterno. A igreja o seguirá.

Depois do cerco de sete dias a Jericó, os sete sacerdotes tocaram as sete trombetas para abrir o caminho e Deus fez com que as muralhas dessa cidade caíssem. A Arca de Deus abriu o caminho nessa marcha vitoriosa de fé (Js 6 – 7). Vale a pena observar a passagem no livro do Apocalipse que fala dos sete anjos com as sete trombetas, referindo-se ao fim desta era e à vinda de Cristo, quando os reinos deste mundo se tornarão o Reino de nosso Deus e de seu Cristo (Ap 8.1-14; 11.15, 19).

Quando o pecado entrou no acampamento, Josué prostrou-se diante da Arca do Senhor e recebeu instruções referentes ao castigo para o pecado de Acã. Não pode haver vitória no acampamento enquanto o pecado não for tratado (Js 7).

A Arca foi colocada entre o monte Ebal – monte da maldição – e o monte Gerizim – o monte da bênção –, em uma grande convocação nacional. As bênçãos e as maldições da lei foram lidas pelos levitas perante a multidão; em cada monte ficavam seis tribos de Israel (Js 8.30-35). Todos seriam abençoados ou amaldiçoados de acordo com suas atitudes em relação à santa Arca de Deus e seus mandamentos. Isso também é verdadeiro quando considerado à luz da segunda vinda de Cristo. Bênção ou maldição serão distribuídas do trono da glória de Deus a todas as nações (Mt 25.31-41).

Tudo indica que a Arca se movimentou por diversos lugares em Canaã enquanto a terra estava sendo distribuída entre as tribos. O primeiro lugar em que ela entrou talvez tenha sido Gilgal (Js 9.6; 10.7-43), onde o Senhor deu as porções de terra para as tribos. Em seguida a Arca foi levada para Siló (Js 18.1, 2), onde o resto da terra foi dividido de acordo com a herança das tribos. Depois a Arca possivelmente foi para Siquém para a grande convocação nacional (Js 24.1-28). Por fim, a Arca foi levada de volta a Siló, permanecendo nesse local durante muitos anos (Jz 20.18, 26, 27; 21.2, 12, 19; 1 Sm 1.1-6; 3.3). Foi nesse ponto, em Siló, que deixamos a Arca da Aliança, no Tabernáculo de Moisés. Daremos continuidade a essa história nos próximos capítulos.

Quando lemos e meditamos sobre a construção da Arca, seu simbolismo e história, imediatamente percebemos o quanto essa peça é importante. Sua construção e sua história simbolizam a pessoa e o ministério do próprio Senhor Jesus Cristo entre seu povo redimido.

A compreensão correta desse fato nos ajudará a entender com maior clareza a transferência subsequente da Arca de Deus do Tabernáculo de Moisés para o Tabernáculo de Davi.

A Arca simbolizava a presença de Deus, seu trono e sua glória no meio de seu povo.

(Para um esboço completo sobre a *história da Arca,* consulte o Apêndice.)

A ARCA DA ALIANÇA

CAPÍTULO 14

DE VOLTA A SILÓ

É importante entender o que levou à construção do Tabernáculo de Davi. Se isso não ficar claro, podemos questionar se Davi estava realmente dentro da vontade de Deus ao erguer outro Tabernáculo quando o Tabernáculo de Moisés ainda existia. Se Davi não tivesse recebido uma revelação de Deus, seria muita presunção de sua parte colocar a Arca da Aliança no Tabernáculo erguido no monte Sião.

Vamos examinar o que levou Davi a construir seu Tabernáculo. Em Jeremias 7.1-16 a Palavra do Senhor veio a Jeremias, o profeta. Ele foi enviado para proclamá-la na porta da casa do Senhor, o templo de Jerusalém. O centro da mensagem profética era repreender o povo por sua arrogância em confiar num templo material. O povo de Judá ficou em estado de apostasia e rebelião contra o Senhor e sua Palavra revelada através do profeta Jeremias. Quando os adoradores passavam pela porta para entrar no templo, Jeremias proclamava a Palavra do Senhor, reprovando o povo por seus pecados e pela falsa sensação de segurança evidenciada em seu orgulho pelo templo de Deus. Eles achavam que Deus jamais permitiria que o templo fosse destruído, como Jeremias tinha profetizado, e nunca deixaria que os babilônios os levassem para o cativeiro.

Em meio a todas essas reprovações e denúncias, Jeremias disse ao povo:

> "Portanto, vão agora a Siló, o meu lugar de adoração, onde primeiro fiz uma habitação em honra ao meu nome, e vejam o que eu lhe fiz por causa da impiedade de Israel, o meu povo... eu farei a este templo que leva o meu nome, no qual vocês confiam, o lugar de adoração que dei a vocês e aos seus antepassados, o mesmo que fiz a Siló".
> (Jr 7.12, 14).

A palavra é clara! "Vão a Silo... e vejam o que eu lhe fiz por causa da impiedade de Israel, o meu povo".

Devemos lembrar que Siló era o lugar onde foi colocado o Tabernáculo de Moisés na terra de Canaã, sob o comando de Josué. Ao que parece, ele permaneceu nesse local nos dias de Josué, na geração seguinte e durante todo o período do livro de Juízes, ou seja, centenas de anos (Js 18.1; Jz 18.31).

É importante destacar também que a Arca é mencionada apenas uma vez no livro de Juízes (Jz 20.27). Portanto, voltemos a Siló para ver o que estava acontecendo ali. Os detalhes relacionados aos acontecimentos tratados neste capítulo estão registrados em 1 Samuel 1 – 4. Seria proveitoso para o leitor procurar conhecer melhor este texto.

O SACERDÓCIO ARAÔNICO – ELI E SEUS FILHOS

No tempo dos julgamentos divinos sobre Siló, o sacerdócio araônico era representado por Eli e seus dois filhos, Hofni e Fineias. A condição espiritual da nação se refletia na condição espiritual do sacerdócio. Aqueles eram os anos finais do período caracterizado pela anarquia. Não havia rei em Israel e cada um fazia o que lhe parecia direito. Os juízes iam e vinham. A nação tinha atravessado períodos de apostasia, servidão e libertação.

Na época de Eli, a situação novamente era de baixa espiritualidade. A corrupção de Eli e de seus filhos precipitou o surgimento do ministério profético de Samuel. Mais tarde, a corrupção dos filhos de Samuel precipitou o surgimento dos reis, sendo Saul o primeiro deles. Vejamos a seguir os pontos mais importantes que indicavam a condição espiritual do sacerdócio em Siló.

1. Eli e seus dois filhos, Hofni e Fineias, são citados pela primeira vez como sacerdotes do Senhor em Siló em 1 Samuel 1.3.
Eli significa "oferecimento ou oferta levantada", ou "erguida".
Hofni significa "o que guarda meu punho" ou "lutador".
Fineias significa "semblante descarado" ou "boca atrevida".

Na Bíblia, o nome normalmente é significativo da natureza e do caráter da pessoa (Hb 7.2; 1 Sm 25.25; Mt 1.21).

2. Eli demonstrou sua falta de discernimento espiritual quando, sentado perto de uma coluna no templo do Senhor, reprovou a atitude de Ana enquanto ela orava por um filho. Ele não soube reconhecer a aflição de uma mulher com a alma amargurada, confundindo-a com uma mulher embriagada. Eli jamais poderia imaginar que o filho daquela mulher seria chamado para confirmar o castigo divino sobre sua casa (1 Sm 1.9-28).

3. Os filhos de Eli, embora servissem como sacerdotes no altar de Deus, eram filhos de Belial. Eles não conheciam o Senhor (1 Sm 2.12). Belial significa "confusão, destruidor, indigno". Portanto, Hofni e Fineias eram filhos da "desolação", da "confusão". Assim eram filhos do Diabo, que é perverso e destruidor (cf. Dt 13.13). Eles representavam realmente aquilo que seus nomes significavam: "dentro da igreja eram santos, dentro de casa, demônios".

4. Os filhos de Eli eram sacrílegos (1 Sm 2.12-17). Esse texto mostra que quando as pessoas vinham oferecer sacrifícios ao Senhor em Siló, Hofni e Fineias pegavam muito mais que a porção do sacrifício reservada aos sacerdotes, conforme a lei das ofertas dada em Levítico 1 – 7. A gordura das ofertas era a porção do Senhor, para ser queimada no altar de Deus. Quando as pessoas ofereciam seus sacrifícios ao Senhor, os filhos do sacerdote forçavam as pessoas a lhes entregarem a melhor parte. Como consequência, as pessoas passaram a abominar as ofertas para o Senhor, desprezando a expiação por causa do mau comportamento desses jovens. O pecado deles era muito grande diante do Senhor; sem dúvida eles eram sacrílegos.

5. Os filhos de Eli também eram imorais (1 Sm 2.22). Quando as mulheres que serviam no Tabernáculo chegavam, os filhos do sacerdote se envolviam com algumas delas em atos de imoralidade. Na verdade, o sacerdócio estava corrompido e desmoralizado. Embora usassem o éfode de linho e as vestes sacerdotais, símbolos de retidão, pureza e santidade, o comportamento deles estava muito distante disso.

6. Eli deixara de disciplinar corretamente seus filhos (1 Sm 2.23-25; 3.11-14). Embora tivesse conhecimento dos atos imorais praticados por seus filhos, Eli não puniu-os ade-

quadamente. Eles deveriam deixar o sacerdócio. Não tinham qualificação para exercer tal função. É importante observar que Deus não tocaria nos filhos de Eli enquanto eles estivessem sob a proteção do pai (1 Sm 2.25). Entretanto, como Eli demonstrou fraqueza ao não disciplinar seus filhos, Deus iria castigar o pai e os filhos juntamente. A disciplina divina não seria necessária se a disciplina humana tivesse sido aplicada (1 Sm 2.29).

Esses fatos revelam o estado espiritual do sacerdócio em Siló, onde estava o Tabernáculo do Senhor. Um sacerdócio sacrílego, desordenado, destruído, imoral e indisciplinado. Os pecados dos filhos de Eli eram muito grandes diante do Senhor, tornando a disciplina divina extremamente necessária.

Declaração de juízo divino sobre o sacerdócio em Siló

O texto de 1 Samuel 2.27-36 relata a profecia de julgamento divino sobre Eli e seus filhos, pronunciada diante dele por um homem de Deus. Esse homem lembrou a Eli que o Senhor havia escolhido os homens da tribo de Levi para servirem a Deus como sacerdotes, oferecendo sacrifício, queimando incenso, participando das ofertas e usando o colete de linho (éfode) diante do Senhor.

O profeta repreendeu Eli por sua falta de autoridade como pai e por não ter disciplinado seus dois filhos pelo modo como exerciam suas funções sacerdotais. O homem de Deus continuou falando da parte do Senhor informando Eli que um castigo triplo viria sobre ele, sobre sua casa e Siló.

1. Juízo sobre Eli e seus descendentes
O sacerdócio não permaneceria com a família de Eli. No devido tempo, essa profecia se cumpriu quando a linhagem sacerdotal foi transferida da linhagem de Eli para o sacerdócio de Zadoque. Retornaremos a esse assunto na ocasião oportuna (1 Sm 2.30, 31, 33, 36).

2. Juízo sobre os filhos de Eli, Hofni e Fineias
O que iria acontecer a seus dois filhos serviria de sinal para Eli: ambos morreriam no mesmo dia (1 Sm 2.34).

3. Juízo sobre Siló e o Tabernáculo
Eli iria ver um inimigo na habitação de Deus. Algumas versões da Bíblia dizem que Eli veria "a aflição na minha habitação" (NVI). Essa declaração na verdade estaria relacionada ao fato da Arca da Aliança ter sido tomada pelas mãos do inimigo (1 Sm 2.32; cf. Sl 78.59-61). O Senhor havia deixado o Tabernáculo de Siló.

A palavra desse homem de Deus predisse a transferência do sacerdócio de Eli para outro sacerdote. Deus levantaria um sacerdote fiel, em contraposição à infidelidade de Eli em exercer sua função, e esse sacerdote executaria a vontade e o pensamento de Deus. Deus construiria para esse sacerdote uma habitação segura e ele andaria diante do Ungido do Senhor para sempre.

Quanto ao julgamento sobre Eli e sua família, essa profecia foi cumprida em 1 Reis 2.26, 27, 35, quando Zadoque assumiu a função de sacerdote depois que Abiatar foi expulso do sacerdócio. Abiatar era da linhagem de Eli. Examinaremos melhor a importância desse acontecimento em um capítulo específico sobre o sacerdócio de Zadoque.

Ministério do profeta Samuel

Enquanto o sacerdócio de Eli sofria o castigo por sua infidelidade, Deus estava preparando o profeta Samuel para o ministério.

Samuel foi a resposta de Deus à oração de Ana, e ela o devolveu ao Senhor dedicando-o para o serviço no templo (1 Sm 1.19-24). É extraordinário observar o crescimento e o desenvolvimento espiritual dessa criança apesar do ambiente corrompido da casa de Eli. O Senhor preservou Samuel da má influência dos filhos de Eli. Mencionamos abaixo alguns versículos particularmente importantes:

Samuel começou a servir ao Senhor sob a orientação do sacerdote Eli (1 Sm 2.11).

Que contraste com os filhos de Eli! Samuel era uma criança sensível, submissa e obediente às ordens de Eli.

Samuel ministrava diante do Senhor, ainda menino, usando uma túnica (éfode, o colete sacerdotal) de linho (1 Sm 2.18)

Samuel crescia espiritualmente na presença do Senhor (1 Sm 2.21)

Samuel crescia e era estimado cada vez mais pelo Senhor e pelo povo. Isto é, ele crescia nos aspectos físico, mental e espiritual (1 Sm 2.26)

A palavra do Senhor é confirmada por Samuel

Em 1 Samuel 3, o Senhor confirmou a Eli, por meio de Samuel, a palavra de juízo que tinha pronunciado anteriormente pelo homem de Deus. A palavra do Senhor era preciosa (rara) naqueles dias e as visões dificilmente aconteciam (v. 1). Isso comprova a falta de discernimento espiritual e comunicação divina.

Uma noite, o Senhor veio a Samuel e o chamou, quando "a lâmpada de Deus ainda não havia se apagado, e Samuel estava deitado no santuário do Senhor, onde se encontrava a arca de Deus". Deus nunca permite que sua lâmpada se apague, Ele sempre chama antes que a lâmpada se apague.

O Senhor chamou quatro vezes por Samuel antes que ele reconhecesse que era o Senhor que o chamava, e não Eli. Logo que ouviu a voz, Samuel correu para Eli, que lhe disse para voltar a dormir. Eli ainda não tinha percebido que o Senhor estava chamando Samuel. Verso 7 diz: "Ora, Samuel ainda não conhecia o Senhor. A palavra do Senhor ainda não lhe havia sido revelada".

Na terceira vez, Eli percebeu que o Senhor estava chamando Samuel e disse-lhe então que respondesse à voz dizendo: "Fala, Senhor, pois o teu servo está ouvindo" (v. 9).

O Senhor veio novamente e chamou Samuel pela quarta vez. Samuel, como uma criança sensível, responsiva e obediente, respondeu: "Fala, pois teu servo está ouvindo" (v. 10).

Observe os quatro chamados:

- Primeiro chamado (v. 3-5)
- Segundo chamado (v. 6, 7)
- Terceiro chamado (v. 8, 9)
- Quarto chamado (v. 10)

Provavelmente muitas coisas devem ter passado pela mente de Eli quando ele descobriu que o Senhor estava chamando Samuel e falando com ele. Embora morassem na mesma casa, o Senhor passou por Eli e seus familiares e se dirigiu a um rapazinho. O julgamento estava chegando à casa de Deus (1 Pe 4.17).

Quando Samuel estava diante do Senhor, Ele confirmou a palavra de julgamento referente à casa de Eli numa solene declaração (v. 11-14).

O julgamento que Deus traria sobre Eli e sua casa em Siló faria tinir os ouvidos de todos os que ficassem sabendo (v. 11)
Depois de iniciado o julgamento, Deus o conduziria até o fim (v. 12)
Deus julgaria Eli e sua família por causa do pecado de seus filhos, dos quais ele tinha consciência, mas não foi capaz de repreendê-los (v. 13)
A iniquidade da família de Eli era imperdoável. Nenhum sacrifício ou oferta poderia purificá-la (v. 14; cf. Hebreus 10.26-31)

De manhã, Eli perguntou a Samuel o que o Senhor havia lhe falado. Samuel teve medo de falar sobre a visão, mas Eli insistiu para que relatasse o que o Senhor lhe havia revelado. Assim, Samuel lhe contou tudo. Eli recebeu a confirmação da mensagem pronunciada anteriormente pelo homem de Deus, pois Samuel lhe relatou a mesma coisa. Pela boca de duas ou três testemunhas toda Palavra de Deus será estabelecida.

O jovem profeta Samuel crescia diante de Deus e dos homens. O Senhor não deixa que nenhuma de suas palavras caia no chão sem dar fruto. Deus colocou sua Palavra na boca do profeta, e todo o Israel reconheceu que Samuel de fato era um profeta do Senhor (1 Sm 3.19, 20).

O capítulo termina dizendo: "O Senhor continuou aparecendo em Siló, onde havia se revelado a Samuel por meio de sua palavra" (v. 21).

Antes de começar o julgamento sobre Siló e sobre o sacerdócio de Eli e seus filhos, Deus chamou, preparou e qualificou um novo sacerdócio para ungir Davi, que iria erguer o Tabernáculo de Davi em Sião. Deus nunca encerra um ato sem preparar o próximo.

A Arca de Deus é capturada

Leia com atenção o capítulo 4 de 1 Samuel. Nesse capítulo encontramos o cumprimento da palavra profética de julgamento sobre Eli e sua família, bem como sobre Siló. Aqui descobrimos o que Deus fez a Siló por causa da perversidade de seu povo, Israel. Nesse local, ocorreu um dos eventos mais importantes da história da nação de Israel.

Uma breve análise do capítulo será suficiente para focalizar esses fatos.

1. A batalha de Ebenézer (1 Sm 4.1, 2)

Os filisteus saíram em batalha contra Israel. Israel acampou em Ebenézer, "a pedra de ajuda", ou "até aqui o Senhor nos ajudou".

Os filisteus foram para Afeque, "torrente forte ou vigorosa".

Cerca de 4 mil israelitas foram mortos durante a batalha. Deus permitiu que eles fossem derrotados, como nos dias dos Juízes, por causa do desvio de Israel para a idolatria, a perversidade e a imoralidade.

2. A Arca de Deus é levada para a batalha (1 Sm 4.3-9)

Os israelitas perguntaram por que o Senhor havia deixado os filisteus vencerem a batalha. Numa condição espiritualmente decadente, eles propuseram tirar a Arca da Aliança do Tabernáculo de Siló e levá-la para a batalha, numa demonstração de que sua fé havia se degenerado em uma crença supersticiosa no poder da Arca em si, e não no Deus que habitava nela.

O povo, numa atitude de arrogância e superstição, mandou buscar a Arca em Siló. Os filhos de Eli, Hofni e Fineias, estavam em Siló, onde ficava a Arca de Deus. Eles também, como filhos de Belial, tiveram a presunção de tirar a Arca de Deus para fora do Tabernáculo e levá-la para a batalha. Mal desconfiavam que estavam a caminho do próprio funeral. Mal imaginavam que a Arca, uma vez tirada do Tabernáculo de Siló jamais voltaria para lá.

Quando a Arca entrou no acampamento, o povo gritou tão alto que a terra estremeceu. Sem dúvida eles lembraram de quando a Arca do Senhor abriu caminho pelo rio Jordão. Com certeza recordaram a maneira como a Arca impôs a derrota à cidade de Jericó depois de sete dias de marcha. A Arca de Deus tinha trazido vitória em várias batalhas. Certamente faria o mesmo novamente aqui. A Arca era o mais sagrado de todos os objetos do Tabernáculo e fazia com que os hebreus tivessem os mais elevados pensamentos sobre o poder de Deus para libertar seu povo.

Até os filisteus ficaram com medo quando descobriram que a Arca de Deus estava no acampamento. Eles também associavam a Arca com o poder de Deus, como nas pragas do Egito e no castigo divino sobre os egípcios. Assim, eles encorajaram-se uns aos outros a lutar como homens para não serem escravizados pelos israelitas.

Todavia, embora os israelitas gritassem com toda a força, o som era como de um eco diante do Senhor. Era um grito vazio. Deus não estava no meio deles. Há um tempo para clamar quando Deus está entre seu povo. Deus mandou Israel gritar diante da Arca no dia que Jericó caiu (Js 5 – 6). Há um tempo para clamar, mas há um tempo em que o clamor não passa de ruído e farsa.

3. Os filisteus tomam a Arca de Deus (1 Sm 4.10, 11a)

Os filisteus continuaram lutando. Israel sofreu uma grande derrota, perdendo 30 mil homens de infantaria na batalha. Assim, em poucos dias de combates, morreram 34 mil israelitas. Mas o pior ainda estava para acontecer.

No curso da batalha, os filisteus tomaram a Arca da Aliança. Algo assim jamais havia acontecido na história da nação. Nunca a Arca da Aliança fora tocada por mãos inimigas. Assim se cumpria a palavra de Deus de que haveria aflição na habitação de Deus (1 Sm 2.32).

O Salmo 78.60, 61 relata esse evento histórico (veja também Jz 18.30, 31):

Abandonou o Tabernáculo de Siló, a terra onde habitava entre os homens. Entregou o símbolo do seu poder ao cativeiro, e o seu esplendor, nas mãos do adversário.

A Arca simbolizava o poder do Senhor, e era o seu esplendor. Uma outra versão diz o seguinte:

Por isso, Ele abandonou o pequeno templo de Siló, o lugar que era a sua casa entre os homens. Por isso deixou que a Arca, símbolo da glória e do poder de Deus, fosse conquistada pelos inimigos de Israel (Bíblia Viva).

4. A morte de Hofni e Fineias (1 Sm 4.11b)

O juízo sobre os filhos de Eli se cumpriu quando os filisteus capturaram a Arca e mataram os dois sacerdotes, filhos de Eli. Este era o sinal do julgamento sobre a família de Eli.

Esses filhos de Belial na verdade assinaram a própria "sentença de morte" com seus atos arrogantes em relação à Arca da Aliança. Vejamos alguns dos mandamentos do Senhor que eles violaram neste episódio final no Tabernáculo de Siló:

> A Arca da Aliança ficava no Lugar Santíssimo do Tabernáculo de Moisés Ninguém podia atravessar o véu, exceto o sumo sacerdote, e isso apenas uma vez por ano no grande Dia da Expiação (Hb 9.1-12; Lv 16. Êx 40)
> No Dia da Expiação, até mesmo o sumo sacerdote não poderia entrar sem o sangue da expiação, por seus próprios pecados e pelos pecados do povo. Ele precisava também da fumaça do incenso (Lv 16)
> Quando a Arca estava em trânsito, tinha de ser coberta com os panos indicados e com o véu de cobertura. Nenhum olho humano deveria contemplá-la
> A Arca deveria estar sempre coberta quando transportada (Nm 4.5, 6)

Esses eram os mandamentos mais importantes que o Senhor transmitiu a Moisés com relação à Arca da Aliança e seu Tabernáculo.

Hofni e Fineias, esses filhos de Belial, por acaso se preocuparam em obedecer aos mandamentos do Senhor? Acaso se preocuparam se era o momento da cerimônia do Dia da Expiação ou não? Eles esperaram para levar o sangue da expiação e a fumaça de incenso para dentro do véu? Reservaram tempo para cumprir as regras estabelecidas por Deus para a aproximação da Arca? Quando eles tiraram a Arca do Lugar Santíssimo, colocaram o véu de proteção sobre ela e as demais coberturas? Eles obedeceram as ordens de Deus quanto ao transporte da Arca? Claro que não! Eles estavam no meio de uma batalha! Não tinham tempo para as formalidades religiosas e obediência aos mandamentos de Deus!

Assim, esses sacerdotes corruptos e arrogantes levaram apressadamente a Arca para a batalha, sem imaginar que isso provocaria a morte de ambos. Eles tinham enchido sua taça de iniquidade até a borda. Por não terem sido repreendidos pelo pai, eles foram disciplinados por Deus no devido tempo.

5. A morte de Eli (1 Sm 4.12-18)

No fim da batalha, com a Arca de Deus capturada pelos filisteus, um dos guerreiros da tribo de Benjamim correu de volta a Siló. Tinha as roupas rasgadas e terra na cabeça. Eli estava sentado ao lado de um portão da Casa de Deus em Siló. Seu coração estava preocupado por causa da Arca de Deus. Ele sabia que seus filhos haviam transgredido as ordens de Deus.

Quando o benjamita contou ao povo de Siló que a Arca tinha sido capturada pelos filisteus, todos gritaram de aflição. Eli ouviu o barulho e perguntou o que estava acontecendo. Quando o benjamita lhe contou sobre a batalha, a morte de seus dois filhos e a captura da Arca, Eli caiu para trás e morreu.

É significativo que não foi a notícia da morte de seus filhos, mas a menção à captura da Arca de Deus que fez com que Eli caísse e morresse. As circunstâncias da morte de Eli também são simbólicas da condição espiritual de Eli e da nação. Eli estava velho. Seus olhos estavam embaçados e ele não conseguia enxergar. Ele caiu da cadeira para trás e quebrou o pescoço (v. 15, 18). No aspecto espiritual, os olhos da nação estavam embaçados e incapazes de enxergar. A nação havia caído na idolatria e na apostasia, e estava resistente em relação às coisas de Deus.

Que pensamentos devem ter passado pela mente daquele velho homem sobre a Arca? A Arca esteve com Israel durante os quarenta anos no deserto, do monte Sinai até a travessia do Jordão. A Arca da Presença de Deus tinha separado as águas do rio para a nação atravessar para Canaã. A Arca tinha aberto o caminho para a vitória em Jericó. A terra fora dividida diante do Senhor no Tabernáculo de Siló. Mesmo nas centenas de anos do período dos Juízes, apesar das várias servidões e livramentos, Deus nunca havia permitido que mãos inimigas tocassem a Arca do Senhor. E agora, sob seu ministério como juiz e sacerdote, Deus permitiu que Arca fosse tomada pelos inimigos.

Nunca havia acontecido uma coisa assim em toda a história da nação. Os teimosos filhos de Eli haviam desencadeado toda essa situação. Essa era de longe a pior tragédia da história de Israel.

Não é de admirar que quando Eli ficou sabendo que a Arca tinha sido tomada, o choque foi tão grande que o matou. Cumpriu-se assim o juízo de Deus sobre Eli, que foi incapaz de disciplinar os filhos. Ele colocou seus filhos acima da Palavra de Deus e não pôde conter a maldade deles.

6. Icabode – a glória se foi (1 Sm 4.19-22)

Como se não bastasse a tragédia em Israel, algo terrível ainda iria acontecer. A mulher de Fineias estava perto do tempo de dar à luz seu filho. Quando ficou sabendo das terríveis notícias da tomada da Arca de Deus, da morte do sogro e do marido, ela entrou em trabalho de parto e deu à luz um menino. Em seguida ela morreu do trabalho de parto, mas antes conseguiu dar um nome à criança.

O menino se chamou Icabode, que quer dizer "nenhuma glória", indicando que "a glória se foi de Israel". Isto porque a Arca tinha sido levada para o cativeiro.

A criança se tornou um sinal ou símbolo (cf. Is 8.18) em Israel por causa do significado do seu nome. Enquanto essa criança estivesse ali, isso significava que a glória tinha partido de Israel, não havia mais glória. Sem a Arca de Deus e o próprio Senhor não podia haver nenhuma glória. Sua força e sua glória eram simbolizadas pela Arca, que agora estava em mãos inimigas. Que dia trágico para a nação!

Resumindo as tragédias desse capítulo:

Cerca de 34 mil israelitas foram mortos nas batalhas contra os filisteus
A Arca de Deus foi capturada na batalha
Hofni e Fineias também morreram
Eli morreu com o choque
A mulher de Fineias morreu no parto
Nasceu uma criança que serviria como sinal, chamada Icabode, "a glória se foi"

À luz desses fatos e dos detalhes fornecidos pelo texto de 1 Samuel 1 – 4, podemos compreender com mais clareza a profecia de Jeremias para essa geração perversa. A arrogância deles em relação à Arca do Senhor e ao templo da cidade de Jerusalém era fútil e vaidosa. Leia Jeremias 3.16 com 7.1-16; Salmo 78.54-62.

Repetimos aqui as referências principais:

Portanto, vão agora a Siló, o meu lugar de habitação, onde primeiro fiz uma habitação em honra ao meu nome... eu farei a esse templo que leva o meu nome, no qual vocês confiam, o lugar de adoração que dei a vocês e aos seus antepassados, o mesmo que fiz a Siló

(Jr 7.12, 14).

Abandonou o Tabernáculo de Siló, a terra onde habitava entre os homens. Entregou o símbolo do seu poder ao cativeiro, e o seu esplendor nas mãos do adversário

(Sl 78.60, 61).

CAPÍTULO 15

CATIVEIRO E JORNADAS DA ARCA – A ARCA NO CATIVEIRO

O relato do cativeiro e das jornadas da Arca encontra-se em 1 Samuel 5 e 6. Leia com bastante atenção esses textos. Nesse capítulo, iremos observar os detalhes dessa parte da história.

A ARCA EM ASDODE (1 SM 5.1-7)

Depois de capturar a Arca da Aliança, os filisteus a levaram de Ebenézer para Asdode, ou "Fortaleza". Asdode era uma cidade dos filisteus situada entre Gaza e Jope (atribuída à tribo de Judá, na distribuição das terras; veja Js 15.47). A cidade ficou famosa por causa do templo construído para o deus Dagom. A Arca foi colocada no templo de Dagom, cujo nome significa "peixe". Dagom era a divindade nacional dos filisteus. Era representado por uma figura com rosto e mãos humanos e corpo de peixe.

Pela manhã, quando os sacerdotes entraram no templo para suas funções, encontraram a estátua de Dagom caída no chão, diante da Arca do Senhor. Eles imediatamente a colocaram de volta em seu lugar.

Na manhã seguinte, encontraram novamente a estátua caída, rosto em terra, mas dessa vez a cabeça e as mãos tinham sido cortadas fora, restando apenas o tronco, ou a parte em forma de peixe! (de acordo com a nota da KJV).

O medo se abateu sobre os sacerdotes e ninguém mais ousou pisar na soleira da porta daquele templo novamente. Eles reconheceram que a Arca do Deus de Israel estava acima de todos os deuses e ídolos, portanto todos os deuses dos pagãos deviam se curvar diante do Deus de toda a terra (Is 42.8).

Vale a pena comparar esse acontecimento com a prisão do Senhor Jesus Cristo, "A Arca de Deus", narrada no evangelho de João (Jo 18.1-6). Quando os soldados do templo vieram prender Jesus no Getsêmani, Ele mencionou o Nome de Deus, "Eu Sou" – nome revelado a Moisés na sarça ardente e mais tarde invocado sobre a Arca da Aliança – e os soldados caíram em terra. Isso é significativo do fato de que todos irão se curvar perante o Senhor. Os ídolos e os homens não passam de coisas vãs diante da Arca de Deus personificada no Senhor Jesus Cristo.

Não só Dagom e seu templo foram abandonados, Deus também atingiu a cidade de Asdode com uma praga de tumores (a Septuaginta acrescenta, *e ratos*). A mão de Deus pesou em castigo sobre Dagom e sobre o povo de Asdode, que adorava o deus-peixe. Essas pragas faziam parte das maldições da lei (Dt 28.27).

A ARCA EM GATE (1 SM 5.8, 9)

O povo de Asdode reuniu os governantes dos filisteus para discutir o que fazer com a Arca. Os governantes sugeriram que a Arca fosse enviada para a cidade de Gate, que significa "lagar", uma das cinco principais cidades dos filisteus (Js 13.3; 1 Sm 6.17). Posteriormente, a cidade de Golias, o gigante que desafiou o Deus de Israel (1Sm 17.4). Também veio a ser refúgio de Davi no tempo da ira de Saul (1 Sm 21.10).

Novamente, é interessante comparar as perguntas que os habitantes de Gate fizeram com relação à Arca e as questões que foram feitas em relação ao Senhor Jesus Cristo no Novo Testamento.

"O que faremos *com* a arca do Deus de Israel?" (1 Sm 5.8)
"Que farei então *com* Jesus, chamado Cristo?" (Mt 27.22)
"O que faremos *com* a arca do Senhor?" (1 Sm 6.2)
"O que farei *com* aquele a quem vocês chamam rei dos judeus?" (Mc 15.12)

Os cidadãos de Gate levaram a Arca e por isso a mão do Senhor pesou sobre eles e a cidade foi atingida por grande destruição. Eles também foram castigados com a praga de tumores, assim como os habitantes de Asdode.

Ninguém ousava tocar a Arca de Deus, pois isso significava morte, pragas e destruição.

A Arca em Ecrom (1 Sm 5.10-12)

Em seguida, os filisteus enviaram a Arca para a cidade de Ecrom, que significa "migração" ou "aridez".

Os moradores de Ecrom ficaram sabendo das terríveis pragas ocorridas nas outras cidades e protestaram contra o envio da Arca para sua cidade. Chamaram os governantes das cidades filisteias e lhes pediram que a Arca fosse mandada de volta para seu lugar próprio. Houve destruição nas cidades, e os que não morreram foram atingidos por tumores. O clamor dos habitantes de Ecrom subiu aos céus.

A arca é levada para Bete-Semes (1 Sm 6.1-12, 13-20)

Depois de sete meses de destruição na terra dos filisteus por causa da presença da Arca de Deus, o povo chamou os sacerdotes e os adivinhadores e lhes pediram para descobrirem o que tinha acontecido.

Os líderes religiosos disseram que a Arca tinha de voltar para Judá, o lugar onde ela deveria ficar. Entretanto, como todas as religiões pagãs tinham rituais de sacrifícios e oferendas aos deuses, eles consideraram que não poderiam enviar a Arca de volta sem alguma oferta para apaziguar a situação.

Possivelmente eles conheciam alguma coisa sobre o Deus de Israel, pois sugeriram que os filisteus enviassem uma oferta pela culpa junto com a Arca de Deus (cf. Lv 5).

Eles raciocinaram que, se a terra e o povo fossem curados quando a Arca fosse devolvida, eles saberiam que o Deus verdadeiro de Israel é que tinha enviado o castigo e a praga. Esses sacerdotes realmente exortaram o povo para que não endurecesse o coração, como os egípcios haviam feito quando Deus enviou pragas sobre eles por se recusarem a deixar Israel ir embora.

Os filisteus então fizeram uma carroça nova, colocaram a Arca sobre ela, junto com a oferta pela culpa. Como oferta pela culpa eles fizeram imagens de cinco tumores e cinco ratos em ouro, de acordo com os cinco governantes das cinco cidades dos filisteus (1Sm 4.4, 5, 16,

17). Essas eram as pragas que os atingiram. O número cinco tem um significado de expiação, simbolizado em Israel pelas cinco ofertas levíticas (Lv 1 – 7).

Foram atreladas na carroça duas vacas leiteiras que ainda não tinham recebido jugo. Os bezerros foram tirados e deixados no curral. Os filisteus ficaram observando até as vacas pegarem o caminho para Bete-Semes, sem virar para a direita nem para a esquerda. Os governantes dos filisteus seguiram-nas até a fronteira de Bete-Semes.

Que coisa extraordinária! As vacas deixaram os bezerros para trás e saíram mugindo. Normalmente isso não acontece. Não se desviar para a esquerda nem para a direita também não é natural nos animais. Tudo aquilo era sobrenatural! Deus controlou a natureza dos animais, fazendo-os seguir em linha reta pelo caminho para Bete-Semes, sem se desviar. Assim, a Arca saiu da terra dos filisteus depois de sete meses de cativeiro e retornou para a terra de Judá.

Em Bete-Semes, era época da colheita do trigo (Colheita de Pentecostes) e os ceifeiros estavam trabalhando na colheita no vale. Assim que avistaram a Arca de Deus, eles se alegraram muito.

A Arca foi parar no campo de Josué ("Jehoshua é salvação"), um bete-semita. Ali, na grande pedra de Abel, eles pegaram a madeira da carroça feita pelos filisteus e a utilizaram para fazer uma fogueira, já que ofereceram as duas vacas como holocausto ao Senhor.

Os levitas cuidaram da Arca e das ofertas pela culpa que os filisteus enviaram junto com ela. Todavia, esse abençoado evento logo se transformou em tragédia. Nos versículos 19 e 20 lemos que os homens de Bete-Semes olharam para dentro da Arca do Senhor, e por isso Deus matou 50.070 pessoas. Por quê? Deus não havia permitido que os filisteus tocassem na Arca, e o povo de Deus também precisava aprender a respeitá-la por tudo o que ela representava. O que levou aqueles homens a olharem dentro da Arca foi orgulho, arrogância e uma fútil curiosidade.

Para poder olhar dentro da Arca, eles tiveram de remover a tampa com o Trono de Misericórdia – o Trono aspergido com sangue! O que eles iriam ver ali dentro? Eles veriam as tábuas com os 10 mandamentos, a *Lei*, a ministração da morte (2 Co 3). A lei produz ira, destruição e morte. Se a misericórdia for deixada de lado, o homem ficará exposto à ira (Rm 4.15).

Portanto, o povo de Deus precisa respeitar o modo de agir do Deus santo.

A Arca em Quiriate-Jearim (1 Sm 6.21; 1 Sm 7.1, 2)

Os homens de Bete-Semes reconheceram que ninguém poderia permanecer na presença de um Deus tão santo e que Ele só habitaria no meio de seu povo nas condições estabelecidas por Ele mesmo.

Foram enviados mensageiros a Quiriate-Jearim ("cidade dos campos"), uma cidade gibeonita que pertencia a Judá (Js 9.17; Jz 18.12), pedindo que seus moradores viessem buscar a Arca de Deus.

É possível que o Salmo 132 seja uma referência histórica à Arca entrando nos campos de Jaar, ou Quiriate-Jearim, antes de chegar a seu novo local de descanso no Tabernáculo de Davi.

Os homens de Quiriate-Jearim foram buscar a Arca e, depois a levaram para a casa de Abinadabe, onde consagraram seu filho Eleazar para guardar a Arca na casa de seu pai.

Tudo leva a crer que a Arca ficou nesse local por cerca de cem anos, e nos últimos vinte anos o povo de Israel lamentou pela ausência da glória do Senhor sobre ela.

A versão ampliada do Antigo Testamento escreve da seguinte maneira 1 Samuel 7.2:

"E a Arca permaneceu em Quiriate-Jearim por muito tempo (quase cem anos; incluindo o período em que Samuel foi juiz, o reinado de Saul e parte do reinado de Davi) quando foi trazida para Jerusalém. Pois foram vinte anos até que toda a casa de Israel lamentou diante do Senhor."

Portanto, durante esse longo período, Samuel, Saul e Davi agiram de acordo com seus respectivos contextos históricos.

A Arca em Gibeá (1 Sm 14.1-3; 15-19)

De acordo com essa passagem, parece que a Arca permaneceu por um tempo em Gibeá ("colina"), durante o reinado de Saul.

O rei Saul estava enfrentando sérias dificuldades com os filisteus e pediu que a Arca do Senhor fosse levada até ele. O sacerdote nessa época era Aías, "amigo de Jeová", filho de Aitube, irmão de Icabode, filho de Fineias, neto de Eli de Siló.

Aías era parente de Icabode ("a glória se foi"). Entretanto, quando Saul ouviu o tumulto no acampamento dos filisteus, não esperou para ouvir a palavra de Deus e mandou que o sacerdote não trouxesse a Arca ("retire a sua mão", em hebraico). Nessa época, Saul não conhecia ainda o Deus da Arca, por isso usava a Arca do Senhor supersticiosamente.

Durante os tristes anos que seguiram, Saul se levantou contra Davi, o recém-ungido do Senhor. Certa ocasião, enquanto perseguia Davi, Saul descobriu que Aimeleque ("meu irmão é rei"), um sacerdote da cidade sacerdotal de Nobe, tinha ajudado Davi dando a ele e a seus homens os pães da proposição e também a espada de Golias. Doegue, um edomita, ouviu a conversa e contou ao rei Saul. O rei então ordenou a Doegue que matasse os sacerdotes daquela cidade por terem ajudado a Davi (1 Sm 21.1-9; 22.9-23). Doegue matou em um só dia 85 sacerdotes. Abiatar, um dos filhos de Aitube, escapou e fugiu para se juntar a Davi levando o colete sacerdotal.

Não é de admirar que Deus tenha se recusado a responder ao rei Saul através da Arca, do sacerdote, do Urim e Tumim, dos profetas ou de sonhos. Saul havia agido contra os canais de comunicação divinos (1 Sm 28.6).

Já que Saul rejeitou e silenciou os sacerdotes, Deus certamente não tinha nada para lhe dizer.

A Arca na casa de Obede-Edom (2 Sm 6.1-11; 1 Cr 13.11-14)

É possível que a Arca, depois de ter ficado algum tempo em Gibeá, tenha sido levada de volta e colocada em Quiriate-Jearim (ou seja, "Baalá de Judá"), na casa de Abinadabe, na região de Gibeá.

Chegou o tempo em que Saul e seu filho Jônatas foram mortos e Davi subiu ao trono de Israel. Como mencionamos anteriormente, depois da terceira unção de Davi como rei de Israel, ele desejou que a Arca de Deus fosse trazida para o seu devido lugar.

Davi consultou os chefes das famílias levitas e os líderes da nação, expressando seu desejo de trazer a Arca do Senhor e lembrando-os que eles não tinham se importado com a Arca nos dias do rei Saul (1 Cr 13.3).

O povo também se convenceu de que deveria buscar a Arca. Assim, Davi, os líderes e o povo se juntaram e foram a Quiriate-Jearim para trazer a Arca do Senhor.

O que fez Davi? Parece incrível, mas ele agiu da mesma forma que os filisteus e colocou a Arca numa *carroça nova*, depois de tirá-la da casa de Abinadabe, em Gibeá (cf. 1 Sm 6.7; 1 Cr 13.7; 2 Sm 6.3).

A carroça nova usada pelos filisteus tinha sido queimada, assim Davi teve que fazer outra carroça!

Uzá e Aiô, dois filhos de sacerdote, conduziam a carroça enquanto Davi e todo Israel começavam a dançar diante de Deus com todas as suas forças. Harpas, saltérios, címbalos, trombetas e cânticos ecoavam pelo caminho (2 Sm 6.5; 1 Cr 13.8).

O que aconteceu em seguida? Enquanto o povo se alegrava e dançava, os bois tropeçaram numa eira em Quidom. Uzá estendeu a mão e segurou a Arca, impedindo-a de cair da carroça nova. A ira de Deus se acendeu contra Uzá, e Deus o feriu mortalmente. Ele morreu diante da Arca de Deus!

Tudo isso deixou o rei Davi muito aborrecido, e Davi ficou com medo de Deus. O acontecimento feliz terminara em morte. Davi não ousou trazer a Arca para Sião, em vez disso, ele levou-a para a casa de Obede-Edom, de Gate. A Arca permaneceu nesse local durante três meses e a bênção de Deus prevaleceu sobre aquela família e sobre tudo o que possuía (1 Cr 13.9-14; 2 Sm 6.11). Assim, a Arca foi da casa de Abinadabe para a casa de Obede-Edom.

Esta etapa terminou em tragédia. Deus precisava ensinar ao rei Davi que ele devia obedecer às ordens de Deus. Os filisteus podiam ter uma "carroça nova" e Deus podia controlar a natureza das vacas que sustentavam a Arca, mas em relação ao seu povo, Deus não permitiria nenhuma "carroça nova" nem que mão alguma tocasse a Arca.

Deus poderia ter impedido que os bois tropeçassem, do mesmo modo que controlou de maneira sobrenatural a natureza das vacas dos filisteus anteriormente. Mas o povo de Deus precisava se sujeitar à ordem divina, ao padrão exposto em sua Palavra.

Deus permitiu que os bois tropeçassem para mostrar a Davi que ele estava fazendo a coisa certa do modo errado. Os filisteus podiam ter uma carroça nova; os israelitas não podiam. "Os outros podem; mas você não pode": é o princípio que se aplica a este caso.

Davi e os israelitas sabiam que Deus tinha agido de modo miraculoso no caso dos filisteus e que a carroça nova tinha sido queimada e as vacas sacrificadas a Deus. Entretanto, eles deviam saber que não podiam fazer outra carroça para Deus.

Há lições espirituais tremendas aqui para o povo de Deus hoje.

É possível que o líder espiritual e sua congregação reconheçam a necessidade da glória da presença e da bênção de Deus. Mas todos precisam aprender que uma coisa certa não deve ser feita de maneira errada.

A Arca era apenas uma peça de madeira de acácia, revestida de ouro, apenas um símbolo. Mas o que importava era o que esse símbolo significava na mente de Deus. Tocá-la com mãos profanas significava pragas, destruição e morte.

O Senhor diz: "Aos que de mim se aproximam, santo me mostrarei; à vista de todo o povo glorificado serei" (Lv 10.3). E também: "Sejam puros, vocês, que transportam os utensílios do Senhor" (Is 52.11).

Pragas e morte se abateram sobre os filisteus. A morte se abateu sobre o povo de Deus em Bete-Semes. E agora a morte veio novamente sobre Uzá, quando este tentou esticar a mão para segurar a Arca que balançava na carroça nova por causa do tropeço dos bois.

Deus permitiu que os bois tropeçassem para fazer com que Davi buscasse a face do Senhor e se sujeitasse à sua ordem, conforme registrada na palavra dada a Moisés. Davi não se atreveria a fazer mais nada.

Atualmente, muitos grupos e instituições do povo de Deus estão construindo "carroças novas" para tentar obter a presença e a bênção de Deus entre eles. O que significa essa "carroça nova"? "Carroça nova" representa qualquer recurso religioso fabricado pelo homem, contrário à Palavra de Deus, usado para trazer de volta a presença de Deus em uma congregação decadente espiritualmente.

É preciso queimar essas "carroças novas" e buscar a face de Deus; estudar a sua Palavra e conhecer a sua ordem. O que é certo deve ser feito da maneira certa. A vontade de Deus feita à maneira de Deus jamais deixará de receber a bênção de Deus!

O lugar onde Uzá caiu morto foi chamado de "Perez-Uzá" ou "a destruição de Uzá", por causa da destruição provocada por Uzá.

Observe o registro do cativeiro e das jornadas da Arca dos filisteus até a casa de Obede-Edom:

Asdode
Gate
Ecrom
Bete-Semes
Quiriate-Jearim
Gibeá
A casa de Obede-Edom

Nossa próxima etapa será o Tabernáculo de Davi! Antes, porém, é preciso consultar o mapa da "Jornada da Arca da Aliança".

A JORNADA DA ARCA DA ALIANÇA

De Siló à Sião

- MAR DA GALILEIA
- RIO JORDÃO
- EBENÉZER
- SILÓ
- GIBSON
- QUIRIATE-JEARIM
- ASDODE
- ECROM
- BETE-SEMES
- JERUSALÉM Monte Sião
- GATE
- MAR MORTO

CAPÍTULO 16

A PREPARAÇÃO DO TABERNÁCULO DE DAVI

Durante os três meses que a Arca de Deus esteve na casa de Obede-Edom, Davi notou que a bênção de Deus veio sobre essa casa. Ele dedicou-se então a buscar o Senhor e estudar a sua Palavra, e Deus lhe deu entendimento para discernir a sua vontade.

Davi agora está preparando um lugar para a Arca do Senhor. Sem dúvida era da vontade de Deus que Davi erguesse o Tabernáculo. Mas, Davi estaria realmente fazendo a vontade de Deus ao erguer outro Tabernáculo quando já existia o Tabernáculo de Moisés?

Uma breve recapitulação dos acontecimentos relacionados a todas as pessoas que tocaram a Arca com mãos profana, quer filisteus, quer israelitas, revela que de fato ninguém se atreveria a fazer mais nada em relação à Arca de Deus sem seu consentimento.

Se Davi tivesse a pretensão de erguer outro Tabernáculo em oposição ao Tabernáculo de Moisés, ele também cairia morto, do mesmo modo que todos aqueles que haviam sido punidos tempos atrás. Da morte de Hofni e Fineias, quando a Arca foi tirada do Tabernáculo de Siló, até a primeira apresentação da Arca por Davi, morte e castigo prevaleceram. Logo, se Davi estivesse fora da vontade de Deus ao estabelecer outro Tabernáculo, ele certamente teria sido castigado por Deus. Mas não foi assim. Davi estava de fato dentro da vontade de Deus, como demonstram os textos bíblicos a seguir:

Deus testificou do rei Davi dizendo: "Encontrei Davi, filho de Jessé, homem segundo o meu coração; *ele fará tudo o que for da minha vontade*" (At 13.22).

As Escrituras afirmam: "Tendo pois Davi *servido ao propósito de Deus em sua geração*, adormeceu, e foi sepultado com seus antepassados" (At 13.36).

Mais uma vez: "... até a época de Davi, que encontrou graça diante de Deus e *pediu que lhe permitisse providenciar uma habitação* para o Deus de Jacó" (At 7.46).

Há várias lições espirituais que podemos tirar dos aspectos relacionados à preparação de Davi para a introdução da Arca nesse Tabernáculo. Os detalhes se encontram principalmente em 1 Crônicas 15.1-24.

A PREPARAÇÃO DE UM LUGAR

Preste bem atenção no que está escrito em 1 Crônicas 15.1, 3, 12. Davi "preparou" um lugar para a Arca de Deus. Não foi algo aleatório; Davi claramente preparou um lugar para servir de habitação para a presença de Deus. Examinaremos a seguir algumas passagens bíblicas que afirmam que Deus desejava *um lugar* onde pudesse habitar com seu povo e onde seu nome pudesse ser lembrado.

"Onde quer que eu faça celebrar o meu nome, virei a vocês e os abençoarei" (Êx 20.24).

"E farão um santuário para mim, e eu habitarei no meio deles" (Êx 25.8).

"Mas procurarão o local que o Senhor, o seu Deus, escolher dentre todas as tribos para ali por seu nome e sua habitação" (Dt 12.5).

"Para o lugar que o Senhor, o seu Deus, escolher como habitação do seu nome, vocês levarão tudo que eu lhes ordenar" (Dt 12.11).

Observe também o emprego da palavra "lugar" nestes versículos de Deuteronômio 12.2, 3, 13, 14, 18, 21; e 16.2, 6, 7, 11, 15, 16.

O Tabernáculo de Moisés foi o primeiro lugar de Deus. Agora o Tabernáculo de Davi passaria a ser esse lugar preparado para Deus. Deus sempre desejou um lugar para habitar no meio de seu povo. Por isso Davi preparou um lugar para a Arca de Deus.

Hoje, esse "lugar" onde o Senhor se reúne com seu povo é a igreja, que teve início no Novo Testamento. "Pois onde se reunirem dois ou três em meu nome, ali eu estou no meio deles" (Mt 18.20).

DAVI ERGUEU UMA TENDA OU TABERNÁCULO

As Escrituras mostram que o lugar preparado por Davi para o Senhor era uma tenda, ou Tabernáculo, em Sião (Jerusalém):

"Davi tinha transportado a Arca de Deus de Quiriate-Jearim para a tenda que ele havia armado para ela em Jerusalém" (2 Cr 1.4)

"Eles trouxeram a Arca de Deus e a colocaram na tenda que Davi lhe havia preparado" (1 Cr 16.1)

"Eles trouxeram a Arca do Senhor e a colocaram na tenda que Davi lhe havia preparado" (2 Sm 6.17)

No Antigo Testamento há várias palavras empregadas para designar "tenda" ou "Tabernáculo":

- A tenda (em hebraico, *ohel*) de Moisés (Êx 18.5-12)
- A Tenda (*ohel*) do Encontro (Êx 33.7-11)
- O Tabernáculo (em hebraico, *mishkan*) do Senhor (Êx 25.9; 26.1-35), referindo-se geralmente ao Tabernáculo de Moisés
- A tenda ou o Tabernáculo (*ohel*) de Davi (1 Cr 16.1-3; 2 Sm 6.17; Is 16.5)

O Tabernáculo era simplesmente uma tenda armada em Jerusalém, no monte Sião, permanecendo nesse local até a edificação do Templo de Salomão. Certamente não podia ser comparada com a tenda ou Tabernáculo de Moisés e seus três lugares no que diz respeito à estrutura. O próprio fato do Tabernáculo de Davi ter sido apenas uma tenda atestava que realmente se tratava de algo temporário, transitório. Não era a estrutura definitiva. O que foi estabelecido nele seria incorporado na ordem do templo. Tanto a revelação do Tabernáculo de Davi quanto a do Templo de Salomão foram dadas ao rei Davi.

O fato de Deus se movimentar por diversas tendas em Israel aparece claramente em 1 Crônicas 17.5: "Não tenho morado em nenhuma casa, desde o dia em que tirei Israel do Egito, mas fui de uma tenda para outra, e de um Tabernáculo para outro."

Novamente: "Não tenho morado em nenhuma casa desde o dia em que tirei os israelitas do Egito. Tenho ido de uma tenda para outra, de um Tabernáculo para outro" (2 Sm 7.6).

Vemos nessas passagens que Deus estava sempre em movimento, guiando seu povo e se revelando progressivamente a ele.

A tenda também nos remete ao fato de que nós também somos peregrinos e estrangeiros e, como Abraão, Isaque e Jacó, buscamos uma cidade construída e edificada por Deus. O cristão não tem uma cidade permanente neste mundo, mas tem característica de peregrino, simbolizado pelas tendas do período dos patriarcas, e também pelos Tabernáculos de Davi e Moisés (1 Pe 2.11; Hb 11.8-16; 13.14; Ap 21 – 22).

A REUNIÃO DE TODO O POVO DE ISRAEL

A preparação para trazer a Arca para o Tabernáculo de Davi incluiu uma grande reunião do povo de Deus.

Na primeira vez, Davi reuniu os líderes da nação e toda a assembleia de Israel (1 Cr 13.1-4). Três meses mais tarde Davi reuniu outra grande assembleia, desta vez para fazer as coisas do modo de Deus (1 Cr 15.25).

O povo se reuniu com um propósito. O fator que levou a esse ajuntamento era a apresentação da Arca do Senhor e a restauração do culto verdadeiro em Israel, depois do lamentável período de declínio entre a época de Samuel e o reinado de Saul.

As lições espirituais que podemos extrair desse episódio são evidentes. Se a igreja deseja restaurar a presença do Senhor – nossa Arca – no meio de seu povo, ela precisa ter unidade de propósito e se unir verdadeiramente em torno do Senhor.

"... e a ele as nações obedecerão" (Gn 49.10).

"Ajuntem os que me são fiéis, que, mediante sacrifício fizeram aliança comigo" (Sl 50.5).

"Pois onde se reunirem dois ou três em meu nome, ali estou no meio deles" (Mt 18.20).

Quando os irmãos habitam juntos em união o Senhor envia sua bênção. Um só pensamento, um só propósito, um só povo (Sl 133; At 2.1-4).

Os líderes precisam se unir (cf. Êx 4.29). As pessoas precisam se unir (cf At 14.27).

Geralmente Deus se manifesta primeiro aos líderes e depois à congregação. A nação de Israel teria perdido tudo o que diz respeito ao Tabernáculo de Davi se os líderes não chegassem a um acordo ou se opusessem à revelação que Deus tinha dado ao rei Davi.

A mesma coisa acontece nos dias de hoje. As congregações do povo de Deus são roubadas da revelação do Tabernáculo de Davi porque seus líderes resistem a ela. O fato de Davi ter sido apoiado pelos chefes e líderes, assim como pela congregação de Israel, resultou em bênção.

O PROCEDIMENTO CORRETO (1 CR 15.13)

Quando Davi estava preparando os levitas e o povo para a apresentação da Arca de Deus, ele os exortou a seguir o procedimento que Deus havia indicado. Disse-lhes: "Pelo fato de vocês não terem carregado a Arca na primeira vez, a ira do Senhor, o nosso Deus, causou destruição entre nós. Nós não o tínhamos consultado sobre como proceder".

Como eles deviam "proceder"? Era importante que Davi aprendesse que Deus tinha algumas regras a serem seguidas, mesmo considerando que Deus estava lhe revelando a verdade progressivamente.

Deus aprecia a ordem. A criação seguiu uma ordem. A redenção revela uma ordem. Há ordem na divindade eterna. Portanto, no que diz respeito à Casa do Senhor, o serviço divino deve seguir uma ordem. Claro que muitas vezes aquilo que consideramos uma ordem divina é apenas uma ordem humana, e não necessariamente uma ordem divina. Talvez para o homem, a ordem de Deus possa parecer desordem! Mas Deus estabeleceu em sua Palavra a ordem de culto que seu povo deve seguir.

A palavra "ordem" tem a ideia de "decreto, lei, sentença, estilo divino".

É importante observarmos a instrução que Deus estabeleceu para as coisas relacionadas a Ele e ao modo como seu povo deve prestar-lhe culto:

1. Os sacrifícios no altar de bronze seguiam uma ordem. A lenha deveria ser colocada sobre o altar, junto com as entranhas dos animais numa determinada ordem, a ordem de Deus (Lv 1.7, 8, 12; 6.12). A palavra "ordem" aqui tem o sentido de "arrumar em fileira, arranjar, pôr em ordem".

2. O candelabro de ouro e suas sete lâmpadas tinham de ser colocados em ordem à noite e de manhã ("arranjados"; veja Êx 27.21; 39.37).

3. Os pães da mesa da Presença deveriam ser colocados "em ordem" sobre ela (Êx 40.4, 23). Veja também 2 Crônicas 13.11 (S.C. 494, "pão da ordem" ou "pão do arranjo").

4. Os sacerdotes aguardavam a direção para o serviço de acordo com a "ordem" divina. A palavra "ordem" aqui significa "veredicto, sentença, decreto formal" (S.C. 4941). Observe também Lucas 1.8 (S.C. 5010), "arranjo regular". Zacarias servia diante de Deus de acordo com a ordem de serviço dos sacerdotes.

5. A revelação do sacerdócio de Cristo é "segundo a 'ordem' de Melquisedeque" (Hb 5. 6, 10; 7.11, 17, 21). (S.C. 5010, "arranjo regular no tempo, sucessão fixa de posições hierárquicas ou de caráter oficial").

6. Há "ordem" até na ressurreição dos santos. Todos os seres humanos serão ressuscitados conforme a ordem. S.C. 5001, "algo em arranjo ordenado". Assim, tudo que diz respeito a Deus e ao serviço prestado a Ele deve estar de acordo com a "devida ordem" de Deus. A mesma verdade é transportada para o Novo Testamento para ser seguida pelas igrejas. O apóstolo Paulo estabeleceu igrejas de acordo com a ordem divina que lhe era revelada, e ele exortou as igrejas a seguirem essa ordem. Ele se alegrava quando os crentes seguiam essa ordem e os advertia que teriam de acertar as coisas se não seguissem a devida ordem de Deus.

7. Paulo escreveu à igreja de Corinto: "Mas tudo deve ser feito com decência e ordem" (1 Co 14.40). (S.C. 5010, "arranjo regular"). É preciso que haja ordem no uso dos dons espirituais na igreja.

1 Coríntios 16.1 diz: "Façam como eu ordenei (S.C. 1299, "organizar completamente") às igrejas". A coleta de ofertas nas igrejas deveria seguir uma ordem.

"Quanto às demais coisas, eu as ordenarei quando for ter convosco" (1 Co 11.34 – ARA). Deve haver ordem na Mesa do Senhor.

Em Lucas 1.1, 3 lemos que o evangelista decidiu fazer "um relato ordenado" de todos os fatos que se cumpriram naqueles dias, conforme lhe foram transmitidos.

Paulo escreveu aos colossenses dizendo-lhes que estava alegre em ver como estavam "vivendo em ordem" (Cl 2.5).

Desse modo as Escrituras revelam claramente que Deus exige ordem em tudo que se refere à adoração e ao culto divino. Ordem nos sacrifícios, ordem no altar, ordem no candelabro, ordem no sacerdócio.

O Novo Testamento dá continuidade a essa mesma verdade. O apóstolo Paulo estabeleceu uma ordem na igreja. Até mesmo a ressurreição dos santos deverá seguir uma ordem divinamente distribuída em várias glórias.

A lição que Davi aprendeu durante o estabelecimento do Tabernáculo foi que havia uma "ordem correta" a ser seguida. A mesma lição de "ordem correta" deve ser reconhecida e seguida pela igreja do Novo Testamento para que haja bênção e a presença de Deus. Sem ordem divina no culto, tudo ficará anárquico, confuso e caótico. Deus não é Deus de desordem, mas de paz, como em todas as igrejas (1 Co 14.33). As pessoas podem fazer as coisas a seu modo, como a igreja de Corinto, que não seguia a ordem divina na igreja. Mas há alegria verdadeira em ver como os santos estão vivendo em ordem (Cl 2.5). Os santos precisam saber como se comportar na Casa de Deus, "que é a igreja do Deus vivo, coluna e fundamento da verdade" (1 Tm 3.15).

A Arca nos ombros dos levitas (1 Cr 15.2, 12, 14, 15)

A "ordem correta" expressamente apresentada nos dias de Davi dizia respeito ao modo como a Arca deveria ser carregada. O Senhor tinha ordenado pela boca de Moisés que a Arca devia ser transportada nos ombros dos levitas. As varas de madeira de acácia revestidas de ouro deveriam estar sempre colocadas nas argolas laterais, quer em movimento, quer parada (Êx 25.10-15). No v. 15, o Senhor diz: "As varas permanecerão nas argolas da arca, não devem ser retiradas". As varas deveriam estar sempre na Arca durante a peregrinação pelo deserto. Quando finalmente a Arca foi trazida do Tabernáculo de Davi para o Templo de Salomão, as varas foram removidas (2 Cr 5.9; 1 Rs 8.8). A jornada tinha terminado e o repouso e a permanência representados no templo estavam para ser revelados. Até essa época, as varas permaneceram na Arca do Senhor. Mas não eram apenas essas ordens. A Arca em trânsito devia ser apoiada sobre os ombros dos sacerdotes. Ela não devia ser transportada em uma carroça nova (Nm 4.4-6, 15; 7.9 com Js 6.6, 7). Vários objetos do Tabernáculo de Moisés eram transportados em carroças puxadas por bois, mas não a Arca de Deus (Nm 3.36, 37; 7.7-9).

Nas Escrituras, "ombros" representam governo, apoio e forte responsabilidade:

1. O ombro e o peito de determinados sacrifícios ofertados ao Senhor eram dados ao sacerdote (Lv 7.32-34; 8.25, 26; Nm 18.18).

2. O ombro era usado na oferta movida diante do Senhor como ritual de apresentação das ofertas (Lv 9.21; 10.14,15).

3. O ombro era uma parte especialmente reservada aos sacerdotes (Dt 18.3).

4. O profeta Samuel deu a parte especial do ombro para Saul (1 Sm 9.24), simbolizando a autoridade e a responsabilidade que iriam recair sobre seus ombros, em relação ao reino de Israel como nação.

5. Os doze nomes dos filhos de Israel foram gravados em duas pedras de ônix, presas por filigranas e costuradas nas ombreiras do colete sacerdotal (Êx 28.12; 39.7).

6. O governo de Deus está colocado sobre os ombros de Jesus Cristo, o Sacerdote-rei segundo a ordem de Melquisedeque (Is 9.6). Ele também é aquele que tem sobre seus ombros a chave de Davi (Is 22.22).

Tudo isso simboliza o fato de que o governo, a sustentação e a responsabilidade pertencem ao Senhor. Ele designa essas coisas a quem Ele quiser e a quem escolher.

A igreja do Novo Testamento tem sobre si o ministério de governo. O governo de Deus, por meio de Cristo, pelo Espírito é colocado sobre os ombros dos anciãos e bispos qualificados e ordenados (1 Co 12.28; Hb 13.7, 17). Os crentes não devem desdenhar o governo que Deus estabeleceu na igreja (2 Pe 2.10).

Deus não permitia que qualquer israelita andasse com a Arca sobre os ombros, somente aqueles a quem foi ordenada essa responsabilidade. Da mesma maneira Deus colocou o governo de sua igreja sobre os ombros daqueles a quem Ele chamou, preparou, qualificou e ordenou para essa responsabilidade abaixo de Cristo (1 Cr 15.2).

A glória do Senhor irá se manifestar onde sua ordem é seguida na vida do Espírito, não meramente na letra da lei.

TEMPO DE CONSAGRAÇÃO (1 CR 15.12, 14)

A preparação do Tabernáculo de Davi também implicou um notável processo de santificação entre os levitas para o desempenho de suas funções. Davi convocou os sacerdotes e levitas a se consagrarem para transportar a Arca de Deus, lembrando-os que foram punidos na primeira tentativa por terem deixado de fazer isso.

A palavra "santificar" significa "separar, colocar-se à parte como santo para o Senhor, ou consagrar para uso santo". As leis de santificação e consagração para o sacerdócio se encontram em Êxodo 29 e Levítico 8.

A santificação dos levitas implicava:

1. Purificação pelo *sangue* aspergido na orelha, no polegar do pé direito e no polegar da mão direita
2. Banho com *água*
3. Unção com *óleo* santo sobre o sangue aspergido na orelha, no polegar do pé direito e no polegar da mão direita

Eram empregados sangue, água e óleo na santificação dos sacerdotes para o serviço do Senhor. Eles também deviam vestir-se com roupas limpas de linho fino branco (Êx 28). Depois eram colocadas em suas mãos determinadas partes das ofertas para serem oferecidas ao Senhor pela consagração ao ministério sacerdotal. Somente depois disso é que eles poderiam ministrar diante do Senhor. Por isso, Davi convocou os sacerdotes e os levitas para uma grande consagração ao Senhor antes de estabelecer seu Tabernáculo em Sião.

Todas essas coisas simbolizam a verdade daquilo que é confirmado no Novo Testamento com relação ao povo de Deus. Os crentes são chamados para ser reis e sacerdotes diante de Deus, segundo a ordem de Melquisedeque (Ap 1.6; 5.9, 10; 1 Pe 2.5-9). O crente deve ser purificado pelo sangue de Jesus, batizado em água e depois ungido com o Espírito Santo. As vestes de linho fino representam a justificação dos santos através de Cristo, permitindo a eles servir como sacerdotes no Tabernáculo do Novo Testamento, que é a igreja (Ap 19.8).

O crente precisa passar por "três testemunhos":

• Testemunho do *sangue*
• Testemunho da *água* (ou da Palavra)
• Testemunho do *Espírito Santo* (1 Jo 5.8-10)

A obra tríplice de Deus produz a *santificação* e a consagração do crente para as funções sacerdotais.

Somos santificados:

Pelo sangue (Hb 13.12)
Pela Palavra (Jo 17.17)
Pelo Espírito (1 Pe 1.2)

Separados de todo mal, consagrados diante do Senhor para o serviço sacerdotal no Tabernáculo de Deus, podemos chegar à presença dele para adorá-lo na beleza de sua santidade (Sl 29.1, 2).

A preparação do Tabernáculo de Davi não foi algo aleatório. A preparação de um local, a assembleia do povo, de acordo com a ordem divina e o grande tempo de santificação, tudo tinha um significado. Todos esses elementos ensinam lições espirituais e práticas para qualquer igreja dos nossos dias que deseja ter a presença do Senhor em seu meio.

CAPÍTULO 17

A ARCA É LEVADA PARA O TABERNÁCULO DE DAVI – O DIA DA DEDICAÇÃO

Quando a Arca de Deus foi colocada no Tabernáculo de Davi, vemos uma ordem definida nos sacerdotes e levitas e nos cantores e músicos escolhidos:

- A ordem dos sacerdotes e levitas (1 Cr 15.4-11)
- A ordem dos cantores e músicos (1 Cr 15.16-24)

O significado pode ser visto através dos números citados nas Escrituras. Cada um tinha sua função particular no culto de dedicação do Tabernáculo de Davi. Deve ter sido uma procissão solene e gloriosa. Os detalhes dessa ordem são fornecidos em 1 Crônicas 16.4-29.

A PROCISSÃO DA ARCA

Para melhor evidenciar o culto de dedicação, a assembleia dos sacerdotes e levitas seguia provavelmente essa ordem:

O rei Davi
Líder e governante
    (Is 55.4; 1 Cr 15.25)
As autoridades de Israel
    (1 Cr 15.25)
Os líderes dos batalhões
    (1 Cr 15.25)
Os sacerdotes
    Zadoque e Abiatar
        (1 Cr 15.4-11)
Os chefes das famílias e os levitas (1 Cr 15.5-10):
        1. Uriel e 120 coatitas (v. 5)
        2. Asaías e 220 meraritas (v. 6)de Levi
        3. Joel e 130 gersonitas (v. 7)
        4. Semaías e 200 filhos de Elisafã (v. 8)
        5. Eliel e 80 filhos de Hebrom (v. 9)
        6. Aminadabe e 112 filhos de Uziel (v. 10)

Os sacerdotes e levitas somavam 870 pessoas, sendo dois sumos sacerdotes, seis chefes e 862 levitas.

    Os sete corneteiros
        (1 Cr 15.24)

Dois porteiros
   (1 Cr 15.23)
A *Arca do Senhor*
   (1 Cr 15.12-15)
Dois carregadores
   (1 Cr 15.18)
Os cantores e os músicos
   (1 Cr 15.16-24)
   1. Quenanias – chefe dos levitas, encarregado dos cânticos
      (1 Cr 15.22)
   2. Hemã, Asafe, Etã
      3 cantores principais – músicos
      Primeiro escalão
         (1 Cr 15.17, 19)
   3. Doze cantores
      Segundo escalão
         (1 Cr 15.18-21)
Cantores e músicos

Toda *a congregação de Israel acompanhou a Arca.*

Assim, temos mais 28 pessoas relacionadas aqui. O total de pessoas particularmente mencionado é de 898. Após esse grupo, vinha toda a congregação de Israel acompanhando a Arca.

A leitura do Salmo 87.7 e 68.25 nos dá uma ideia da possível ordem da procissão da Arca de Deus. Os cantores vinham na frente, em seguida os músicos com os instrumentos, e entre eles as jovens tocando tamborins (adufes). Acompanhando o cortejo, vinha todo o Israel numa gloriosa procissão.

O rei Davi liderava. As autoridades e os líderes de batalhões de Israel estavam com ele, em seguida os sumo sacerdotes, os chefes e os levitas. Os corneteiros vinham tocando à frente da Arca. Atrás deles vinham os porteiros e vigias da Arca, protegendo-a, depois os cantores, os músicos e as jovens tocando adufe. As tribos de Israel que se reuniram para a ocasião acompanhavam a procissão.

É interessante recordar as jornadas da Arca do Senhor à luz dessa jornada para o Tabernáculo de Davi:

• A primeira jornada da Arca tinha durado três dias, enquanto buscavam um lugar de descanso para o povo do Senhor (Nm 10.33-36).

• De acordo com a ordem para a jornada de Israel pelo deserto, a Arca do Senhor sempre deveria estar protegida por um véu, depois coberta com peles de animais (couro) e por fim um pano azul (Nm 4.4-6). Havia uma ordem correta para a caminhada das doze tribos em relação à Arca de Deus, sendo o restante das peças do Tabernáculo carregada pela tribo sacerdotal de Levi.

• A travessia do rio Jordão também obedeceu a uma ordem divina relativa à Arca do Senhor. Os sacerdotes mantiveram a Arca do Senhor no meio do Jordão enquanto toda a nação atravessava para Canaã (Js 3 – 4).

• O cerco da cidade de Jericó mostra que os sacerdotes que sustentavam a Arca do Senhor eram precedidos por sete sacerdotes com sete trombetas (chifres de carneiro), seguidos por toda a congregação do Senhor (Js 6).

• Aqui também, sob o comando de Davi, vemos uma maravilhosa ordem na grande procissão da Arca de Deus sendo trazida para o Tabernáculo de Davi.

Este deve ter sido um grande e glorioso cortejo, de triunfo e regozijo pelo que Deus estava realizando entre eles.

A Arca é retirada da casa de Obede-Edom (1 Cr 15.25; 2 Sm 6.12)

Como vimos anteriormente, a Arca de Deus ficou guardada na casa de Obede-Edom, o que certamente foi um ato de fé da parte dele. Aceitar que a Arca de Deus ficasse em sua casa, quando qualquer um que ousasse tocar nela seria castigado e sua cidade destruída, era uma demonstração de confiança no Senhor. O Senhor abençoou a a casa de Obede-Edom durante os três meses em que a Arca permaneceu ali. A bênção do Senhor estava sobre aquela casa, porém apenas temporariamente, pois se tratava de um período de transição.

Chegou o tempo de levar a Arca de Deus da casa de Obede-Edom para o Tabernáculo de Davi. Qual foi a sua reação? A impressão que temos é que ele reagiu bem a essa próxima etapa do plano de Deus. Ele não discutiu com as autoridades de Israel e mostrou-se disposto a aceitar que a Arca saísse de sua casa para ser levada para o Tabernáculo de Davi, de acordo com a ordem estabelecida por Deus. Ele estava disposto a agir de acordo com a vontade de Deus.

O Espírito Santo nos oferece inúmeras passagens referentes a Obede-Edom como um tipo ou figura dos gentios participando do ministério sacerdotal. Vejamos algumas destas passagens:

1. O nome "Obede-Edom" significa "servo de Edom (vermelho)" (2 Sm 6.12). Edom é o nome de Esaú, o descendente terreno de Isaque e irmão gêmeo de Jacó. O nome é um indício significativo da natureza ou caráter do indivíduo. Parece um prenúncio do que diz respeito ao "remanescente de Edom e todas as nações que me pertencem", conforme profetizado em Amós 9.11, 12 (At 15.16-18).

2. Obede-Edom era um levita da família dos coatitas (1 Cr 15.18, 24; 1 Cr 16.38). É chamado de gitita ou gatita por causa do local de seu nascimento, a cidade sacerdotal levítica de Gate-Rimom, da tribo de Dã (Js 21.24, 25).

3. Obede-Edom se dispôs a guardar a Arca em sua casa. Quando outros a rejeitaram por causa das pragas, ele se dispôs a recebê-la como sacerdote fiel. Essa é uma fé genuína em Deus (1 Cr 13.13, 14; 2 Sm 6.10).

4. Obede-Edom e sua família deviam ter uma vida santificada diante do Senhor, pois a bênção do Senhor esteve sobre sua casa e sua família nos três meses em que a Arca permaneceu ali (1 Cr 13.14).

5. Obede-Edom estava disposto a se deslocar para o Tabernáculo de Davi. Ele aceitou o fato de que a estada da Arca em sua casa era provisória. Não era algo definitivo. Assim

que Davi recebesse a ordem divina devida (1 Cr 15.13), a Arca deveria ser levada da casa de Obede-Edom para o Tabernáculo de Davi (1 Cr 15.25; 2 Sm 6.12).

6. Obede-Edom foi designado para fazer parte dos músicos na ordem de culto do Tabernáculo de Davi em Sião (1 Cr 15.21; 16.5, 38), passando a integrar o ministério de música.

7. Obede-Edom foi abençoado com oito filhos, e seus descendentes foram homens corajosos e aptos para a obra do Senhor. Estes constam da relação dos porteiros (1 Cr 26.4-8).

Essas passagens referentes a Obede-Edom oferecem um estudo do caráter daqueles que se dispõem a receber a Arca da presença de Deus em casa, contudo continuam dispostos a se deslocar de acordo com o tempo ordenado por Deus.

Somente aqueles que têm espírito e atitude de servo estão preparados para o ministério sacerdotal no Tabernáculo de Jesus Cristo, o Filho de Davi. Estes se encontram entre os adoradores do Senhor.

Um outro Obede-Edom, filho de Jedutum, era porteiro da casa de Deus (1 Cr 16.38). Talvez Davi estivesse se referindo a ele quando disse: "Prefiro ficar à porta da casa do meu Deus a habitar na tenda dos ímpios" (Sl 84.10).

A figura do camafeu revelada aqui certamente encontra seu cumprimento na revelação do Novo Testamento. Muitas igrejas dos tempos apostólicos começaram ou se reuniam nas casas. O evangelho de Cristo chegou à casa de Cornélio através de Pedro e toda a família recebeu o derramamento do Espírito. Vemos aí os gentios entrando na ordem do Tabernáculo de Davi, nas ministrações do sacerdócio do Novo Testamento (At 10 – 11 com 15.15-18). Essas casas deviam contrastar fortemente com os antigos costumes e rituais mosaicos do Tabernáculo de Moisés e do templo da época do Messias.

A DEDICAÇÃO DOS SACRIFÍCIOS (1 CR 15.26; 16.1, 2; 2 SM 6.13, 17, 18)

Com a remoção da Arca da casa de Obede-Edom para o Tabernáculo de Davi, houve o oferecimento de determinados animais como sacrifício ao Senhor. Inicialmente foram sacrificados sete novilhos e sete carneiros, cujo significado é apresentado a seguir:

• O número *sete* diz respeito à perfeição, totalidade, plenitude. Simboliza o sacrifício perfeito, total e completo de Cristo no Calvário (Hb 10.1-14).
• O novilho simboliza o trabalho, a força para o trabalho. O boi era utilizado para moer o cereal e prestar serviços ao homem. Também era usado como oferta pelo pecado na consagração dos sacerdotes (Êx 29.1, 12-14).
• O *carneiro* simboliza substituição e consagração, de acordo com as seguintes passagens: Gênesis 22.13, 14; Êxodo 29.1-3; 15-28. Também era usado na consagração dos sacerdotes.

O estudante deve procurar conhecer o significado espiritual das ofertas levíticas encontrado em Levítico 1 – 7.

O relato de Samuel (2 Sm 6.13) diz: "Quando os que carregavam a Arca do Senhor davam seis passos, ele (Davi) sacrificava um boi e um novilho gordo".

Talvez esses seis passos sejam uma referência aos *seis lugares* onde a Arca esteve em suas jornadas anteriores: Asdode, Gate, Ecrom, Bete-Semes, Quiriate-Jearim e Gibeá, antes de ir para a casa de Obede-Edom.

A ARCA É LEVADA PARA O TABERNÁCULO DE DAVI - O DIA DA DEDICAÇÃO

```
Tabernáculo de Moisés                                    Tabernáculo de Davi

Arca em Siló        Asdode  Gate  Ecrom  Bete-Semes  Quiriate-Jearim  Gibeá  Casa de Obede-Edom      Arca em Sião

                      1      2      3        4           5              6
                              Morte – pragas – destruição
```

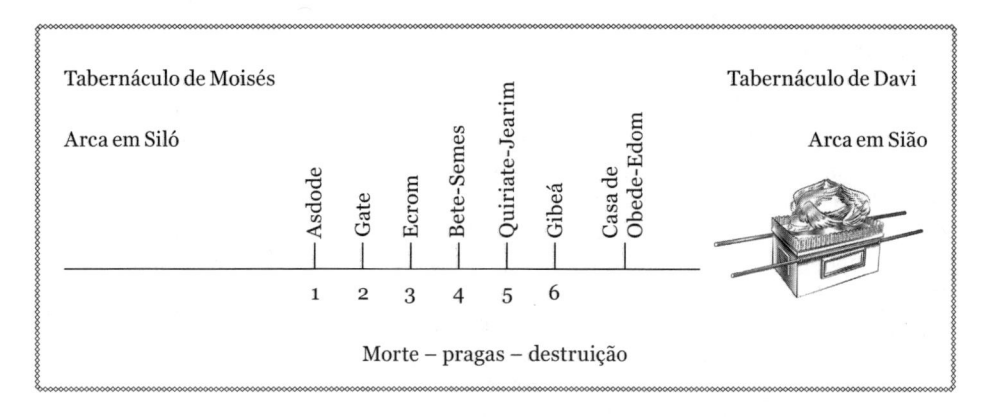

Quando a Arca foi levada para dentro do Tabernáculo de Davi foram oferecidos mais alguns animais em sacrifício (1 Cr 16.1, 2; 2 Sm 6.17, 18). Davi ofereceu diante do Senhor:

- O holocausto – conforme Levítico 1
- Oferta de comunhão (ou pacífica) – conforme Levítico 3

Esses dois tipos de ofertas eram voluntários, oferecidos espontaneamente ao Senhor. Representam a oferta voluntária de Cristo no Calvário. Cristo veio para fazer a vontade do Pai e se ofereceu espontaneamente em sacrifício na cruz (Hb 10.5-7; Sl 40.7, 8; Jo 10.17, 18).

Portanto, foram oferecidos sacrifícios quando a Arca foi tirada da casa de Obede-Edom e quando foi trazida para o Tabernáculo de Davi. Deus nunca *tira* seu povo de uma situação abençoada sem trazê-lo para a próxima etapa de seu plano. Muitas vezes o povo do Senhor hesita em deixar uma condição que Deus está abençoando para *entrar* numa nova visitação do Espírito por medo do desconhecido. Mas Deus sempre deseja guiar seu povo passo a passo até a revelação completa.

O ponto principal aqui é o fato dos sacrifícios serem oferecidos na dedicação do Tabernáculo de Davi:

1. Houve sacrifícios de animais na dedicação do Tabernáculo de Moisés e na dedicação do altar (Nm 7, Êx 29; Lv 8; Lv 9; Lv 10).

2. Houve sacrifícios de animais na dedicação do Templo de Salomão (2 Cr 6 – 7; 1 Rs 8) e também durante a Festa dos Tabernáculos.

3. Houve sacrifícios de animais na dedicação do Tabernáculo de Davi (1 Cr 15.26, 16.1, 2; 2 Sm 6.13, 17, 18).

O autor da carta aos Hebreus nos diz que uma aliança ou testamento só podia ser confirmado com *sangue*, o sangue de sacrifício (Hb 9.11-22).

Cada um dos sacrifícios de dedicação apontava para o Calvário, onde foi oferecida a maior de todas as ofertas de sacrifício. A cruz era o altar simbolizado em todos os outros altares. O cumprimento e a consumação de todos os sacrifícios. Nela, Jesus Cristo, o magnífico Filho de Davi, ofereceu seu corpo e seu sangue como sacrifício perfeito, completo e definitivo a Deus. Seu sangue foi derramado para a dedicação de seu Tabernáculo: a igreja! Era o sangue do novo Testamento, da *nova aliança* (Mt 26.26-28).

É importante notar que não há mais nenhum relato de sacrifícios de animais no Tabernáculo de Davi. Depois das ofertas de sacrifício iniciais, as únicas ofertas eram os "sacrifícios de louvor e alegria", oferecidos pelos sacerdotes e levitas no Tabernáculo de Davi.

O Novo Testamento apresenta de forma evidente o cumprimento disso tudo. Quando Jesus Cristo ofereceu sua vida no Calvário, seu sacrifício perfeito e completo cumpriu de uma vez por todas os sacrifícios de animais, abolindo-os totalmente. A partir do Calvário, não há mais necessidade de sacrifícios de animais. Todos esses sacrifícios agora são abominações para o Senhor (Is 66.1-4; Hb 9 – 10; Jo 1.29, 36). Deus jamais aceitará novamente sacrifícios de animais, depois que o corpo e o sangue de seu Filho unigênito lhe foram oferecidos em sacrifício perfeito. Oferecer novos sacrifícios seria um grande insulto ao Calvário; seria deixar a nova aliança para retornar à antiga aliança mosaica.

O único sacrifício aceitável a Deus depois da cruz é o sacrifício espiritual, um "sacrifício vivo, santo e agradável a Deus" oferecido em seu Tabernáculo, a igreja (1 Pe 2.5-9; Rm 12.1, 2). Retornaremos a este assunto nos próximos capítulos.

A igreja, o Tabernáculo de Jesus Cristo, teve seu culto de dedicação inaugurado no sangue sacrificial do Calvário. Não há mais necessidade de sacrifícios de animais. O que Davi estava fazendo prenunciava o que Jesus ia cumprir de forma real e espiritual. Davi e seu Tabernáculo eram figuras de Cristo e sua igreja.

A Arca entra na cidade de Davi (1 Cr 15.26-29; 2 Sm 6.14-16)

Essas passagens registram a gloriosa entrada da Arca em Sião, a Cidade de Davi. A importância de Sião para o povo hebreu será devidamente considerada no capítulo apropriado.

Deus ajudou os levitas que carregavam a Arca, fortalecendo-os para que não tropeçassem durante o percurso de vários quilômetros entre a casa de Obede-Edom e Sião. O grande cortejo bem que poderia estar cantando aquele conhecido hino que diz:

Estamos indo para Sião, a bela Sião.
Estamos marchando para Sião,
a linda cidade de Deus.

A procissão foi acompanhada por cânticos, gritos, sons de cornetas, trombetas, címbalos, saltérios e harpas. As jovens de Israel dançavam entre os integrantes da grande procissão. Certamente aquele não foi um culto silencioso, mas de grande alegria, contentamento, emoção e entusiasmo. Davi tocava e dançava com grande entusiasmo diante do Senhor. Os cantores e os músicos cantavam e tocavam com toda a força. A arca era o centro das atenções. Leia novamente os Salmos 87.7 e 68.25.

Como os crentes dos dias de hoje teriam reagido a esse tipo de culto divino? Talvez esse cortejo fosse acusado de não ter "decência e ordem". Mas o cortejo obedecia a ordem de Deus, não do homem!

Muitas pessoas, no mundo todo, celebram com grande júbilo ao perceberem a presença de Deus no meio deles e se regozijam da mesma forma que Davi se regozijou diante do Senhor.

Mical – a visão de uma janela (1 Cr 15.29; 2 Sm 6.16, 20-23)

Em meio a toda essa alegria e contentamento, o Espírito Santo permitiu que ficasse registrada uma outra visão da cena. Na referência bíblica mencionada, temos uma pessoa cujo caráter representa exatamente o oposto de toda a alegria e entusiasmo pelo retorno da Arca do Senhor.

Essa pessoa era Mical, a filha de Saul. Em vez de descer com a multidão, ela ficou observando pela janela, e desprezou tudo que estava acontecendo. Alguns pontos importantes devem ser observados:

1. "Mical" significa "quem é como Deus?" ou "quem é perfeito"?
2. Ela era filha do rei, de linhagem real, uma princesa, a filha do rei Saul, da tribo de Benjamim (1 Sm 25.44).
3. Ela foi comprada por Davi com sangue de circuncisão para ser sua esposa (1 Sm 18.17-28).
4. Ela salvara Davi, seu marido, de morrer nas mãos de seu pai, Saul (1 Sm 19.11-17).
5. Ela foi tirada de Davi e dada a outro homem (1 Sm 25.44).
6. Ela foi devolvida a Davi no devido tempo (2 Sm 3.13-15). Ele a amava.
7. Mical desprezou seu marido no coração e reprovou-o por ter dançado e se alegrado diante da Arca.

Que tragédia! Mical podia ter vivido de acordo com seu nome, já que o nome de Deus fazia parte dele. Ela era filha do rei, comprada com o preço de sangue e se tornou a noiva de um rei da tribo de Judá. Depois de passar algum tempo separada de Davi, ela lhe foi restaurada. Mas o que aconteceu? Enquanto seu marido cantava e se alegrava diante da Arca de Deus, como governante e líder de Israel, Mical observava-o pela janela e o desprezou em seu coração.

O que ela estava fazendo dentro de casa? Observando o cortejo pela janela? Ela devia estar lá embaixo na procissão, alegrando-se e louvando o Senhor juntamente com as mulheres de Israel.

O que ela viu? Ela só viu "carnalidade". Ela não foi capaz de enxergar a *arca* de Deus, e assim desprezou Davi. O que estava em seu coração veio para fora, "pois a boca fala do que está cheio o coração" (Mt 12.34). Ela reprovou com sarcasmo o comportamento do marido, acusando-o de indecência por dançar e tocar com alegria e entusiasmo diante do Senhor.

Ela não enxergou a Arca de Deus e o retorno da presença do Senhor. Não entendeu a importância de tudo aquilo que Deus estava fazendo. Suas atitudes foram totalmente erradas.

O desfecho dessa história é que Mical jamais teve filhos. Desse dia em diante ela se tornou estéril (2 Sm 6.23).

O estudo de personagem que o Espírito Santo deixou registrado nas Escrituras certamente nos serve de advertência e aviso. Quantas "micais" existem hoje no meio do povo de Deus? Compradas com sangue, filhas do rei, contudo, por desprezarem o culto ao Senhor e as manifestações do Espírito, elas são atingidas com a esterilidade espiritual até o dia em que morrerem!

Isso pode acontecer tanto individualmente como corporativamente!

DAVI – SACERDOTE E REI (1 CR 16.1-3; 2 SM 6.17-19)

O Senhor estabeleceu Davi para ser testemunha, líder e comandante de seu povo (Is 55.4). O papel desempenhado por Davi na inauguração do Tabernáculo que levava o seu nome mostra que Davi realmente apresentava características de acordo com a ordem do sacerdócio de Melquisedeque.

Melquisedeque era rei e sacerdote do Deus Altíssimo. Ele ofereceu pão e vinho a Abraão e o abençoou em nome do Senhor, criador do céu e da terra (Gn 14.18-20; Hb 7.1-3; Sl 110).

É importante relembrarmos brevemente os temas abordados nos capítulos anteriores:

1. Davi foi rei da tribo de Judá.
2. Davi usava um colete de linho, vestimenta sacerdotal que era símbolo de justiça (2 Sm 6.14; 1 Cr 15.27).
3. Davi exerceu as funções de rei e sacerdote quando ofereceu holocausto e ofertas pacíficas diante do Senhor (2 Sm 6.17).
4. Davi ergueu um Tabernáculo e colocou nele a Arca da Aliança, do mesmo modo que Moisés tinha construído um Tabernáculo e colocado nele a Arca, séculos antes (1 Cr 16.1).
5. Davi serviu no sacerdócio araônico abençoando em nome do Senhor (1 Cr 16.1, 2; Nm 6.24-27).
6. Davi ministrou pão, vinho e carne ao povo (1 Cr 16.3), numa grande comunhão.

Desta forma, Davi prefigurava o ministério do maior de seus descendentes, Jesus Cristo, ministrando segundo a ordem de Melquisedeque.

O Senhor Jesus é nosso sacerdote e rei, "Rei de Justiça e Rei da Paz". Ele ofereceu-se a si mesmo como sacrifício pelo pecado antes de estabelecer seu Tabernáculo, a igreja do Novo Testamento. É ele quem ministra o pão e o vinho (sua carne e seu sangue) na comunhão e abençoa seu povo em nome do Senhor. Ele é nosso Melquisedeque, nosso Sacerdote-Rei, que vive no poder da vida eterna e do sacerdócio permanente.

A Arca estabelecida no Tabernáculo de Davi (1 Cr 16.1-3; 2 Sm 6.17-19)

Com as grandes comemorações do dia da dedicação, a Arca finalmente foi colocada no Tabernáculo de Davi.

Eles trouxeram a arca de Deus e a colocaram na tenda que Davi lhe havia preparado... (1 Cr 16.11).

Eles trouxeram a arca do Senhor e a colocaram na tenda que Davi lhe havia preparado, e Davi ofereceu holocaustos e sacrifícios de comunhão perante o Senhor (2 Sm 6.17).

As implicações dessas passagens permitem várias considerações. A Arca foi retirada do Tabernáculo de Moisés em Siló durante o sacerdócio corrupto de Eli e seus filhos. Provocou uma grande desgraça na terra dos filisteus, trazendo morte, pragas e destruição por onde passava. Mesmo ao ser levada para a terra de Judá, seu percurso foi acompanhado de morte. Ninguém ousava tocá-la nem desafiar a ordem de Deus. E depois de tudo isso, Davi recebeu uma revelação de Deus e construiu outro Tabernáculo, com o seu nome, para a Arca de Deus. Teria sido realmente uma grande ousadia da parte de Davi se ele não estivesse de acordo com a vontade de Deus.

Vimos Davi trazendo a Arca no dia da dedicação, em meio a milhares de Israel, e colocando-a, não no Tabernáculo de Moisés, mas no Tabernáculo de Davi, que foi chamado de "o lugar de Deus". O Tabernáculo de Moisés já havia sido o "lugar de Deus", mas não era mais. A Arca deveria ser transferida do Tabernáculo de Moisés para o Tabernáculo de Davi.

Desse modo, o Senhor foi de tenda em tenda e de um Tabernáculo a outro (1 Cr 17.5; 2 Sm 7.7). A Arca se encontrava agora em um novo local, um novo Tabernáculo, uma nova ordem! Não mais no Lugar Santíssimo do Tabernáculo de Moisés, mas no Tabernáculo de Davi.

O fato importante a destacar aqui é que depois que a *Arca da Aliança foi tirada do Tabernáculo de Moisés, ela jamais retornou para lá!*

A glória tinha partido do Tabernáculo para nunca mais voltar. Deus tinha deixado aquele local. O último passo seria tirar a Arca do Tabernáculo de Davi e levá-la para o Templo de Salomão.

As verdades tipificadas aqui serão analisadas nos próximos capítulos. Por enquanto, basta reconhecermos que esse ato de Davi prefigurava a transferência da glória, simbolizada pela Arca, do Tabernáculo (templo) da antiga aliança para o Tabernáculo (templo) da nova aliança – a igreja do Novo Testamento.

As Escrituras não mencionam se a Arca estava coberta nessa mudança para o Tabernáculo de Davi. Possivelmente ela ficou apoiada sobre suas quatro colunas no Tabernáculo de Moisés em Gibeom, visto que Deus estava de fato fazendo "algo novo", prenunciando o rompimento do véu da tradição mosaica, que aconteceu sob a nova aliança.

CAPÍTULO 18

DOIS TABERNÁCULOS – DE MOISÉS E DE DAVI

É importante observar que dessa época até a construção do Templo de Salomão, havia dois Tabernáculos funcionando ao mesmo tempo. Cada um deles desempenhava uma função particular. Cada um tinha sua equipe de sacerdotes. Cada um ficava em um monte. Entre o estabelecimento do Tabernáculo de Davi e a construção do Templo de Salomão passaram-se aproximadamente 35 a 40 anos (1042 – 1004).

Os dois Tabernáculos e seus respectivos sacerdotes eram o Tabernáculo de Moisés e o Tabernáculo de Davi. Os dois montes (colinas) em que se localizavam eram o monte Gibeom e o monte Sião.

Qual o significado espiritual da existência de dois Tabernáculos funcionando ao mesmo tempo? O que o Senhor queria ensinar à igreja do Novo Testamento? As Escrituras dizem: "Estas coisas aconteceram a eles como exemplo e foram escritas como advertência para nós, sobre quem tem chegado o fim dos tempos" (1 Co 10.11).

O Antigo Testamento apresenta o tipo e a sombra do que é real; o Novo Testamento revela o antítipo e a realidade.

O TABERNÁCULO DE MOISÉS NO MONTE GIBEOM

Estude as seguintes passagens bíblicas: 1 Crônicas 16.37-43; 21.28-30; 2 Crônicas 1.1-6. Esses textos mostram que Davi colocou o sacerdote Zadoque e seus parentes sacerdotes para ministrarem diante do Tabernáculo de Moisés que estava no altar de Gibeom. O serviço deles era oferecer sacrifícios de manhã e à noite no altar de bronze, de acordo com a lei de Moisés. Compare 1 Cr 16.39, 40 com Êx 29.38 e Nm 28.3, 6.

O *Jamieson, Fausset & Brown Commentary* diz, sobre 1 Crônicas 16.40-42 que Hemã e Jedutum eram encarregados da música sacra; os filhos de Jedutum eram porteiros e Zadoque, com sua equipe de sacerdotes assistentes, oferecia os sacrifícios. Portanto, no Tabernáculo de Moisés alguns sacerdotes ministravam com instrumentos musicais, címbalos e trombetas.

Quando Davi ousou fazer o recenseamento do povo sem exigir o dinheiro da expiação, ele construiu um altar para o Senhor e sacrificou na eira de Araúna, o jebuseu. O motivo mencionado é que ele tinha medo de ir ao monte Gibeom, onde estava o Tabernáculo de Moisés, por causa das terríveis pragas que o Senhor tinha enviado ao povo (1 Cr 21.28-30; 2 Sm 24).

Posteriormente, quando Salomão sucedeu a Davi no trono, ele foi com a congregação de Israel ao Tabernáculo do Senhor que estava em Gibeom e lá ofereceu mil ofertas de holocausto sobre o altar de bronze (2 Cr 1.1-6; 1 Rs 3.3, 4). Foi em Gibeom que o Senhor apareceu a Salomão, e ali que Deus prometeu a ele que receberia sabedoria, conhecimento e entendimento (2 Cr 1.7-13; 1 Rs 3.5-15). Gibeom significa "colina elevada". Esse monte teve lugar de destaque na história de Israel por causa do período em que o Tabernáculo de Moisés permaneceu sobre ele.

Assim, havia um grupo de sacerdotes no monte Gibeom mantendo a ordem legítima de Moisés em funcionamento no Tabernáculo, tanto no pátio externo, como no Lugar Santo e no Lugar Santíssimo.

Porém, o fato mais importante a respeito desse grupo de sacerdotes é que nesse Tabernáculo o Lugar Santíssimo estava vazio. A Arca da Aliança não estava mais ali! Eles ministravam diante de um Lugar Santíssimo vazio!

Que verdade espiritual o Senhor está demonstrando aqui? Afinal de contas, de que adiantava todo o serviço dos sacerdotes se a Arca da Presença de Deus não estava no seu devido lugar?

Não podemos ignorar o fato de que Deus abençoou aqueles que ministravam no Tabernáculo de Moisés. Mas Deus na verdade tinha mais alguma coisa em mente naquele que funcionava no Tabernáculo de Davi.

O tabernáculo de Davi no monte Sião

O estudante deve ler os seguintes textos: 2 Samuel 6.15-19; 1 Crônicas 15.29; 16.1-3; 1 Reis 8.1; 2 Crônicas 5.2; 1 Crônicas 16.37-43. Um estudo cuidadoso dessas passagens revela que o Tabernáculo de Davi foi erguido no monte Sião, e Sião era chamado a cidade de Davi. Nesse local Davi colocou uma equipe de sacerdotes e levitas que tinham sido tirados da "antiga ordem" que eles conheciam há anos no Tabernáculo de Moisés. No Tabernáculo de Davi, esses sacerdotes vieram para numa "nova ordem" referente ao culto.

Ao contrário do Tabernáculo de Moisés e dos sacerdotes do monte Gibeom, esses sacerdotes do Tabernáculo de Sião não ofereciam sacrifícios de animais. Em vez disso, ofereciam sacrifícios de louvor e de alegria e de ação de graças. Nesse Tabernáculo o ministério dos cantores e dos músicos era muito atuante, com oferecimento de "sacrifícios espirituais" no monte Sião, no Tabernáculo de Davi.

No Tabernáculo de Davi, diferentemente do Tabernáculo de Moisés em Gibeom, não havia o pátio externo e seus objetos nem o lugar santo e seus objetos.

Mas esses sacerdotes e levitas tinham simplesmente o mais santo de todos os lugares, o Lugar santíssimo, e dentro dele a Arca da Aliança. Dois grupos de sacerdotes servindo em dois Tabernáculos diferentes: provavelmente eles se admiravam com tudo aquilo que estava acontecendo.

As perguntas que devemos ter em mente são: Por que Deus permitiu essa situação? Qual o propósito de Deus nisso tudo? O que esta situação representa?

No Antigo Testamento Davi na verdade apenas *transferiu* a Arca da Aliança do Tabernáculo de Moisés para o Tabernáculo de Davi. O que aconteceu foi simplesmente a transferência do Lugar santíssimo. Os sacerdotes do Tabernáculo de Davi podiam confiantemente entrar no Lugar Santíssimo. Eles tinham acesso à presença da Arca do Senhor. Não havia nenhum véu entre eles e a Arca, como houve durante séculos no Tabernáculo de Moisés. Eles podiam "adentrar o véu" corajosamente (no sentido figurado) porque o véu pertencia ao Tabernáculo de Moisés, *não* ao Tabernáculo de Davi.

Depois dos sacrifícios oferecidos na dedicação, não haveria mais sacrifícios de animais no Tabernáculo de Davi, somente sacrifícios espirituais. Como esses sacerdotes e levitas que tinham sido transferidos do Tabernáculo de Moisés para a glória do Tabernáculo de Davi devem ter se alegrado e louvado ao Senhor por isso!

O *Jamieson, Fausset & Brown Commentary* afirma sobre 1 Crônicas 16.39-43: "Desta forma, no tempo de Davi, o culto era realizado em dois lugares, que preservavam as coisas sagradas transmitidas desde a época de Moisés. Diante da Arca em Jerusalém, Asafe e seus irmãos serviam como cantores – Obede-Edom e Hosa serviam como porteiros –, Benaia e Jeiel tocavam as trombetas quando estavam no Tabernáculo, e ofereciam holocausto em Gibeom; Hemã e Jedutum presidiam a música sagrada; os filhos de Jedutum eram porteiros e Zadoque, com seu grupo de sacerdotes assistentes, oferecia os sacrifícios". (*Matthew*

Henry's Commentary e *The Preacher's Homiletical Commentary* também afirmam que Davi pôs instrumentos musicais nos dois lugares nesse tempo. Até então não havia esse ministério no Tabernáculo de Moisés.)

Sempre houve música cantada e instrumental em Israel, mas parece que alguma coisa foi plantada na época do profeta Samuel com relação à música e profecia na "escola de profetas". Nos dias de Davi esse ministério se desenvolveu plenamente, principalmente depois que Samuel ungiu Davi para ser o futuro rei de Israel. O próprio Davi era músico, tendo sido chamado de "o amado cantor de Israel" (1 Sm 10.5-7; 16.12, 13; 2 Sm 23.1, 2 – ver nota de rodapé).

A. Z. Idelsohn, em *Jewish Liturgy and its Development* ("Liturgia judaica e seu desenvolvimento") faz o seguinte comentário sobre 1 Crônicas 16.37-42: "Assim vemos que muito antes de Davi havia cantores profissionais no santuário de Gibeom, sendo que alguns deles foram transferidos por Davi para servir no novo santuário em Jerusalém". Ele cita R. Kittel para apoiar essa opinião: "O cântico de salmos e de orações durante o culto remonta aos primórdios de Israel".

O diagrama a seguir compara resumidamente os dois Tabernáculos.

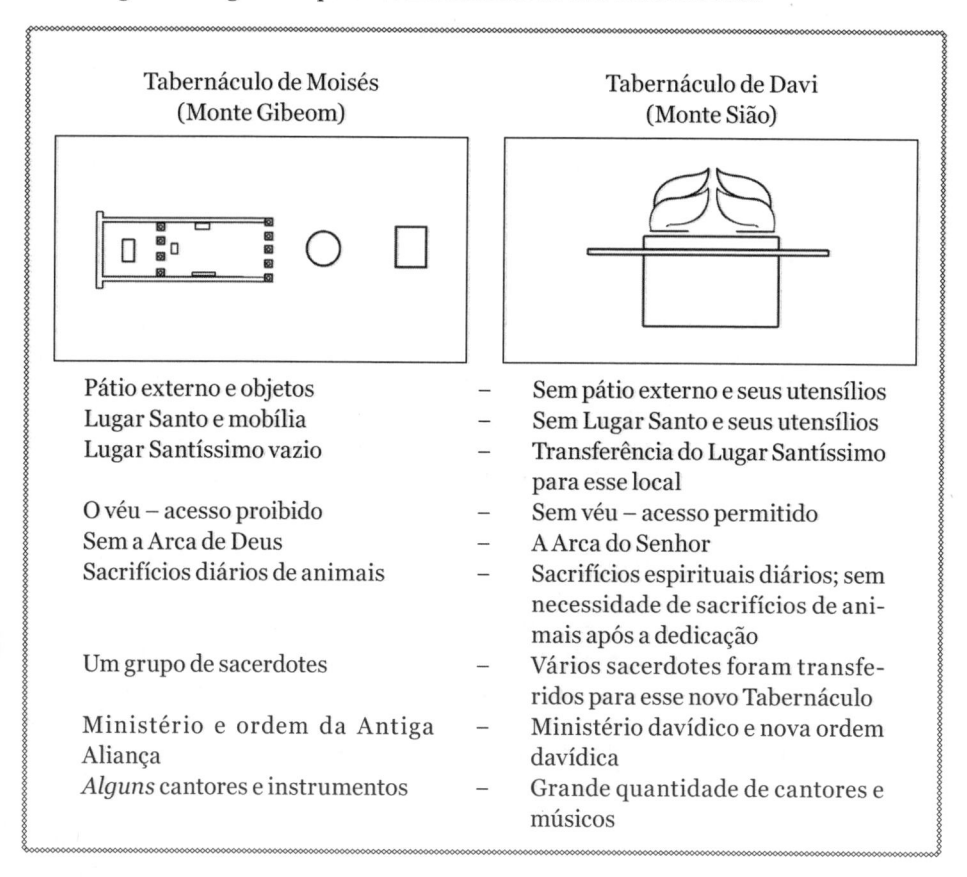

Tabernáculo de Moisés (Monte Gibeom)	Tabernáculo de Davi (Monte Sião)
Pátio externo e objetos	– Sem pátio externo e seus utensílios
Lugar Santo e mobília	– Sem Lugar Santo e seus utensílios
Lugar Santíssimo vazio	– Transferência do Lugar Santíssimo para esse local
O véu – acesso proibido	– Sem véu – acesso permitido
Sem a Arca de Deus	– A Arca do Senhor
Sacrifícios diários de animais	– Sacrifícios espirituais diários; sem necessidade de sacrifícios de animais após a dedicação
Um grupo de sacerdotes	– Vários sacerdotes foram transferidos para esse novo Tabernáculo
Ministério e ordem da Antiga Aliança	– Ministério davídico e nova ordem davídica
Alguns cantores e instrumentos	– Grande quantidade de cantores e músicos

O contraste entre os dois Tabernáculos certamente prefigurava aquilo que se cumpriria no Novo Testamento. Porém, antes de ver seu cumprimento, devemos considerar a experiência do rei Salomão.

Salomão experimentou um relacionamento progressivo com Deus em três estruturas de caráter ilustrativo: O Tabernáculo de Moisés, o Tabernáculo de Davi e o templo. Iremos considerar a experiência dele com Deus em relação aos dois Tabernáculos.

Salomão e o tabernáculo de Moisés – o altar de bronze

Deus apareceu a Salomão no monte Gibeom com respeito à ordem do Tabernáculo de Moisés. Foi ali que Deus lhe deu sabedoria, conhecimento e entendimento. Foi ali que Salomão se aproximou de Deus pela primeira vez por meio do sacrifício de animais no altar de bronze (2 Cr 1.1-13; 1 Rs 3.3-15).

Salomão e o tabernáculo de Davi – a arca da aliança

Depois de Salomão ter encontrado o Senhor no Tabernáculo de Moisés e passar pelo altar de bronze, ele veio a Jerusalém. Assim como Davi, seu pai, ele também ofereceu ali ofertas de holocausto e ofertas pacíficas em sacrifício de dedicação ao Tabernáculo de Davi. Depois disso, Salomão permaneceu diante da Arca do Senhor (1 Rs 3.4, 5, 15).

Assim, Salomão começou pelo altar de bronze no Tabernáculo de Moisés no monte Gibeom, e depois veio até a Arca de Deus no Tabernáculo de Davi no monte Sião. Primeiro o altar e finalmente a Arca, essa é a ordem de Deus.

No devido tempo ele levaria a Arca de Deus do Tabernáculo de Davi para o templo no monte Moriá, onde ela seria colocada atrás do véu. Ali as varas da Arca seriam retiradas e terminaria a peregrinação.

O estabelecimento de dois Tabernáculos, em dois montes diferentes com diferentes equipes de sacerdotes, certamente era um prenúncio dos tempos messiânicos e da era do Novo Testamento. Prefigurava a antiga e a nova aliança, a lei e a graça (Jo 1.17).

No Novo Testamento vemos o cumprimento desses tipos. É preciso lembrar que a realidade é sempre mais gloriosa que a sombra, o cumprimento é sempre mais grandioso que a promessa e as realidades espirituais sempre superam o esboço material.

O Tabernáculo de Moisés – a aliança da lei – os evangelhos

Os evangelhos revelam o encerramento do período da aliança da Lei, da ordem mosaica e do sacerdócio arônico. Na época do Messias, ainda existiam os sacrifícios de animais e o ritualismo do templo. O pátio externo e o Lugar Santo ainda tinham suas funções. Mas a Arca da Aliança não estava no Lugar Santíssimo. Na verdade, a Arca nunca mais foi vista desde a destruição do templo pelo rei da Babilônia nos dias do profeta Jeremias. A última menção da Arca no Antigo Testamento encontra-se em Jeremias 3.16, onde o profeta diz que ela não será mais lembrada nem sentirão sua falta.

O templo restaurado por Esdras e Neemias nunca teve a Arca da Aliança e por esse motivo a glória shekiná nunca voltou a esse templo material. Quando Jesus estava na terra, o templo não tinha nenhuma Arca, nenhuma glória, e mesmo com o prosseguimento das leis mosaicas, nenhuma shekiná pairava sobre o Lugar Santíssimo.

Todavia, a obra realizada por Deus através da morte de Jesus no Calvário estabeleceu para sempre o fato de que Deus tinha encerrado a aliança da lei. Pois, quando Jesus morreu na cruz, oferecendo-se como sacrifício impecável, perfeito e definitivo, Ele cumpriu e aboliu para sempre todos os sacrifícios de animais. Ele aboliu para sempre os rituais mosaicos. Deus jamais irá instituir novamente todos aqueles rituais. Se os judeus voltassem a exigir esses rituais, estariam demonstrando um grande insulto ao Calvário (Is 66.1-4; Jo 1.29, 36; Hb 10.1-10).

Deus selou o sacrifício de seu Filho ao rasgar o véu do templo (Mt 27.51). Os sacerdotes aarônicos provavelmente deviam estar diante do véu ao se aproximar a hora do sacrifício da tarde, durante a festa da Páscoa, quando o véu se rasgou de alto a baixo. Com isso, Deus estava dizendo que o período mosaico havia chegado ao fim, assim como a aliança da lei, o sacerdócio aarônico e tudo que dizia respeito à ordem do Tabernáculo de Moisés e que se realizava no templo de Herodes. Depois de ter rasgado o véu em duas partes, Deus jamais o costuraria novamente. O caminho para o Lugar Santíssimo estava aberto.

A grande tragédia da história dos judeus é que eles continuaram a oferecer sacrifícios de animais, mantendo a ordem mosaica e o sacerdócio aarônico até 70 d.C. (cerca de 40 anos depois do Calvário), quando Deus permitiu que o príncipe Tito arrebentasse toda aquela estrutura abominável. De fato, a glória havia partido, a Arca não estava mais lá nem a glória, o véu estava rasgado, o sacerdócio corrompido e a ordem mosaica abolida.

O TABERNÁCULO DE DAVI – A NOVA ALIANÇA – ATOS E HEBREUS

O que Davi realizou de forma figurada e profética foi cumprido de fato e historicamente por Jesus Cristo. Quando Jesus morreu na cruz, Deus rasgou o véu do templo de alto a baixo, e o Lugar Santíssimo foi aberto, permitindo o acesso para todos através de Cristo Jesus. Houve uma transferência do Lugar Santíssimo, da igreja da antiga aliança da lei – Israel segundo a carne – para a igreja da nova aliança da graça – Israel segundo o Espírito.

A Epístola confirma claramente aquilo que é narrado nos evangelhos. Ela nos dá o verdadeiro significado espiritual do rasgamento do véu. Os evangelhos registram o relato histórico do rasgamento do véu, mas aos Hebreus interpreta esse relato para nós.

A Epístola deixa muito claro que nós temos acesso ao Lugar Santíssimo, "além do véu". Não existe mais véu (literalmente, "o que separa") entre nós e Deus. Não precisamos mais de nenhum Tabernáculo terreno, com pátio externo e Lugar Santo. O Lugar Santíssimo de um maior e mais perfeito Tabernáculo agora está aberto para nós. É isso que está sendo representado profeticamente no Tabernáculo de Davi.

O RELATO HISTÓRICO DO EVANGELHO

"Naquele momento, o véu do santuário rasgou-se em duas partes, de alto a baixo" (Mt 27.51).

"E o véu do santuário rasgou-se em duas partes, de alto a baixo" (Mc 15.38).

"E o véu do santuário rasgou-se ao meio" (Lc 23.45).

"Jesus disse: 'Está consumado'" (Jo 19.30).

A interpretação da epístola aos Hebreus

"O Espírito Santo estava mostrando que ainda não havia sido manifestado o caminho para o Santo dos Santos, enquanto permanecia o primeiro Tabernáculo. Isso é uma ilustração para os nossos dias, indicando que as ofertas e os sacrifícios oferecidos não podiam dar ao adorador uma consciência perfeitamente limpa... essas ordenanças exteriores foram impostas até o tempo da nova ordem"

(Hb 9.8-10).

"Temos essa esperança como âncora da alma, firme e segura, a qual adentra o santuário interior, por trás do véu, onde Jesus, que nos precedeu, entrou em nosso lugar, tornando-se sumo sacerdote para sempre, segundo a ordem de Melquisedeque"

(Hb 6.19-20).

"Portanto, irmãos, temos plena confiança para entrar no Santo dos Santos pelo sangue de Jesus, por um novo e vivo caminho que ele nos abriu por meio do véu, isto é, do seu corpo. Sendo assim, aproximemo-nos de Deus com um coração sincero e com plena convicção de fé, tendo os corações aspergidos para nos purificar de uma consciência culpada"

(Hb 10.19-22).

Judeus e gentios têm agora acesso a Deus através de Cristo (Ef 2.18). O sangue de Jesus permite a ambos adentrar o véu com ousadia. Os sacerdotes levitas que serviam no Tabernáculo de Davi eram uma ilustração dessa verdade.

Não é de admirar que o livro de Atos declare: "... também um grande número de sacerdotes obedecia à fé" (At 6.7). Quando a notícia do evangelho se espalhou, esses sacerdotes devem ter percebido a inutilidade de manter os sacrifícios de animais, o sacerdócio aarônico e os rituais mosaicos num templo material que Deus tinha posto fim. Uma vez que o véu foi rasgado em dois, era inútil prosseguir com o modelo. O Senhor Jesus Cristo era o sacrifício. Ele era o templo verdadeiro. Ele era o sacerdote segundo a ordem de Melquisedeque. É por meio do sacrifício dele, de seu corpo e de seu sangue, que todos podem ter acesso a Deus. Por que, então, os sacerdotes precisariam continuar com aquilo que o próprio Deus tinha abolido, juntamente com seu Filho Unigênito?

O diagrama ao lado ilustra a posição da cruz em relação ao templo ou à cultura mosaica.

Na Antiga Aliança, os sacerdotes entravam no pátio externo e no Lugar Santo para realizar as ministrações diárias. Somente o sumo sacerdote podia entrar no Lugar Santíssimo, e isso apenas uma vez por ano, no grande Dia de Expiação (Hb 9.1-10; Lv 16).

O véu rasgado associado com a cruz de Jesus mostra de maneira incisiva e eloquente que o Lugar Santíssimo foi aberto e continua assim para todo aquele que crê, seja judeu, seja gentio. Jesus Cristo é o grande Sumo Sacerdote e a cruz representa o sistema sacrificial, ambos se unem em um sacrifício único e perfeito. Todos os sacrifícios oferecidos nos vários dias da festa convergiram para o sacrifício único de Jesus. A Páscoa e o Dia de Expiação se uniram na cruz, uma vez que estava implicado o sacrifício do corpo e do sangue de Jesus. É por isso que Ele pôde "adentrar o véu" e nós também podemos adentrá-lo com ousadia, seguindo nosso precursor. Ele era tanto o sacerdote quanto o sacrifício porque reuniu em si as naturezas humana e divina.

A POSIÇÃO DA CRUZ EM RELAÇÃO AO TEMPLO OU À ECONOMIA MOSAICA

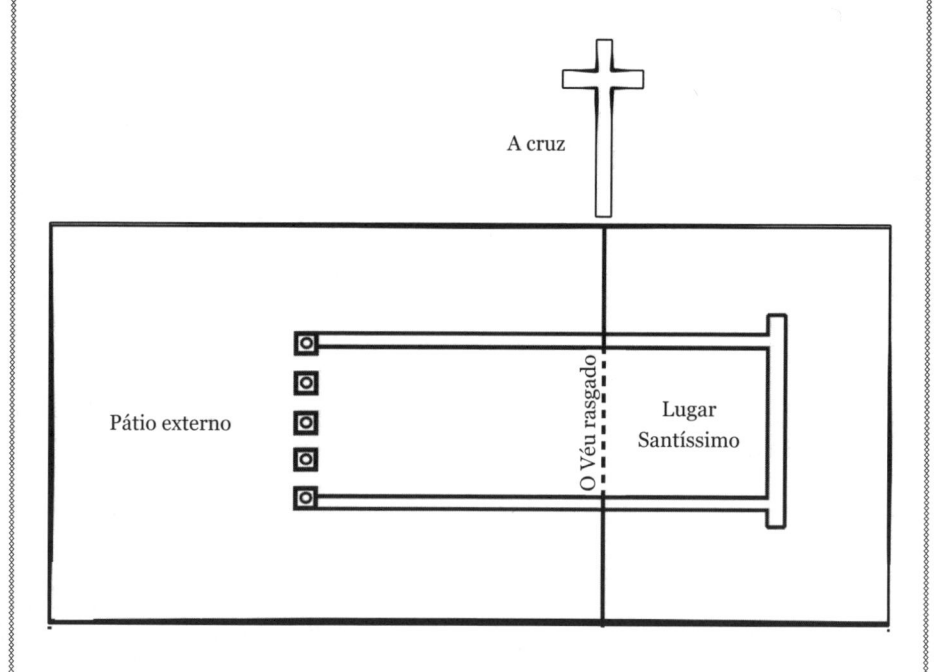

A cruz

Pátio externo

O Véu rasgado

Lugar Santíssimo

Conclusão e resumo

Concluindo este capítulo, concentramo-nos novamente no cumprimento antitípico dos dois Tabernáculo existindo ao mesmo tempo.

Como na época de Davi havia dois Tabernáculos e dois grupos de sacerdotes funcionando em dois montes diferentes durante aproximadamente quarenta anos, então as respostas para isso estão nos tempos do Novo Testamento.

Muitos judeus prosseguiram com os rituais da aliança mosaica por cerca de quarenta anos depois da morte, sepultamento, ressurreição e ascensão de Jesus Cristo. Continuaram oferecendo sacrifícios de animais e tiveram que emendar novamente o véu para manter o sacerdócio araônico, até que em 70 d.C. Deus permitiu que o templo fosse destruído (Hb 10.1-4; Mt 24.1, 2).

Todavia, um remanescente, escolhido pela graça (Rm 11.5), creu no Senhor Jesus Cristo, aceitou seu sacrifício oferecido "de uma vez por todas" e entrou no sacerdócio de Melquisedeque, encontrando desse modo acesso "ao interior do véu". Isto num Tabernáculo mais excelente e perfeito de acordo com a ordem da nova aliança. Leia os capítulos 7, 8, 9 e 10 de Hebreus.

O diagrama abaixo ilustra a verdade confirmada no resumo comparativo:

O antigo Tabernáculo	O novo Tabernáculo
A antiga aliança mosaica	– A nova aliança messiânica
Muitos sacrifícios	– Sacrifício definitivo, perfeito e completo
Sacrifícios e ofertas de animais	– Sacrifício divino e humano de Jesus
Sacerdócio araônico	– Sacerdócio de Melquisedeque
Acesso ao Lugar Santíssimo proibido	– Acesso ao Lugar Santíssimo
O véu rasgado	– Entrada além do véu
Obra incompleta	– Obra consumada
Sacerdotes mantendo a antiga ordem	– Grande número de sacerdotes obedeceu à fé
Para os judeus e os gentios prosélitos	– Para todas as nações, judeus e gentios
A glória se foi	– A glória do Senhor (Cl 1.27; Ef 3.21)
A casa ficou deserta (Mateus 23.38; 24.1, 2)	– A igreja de Cristo é a casa de Deus (Hb 3.1-6; 1 Tm 3.15)
A cruz é rejeitada	– A cruz é aceita
Figuradamente – monte Sinai	– Espiritualmente – monte Sião (Is 28.16; Hb 12.22-24; 1 Pe 2.6-9)

O Tabernáculo de Moisés serviu como guia a fim de trazer os sacerdotes para o Tabernáculo de Davi, assim como *"a lei foi nosso tutor até Cristo"* (Gl 3.24).

A experiência de Salomão prefigura a experiência dos judeus que creram em Cristo. Primeiro experimentaram o Tabernáculo de Moisés, a Antiga Aliança, o sacerdócio araônico, o altar de bronze, os sacrifícios de animais, tudo que estava no monte Gibeom. Em seguida experimentaram o Tabernáculo de Davi, a Arca personificada em Cristo, a Nova Aliança, o sacerdócio de Melquisedeque, e os sacrifícios espirituais no monte Sião.

Philip Mauro (p. 224-225), em um comentário sobre o *Harmony of the Divine Dispensantions*, de George Smith, diz:

> Portanto, o Tabernáculo de Davi é evidentemente repleto de significado tipológico, do qual é suficiente para nosso propósito atual assinalar que foi dado a Davi, o homem segundo o coração de Deus, ele próprio um notável tipo de Cristo intimamente associado com o evangelho mais do que qualquer outro patriarca (Mt 1.1; At 13.22, 34; Rm 1.3; 2 Tm 2.8; Ap 22.16), conhecer a mente de Deus no que diz respeito à adoração espiritual. A ele, sendo profeta e sabendo que Deus lhe havia prometido que de sua semente ergueria Cristo para se assentar no trono divino (At 2.30), foi permitido entregar o Tabernáculo construído no monte Sião, uma maravilhosa ilustração da adoração, com oração, pregação e canto, que caracteriza as reuniões do povo de Deus nesta dispensação do evangelho.

Portanto, a existência simultânea de dois Tabernáculo no tempo de Davi ilustra o que iria acontecer na época do Messias, nos evangelhos, no Livro de Atos e nas epístolas.

Observe as palavras de júbilo desse hino:

Contemplem o Homem de dores,
Contemplem-no claramente.
Vejam! Ele é o poderoso vencedor,
Pois rasgou o véu em dois.
(N. B. Herrel)

(Nota: Sem querer confundir o assunto, o diagrama a seguir mostra com mais clareza os "Tabernáculos" do tempo de Davi e suas diferenças, revelando que havia de fato três "Tabernáculos" nesse período, com suas respectivas verdades. Entretanto, os dois Tabernáculos que mencionamos nesse capítulo são aqueles *relativos* à redenção e à *adoração*.)

"Tabernáculos" no tempo do Rei Davi

Vários salmos mencionam *"Tabernáculos"*, no plural. Vejamos alguns:

Salmo 43.3: "Envia a tua luz e a tua verdade para que me guiem e me levem ao teu santo monte, e aos teus *Tabernáculos*" (ARA).

Salmo 46.4: "Há um rio cujas correntes alegram a cidade de Deus, o santuário das *moradas do Altíssimo*" (ARA).

Salmo 84.1: "Quão amáveis são os teus *Tabernáculos*, Senhor dos Exércitos" (ARA).

Havia três Tabernáculos diferentes no tempo de Davi, cujas características relacionamos resumidamente aqui.

(1) O TABERNÁCULO DO SENHOR	(2) O TABERNÁCULO DE DAVI	(3) O TABERNÁCULO DE DAVI
Construído por Moisés	Armado por Davi	Construído pelo Senhor
Aliança mosaica no monte Gibeom	Aliança do Senhor no monte Sião	Aliança davídica no monte Sião
2 Crônicas 1.3	2 Samuel 6.17	Isaías 16.5
Lugares santos e seus utensílios	Arca da Aliança	Trono de Davi
Pátio externo e seus objetos	"Lugar Santíssimo"	
Arca de Deus ausente	2 Crônicas 1.4	Amós 9.11,12
	1 Crônicas 15.1; 16.1	Salmo 132.3
	Salmo 27.2; 76.2; 132.5	
	Atos 7.45-47	
	Atos 15.16, 17	Atos 15.16, 17
	Amós 9.11, 12	

CAPÍTULO 19

"PERCORRAM SIÃO"

O salmista exorta seu povo a percorrer Sião (Sl 48.12). Com o estabelecimento do Tabernáculo no monte Sião, desse período em diante o local assume importância especial nos salmos e nos profetas do Antigo Testamento. A importância é retomada também pelos escritores do Novo Testamento.

O monte Sião era a cidade do rei Davi e o local de seu Tabernáculo. Ao longo dos anos, diversos hinos foram compostos focalizando a importância de Sião para a igreja dos tempos do Novo Testamento, mas poucas pessoas entendem o que estão cantando. Qual o significado de Sião? Por que Sião é tão importante? O que a igreja tem a ver com Sião? Na verdade, muitos crentes hoje não compreendem o significado dos hinos a seguir:

Venham os que amam o Senhor
e mostrem a todos sua alegria,
juntem-se ao coro de suave acorde,
e assim circundem o trono.

Coro:
Estamos indo para Sião, a bela Sião.
Estamos subindo para Sião,
a linda cidade de Deus.

A colina de Sião produz
milhares de delícias sagradas,
antes de chegarmos aos campos celestiais
ou nas ruas de ouro andar

O autor da letra com certeza teve um vislumbre da verdadeira Cidade de Sião. Um outro hino diz:

Coisas gloriosas se falam de ti,
ó Sião, cidade de nosso Deus.
Aquele cuja promessa não pode ser quebrada,
firmou-a para sua própria morada,
Desde o começo dos tempos fundou-a
O que pode abalar teu seguro descanso?
Cercada de muros de salvação
tu poderias zombar de todos os teus inimigos.

Poderíamos citar muitos outros hinos. O Espírito de Deus está despertando em nossa geração muitas passagens bíblicas referentes a Sião, e elas estão sendo cantadas no mundo inteiro pelo povo do Senhor.

À luz desses comentários, voltemos agora às Escrituras para verificar o que elas têm a nos dizer sobre Sião.

Contexto histórico

Sião, no sentido literal e restrito da palavra, era o monte da celebração em Jerusalém, o monte mais elevado e mais ao sul ou sudoeste da cidade. Inicialmente era o monte dos jebuseus. Os jebuseus se estabeleceram em Jebus, o nome da cidade de Jerusalém na época em que pertencia aos cananeus (Js 15.63; Jz 19.10, 11; *Bible Dictionary*, de James P. Boyd.) O território foi dado à tribo de Benjamim como parte de sua herança (Js 18.28). Todavia, os jebuseus nunca perderam a cidadela, mantendo-a, pelo menos em parte, até o tempo de Davi.

Sião foi conquistada no tempo do rei Davi. Depois que o rei a conquistou, a fortaleza de Sião ficou conhecida como a cidade de Davi. Ele aumentou e fortaleceu suas fortificações consideravelmente (2 Sm 5. 6-9; 1 Cr 11.5-8; 1 Rs 8.1; 2 Cr 5.2).

Vários dicionários bíblicos colocam que "Sião" significa "monte ensolarado, fortaleza, elevado, o mais alto", outros mencionam que significa "imponente, monumento, sepulcro, torre". Esse era o antigo nome do monte Hermom. Sião é mencionada 153 vezes na Bíblia, mais especificamente no Antigo Testamento.

Importância da cidade de Sião

A cidade de Sião adquiriu importância a partir da época de Davi. Os poetas e os profetas do Antigo Testamento exaltaram a palavra "Sião" empregando-a com frequência e lhe deram um significado sagrado, de maneira que com o tempo ela passou a ser uma figura de capital sagrada. A palavra Sião é usada para designar um lugar e também passou a ser o nome para o povo escolhido de Deus, tanto no Antigo como no Novo Testamento.

Há dois aspectos dominantes em relação a Sião nas Escrituras: o político e o religioso.

Sião – A cidade do rei Davi, a capital, a sede do governo da nação, representa o aspecto governamental ou político de Sião.
Sião – A cidade do Tabernáculo de Davi, a cidade sagrada, a capital religiosa da nação, representa o aspecto espiritual ou eclesiástico de Sião.

Unindo os dois aspectos, Sião pode ser considerada o centro político e eclesiástico da nação de Israel. Era dessa cidade que o rei Davi governava e reinava sobre o povo do Senhor. Nela o governo de Deus foi revelado no reino de Davi, e o reino de Deus é a nação escolhida.

Também foi de Sião que Davi instruiu a nação na ordem de culto estabelecida em seu Tabernáculo. Ali se adorava a Deus com instrumentos e cânticos, pois os músicos e os cantores exerciam adequadamente suas funções.

Logo, Sião combina em si a unidade política e religiosa da nação, e o rei Davi desempenha o papel de *rei* (político) e *sacerdote* (religioso ou eclesiástico) voltado para Deus.

A verdade aqui ilustrada fica evidente à luz da revelação do Novo Testamento. Jesus Cristo, o grande Filho de Davi, é rei em Sião, a cidade de Deus. Ele governa e reina. Seu governo é revelado. Ele é Rei dos reis e Senhor dos senhores (Is 9.6-9; Ap 19.16; 1 Tm 6.15).

Ele também é *sacerdote*. Ele lidera o exército dos redimidos, o verdadeiro Israel de Deus, em adoração ao Pai (Hb 2.12; Sl 22.22). Ele é sacerdote e rei, segundo a ordem de Melquisedeque, combinando em si mesmo a direção política e espiritual do povo de Deus.

Apresentaremos a seguir algumas referências bíblicas que apresentam Sião em sua função política e outras referências que confirmam sua função eclesiástica. A junção dessas funções no rei Davi e em Sião ilustra essa mesma verdade em relação a Cristo e sua igreja.

SIÃO – A CIDADE DO GOVERNO DE DEUS

1. Sião – a cidade onde habita o rei

"Eu mesmo estabeleci o meu rei em Sião, no meu santo monte. Proclamarei o decreto do Senhor: Ele me disse: 'Tu és meu filho, eu hoje te gerei'" (Sl 2.6, 7). Leia também Salmo 48.1, 2.

Esse salmo é considerado um dos grandes salmos messiânicos. O rei Davi era o rei ungido em Sião, no Antigo Testamento, mas os escritores do Novo Testamento aplicam esse salmo especificamente para Cristo Jesus. Ele é o Rei de Sião. Leia Atos 4.23-26 com Atos 13.33 e Hebreus 1.5.

2. Sião – a cidade do sacerdote-rei

"O Senhor estenderá o cetro de teu poder desde Sião, e dominarás sobre os teus inimigos!" (Sl 110.2).

Este salmo inteiro trata do sacerdócio de Cristo segundo a ordem de Melquisedeque. Leia Salmo 110.1-7. Esse mesmo salmo é retomado com detalhes na Epístola aos Hebreus. O Senhor Jesus Cristo é o sacerdote-rei segundo a ordem de Melquisedeque. Ele é sacerdote-rei em Sião, em sua igreja. Leia o capítulo sete de Hebreus.

3. Sião – a cidade onde o Senhor reina

"O Senhor reina para sempre! O teu Deus, ó Sião, reina de geração em geração" (Sl 146.10). Leia também Isaías 60.14.

Essas passagens apresentam claramente o aspecto político da cidade de Sião. Ela é a cidade onde o rei governa e reina sobre o povo de Deus. Davi, o rei ungido em Sião, é uma figura do Senhor Jesus Cristo, o rei ungido da igreja. O governo divino está colocado sobre seus ombros. Ele é o Cabeça de todas as coisas e seu governo e reinado – seu reino – deve ser manifestado na igreja.

SIÃO – A CIDADE ESPIRITUAL DE DEUS

As passagens aqui relacionadas demonstram as características da Sião espiritual.

1. Sião é o lugar onde o Senhor habita

"Cantai louvores ao Senhor, que habita em Sião" (Sl 9.11 – ARA). Leia também Salmo 74.2; 76.1, 2; Joel 3.16, 21; Isaías 8.18.

2. Sião é o lugar da salvação de Israel

"Ah, se de Sião viesse a salvação para Israel!" (Sl 14.7). Leia também Salmo 53.6; 69.35). "O Redentor virá a Sião..." (Is 59.20). Leia também Zacarias 9.9; Isaías 46.13; 62.11.

3. Sião é o lugar onde o povo de Deus é fortalecido

"Do santuário te envie auxílio e de Sião te dê apoio... como são felizes os que em ti encontram sua força!" (Sl 20.2, juntamente com Sl 84.4-7).

4. Sião é o lugar de alegria para toda a terra

"Seu santo monte, belo e majestoso, é a alegria de toda a terra... O monte Sião se alegra, as cidades de Judá exultam... " (Sl 48.2, 11). Leia também Salmo 97.8; 149.2; Isaías 81.3.

5. Sião é o lugar onde a beleza de Deus resplandece
   "Desde Sião, perfeita em beleza, Deus resplandece" (Sl 50.2). Leia também Lamentações 2.15.

6. Sião é o lugar onde o Senhor é louvado
   "O louvor te aguarda em Sião, ó Deus" (Sl 65.1). Leia também Salmo 147.12.

7. Sião é o lugar escolhido por Deus
   "... escolheu a tribo de Judá e o monte Sião, o qual amou" (Sl 78.68). Leia também Isaías 14.32.

8. Sião é o lugar mais amado por Deus
   "O Senhor edificou sua cidade sobre o monte santo; Ele ama as portas de Sião mais do que qualquer outro lugar de Jacó" (Sl 87.1, 2).

9. Sião é o lugar onde as pessoas que nascem ali se estabelecem
   "De fato, acerca de Sião se dirá: 'Todos estes nasceram em Sião e o próprio Altíssimo a estabelecerá'. O Senhor escreverá no registro dos povos: 'Este nasceu ali'" (Sl 87.5, 6).

   "Pois Sião estava em trabalho de parto e deu à luz seus filhos" (Is 66.8).

10. Sião é o lugar onde o Senhor reina
    "O Senhor reina! As nações tremem! O seu trono está sobre os querubins. Abala-se a terra! Grande é o Senhor em Sião, ele é exaltado acima de todas as nações" (Sl 99.1, 2). O salmista está se referindo ao trono colocado sobre a Arca da Aliança, entre os querubins, no Tabernáculo de Davi em Sião. Leia também Isaías 24.23; 52.7.

11. Sião é o lugar onde Deus manifestará sua glória
    "Tu te levantarás e terás misericórdia de Sião, pois é hora de lhe mostrares compaixão; porque o Senhor reconstruirá Sião e se manifestará na glória que Ele tem" (Sl 102.13, 16). Leia Colossenses 3.4 e associe essa referência com esta passagem.

12. Sião é o lugar onde o nome do Senhor será anunciado e louvado
    "Assim o nome do Senhor será anunciado em Sião e o seu louvor em Jerusalém" (Sl 102.21).

13. Sião é lugar de bênção
    "Que o Senhor o abençoe desde Sião..." (Sl 128.5).

    a. O povo de Deus o bendiz em Sião (Sl 135.21).
    b. O Senhor abençoa seu povo em Sião (Sl 134.3).

14. Sião é o lugar de eterno descanso e habitação de Deus
    "O Senhor escolheu Sião, com o desejo de fazê-la sua habitação, este será o meu lugar de descanso para sempre. Aqui firmarei o meu trono, pois esse é o meu desejo" (Sl 132.13, 14). O salmo todo tem a ver com a Arca de Deus entrando no repouso em Sião, no Tabernáculo de Davi. Observe especialmente os versículos 5-9 e 13-17.

15. O cativeiro de Sião se tornará em riso
    Observe a sucinta referência contida no salmo 137. Não se pode "cantar os cânticos de Sião" numa terra estrangeira, nem no cativeiro da Babilônia.

"Quando o Senhor trouxe os cativos de volta a Sião, foi como um sonho. Então a nossa boca encheu-se de riso e a nossa língua de cânticos de alegria" (Sl 126.1, 2).

16. Sião é o lugar onde a Palavra do Senhor é ensinada
"Virão muitos povos e dirão: 'Venham, subamos ao monte do Senhor, ao templo do Deus de Jacó, para que ele nos ensine os seus caminhos e assim andaremos em suas veredas'" (leia Isaías 2.1-5 com Miqueias 4.1, 2).

17. Sião é o lugar de gritos, cânticos e consolo
"Gritem bem alto e cantem de alegria, habitantes de Sião, pois grande é o Santo de Israel no meio de vocês" (Is 12.6).

"Os resgatados do Senhor voltarão. Entrarão em Sião com cântico; alegria eterna coroará sua cabeça. Júbilo e alegria se apossarão deles, tristeza e suspiro deles fugirão" (Is 51.11; veja também Is 35.10; Zc 2.10; Jl 2.1, 15, 23; Sf 3.14-16).

"... e o Senhor tornará a consolar Sião e a escolher Jerusalém" (Zc 1.17 [14]).

18. Sião é um dos nomes do povo de Deus
"... digo a Sião: Você é o meu povo" (Is 51.16).

19. Sião é um lugar que proclama boas novas
"Você, que traz boas novas a Sião, suba num alto monte" (Is 40.9). Leia também Isaías 52.1, 2, 7, 8; 41.27; Mq 4.13.
Cristo é aquele que trouxe boas novas a Jerusalém, e é a igreja que agora proclama essas boas novas.

20. Sião é o lugar onde os pecadores e os ímpios irão tremer
"Em Sião os pecadores estão aterrorizados, o tremor se apodera do ímpio" (Is 33.14 [15] com Is 33.5; 31.9; 1.27 e Am 6.1).
"Quando o Senhor tiver lavado a impureza das mulheres de Sião, e tiver limpado por meio de um espírito de julgamento..." (Is 4.3, 4).

21. Sião é a cidade das festas
"Olhe para Sião, a cidade das nossas festas. Seus olhos verão Jerusalém, morada pacífica, tenda que não será removida..." (Is 33.20 [21-24]).
Temos aqui outra referência ao Tabernáculo de Davi.

22. Sião é o lugar onde foi colocada a pedra angular
"Eis que ponho em Sião uma pedra, uma pedra já experimentada, uma preciosa pedra angular para alicerce seguro, aquele que confia jamais será abalado" (Is 28.16).
Não há nenhuma dúvida quanto à interpretação dessa passagem, pois os escritores do Novo Testamento a aplicam a Jesus Cristo. Ele é a "pedra angular de Sião". Cristo é o fundamento de sua igreja (1 Pe 2.6-8; Mt 21.42; At 4.11).

23. Sião é o lugar onde Deus tem um remanescente fiel
"De Jerusalém sairão sobreviventes, e um remanescente do monte Sião. O zelo do Senhor dos Exércitos realizará isso" (Is 37.31, 32; Jr 3.14; Mq 4.7; 2 Rs 19.31).

24. A nuvem de glória estava sobre aqueles que se reuniram em Sião

"O Senhor criará sobre todo o monte Sião e sobre aqueles que se reunirem ali uma nuvem de dia e um clarão de fogo de noite. A glória tudo cobrirá e será um abrigo e sombra para o calor do dia, refúgio e esconderijo contra a tempestade e a chuva" (Is 4.5, 6). Aqui novamente é mencionado o Tabernáculo de Davi.

25. Sião é o lugar onde salvadores irão julgar

"Salvadores hão de subir no monte Sião para julgarem o monte de Esaú; e o reino será do Senhor" (Ob 21 – ARA; veja também Ne 9.27; Jz 2.14).

O Senhor Jesus é o Salvador. "E todo aquele que invocar o nome do Senhor será salvo, pois conforme prometeu o Senhor, no monte Sião em Jerusalém, haverá livramento para os sobreviventes, para aqueles a quem o Senhor chamar" (Jl 2.32 com At 2.21).

Os outros "salvadores" mencionados no livro de Obadias se referem aos juízes-libertadores que livraram Israel da servidão e da escravidão. Esse ministério aponta para o ministério da igreja do Novo Testamento: libertar da escravidão e da servidão do pecado.

Assim, Sião é empregada por poetas e profetas para expressar as funções reais e sacerdotais e o relacionamento do povo do Senhor com eles.

O leitor mais atento já deve ter percebido que a verdade completa possivelmente não se aplica apenas à pequena região geográfica onde está situado o monte Sião. Este autor esteve certa vez no monte das Oliveiras e quando olhou na direção do monte Sião, a colina de Davi, essa passagem das Escrituras imediatamente lhe veio à mente. Pensou, "com certeza o Senhor tinha algo mais elevado e mais sublime em mente que simplesmente um local geográfico na Palestina". Com efeito, aquele era simplesmente um lugar terreno, geográfico, natural, mas apontava para o lugar celestial, espiritual e eterno.

É realmente isso. A Sião terrena, com suas funções reais e sacerdotais, suas tristezas e alegrias, suas derrotas e seus triunfos, seu culto, seu povo e todas as outras coisas, prefigurava a Sião celestial e espiritual.

Isso pode ser visto na maneira como os escritores do Novo Testamento abordam o que diz respeito à Sião do Antigo Testamento. As várias passagens mencionadas a seguir são exemplos de interpretação e aplicação do tema relacionado a "Sião".

Vejamos as verdades do Novo Testamento referentes a Sião através da interpretação e aplicação apostólica de alguns versículos do Antigo Testamento.

REFERÊNCIAS A "SIÃO" NO NOVO TESTAMENTO

1. "Isso aconteceu para que se cumprisse o que fora dito pelo profeta: 'Digam à cidade de Sião: Eis que o seu rei vem a você, humilde e montado num jumento'" (Mt 21.4, 5; Jo 12.15, 16). Isso é o cumprimento de Zacarias 9.9. A grande tragédia se encontra no fato de que Jesus veio à Sião terrena e cumpriu ali muitas profecias do Antigo Testamento referentes à Sião terrena, mas a Sião terrena o rejeitou. Eles crucificaram o Rei de Sião.

2. "Como está escrito: 'Eis que ponho em Sião uma pedra de tropeço e uma rocha que faz cair; e aquele que nela confia jamais será envergonhado'" (Rm 9.33).

Aqui o apóstolo Paulo diz que a nação judaica, como um todo, tropeçou em Cristo Jesus, a pedra angular colocada em Sião. Ele é pedra de tropeço e rocha de ofensa para os judeus. Esse texto é citado como cumprimento de Isaías 8.14 com Salmo 118.22. Leia Isaías 28.16 e Mateus 21.42.

3. "E assim todo o Israel será salvo, como está escrito: Virá de Sião o Redentor que desviará de Jacó a impiedade" (Rm 11.26).
Esse texto é uma citação de Isaías 59.20. Confirma mais uma vez o fato de que Jesus Cristo é o salvador de Sião. Só através dele Israel pode se salvar.

4. "Mas vocês chegaram ao monte Sião, à Jerusalém celestial, à cidade do Deus vivo" (Hb 12.22).
O escritor da carta aos Hebreus incentiva os crentes em relação à verdadeira Sião, a Jerusalém celestial. Eles deveriam deixar o templo terreno, os sacrifícios de animais, o sacerdócio araônico, a Sião terrena e Jerusalém, para entrar no templo espiritual, nos sacrifícios espirituais, no sacerdócio de Melquisedeque e na Jerusalém celestial.
Em toda a Epístola aos Hebreus vemos o contraste entre o natural e o espiritual, o terreno e o celestial, o temporal e o eterno. Assim, Sião e Jerusalém são certamente mais importantes do que a Sião e a Jerusalém terrenas, pois estas eram apenas sombras daquelas.

5. "Pois assim é dito nas Escrituras: 'Eis que ponho em Sião uma pedra angular, escolhida e preciosa, e aquele que nela confia jamais será envergonhado'" (1 Pe 2.6; leia a passagem toda de 1 Pe 2.4-9). Esse versículo é uma citação de Isaías 28.16 e encontra seu cumprimento no Senhor Jesus Cristo como a pedra angular de sua igreja.

6. "Então olhei, e diante de mim estava o Cordeiro, em pé sobre o monte Sião, e com ele cento e quarenta e quatro mil que traziam escrito na testa o nome dele e o nome de seu Pai" (Ap 14.1).
Essa é a última referência clara a Sião no Novo Testamento. Uma análise do versículo mostra que certamente o Cordeiro de Deus não está no monte Sião terreno na Palestina. Foi lá que o Cordeiro foi morto. O monte Sião em que Ele está é a Sião celestial e espiritual.

Para concluir, depois de "percorrermos Sião" vamos observar as suas implicações na Palavra de Deus. Descobrimos que há três aspectos de Sião. O diagrama e os comentários a seguir nos ajudarão a entendê-los melhor.

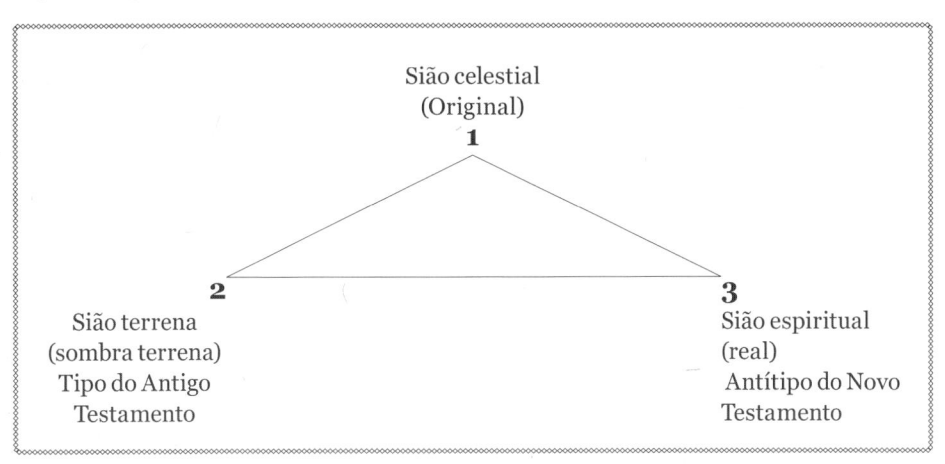

```
                    Sião celestial
                     (Original)
                         1



        2                                    3
  Sião terrena                          Sião espiritual
  (sombra terrena)                      (real)
  Tipo do Antigo                        Antítipo do Novo
  Testamento                            Testamento
```

Havia a *Sião celestial*. A origem de tudo que estava prefigurado na terra. Invisível e eterna. A Sião terrena foi planejada para ser a sombra da Sião celestial, a Jerusalém celestial. As coisas que não se veem são eternas (2 Co 4.18; Hb 12.22; Ap 14.1).

Havia a *Sião natural* ou *terrena*, que era temporal. Era apenas a sombra de uma Sião melhor; é o tipo visto no Antigo Testamento, em Israel e com localização geográfica na Palestina. As coisas que se veem são temporais (2Co 4.18).

Há o *aspecto espiritual de Sião* na igreja, o povo de Deus. Os crentes são nascidos de novo e se tornaram filhos de Sião. A igreja adora o Cordeiro em Sião. Cristo é a pedra angular de Sião. Sião é lugar de alegria, cânticos, gritos e louvor.

Portanto, vemos três aspectos da importância de Sião nas Escrituras. A original no céu, o tipo no Antigo Testamento e o antítipo na igreja.

Antes de passarmos para o próximo capítulo seria útil recordarmos tudo que Sião significava para o Israel de Deus no Antigo Testamento. Isso nos permitirá concluir que Deus de fato tinha a verdadeira Sião, celestial e espiritual em mente. Muitas passagens não podem ser compreendidas se considerarmos apenas a localização geográfica. A Sião eterna é a realidade do Novo Testamento daquilo que é uma sombra no Antigo Testamento, e encontra seu glorioso cumprimento em Cristo e sua igreja. Os escritores do Novo Testamento são os intérpretes infalíveis dos profetas do Antigo Testamento. Eles nos dão a "chave" para o significado de Sião. É impossível dissociar o Tabernáculo de Davi da importância de Sião.

Podemos afirmar com segurança que Aquele que veio da *Sião celestial* à *Sião terrena* foi crucificado e agora toma seu lugar como o Senhor ressurreto na *Sião espiritual* – a igreja –, como pedra angular sobre a qual sua igreja está edificada.

O autor desse hino certamente foi inspirado pelo Espírito quando escreveu estes versos referentes a Sião:

> Salvador, se da cidade de Sião,
> Sou cidadão pela graça,
> Não importa se o mundo ri ou zomba de mim,
> Vou glorificar teu nome.
> Os prazeres do mundo são efêmeros,
> Tudo não passa de vã ostentação.
> Alegria verdadeira e riquezas eternas
> Pertencem aos filhos de Sião, a mais ninguém.

CAPÍTULO 20

DE ACORDO COM A ORDEM DE DAVI

Com o estabelecimento do Tabernáculo de Davi em Sião, vemos Davi estabelecer uma ordem de culto completamente nova para os sacerdotes que iriam servir nesse local.

Após observarmos inúmeras passagens, tudo indica que Davi deve ter recebido uma revelação do Senhor e em seguida dado instruções referentes a essa ordem. Essas ordens se referiam particularmente ao ministério da música, tanto cantores quanto músicos. Veremos que os reis piedosos de Israel que trouxeram Israel de volta ao Senhor sempre buscaram restaurar a ordem de culto estabelecida pelo rei Davi em seu Tabernáculo.

Vejamos o que as Escrituras têm a dizer com relação às ordens de Davi, que também eram as ordens do Senhor.

INTERPRETAÇÃO DA HISTÓRIA DE ISRAEL

1. O Tabernáculo de Davi, 1048 a.C. (1 Cr 15 – 16)

Temos aqui a origem da ordem de Davi. Davi indicou e ordenou cantores e músicos para cantar e tocar diante do Senhor em seu Tabernáculo (1 Cr 15.14-29; 16.4-6, 37-43). Veremos que nessa mesma época o Tabernáculo de Moisés tinha alguns cantores e músicos, embora nunca tivesse existido esse tipo de ministério no Tabernáculo de Moisés. Porém, os grandes grupos de cantores e músicos ficavam no Tabernáculo de Davi, no monte Sião (1 Cr 25). Assim, Davi nomeou alguns levitas para cantores, acompanhados por instrumentos musicais como saltérios, harpas, címbalos, tocando e erguendo a voz com alegria. Eles tinham que ministrar diante da Arca do Senhor continuamente, como exigia o serviço diário.

2. O Templo de Salomão, 1012 a.C. (2 Cr 3 – 5)

O rei Salomão construiu o templo de acordo com o modelo concedido ao rei Davi, seu pai. Através do estudo das Escrituras, descobrimos que a mesma ordem de culto que foi estabelecida nos 24 turnos do Tabernáculo de Davi mais tarde foi incorporada à ordem de culto do Templo de Salomão.

Durante aproximadamente trinta anos o Tabernáculo de Davi permaneceu em funcionamento até o Templo de Salomão ser construído. Quando chegou o dia da dedicação, os cantores e músicos tocaram no oráculo santo – o Santíssimo – do templo, e as varas foram tiradas da Arca. Assim que os sacerdotes saíram do Lugar Santo, os cantores e músicos começaram a ministrar diante do Senhor, uma vez que estavam na extremidade oriental do altar de bronze.

As Escrituras nos dizem:

> "Os sacerdotes saíram do Lugar Santo. Todos eles haviam se consagrado, não importando a divisão a que pertenciam. E todos os levitas que eram músicos – Asafe, Hemã, Jedutum e os filhos e parentes deles – ficaram a leste do altar, vestidos de linho fino, tocando címbalos, harpas e liras, e os acompanhavam cento e vinte sacerdotes tocando cornetas. Os que tocavam cornetas e os cantores, em uníssono, louvaram e agrade-

ceram ao Senhor. Ao som de cornetas, címbalos e outros instrumentos, levantaram suas vozes em louvor ao Senhor e cantaram: 'Ele é bom; o seu amor dura para sempre'. Então uma nuvem encheu o templo do Senhor, de forma que os sacerdotes não podiam desempenhar o seu serviço, pois a glória do Senhor encheu o templo de Deus"

(2 Cr 5.11-14).

O Tabernáculo de Davi estava em preparação para o dia de dedicação. E, quando o ministério dos cantores e instrumentos se misturaram num só acorde, a nuvem de glória Shekiná encheu o templo e nenhuma carne podia ministrar na presença do Senhor. Tudo isso estava de acordo com a revelação dada a Davi e de acordo com o que ele ordenara.

3. O piedoso rei Josafá, 896 a.C. (2 Cr 20)

Nesse capítulo das Escrituras, vemos que os moabitas e os amonitas entraram em guerra contra Josafá. Josafá buscou o Senhor através de oração e jejum, e toda a Judá com ele. O rei foi ao templo do Senhor e lá, no pátio novo, ele orou diante de Deus. Enquanto ele estava orando junto com a congregação, o Espírito do Senhor veio sobre Jaaziel trazendo uma mensagem profética de encorajamento. O Senhor disse para não temerem, pois Ele iria lutar por eles nessa batalha. O rei Josafá e a congregação caíram diante do Senhor em adoração. Os levitas começaram a louvar o Senhor em alta voz no pátio do templo.

Logo de manhã, Josafá, depois de consultar o povo, nomeou alguns homens para cantarem ao Senhor e o louvarem pelo resplendor da sua santidade e misericórdia. Quando os cantores começaram a louvar o Senhor, Ele preparou emboscadas no meio dos inimigos e eles destruíram-se uns aos outros. Durante três dias Judá ficou recolhendo os despojos dessa vitória. Desse modo, o Senhor usou o ministério dos cantores, que fora ordenado por Davi, para obter a vitória quando a derrota parecia evidente.

4. O piedoso rei Ezequias, 726 a.C. (2 Cr 29 – 30)

Nesses dois capítulos temos o relato da purificação do templo durante o reinado do piedoso rei Ezequias. O rei anterior, o perverso Acaz, tinha permitido que o templo do Senhor fosse profanado e acabou fechando-o. Quando Ezequias subiu ao trono, começou a buscar o Senhor de todo o coração. Ele reabriu as portas do templo e consertou a casa do Senhor, restabelecendo a ordem e as ministrações diárias. Convocou os sacerdotes e os levitas a se santificarem a fim de seus filhos poderem cumprir o ministério diante de Deus. Depois de vários dias, o templo foi purificado de toda impureza. Mais uma vez os sacrifícios de expiação foram oferecidos no altar e o templo foi dedicado novamente ao Senhor na Festa da Páscoa.

Além disso, Ezequias também restaurou o ministério dos cantores e músicos conforme ordenado por Davi muitos anos antes. Em 2 Cr 29.25-28 lemos:

O rei posicionou os levitas no templo do Senhor, com címbalos, liras e harpas, segundo a prescrição de Davi, de Gade, vidente do rei e do profeta Natã; isso foi ordenado pelo Senhor, por meio de seus profetas. Assim os levitas ficaram em pé, preparados com os instrumentos de Davi, e os sacerdotes com as cornetas. Então Ezequias ordenou que sacrificassem o holocausto sobre o altar. Iniciado o sacrifício, começou também o canto em louvor ao Senhor, ao som das cornetas e dos instrumentos de Davi, rei de Israel. Toda a assembleia prostrou-se em adoração, enquanto os músicos cantavam e os corneteiros tocavam, até que terminou o holocausto.

Que culto maravilhoso deve ter sido! Era a restauração da ordem de culto estabelecida por instrução de Davi.

5. O piedoso rei Josias, 623 a.C. (2 Cr 35.1-19)

Mais uma vez um rei piedoso, de nome Josias, subiu ao trono de Judá. O rei anterior, Amom, tinha sido um rei perverso, à semelhança de seu pai, Manassés. Josias purificou novamente o templo do Senhor na Festa da Páscoa, do mesmo modo que Ezequias tinha purificado anteriormente. Josias mandou que os sacerdotes e os levitas se preparassem segundo suas divisões, "de acordo com a orientação escrita por Davi, rei de Israel, e por seu filho Salomão" (2 Cr 35.4).

O culto foi preparado e os sacerdotes assumiram os seus lugares com os levitas em seus respectivos turnos (2 Cr 35.10). Em seguida, o texto nos diz que "os músicos, descendentes de Asafe, estavam nos locais prescritos por Davi e por Asafe, Hemã e Jedutum, vidente do rei" (2 Cr 35.15).

Assim, temos a restauração da ordem de culto estabelecida por Davi em seu Tabernáculo. Tudo estava de acordo com a orientação prescrita e a ordem de Davi e de Salomão.

6. A restauração de Judá depois do cativeiro, 536 a.C. (Ed 2.65; 3.1-13; Ne 12.27-47)

Os livros de Esdras e Neemias apresentam o número de pessoas da tribo de Judá que respondeu ao chamado para sair da Babilônia depois de setenta anos de cativeiro.

Os líderes piedosos daqueles que regressavam eram Esdras, o sacerdote-escriba, e Neemias, o governador. Na restauração do povo a terra, a primeira coisa que deveria ser feita era a reconstrução do templo. Assim, foi construído um altar e oferecidos sacrifícios de sangue novamente ao Senhor. Os alicerces do templo foram lançados durante a Festa das Trombetas, a mesma festa em que o Templo de Salomão tinha sido dedicado ao Senhor, muitos anos atrás (1Rs 8.1, 2).

Quando lemos as referências bíblicas mencionadas anteriormente, descobrimos mais uma vez a restauração da ordem de Davi nos cantores e músicos. "Duzentos cantores e cantoras" retornaram da Babilônia a Judá (Ed 2.65).

Quando foram lançados os alicerces do templo, "os sacerdotes com suas vestes e suas trombetas, e os levitas, filhos de Asafe, com címbalos, tomaram seus lugares para louvar o Senhor, conforme prescrito por Davi, rei de Israel. Com louvor e ações de graças, cantaram responsivamente ao Senhor..." (Ed 3.10, 11).

Vários anos mais tarde, outro grupo de pessoas saiu da Babilônia para Judá, e os líderes levitas que estavam entre eles *"entoavam louvores e ações de graças; um grupo respondia ao outro,* conforme prescrito por Davi, homem de Deus" (Ne 12.24).

Depois, quando os muros da cidade foram dedicados, os levitas foram procurados e trazidos de todos os lugares para Jerusalém a fim de celebrar a dedicação com alegria, com cânticos e ações de graças, cantando e louvando com címbalos, saltérios e harpas. Eles estavam divididos em turnos e "tocavam instrumentos musicais prescritos por Davi, homem de Deus" (Ne 12.27, 36).

Os levitas foram indicados novamente para o ministério, sendo que "eles celebravam o culto ao seu Deus e o ritual de purificação, dos quais também participavam os cantores e os porteiros, de acordo com as ordens de Davi e de seu filho Salomão. Pois muito tempo antes, nos dias de Davi e de Asafe, havia dirigentes dos cantores e pessoas que dirigiam os cânticos de louvor e de graças a Deus. Assim nos dias de Zorobabel e de Neemias, todo o Israel contribuía com ofertas diárias para os cantores e para os porteiros" (Ne 12.45-47).

7. A profecia de Amós, 787 a.C. (Am 9.11-13)

Certamente a profecia de Amós, feita cerca de sessenta anos antes do tempo de Ezequias, durante um período de apostasia nacional e declínio espiritual, ganha mais significado à luz dos vários despertamentos de Israel e Judá, no reinado dos reis piedosos mencionados anteriormente.

Levantar a tenda caída de Davi, consertar o que está quebrado, restaurar as ruínas e reerguê-la para que seja como no passado (Am 9.11; At 15.16), certamente significava a restauração da ordem de culto estabelecida naquele Tabernáculo, não a restauração da tenda material.

A cada um dos reavivamentos da história da nação mencionados anteriormente seguiu-se um período de lapso espiritual e cada um constituiu a restauração da ordem de culto de acordo com o mandamento de Davi, que também era o mandamento do Senhor por meio de seus profetas.

Cada período de declínio espiritual representava uma "ruptura", um rasgo, um vazamento, uma rachadura ou uma brecha no favorecimento da nação com Deus. Essas "rachaduras" só podiam ser fechadas com o retorno do povo ao Senhor, que é "o reparador de muros, restaurador de ruas e moradias" (Is 58.12). Leia também Neemias 4.7; 6.1 e Salmo 106.23.

Toda provação em Judá foi acompanhada de uma volta à renovação da ordem de culto. Os reis ímpios e perversos ocasionaram essas rachaduras, e os reis piedosos procuraram consertá-las.

O diagrama a seguir ilustra essas "rupturas de tempo" em que houve declínio e apostasia e em seguida mostra os líderes piedosos que procuraram consertar a ruptura restaurando o templo – a Casa do Senhor – e a ordem de culto de acordo com o mandamento de Davi em seu Tabernáculo.

1048 a.C.	1012 a.C.	896 a.C.	787 a.C.	726 a.C.	623 a.C.	536 a.C.	446 a.C.	46 d.C.
Tabernáculo de Davi	Templo de Salomão	Josafá		Ezequias	Josias			Igreja primitiva
1 Crônicas 15 – 16	2 Crônicas 5	2 Crônicas 20	Amós 9	2 Crônicas 29, 30	2 Crônicas 35	Esdras 3	Neemias 12	Atos 15

Declínio / Ruptura (entre cada período)

Aplicação à história da igreja

É evidente que todas essas coisas se aplicam à história da igreja. No derramamento do Espírito Santo narrado no livro de Atos, vemos judeus e gentios entrando na ordem espiritual do Tabernáculo de Davi (At 15.13-18).

O ministério da adoração verdadeira (Jo 4.24), o ministério dos salmos, hinos e cânticos espirituais (Ef 5.18, 19; Cl 3.16; Tg 5.13) foi confirmado na igreja primitiva. Cânticos, louvor e alegria eram tão abundantes como tinham sido no passado, no Tabernáculo de Davi.

Todavia, ao longo da história da igreja, ocorreram períodos de declínio e apostasia, como na história de Israel. A igreja afastou-se da *"fé de uma vez por todas confiada aos santos"* (Jd 3). O ministério da adoração verdadeira, de música e cântico ao Senhor deixou de existir e a morte espiritual se instalou no meio do povo de Deus.

Entretanto, como na história de Israel, também na história da igreja, Deus teve um remanescente fiel que procurou o Senhor para recuperar os dias do passado. Deus começou a visitar seu povo, para restaurar o que havia sido perdido durante os anos e consertar o que havia se quebrado na Idade das Trevas (Jl 2.23-26).

A Reforma e a restauração iniciaram um despertamento na igreja de Deus. Novamente podiam se ouvir músicas e cânticos na congregação de Deus. Deus começou a levantar reformadores piedosos, líderes de fé, e lhes deu as canções do Senhor. As rupturas foram interrompidas. Desse modo, cada despertamento, cada ação do Espírito de Deus vinha associada a um "novo cântico".

Quando o Senhor começou a recuperar para a igreja as verdades perdidas, essas verdades foram ensinadas, praticadas e transformadas em cânticos. O povo de Deus começou a cantar, ensinando e admoestando uns aos outros com salmos, hinos e cânticos espirituais, cantando e louvando de coração ao Senhor (Ef 5.18, 19; Cl 3.16).

Um rápido olhar sobre a história da igreja e sobre os vários despertamentos ou reavivamentos mostra que cada um teve um "cântico do Senhor" peculiar ao movimento e às coisas que o Espírito de Deus estava vivificando. Trataremos mais especificamente da história referente ao desenvolvimento da música num capítulo subsequente. Para o momento é suficiente mencionar o fato de que luteranos, presbiterianos, metodistas, batistas, anglicanos, os irmãos de Plymouth, Exército de Salvação, pentecostais e muitos movimentos foram marcados por um "cântico novo" enfatizando a verdade ou a nova experiência que Deus lhes havia concedido (Ap 5.9; 14.3). No momento atual vemos também uma nova ênfase na música e nos cânticos ao Senhor dentro da igreja.

O que deve ficar claro é que Deus procurava restaurar o culto segundo a ordem de Davi, o cantor e salmista ungido de Israel (2 Sm 23.1, 2).

Assim como ocorreram vários despertamentos na história de Israel acompanhados por certa recuperação do cântico do Senhor, vemos a repetição desses acontecimentos na história da igreja.

O diagrama abaixo ilustra esse fato em relação à história da igreja:

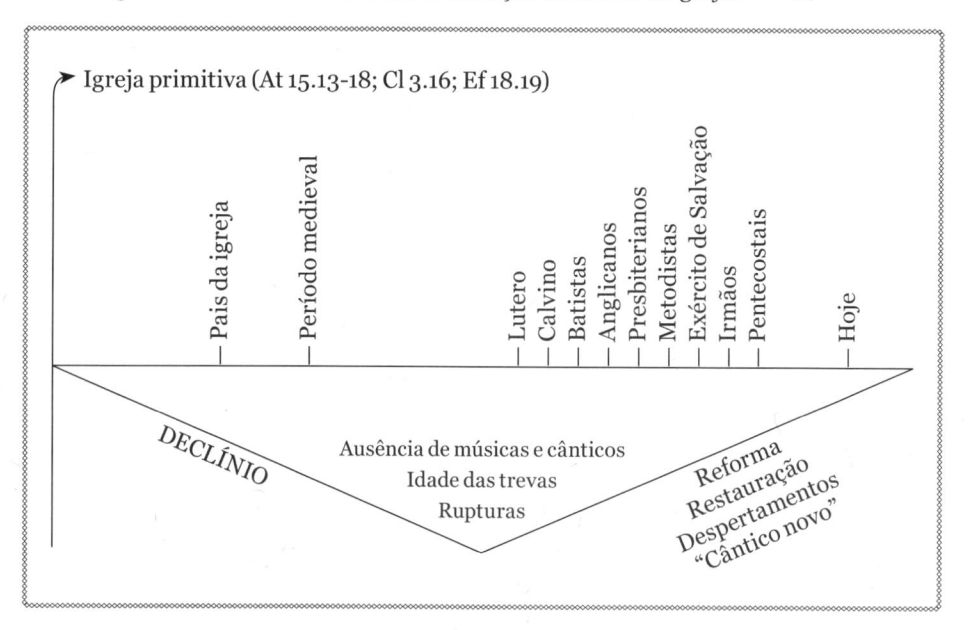

As palavras do salmista estão se cumprindo. Deus está trazendo os cativos de volta a Sião. Seus lábios estão cheios de riso e cântico (Sl 126.1-4). Enquanto a igreja esteve na Babilônia espiritual, as harpas ficaram penduradas nos chorões. Não havia como cantar o cântico do Senhor numa terra estranha. Mas agora a igreja está saindo da Babilônia, da "confusão religiosa", e seu cativeiro está terminando. Mais uma vez os cânticos de Sião serão ouvidos na terra. As harpas e outros instrumentos musicais estão sendo tirados dos chorões, e os cantores e os músicos irão surgir para ministrar na adoração de acordo com a ordem de Davi.

É importante observar que cada avivamento da história de Israel estava associado com o templo do Senhor. Todos apontavam para o templo verdadeiro, a igreja, a casa espiritual de Deus, a música e os cânticos de sua casa (Ef 2.20-22; 1 Co 3.16; 1 Pe 2.3-9).

Concluindo esse capítulo, apresentamos a seguir um resumo do que foi tratado. Os reis piedosos da dinastia de Davi sempre procuraram realizar uma restauração da ordem ou da adoração do Tabernáculo de Davi. Os reis ímpios ignoraram ou negligenciaram o culto davídico, embora procurassem manter o trono davídico. O trono davídico (reino) e a adoração davídica (sacerdócio) não deveriam estar separados. Os dois Tabernáculos apontavam para o Senhor Jesus Cristo, o grande Filho de Davi, que uniria em si e na igreja a ordem da Nova Aliança de sacerdotes-reis segundo a ordem de Melquisedeque. As duas colunas abaixo demonstram a relação entre a casa e o trono de Davi (o Tabernáculo do reino davídico) e a ordem davídica de culto (o Tabernáculo do culto davídico).

TABERNÁCULO DO REINO DAVÍDICO	TABERNÁCULO DE DAVI ADORAÇÃO – SACERDÓCIO
1. Trono davídico, reino, casa, governo, aliança davídica. 1 Cr 17; 2 Samuel 7	1. Tabernáculo de Davi, cantores, músicos, louvor, adoração. Alicerce lançado em Sião. 1 Crônicas 15 – 16; 2 Samuel 16; Isaías 28.16.
2. Rei Salomão. 1 Reis 1 – 2	2. Dedicação do Templo do Senhor com cantores e corneteiros em uníssono. 1 Crônicas 5.11-14.
3. Rei Josafá. 2 Crônicas 17 – 19	3. Josafá nomeou cantores entre os levitas para louvar o Senhor e venceu a batalha. 2 Crônicas 20.
4. Rei Ezequias. 2 Crônicas 29 – 31	4. Ezequias restaurou a ordem do templo do Senhor de acordo com a instrução de Davi, Gade e Natã, com os cantores e instrumentos de Davi. 2 Crônicas 29; 31.2.
5. Rei Josias. 2 Crônicas 34	5. Josias restaurou a Arca do Senhor ao templo do Senhor de acordo com as prescrições de Davi, rei de Israel e de acordo com as prescrições de Salomão, filho de Davi. Os cantores estavam em seus lugares de acordo com a ordem de Davi. 2 Crônicas 35.1-18.
6. Neemias, o governador da tribo de Judá. Neemias 12.	6. O livro de Neemias relaciona os nomes dos levitas que deveriam louvar e dar graças de acordo com a ordem de Davi, o homem de Deus, com cânticos e instrumentos, na dedicação dos muros de Jerusalém reconstruídos e restaurados. Neemias 12.24-47. No passado, nos dias de Davi e Asafe, eles cantavam e louvavam ao Senhor.

O Tabernáculo do reino davídico e o Tabernáculo do culto davídico são vistos de forma distinta, mas ao mesmo tempo inseparáveis, como eram no monte Sião. O primeiro era de caráter político e relacionado ao reino, o segundo de caráter eclesiástico, relacionado ao culto.

CAPÍTULO 21

ORDEM DE CULTO DIVINA

Após o exame das passagens das Escrituras que demonstram claramente que o culto deveria obedecer a ordem de Davi e o mandamento do Senhor, passaremos agora a analisar algumas expressões relativas a esse ministério.

A palavra "adorar" significa "honrar, reverenciar, prestar homenagem, render devoção e respeito a alguém", principalmente a Deus. É empregada aqui no sentido mais amplo, abrangendo todos os ministérios ao Senhor. Nosso culto ao Senhor deve brotar de um verdadeiro espírito de adoração e louvor.

O Senhor Jesus disse que o Pai procura aqueles que o adorem *"em espírito e em verdade"* (Jo 4.24). O homem foi criado para adorar a Deus. No entanto, ele não sabe como adorar a Deus adequadamente, apesar de seu anseio em adorá-lo. É por essa razão que o homem elabora formas de adoração ou algum tipo de programa para os cultos religiosos e pede a Deus que abençoe esse programa. Como o homem não sabe como Deus deseja ser adorado, ele desenvolve várias formas de adorá-lo. As pessoas geralmente se congregam de uma forma que esteja de acordo com suas preferências e inclinações espirituais e que não ofenda suas concepções.

Cabe aqui levantar a questão sobre o que Jesus estaria realmente querendo dizer quando disse que o Pai deseja que o adoremos em espírito e em verdade. Como podemos adorar em espírito? Como podemos adorar em verdade?

Adorar *"em espírito"* é permitir que o Espírito Santo venha sobre o espírito redimido do crente, provocando amor, adoração, devoção, honra e respeito para levá-lo a Deus. O crente é nascido de novo em espírito pelo Espírito Santo (Jo 3.1-5). Seu espírito deve estar em união com o Espírito de Deus (Rm 8.16; 1 Co 6.17). Quando o Espírito Santo atua sobre o espírito redimido, a adoração "em espírito" sobe até Deus, que é Espírito (Jo 4.20-24).

Adorar *"em verdade"* é adorar de acordo com a Palavra de Deus. Jesus disse: "Santifica-os na verdade: a tua Palavra é a verdade" (Jo 17.17). A Palavra de Deus é a Palavra da verdade. Deus deixou instruções em sua Palavra sobre como devemos adorá-lo. Ele demonstrou que aceita as várias expressões de louvor e de adoração daqueles que realmente o amam. Adorar "em verdade" é adorar de acordô com a Palavra de Deus.

Portanto, *"adorar em espírito e em verdade"* significa honrar e adorar a Deus motivado pelo Espírito Santo e de acordo com a Palavra do Senhor. Tanto o Espírito como a Palavra são necessários a um culto adequado. Se o Espírito não participar do culto, a adoração será morta, sem vida, de acordo apenas com a letra, que mata. Tudo se transforma em um formalismo vazio. Por outro lado, se a Palavra estiver ausente do culto, o culto pode se tornar em mero sentimentalismo e emocionalismo, podendo levar ao fanatismo. A verdadeira adoração bíblica necessita do Espírito e da Palavra. Não há nada de errado com a forma e a ordem.

Em Gênesis 1.2 lemos que a terra era sem forma e vazia, e que havia trevas na face do abismo. O Espírito de Deus se movia sobre a face do abismo, e então Deus falou.

Pelo ministério do Espírito e da Palavra o caos se transformou em ordem, as trevas se transformaram em luz, e a desordem se transformou em ordem (Gn 1.1-5). Portanto, o culto divino depende da ação do Espírito e da Palavra no meio da congregação dos adoradores.

Expressões de adoração

A seguir, apresentaremos uma série de expressões de adoração associadas com a ordem do Tabernáculo de Davi, bem como à história de Israel ao longo dos anos. É importante reconhecer que essas expressões podem se tornar mecânicas e sem vida se a vida do Espírito não for mantida pela congregação.

Além disso, isso não significa que todas essas expressões de louvor tenham de estar presente em todos os cultos. Os líderes da adoração devem ser sensíveis ao Espírito de Deus e dependentes da mente do Senhor na preparação dos cultos. Assim eles irão seguir a orientação concedida pelo Espírito de Deus para aquele culto.

A seguir, comentaremos brevemente os diferentes meios de exercer o ministério de adoração diante do Senhor. Alguns serão retomados com mais detalhes nos capítulos subsequentes. Também observaremos o contraste entre a ordem do Tabernáculo de Moisés e o Tabernáculo de Davi.

1. Ministério de cantores e cânticos (1 Cr 15.16-27; 25.1-7)

Davi ordenou aos líderes dos levitas que escolhessem cantores para servir no Tabernáculo de Davi. O ministério dos cantores no culto ao Senhor é bastante destacado aqui. No Tabernáculo de Moisés não havia cantores.

2. Ministério de música instrumental (1 Cr 23.5; 25.1-7)

O rei Davi também escolheu um grande número de músicos para louvar ao Senhor no Tabernáculo com os instrumentos musicais que havia preparado. No Tabernáculo de Moisés não havia nenhum instrumento musical.

3. Ministério dos levitas diante da Arca (1 Cr 16.4, 6, 37)

Os levitas foram indicados para ministrar diante da Arca da Aliança continuamente, dia após dia, de acordo com o que era requerido de cada um. Isso de fato é um grande contraste em relação à ordem do Tabernáculo de Moisés. Somente o sumo sacerdote, no grande Dia da Expiação, podia ousar entrar no Lugar Santíssimo e se pôr diante da Arca de Deus, em silêncio absoluto e solene. Se qualquer outro ousasse entrar no Lugar Santíssimo seria castigado. Mas no Tabernáculo de Davi havia um grupo de levitas da tribo sacerdotal, que se revezava em turnos, diariamente, para ministrar diante da Arca de Deus. É importante notar que o Tabernáculo de Davi implicou a transferência do Lugar Santíssimo do Tabernáculo de Moisés para o monte Sião. Portanto, esses levitas tinham acesso ao "interior do véu", por assim dizer (Hb 6.19, 20; 9.7-9; 10.20, 21).

4. Ministério de registro (1 Cr 16.4; 28.12, 19)

O rei Davi nomeou alguns levitas em seu Tabernáculo para "registrar" ou anotar tudo por escrito. A palavra "registrar", que significa "anotar para que não seja esquecido", diz respeito ao ministério dos escribas. Muitos salmos, principalmente o que se referem a Sião, devem ter sido dados por inspiração do Espírito Santo em associação ao Tabernáculo de Davi. O título do Salmo 80, bem como todo o salmo, é um exemplo disso. Asafe fez uma oração profética quando se colocou diante da Arca da Aliança e do Pastor de Israel, que habitava entre os querubins (Sl 80.1). Os escribas levitas tinham a função de registrar os salmos para que não fossem esquecidos. Teríamos perdido um imenso tesouro se os Salmos não tivessem sido registrados. Moisés foi o único que escreveu Escritura inspirada em relação ao Tabernáculo que tem o seu nome. Os Salmos 90 e 91 são atribuídos a Moisés. No Tabernáculo de Davi muitos levitas escreveram Salmos, assim como o rei Davi.

5. Ministério de ação de graças ao Senhor (1 Cr 16. 4, 8, 41)

Davi nomeou alguns levitas para ministrarem diante do Senhor com ações de graças. Muitos Salmos exortam o povo de Deus a agradecer ao Senhor por sua misericórdia. Dar graças é uma expressão de gratidão e reconhecimento ao doador de todas as coisas. A ingratidão é um sinal característico dos últimos dias. Os levitas encarregados dessa função no Tabernáculo de Davi deviam dar graças continuamente por tudo (Sl 116.17; 2 Cr 29.30, 31; 1 Ts 5.18). Na época do Tabernáculo de Moisés, Israel poderia render voluntariamente "ofertas de ação de graças" ao Senhor (Lv 7.12, 13).

6. Ministério de louvor (1 Cr 16.4, 36)

Parte da ordem do Tabernáculo de Davi era louvar ao Senhor por sua bondade e misericórdia. Os levitas, divididos em seus turnos respectivos, deveriam sempre louvar o Senhor. Basta verificar em uma concordância bíblica a grande quantidade de referências a "louvor" para perceber a importância desse ato para o Senhor.

É bíblico "dizer" (ou "declarar") louvores ao Senhor (Is 12.1, 4; Jr 33.10-12). É bíblico também "cantar" louvores (Sl 47.6, 7; 98.1-6; 100.2). Os Salmos principalmente exortam o povo do Senhor a "cantar louvores". Há mais de setenta referências nos 150 Salmos a "cantar louvores". Não havia cânticos de louvor no Tabernáculo de Moisés. Tudo era feito em silêncio. Mas no Tabernáculo de Davi havia contínuo som de louvor.

7. Ministério de Salmos (1 Cr 16.9; Sl 98.6)

No dia da dedicação, Davi entregou um salmo aos cantores e músicos. O Tabernáculo de Davi se caracterizou pela composição e pelo cântico de salmos. A grande maioria dos salmos está associada ao Tabernáculo de Davi, o que pode ser visto pelas muitas referências a Sião. Isso marca um contraste com o Tabernáculo de Moisés, onde apenas dois salmos foram escritos (os Salmos atribuídos a Moisés: Sl 90 e 91). O Novo Testamento nos exorta a cantar salmos (Cl 3.16; Ef 5.18, 19; Tg 5.13; 1 Co 14.26), dando continuidade à ordem de Davi. A igreja em geral reconhece que os salmos, recitados ou cantados, fazem parte da adoração. Muitos séculos de história mostram que muitas vezes os salmos eram apenas recitados ou cantados.

8. Ministério de regozijo e alegria (1 Cr 16.10, 16, 25-31)

Alegria e regozijo também caracterizavam a ordem do Tabernáculo de Davi. Nas religiões cananeias, bem como na maioria das religiões pagãs, não havia verdadeira. Mesmo o Tabernáculo de Moisés se caracterizava pelo aspecto solene de sua adoração, não pela alegria do Tabernáculo de Davi. Numerosas passagens bíblicas exortam o crente a se alegrar no Senhor (Fp 3.3; 4.4).

9. Ministério de aplausos (Sl 47.1; 98.8; Is 55.12)

Um salmo dos coraítas (filhos de Coré) exorta o povo a bater palmas. Uma das reações mais espontâneas de alegria e reconhecimento é aplaudir. Desde a mais tenra infância, passando pelos jovens, até a idade adulta, bater palmas é uma forma de expressar felicidade, agradecimento, reconhecimento e alegria. O povo de Deus deveria aplaudir muito mais ainda ao Senhor, como se fazia nos templos bíblicos. Não havia essa expressão de alegria no Tabernáculo de Moisés.

10. Ministério de aclamação (1 Cr 15.28; Sl 47.1,5; Is 12.6)

Quando a Arca de Deus foi levada para o Tabernáculo de Davi, houve muitos gritos de aclamação ao Senhor. Várias passagens da história de Israel mencionam gritos. Quando Israel gritou no sétimo dia da marcha em torno de Jericó, Deus fez que os muros viessem abaixo (Js 6.5). Há ocasiões em que o grito não passa de um ruído tolo e vazio (1 Sm 4.5-9), mas quando é um ato de adoração ao Senhor, Deus age em meio ao grito de seu povo. A segunda vinda do Senhor Jesus a seu povo ocorrerá com um grito (1Ts 4.16).

11. Ministério de dança (1 Cr 15.29; 2 Sm 6.14; Sl 149.3; 150.4)

Houve expressão de dança diante do Senhor no dia da dedicação do Tabernáculo de Davi. Mical desprezou Davi por dançar diante da Arca do Senhor. Há tempo para dançar (Ec 3.4). A maioria das danças dos cananeus tinha um caráter de sensualidade e luxúria, sendo praticada em meio às orgias dos festivais idólatras. A dança em Israel era uma manifestação de alegria e louvor, fazendo parte da adoração ao Senhor, especialmente nas ocasiões festivas. No livramento do Egito, Miriã e as mulheres dançaram depois da travessia do mar Vermelho (Êx 15.20).

12. Ministério de erguer as mãos (Sl 134; 141.2)

Os levitas também costumavam erguer as mãos em ato de adoração ao Senhor no Tabernáculo de Davi. As Escrituras sugerem alguns significados para o ato de erguer as mãos. Pode ser entendido como um gesto de rendição, ao fazer um voto diante do Senhor, de oração e adoração. Faz parte da adoração tanto do Antigo como do Novo Testamento (Gn 14.22; Lv 9.22; Lc 24.50; 1 Tm 2.8). O salmista diz: *"Seja a minha oração como incenso diante de ti e o levantar das minhas mãos como oferta da tarde"* (Sl 141.2). No Tabernáculo de Moisés, somente Arão erguia as mãos para abençoar. No Tabernáculo de Davi, todos podiam erguer as mãos ao Senhor. Hoje, todos os crentes, como sacerdotes ministrantes podem erguer as mãos em adoração. Devemos erguer o *coração* junto com nossas *mãos* para Deus (Lm 3.41).

13. Ministério de adoração (1 Cr 16.29; Sl 29.1,2; Sl 95.6)

Embora a palavra "adoração" seja empregada neste capítulo em seu sentido mais amplo, estritamente ela significa "curvar-se; inclinar-se, abaixar-se; prostrar-se".

Os levitas do Tabernáculo de Davi não deveriam apenas cantar, louvar, tocar instrumentos, bater palmas e erguer as mãos ao Senhor, deveriam também se prostrar em adoração, curvar-se diante do Senhor, prostrar-se em profunda adoração e devoção. Essa é a expressão mais elevada de adoração em espírito e em verdade diante de Deus (Jo 4.20-24; Ap 5). Todos os crentes deveriam ter um momento de prostração profunda do espírito diante de Deus no Lugar Santíssimo (Ap 11.1, 2; Mt 28.9, 17). No monte Sinai o povo adorava à distância (Êx 24.1, 2). No Tabernáculo de Davi a adoração era próxima de Deus. Nos tempos do Novo Testamento a adoração é ainda mais próxima por meio do sangue de Jesus.

14. Ministério de buscar o Senhor (1 Cr 16.10, 11; 2 Cr 7.14)

Davi exortou os levitas a buscar o rosto do Senhor no Tabernáculo. Isto também faz parte da adoração: buscar a face de Deus de todo o coração. Somente aqueles que buscam o Senhor de todo o coração é que podem encontrá-lo. Devemos nos alegrar quando buscamos o Senhor (Sl 27.8; 63.1, 2; 70.4). O Tabernáculo de Davi era o lugar onde os sacerdotes e os levitas buscavam o Senhor.

15. Ministério de sacrifícios espirituais (Sl 27.6; 1 Pe 2.3-5; Hb 13.15, 16)

O Tabernáculo de Davi era um lugar onde os sacerdotes e levitas ofereciam sacrifícios espirituais ao Senhor. Como vimos anteriormente, foram oferecidos sacrifícios de animais no culto de dedicação, mas depois desse dia somente sacrifícios espirituais foram oferecidos no Tabernáculo de Davi. Isso marca um grande contraste com o contínuo sacrifício de animais no Tabernáculo de Moisés. Relacionamos a seguir alguns desses sacrifícios espirituais conforme mencionados nas Escrituras:

- Sacrifícios de alegria (Sl 27.6)
- Sacrifícios de ação de graças (Sl 116.17; Lv 7.12; Jn 2.9)
- Sacrifícios de louvor (Jr 17.26; 33.11; com Hb 13.15)

Esses são alguns "sacrifícios espirituais" oferecidos pelo sacerdócio real na casa espiritual, a igreja. Não é preciso mais sacrifício de animais desde o sacrifício definitivo do corpo e do sangue de Jesus. O crente do Novo Testamento, como sacerdote ministrante diante do Senhor, oferece seu corpo (Rm 12.1, 2), seu louvor (Hb 13.15) e seus bens (Hb 13.16) como sacrifício a Deus por meio de Cristo.

16. Ministério de dizer "amém" (1 Cr 16.36)

Em hebraico, a palavra "amém" significa "que assim seja, de fato". Implica fidelidade e verdade. Em grego, a mesma palavra significa "firme, digno de confiança" e é traduzida por "amém, verdadeiramente". Quando dizemos "amém" de coração expressamos apoio e confirmação de fé, na certeza de que o que foi dito é verdade e vai realmente acontecer.

É digno de nota o fato de que Israel somente respondeu com "amém" às maldições do Senhor em Deuteronômio 27.15-26 e Números 5.22. No Tabernáculo de Davi o "amém" era para as bênçãos. Essa é uma expressão de adoração tanto no Antigo como no Novo Testamento (Ne 5.13; 8.6; Sl 89.52; 106.48; 1 Co 14.16; Ef 3.21; Ap 7.12).

Consideramos em breves linhas as várias expressões de adoração relacionadas ao Tabernáculo de Davi. Algumas ou todas elas podem fazer parte do culto. Todas são bíblicas, todas estão de acordo com a Palavra de Deus. Essas expressões de adoração tanto poderiam ser usadas no Antigo Testamento como pelos crentes do Novo Testamento. Não tem sentido dizer que essas manifestações eram apenas para o Israel do Antigo Testamento, e não para a igreja do Novo Testamento apenas porque algumas delas não são mencionadas expressamente no Novo Testamento. A igreja do Novo Testamento nasceu da igreja do Antigo Testamento. Os crentes da Antiga Aliança recorriam constantemente aos salmos, bem como às demais partes do Antigo Testamento, no ensino, na pregação e na adoração. O Novo Testamento não revoga o Antigo Testamento. O Novo Testamento interpreta o Antigo. O Novo Testamento mostra que na verdade os sacrifícios de animais e os rituais mosaicos foram cumpridos e abolidos na cruz, mas em lugar nenhum está escrito que a adoração foi abolida, nem as expressões de adoração citadas. Aceitar algumas dessas expressões e rejeitar outras é incoerente, pois todas são manifestações bíblicas diante do Senhor. A adoração foi alçada a uma condição mais elevada no Novo Testamento por causa da cruz de Jesus e do poder do Espírito Santo, e também porque todos os crentes do Novo Testamento são reis e sacerdotes do Senhor por meio de Cristo, segundo a ordem de Melquisedeque.

A igreja do Novo Testamento adorava o Senhor a partir dos Salmos. Se não fosse assim, então a igreja de hoje não deveria aceitar nada dos Salmos como aplicável a nossa época. Entretanto, os Salmos de modo geral são revelações de Cristo no meio da adoração da igreja. "Proclamarei o teu nome (de Cristo) a meus irmãos; na assembleia te louvarei" (Sl 22.22-31). "Entre vocês... há alguém que se sente feliz? Que ele cante louvores" (Tg 5.13 – algumas versões trazem "cante salmos"). "Falando entre si com salmos, hinos e cânticos espirituais..." (Ef 5.18, 19; Cl 3.16).

O diagrama a seguir esclarece melhor as diferenças entre o Tabernáculo de Moisés e o Tabernáculo de Davi, e resume as expressões de adoração consideradas neste capítulo. O contraste entre a adoração dos dois Tabernáculos é evidente. Aconselhamos ao estudioso ler as referências bíblicas indicadas e observar que o Novo Testamento confirma a ordem de culto do Tabernáculo de Davi no Antigo Testamento.

ORDEM DE CULTO ESTABELECIDA

TABERNÁCULO DE DAVI (Igreja do Novo Testamento) (Ordem do monte Sião)	TABERNÁCULO DE MOISÉS (Igreja do Antigo Testamento) (Ordem do monte Sinai)
1. Cantores e cânticos (1 Cr 15.16-27; Cl 3.16)	1. Nenhum (alguns no monte Gibeom) (1 Cr 16.37-43)
2. Música instrumental (1 Cr 23.5; 25.1-7; Ef 5.18, 19)	2. Nenhum
3. Ministério dos levitas diante da Arca (1 Cr 16.37; Hb 6.19, 20; 10.19-21)	3. Somente o sumo sacerdote
4. Registro (1 Cr 16.4; Sl 80.1; Ap 1.10, 11)	4. Nenhum
5. Ação de graças (1 Cr 16.4, 8, 41; 1 Ts 5.18)	5. Nenhum
6. Louvor (1 Cr 16.4,36; Hb 13.15)	6. Nenhum
7. Cantar salmos (1 Cr 16.7; Ef 5.18, 19; 1 Co 14.26; Tg 5.13)	7. Nenhum (Somente o Salmo 90)
8. Regozijo e alegria (1 Cr 16.10, 27, 31; At 13.52)	8. Obrigatória
9. Bater palmas (1 Cr 47.1).	9. Nenhum
10. Gritos de aclamação (1 Cr 15.28; 1 Ts 4.16)	10. Nenhum (exceto em Jericó) (Js 6)
11. Dançar (1 Cr 15.29; Sl 149.3; Lc 15.25)	11. Nenhuma (exceto em Êx 15)
12. Erguer as mãos (Sl 134; 1 Tm 2.8)	12. Nenhum
13. Curvar-se, prostrar-se (1 Cr 16.29; Jo 4.20-24)	13. Adoração à distância
14. Buscar o Senhor (1 Cr 16.10, 11; At 15.17)	14. Buscar o Tabernáculo
15. Sacrifícios espirituais (Sl 27.6; 116.17; 1 Pe 2.3-5; Hb 13.15, 16)	15. Sacrifícios de animais
16. Amém (para as bênçãos) (1 Cr 16.36; 1 Co 14.16)	16. Amém (para as maldições) (Dt 27.15-26)

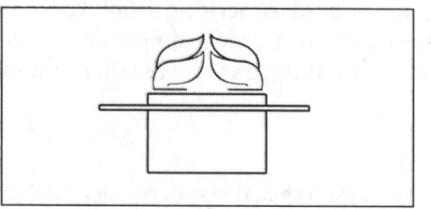

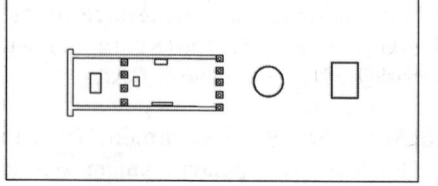

Jemieson, Fausett e Brown, em *Commentary on the Whole Bible* (p. 679), comentam o seguinte sobre Amós 9.11, 12:

> "Naquele dia", ou de acordo com Tiago em At 15.16, 17: "Depois disso", isto é, na dispensação do Messias (Gn 49.10; Os 3.4,5; Jl 2.28; 3.1). "Tabernáculo de Davi" – não "a casa de Davi", usada em 2 Sm 3.1, mas a tenda ou cabana, expressando a condição inferior a que seu reino e sua família tinham caído no tempo de Amós e, posteriormente no cativeiro babilônico, antes da restauração; e secundariamente, nos últimos dias que precederão à restauração de Israel no governo do Messias, o antítipo de Davi (Sl 102.13, 14; Is 12.1; Jr 30.9; Ez 23.24; 37.24)...
> "Tabernáculo" é uma expressão apropriada para Jesus, uma vez que sua natureza humana é o Tabernáculo no qual Ele encarnou e se tornou Emanuel, "Deus conosco" (Jo 1.14). "Habitou", lit. tabernaculou "entre nós" (cf. Ap 21.3). Alguns entendem "o Tabernáculo de Davi" como aquele que Davi ergueu para a Arca em Sião, depois de trazê-la da casa de Obede-Edom. Ela permaneceu lá durante todo o seu reinado, durante trinta anos, até que o Templo de Salomão foi construído; ao passo que a "Tenda do Encontro" permaneceu em Gibeom (2 Cr 1.3), onde os sacerdotes ministravam em sacrifícios (1 Cr 16.39).
> Cântico e louvor faziam parte do culto dos acompanhantes de Davi diante da Arca (Asafe e outros); um tipo da separação do evangelho entre o culto de sacrifícios (sacerdócio do Messias agora no céu) e o acesso dos crentes na terra à presença de Deus, sem sacerdotes nem sacrifícios (cf. 2 Sm 6.12-17; 1 Cr 16.37-39; 2 Cr 1.3).

Não é de admirar que o escritor da carta aos Hebreus afirme que nós não temos de ir ao monte Sinai, mas ao monte Sião; não ao Tabernáculo de Moisés com sua ordem de culto silenciosa, cheia de formalismo e solenidade, segundo a letra da lei, que mata. Devemos entrar no Tabernáculo de Davi, para a ministração do Espírito, que dá vida.

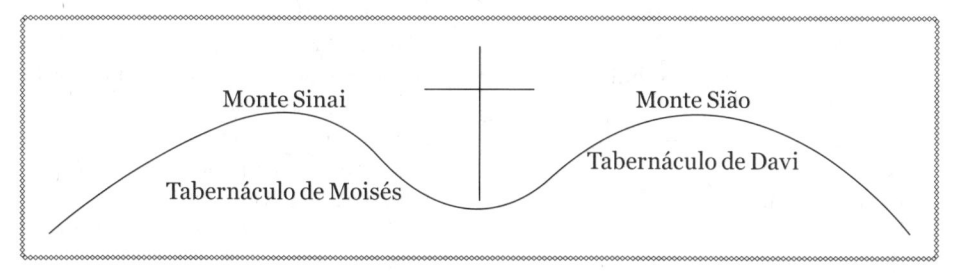

Para aqueles que têm responsabilidade de liderança é bom ter em mente o princípio estabelecido em Eclesiastes 3.1-8 que diz: "Para tudo há uma ocasião certa..." (v. 1). Há um tempo para cantar, tempo para bater palmas, tempo para erguer as mãos, tempo para alegrar-se e dançar diante do Senhor, tempo para louvar e tempo para adorar. Há um tempo certo para cada propósito. Todas as manifestações de adoração devem seguir a orientação do Espírito Santo.

Como vimos nos capítulos anteriores, um princípio de interpretação bíblica é trazer todas as coisas do Antigo Testamento para a cruz. A cruz vem a ser o que se pode chamar de "filtro hermenêutico", através do qual tudo deve passar. Algumas coisas do Antigo Testamento passam pela cruz e são abolidas. Outras passam pela cruz e através dela são validadas e elevadas.

A adoração, no sentido mais puro e as várias expressões de adoração, passam pela cruz. A adoração não foi abolida na cruz. A adoração jamais será abolida. A adoração é para o tempo presente e para a eternidade, e deve ser prestada em espírito e em verdade (Jo 4.20-24).

Apresentamos a seguir as várias expressões de louvor e adoração mencionadas no Antigo Testamento e confirmadas pelo Novo Testamento. Isso mostra que essas expressões não devem ser relegadas ou restritas ao povo de Israel do Antigo Testamento, mas são expressões válidas na igreja do Novo Testamento, que representa a continuação do povo de Deus.

ORDEM DO ANTIGO TESTAMENTO (Tabernáculo do reino)	ORDEM DO NOVO TESTAMENTO
Aliança davídica	– Nova aliança
Monte Sião	– Monte Sião celestial
Tabernáculo de Davi	– A igreja, lugar de habitação de Deus do Novo Testamento
Reino, governo	– Reino e governo do Messias
Descendência de Davi	– Messias, Filho de Davi
Casa de Davi	– Casa do Messias
Trono de Davi	– O Messias se assenta no trono de Davi
Inimigos subjugados	– Submete seus inimigos debaixo de seus pés
Nações dos gentios conquistadas	– Os gentios entram no reino do Messias
Rei Davi	– Jesus Sacerdote-Rei, Filho de Davi

EXPRESSÕES DE ADORAÇÃO DO ANTIGO TESTAMENTO (Tabernáculo de adoração)	EXPRESSÕES DE CULTO NO NOVO TESTAMENTO
Ordem de louvor e adoração	– Louvor e adoração. Apocalipse 4 – 5
A Arca de Deus	– O trono de Deus e o Cordeiro
Davi, o amado cantor e salmista	– Líderes de adoração de Jesus. Hebreus 2.12
Cânticos	– Hebreus 2.12; Colossenses 3.16
Palmas	– Não mencionadas no Novo Testamento
Orar	– Hebreus 13.15. Sacrifício de louvor
Erguer as mãos	– 1 Timóteo 2.8. Levantar mãos santas
Prostrar-se	– Prostrar-se diante do Senhor. Apocalipse 4
Regozijo	– Lucas 1.47; Atos 13.48. Alegrar-se
Adoração	– Em espírito e em verdade. João 4.20-24
Ajoelhar-se	– Ajoelhar-se. Lucas 22.41
Em pé	– Ficar em pé. Apocalipse 20.12
Cântico de Salmos	– Salmos, hinos, cânticos espirituais. Efésios 5.18, 19
Gritos	– Som de trombetas. 1 Tessalonicenses 4.16
Dança	– Dança. Lucas 15.25
Instrumentos musicais	– Harpas. Apocalipse 5.8

A finalidade de todas as expressões de louvor e adoração é a edificação! É útil para a edificação dos santos? Glorifica o Senhor? Atrai os não regenerados a Cristo ou os afasta? Todas as coisas devem ser feitas para a edificação da igreja (1 Co 14.3, 4, 5, 12, 26).

CAPÍTULO 22

BREVE HISTÓRIA DA MÚSICA

Considerando o fato de que o ministério da música desempenha um papel importante na ordem de Davi, tornou-se necessário traçar um esboço do desenvolvimento da história da música, principalmente à luz do fato de que a história da igreja revela variados níveis de divergência e controvérsia quanto ao papel da música na igreja.

O papel desempenhado pela música vocal e instrumental como parte da ordem de culto da igreja tem sido largamente discutido ao longo dos séculos. Atualmente, a maioria das denominações admite o uso de cânticos pela congregação assim como de alguns instrumentos, geralmente piano ou órgão, para acompanhar os cânticos. Porém, para se chegar a esse ponto foi preciso uma longa batalha. Há denominações que negam o direito da igreja usar instrumentos musicais na adoração cristã e permitem uma quantidade limitada de cânticos vocais.

Os ventos da mudança estão soprando sobre a igreja em nossos dias. Esse breve relato da história da música poderá nos ajudar a enxergar a importância bíblica desse ministério diante do Senhor. Há uma grande quantidade de livros que tratam exaustivamente da história da música, por isso nesse capítulo abordaremos apenas os pontos principais relacionados a este estudo.

A ORIGEM CELESTIAL DA MÚSICA

1. A harmonia do Universo

Não deveria haver dúvida quanto à origem da música, se ela se originou com Deus, ou com o Diabo, ou com o homem. As Escrituras revelam que a música se originou no próprio coração de Deus. Antes da criação do mundo, e até mesmo antes das hostes angelicais serem criadas, a música fazia parte da própria essência de Deus.

O Dicionário *Aurélio* define música como "a arte e a ciência de combinar os sons vocais ou instrumentais de modo agradável ao ouvido".

A própria criação é de fato um "concerto" de Deus. O universo de galáxias demonstra melodia e harmonia, revelando o coração musical de Deus. Quando Deus criou os planetas, Ele os estabeleceu em suas órbitas, movendo-os num grande e glorioso concerto harmonioso. Não se ouviu nenhum som dissonante. Toda criação se movia num estilo musical triunfante. O universo era o arranjo orquestral de Deus!

2. O coro angelical

As Escrituras ensinam que Deus criou os exércitos angelicais e também permitem supor que as hostes celestiais faziam parte de um "coro celestial" na aurora da criação. Esse coro era regido por Lúcifer, a Estrela da Manhã.

Muitos expositores da Bíblia acreditam que Lúcifer (Ez 28.11-19; Is 14.12-17) era Satanás antes da queda. Supondo que seja verdade, a descrição de Lúcifer dá a entender que ele era o líder dos cânticos celestiais. Observe os pontos que se destacam nas passagens mencionadas acima:

a. Seu nome era Lúcifer, que significa "Estrela da Manhã" ou "Filho da Alvorada".
b. Ele foi ungido como querubim, designado especificamente para um ministério.
c. Ele era o "querubim guardião", guardando o trono de Deus no monte santo de Deus.
d. Foi criado cheio de sabedoria e de perfeita beleza.
e. Era o arcanjo celestial, no Éden (Paraíso) de Deus.
f. Suas vestes eram enfeitadas com pedras preciosas como as de um sacerdote.
g. Ele tinha habilidade para tocar tamborins e flautas no dia em que foi criado.

Portanto, está implícito que Lúcifer tinha o ministério de música e que foi ungido para exercer esse ministério diante de Deus, para reger as hostes celestiais – o coro celestial –, como líder do coro celestial. Que música celestial, que sinfonias celestiais devem ter sido ouvidas em todo o universo durante a criação original. Os anjos foram criados para adorar a Deus e também para ser "espíritos ministradores" (Hb 1.13,14; 12.22; Dn 7.10; Lc 2.13; Ap 5.1, 11).

O livro de Jó afirma que "as estrelas matutinas juntas *cantavam* e todos os anjos (filhos de Deus) *se regozijavam*" na criação (Jó 38.4-7). A maioria dos estudiosos entende que as "estrelas matutinas" ou "os filhos de Deus" seriam as hostes angelicais. Os anjos cantaram o "cântico da criação", mas não podem cantar o "cântico da redenção" (1 Pe 1.12; Ap 5.1, 2).

Na época da criação houve cânticos e gritos de júbilo, pois toda a criação estava em perfeita harmonia com a Divindade. Não se podia ouvir então nenhuma dissonância!

3. A dissonância do pecado

Somente a eternidade irá revelar todos os detalhes da entrada do pecado no universo. De repente, em meio à música e à harmonia divina da criação e das criaturas, Lúcifer, o querubim ungido, se levanta para declarar sua própria vontade contra a vontade divina. O líder dos cânticos e da música celestial contempla sua própria beleza, sabedoria, unção e ministério e se enche de soberba, orgulho, arrogância e vontade própria. A rebelião se manifesta. A dissonância, que é a falta de harmonia, o conflito de notas musicais, é ouvida em todo o universo. A rebeldia contra a vontade de Deus se manifesta.

A obediência dos anjos das hostes é posta à prova. Alguns preferem seguir Lúcifer e são banidos do Paraíso de Deus. O pecado rompe a harmonia do universo de Deus. O pecado produz dissonância. A melodia majestosa se transforma em deprimente melodia em tom menor. Uma nota diferente é ouvida no universo. A harmonia divina havia se rompido.

Deus expulsou Satanás do terceiro céu, mas agora a música que se ouve no universo tem dois registros conflitantes: maior e menor, dissonante e harmônico. É importante observar que Deus não destituiu Lúcifer (Satanás) de sua sabedoria nem de seu ministério de música. Ele ainda detinha esse ministério e por toda a história da humanidade a música inspirada satanicamente teve o poder de aviltar, degradar e finalmente destruir a humanidade.

A música em si não é moral, nem imoral. É amoral! O modo como empregamos a música é que a torna boa ou má, destrutiva ou edificante.

Assim, Lúcifer não perdeu seu ministério de música, ele simplesmente o corrompeu. Hoje a música é uma das principais armas usadas por Satanás para desviar as pessoas de Deus e do Senhor Jesus Cristo. Satanás conhece bem o poder da música.

A MÚSICA ENTRE OS GENTIOS

Quase todos os povos primitivos da terra acreditam que a música tem origem divina. Todas as civilizações têm algum tipo de lenda referente à origem e criação da música, sendo que praticamente todas atribuem sua descoberta a um deus, responsável por transmiti-la para toda a humanidade.

A história mostra que, desde os tempos mais remotos, a música era usada exclusivamente para a adoração, tanto no culto ao Deus verdadeiro, como na adoração de ídolos ou espíritos demoníacos. Todas as tribos, mesmo as mais primitivas, tinham algum tipo de instrumento musical. Deus colocou no coração do homem o desejo de adorar e deu a ele a capacidade de expressar essa necessidade de adoração. A música, vocal ou instrumental, é a maneira de o homem expressar essa adoração. Apresentamos a seguir uma breve relação de alguns povos e suas referências à música.

1. A primeira menção específica de instrumentos musicais na Bíblia aparece na linhagem ímpia de Caim. Havia os tocadores de harpa e flauta. Jubal foi o pai (primeiro mestre) de todos esses músicos (Gn 4.21).

2. Gênesis 31.27. Labão, o sírio, repreendeu Jacó por fugir com a esposa e seus bens antes que a família toda fizesse uma festa de despedida *"com alegria e cantos, ao som dos tamborins e das harpas"*.

3. Jó 21.12. O livro de Jó, provavelmente o mais antigo da Bíblia, menciona que os ímpios cantavam e dançavam ao som de adufes (tamborins) e harpas, e se alegravam ao som da flauta. A música vocal geralmente estava associada à música instrumental.

4. Os egípcios apreciavam especialmente os instrumentos de corda, relegando os instrumentos de percussão a um plano secundário. Os arqueólogos informam que foi encontrada no Egito uma grande variedade de harpas, liras, violões e flautas. Esses instrumentos eram usados na adoração nos templos e às vezes para conduzir o povo nas batalhas.

5. Ao que tudo indica, o culto dos cananeus era do tipo mais vulgar, incluindo festividades, idolatria e imoralidade realizadas em meio a um gênero musical aviltante. Deus proibiu o povo de Israel de ter qualquer tipo de contato com as religiões cananeias e seu culto sensual.
Êxodo 32.17,18 demonstra a atitude de Israel na adoração do bezerro de ouro. O povo começou a cantar e dançar, e em seguida se envolveu em atos sensuais. Isso revela a influência do Egito e de outras religiões pervertidas em Israel, razão pela qual havia necessidade de uma purificação.

6. Os impérios assírio, babilônio e persa tinham instrumentos musicais, predominando os instrumentos semelhantes à harpa, sendo um deles de formato triangular. O saltério era composto de uma caixa de madeira quadrada com cordas metálicas que deveriam ser tocadas com um martelo. Na verdade, era uma espécie de ancestral do piano moderno. O texto de Daniel 3 é um exemplo da associação entre a música e a adoração do rei babilônio no papel de divindade. Os versículos 5 e 15 mencionam trombeta, pífaro, harpa, saltério, cítara e flauta dupla como instrumentos usados na festa de adoração do rei Nabucodonosor. A força envolvente da música era usada para fazer com que todos se rendessem à influência da adoração desse rei terreno.

7. Os gregos gostavam muito do som de órgãos de tubos. A história grega menciona as "flautas de Pan".

8. Os chineses admiravam especialmente os instrumentos de percussão, como tambores, sinos, pedras batidas com martelos de madeira, címbalos e tubos de madeira batidos por dentro e por fora. Havia também instrumentos fabricados com tubos de bambu. Os instrumentos de corda eram raros. Os instrumentos musicais na história da China datam de 3000 a.C. Uma lenda chinesa afirma que o imperador enviou seu mestre de música à Terra Prometida. Nessa terra ele viu os bambuzais, e fez doze tubos de bambu, um para cada uma das notas cantadas pelo Fênix, um pássaro.

9. Os japoneses tinham instrumentos muito semelhantes aos dos chineses: tambores, guizos, címbalos e, às vezes, flautas. Havia um instrumento semelhante à trombeta, feito com uma concha marinha na qual era inserido um tubo em forma de trombeta.

10. A Índia e a África, da mesma forma que nos outros lugares, desenvolveram vários modelos primitivos de instrumentos.

11. Os sumérios diziam que a deusa Nina havia criado e desenvolvido a arte musical.

12. O deus grego Hermes era o deus da eloquência, da interpretação e das artes. Segundo a mitologia, ele fez uma viagem sobre o casco de uma tartaruga e fabricou a primeira lira, que deu a Apolo, cujo virtuosismo lhe valeu o título de "deus da música".

Isso mostra que muitas lendas das civilizações creditam a origem da música às divindades e que estas a transmitiram para a humanidade. Na verdade, isso ajuda a confirmar a hipótese de que a música teve origem no Deus verdadeiro.

Toda música, seja primitiva ou moderna, é uma combinação de *sons, ritmos e entonações*. Sem dúvida muitos instrumentos surgiram de batidas incidentais ou sons produzidos por varetas, pedras, metais, etc, agradáveis ao ouvido humano. Assim, desde a tribo mais primitiva até a nação mais avançada, a humanidade sempre procurou expressar suas emoções através da música vocal ou instrumental, principalmente como parte do culto. Desde a adoração de ídolos ou espíritos demoníacos até os cultos dedicados a reis e guerreiros heroicos, a música era parte integrante da devoção.

A MÚSICA NA NAÇÃO HEBRAICA

A maior parte das referências musicais no Antigo Testamento está relacionada à nação escolhida, Israel. De modo geral, essas referências estão ligadas ao culto a Jeová, o Deus verdadeiro. Veremos que Deus ordenou a utilização de música, vocal e instrumental, na adoração.

Se o Senhor Deus se opusesse à música, ou se esta tivesse se originado de Satanás ou das nações ímpias, o Senhor certamente teria proibido o seu uso e advertido Israel sobre isso. Entretanto, o que vemos é exatamente o contrário. O Senhor ordenou que Israel o adorasse com cânticos, louvores, gritos e todo tipo de instrumentos musicais. A nação hebraica, em seus momentos espirituais mais elevados, era uma nação que gostava de cantar, um povo musical. Os cânticos de adoração nasceram nessa nação, dirigidos ao Deus verdadeiro. Esses cânticos não se comparam às canções deturpadas e sensuais dos pagãos. A adoração dos deuses dos cananeus era vil, sensual e lasciva. As músicas que acompanhavam essas orgias obscenas eram certamente de inspiração satânica e totalmente impróprias para o povo redimido de Deus.

A música de Israel, ao contrário, era de uma espécie mais elevada, mais rica, mais pura e mais nobre, e agradava a Deus. Foi dela que se originou a música sagrada. Mencionamos a seguir uma série de referências à música, vocal e instrumental, na nação hebraica.

1. Música vocal

Há inúmeras referências à música vocal, o louvor a Deus através da voz.

a. Êxodo 15.1-19 registra o cântico de Moisés e dos filhos de Israel depois do livramento da escravidão do Egito. Veja também o "Cântico de Moisés e o Cântico do Cordeiro" em Apocalipse 15.3, 4.

b. O cântico de Moisés é a primeira canção de que se tem registro desde o tempo de Adão.

c. Êxodo 15.20, 21. Miriã, a profetiza, pegou um tamborim e todas as mulheres a acompanharam cantando e dançando, louvando o Senhor pela vitória contra os egípcios no mar Vermelho.

d. Números 21.16-18. Israel cantou uma canção ao poço no deserto. Enquanto os líderes e os nobres cavavam o poço com cetros e cajados, o povo cantava para o poço e o Senhor fez brotar água.

e. Josué 6. Na queda dos muros de Jericó, os sacerdotes tocaram trombetas de chifres de carneiro e o povo gritou a Deus. Deus agiu juntamente com essa expressão vocal de fé e obediência à sua Palavra.

f. Juízes 5 registra o cântico de Débora e Baraque, em louvor ao Deus de Israel. Leia principalmente os versículos 1 a 3.

g. 1 Crônicas 15 – 16. Davi estabeleceu de forma especial o ministério de cantores no Tabernáculo. Havia 24 turnos de cantores no Tabernáculo de Davi e mais tarde, também no Templo de Salomão (1 Cr 23.1-7; 1 Cr 25).

h. 2 Crônicas 5.11-14. Os cantores participavam de todas as partes do culto na dedicação do Templo de Salomão.

i. 2 Crônicas 20. O piedoso rei Josafá nomeou alguns cantores para irem à frente do exército na batalha contra os moabitas e os amonitas. Deus operou juntamente com os cantores, concedendo uma grande vitória sobre o inimigo.

j. 2 Crônicas 29.25-28. O piedoso rei Ezequias conhecia bem o valor dos cânticos em louvor ao Senhor no grande despertamento liderado por ele em Israel.

k. 2 Crônicas 35.1-19. O rei Josias, outro rei piedoso, restabeleceu o ministério dos cantores durante seu reinado.

l. Esdras 3.1-13. Esdras, o escriba sacerdote, levou os levitas e os sacerdotes para louvarem a Deus enquanto os construtores lançavam os alicerces do templo do Senhor, depois que os remanescentes voltaram da Babilônia. Os levitas usaram suas vestes sacerdotais e cantaram e tocaram seus instrumentos. No grupo de cantores havia tanto homens como mulheres (Ed 2.65).

m. Neemias 12.27-47. Neemias, o governador de Judá, também usou o ministério dos cantores no dia da dedicação dos muros reconstruídos de Jerusalém.

n. 1 Reis 4.29-32. Salomão, o filho de Davi e amado salmista e cantor de Israel, também tinha talento musical. Salomão escreveu 1005 cânticos. O livro bíblico Cântico dos Cânticos é um registro de alguns desses cânticos (Ct 1.1).

o. 2 Samuel 19.35; Eclesiastes 2.8. Havia "homens e mulheres que cantavam" tanto na corte do rei Davi como na corte do rei Salomão. O período correspondente a Samuel, Davi e Salomão foi a época de maior esplendor da poesia e da música em Israel (Leia também Ed 2.65; 1 Cr 13.8; 25.5, 6).

p. Isaías 16.10. No período da colheita, Israel cantava enquanto amassava as uvas para produzir o "vinho novo".

q. Salmo 136; Salmo 24. Muitos cânticos da nação hebraica eram antífonas (isto é, cânticos responsivos, um grupo respondendo a outro grupo). Esses Salmos ilustram os coros responsivos ou as partes que deviam ser cantadas. Porém, a maior parte dos cânticos era em uníssono.

2. Música instrumental

Embora haja muitas referências à música vocal, há muito mais referências que citam a música vocal e instrumental juntas. Esses dois tipos de música em geral se combinavam e tinham papel importante na adoração divina. A bênção e a aprovação de Deus estavam sobre elas. Não há nenhuma orientação contra o uso da música na adoração divina, nem no Antigo nem no Novo Testamento. Os crentes atuais que negam o direito da igreja usar instrumentos musicais no culto cristão, permitindo apenas os cânticos, devem ler com atenção as referências bíblicas a seguir.

a. Êxodo 15.20, 21. Na travessia do mar Vermelho, foram usados instrumentos de percussão (tamborins) para acompanhar o cântico responsivo de Moisés, Miriã e dos filhos de Israel.

b. Josué 6. Foram usados instrumentos de sopro (trombetas de chifres de carneiro) e gritos na queda dos muros de Jericó.

c. Crônicas 15 – 16. Davi designou que fossem ordenados 24 turnos de cantores e músicos sacerdotes para servir no Tabernáculo de Davi. Dos 4800 da tribo de Levi, 4000 louvaram o Senhor com instrumentos feitos por Davi. Desses, havia 288 músicos treinados divididos em 24 turnos, doze em cada, dirigidos pelos 24 filhos de Hemã, Asafe e Jedutum. O restante dos 4.000 eram "eruditos" (1 Cr 23 – 25). Essa era a orquestra do templo.

d. 2 Crônicas 5.11-14. Na dedicação do Templo de Salomão, o momento em que a glória de Deus encheu o local foi acompanhado por música vocal e instrumental.

e. 2 Crônicas 29.25-29; 30.21. Na purificação do templo durante o reinado do piedoso rei Ezequias, houve a combinação de música vocal e instrumental.

f. 2 Crônicas 35.1-19. No reinado do piedoso rei Josias ouviu-se novamente música vocal e instrumental.

g. Esdras 3.1-13. Na restauração de Judá após o cativeiro da Babilônia, sob o comando de Esdras, cantores e músicos, juntos, adoraram o Senhor.

h. Neemias 12.27-47. No retorno da Babilônia sob a liderança de Neemias, cantores e músicos participaram do culto para a dedicação dos muros.

i. 1 Samuel 10.5, 6. O profeta Samuel tinha escolas de profetas em diferentes lugares. A música desempenhava uma função espiritual importante para aqueles que ingressavam no ofício profético. Sem dúvida, Davi também sofreu essa influência (1 Sm 19.19, 20; 2 Rs 2.5-7).

j. 2 Samuel 6.5, 12-16. Davi e todo o Israel tocaram muitas músicas durante o transporte da Arca para o Tabernáculo de Davi.

k. 2 Reis 3.15, 16. Eliseu foi acompanhado por um harpista quando anunciou a palavra profética aos reis de Israel e Judá.

l. 1 Samuel 16.16-23. Quando o espírito maligno perturbava o rei, Davi tocava harpa para Saul e o espírito o deixava por um tempo. Isso revela o poder da música ungida pelo Senhor sobre o poder perturbador de um espírito maligno.

m. Números 10.1-10 (2 Cr 13.12). As duas cornetas de prata eram usadas em várias ocasiões, principalmente nas festas, nas batalhas e nas jornadas de campanha.

n. Isaías 5.12. Os instrumentos musicais eram muito usados durante os banquetes em Israel.

o. Salmo 87.7; 68.25. A ordem que os músicos deveriam se apresentar está exposta nesses versículos. "À frente estão os cantores, depois os músicos; com eles vão as jovens tocando tamborins".

p. 1 Reis 10.12. Salomão também fez harpas e saltérios para os cantores.

Deve ficar bem claro que o uso desses instrumentos foi ordenado por Deus, bem como por Davi e Salomão (2 Cr 29.25-28). Isso se torna evidente pelo fato de serem chamados de "os instrumentos de Deus".

"... para *louvarem o Senhor com os instrumentos* musicais que Davi tinha preparado com esse propósito" (1 Cr 23.5).

"... que *profetizava ao som da harpa* para dar graças e louvar o Senhor" (1 Cr 25.3)

"Os sacerdotes tomaram seus lugares, bem como os levitas, com os *instrumentos musicais do Senhor*, feitos pelo rei Davi para louvar o Senhor, cantando 'O seu amor dura para sempre'. No outro lado, de frente para os levitas, os sacerdotes tocavam suas cornetas. Todo o povo estava em pé" (2 Cr 7.6).

A maior parte das informações sobre música, vocal ou instrumental, encontrada na Bíblia, está relacionada à nação hebraica, o povo de Deus. Deus jamais condenou a música cantada ou instrumental, a não ser que se tratasse de uma adoração hipócrita. Em Amós 8.3, Deus ameaçou transformar "os cânticos do templo" em uivos por causa dos pecados de Israel.

Há uma grande quantidade de referências a cânticos na história bíblica dos hebreus. Relacionamos algumas aqui:

1. O cântico de Moisés, Êxodo 15, é o primeiro registro de um cântico.
2. O cântico de Miriã, a profetisa (Êxodo 15.20).
3. O segundo cântico de Moisés (Dt 31.19, 20; Dt 32)
4. O cântico de Israel no poço (Nm 21.16-18)
5. O cântico de Débora e Baraque (Jz 5).
6. Os cânticos de Davi (2Sm 23.1, 2; 1 Cr 16.7).
7. Os 1005 cânticos de Salomão (1 Rs 4.29-34).
8. O cântico dos cânticos de Salomão (Ct 1.1).
9. O cântico das estrelas matutinas (Jó 38.4-7).
10. Os cânticos de Isaías. O profeta menciona várias vezes cânticos e canções, como:

Isaías 5.1. O cântico do amigo e sua vinha.
Isaías 12. O cântico de louvor.
Isaías 26.1-4. O cântico da cidade forte.
Isaías 35. Os cânticos dos redimidos.
Isaías 42.10. O novo cântico.
Isaías 44.23. O cântico da criação.
Isaías 54.1. O cântico da mulher estéril.

11. Os cânticos do rei Ezequias (Is 38.20; Cânticos dos degraus, Sl 120 – 134).
12. Os cânticos de Jeremias (Jr 31.12, 13).
13. O cântico rejeitado de Ezequiel (Ez 33.32).
14. O cântico (salmo) de Jonas (Jn 2.9).
15. O cântico do Senhor em Sofonias (Sf 3.14-17).
16. O cântico do Messias na igreja (Sl 22.22, 25; Hb 2.12).
17. Os cânticos de Moisés e do Cordeiro (Ap 15.3, 4).
18. Os cânticos dos redimidos (Ap 5.8, 9; 14.2, 3).
19. Os cantores e cantoras (Êx 15.20; 1 Cr 25.5, 6; Ec 2.8; Ed 2.65; Ne 7.67; 2 Sm 19.35; 2 Cr 35.25).

As mulheres em Israel estavam envolvidas na liderança das danças com tamborins, no cântico das antífonas, na execução de instrumentos e na profecia, cantando com os homens no coro do templo bem como no coro das mulheres.

A ausência de música em Israel era um sinal de castigo ou maldição sobre a terra (Is 24.8, 9; Jr 7.34; Ez 26.13).

Phil Kerr, em *Music in Evangelism* (p. 34), comenta sobre o término do período do Antigo Testamento na história judaica dizendo que foi um tempo de idolatria, apostasia e descrença.

Os judeus tinham deixado que o culto a Jeová se transformasse em mero formalismo. As sinagogas estavam presas à letra da lei. Os reflexos dessa apostasia podem ser notados em seus cânticos. As canções alegres da história dos primeiros tempos da nação não mais existiam. Não se ouviam mais os cânticos de Moisés, Miriã, Davi, Quenaías, Asafe e Salomão. Os instrumentos musicais eram usados com menos frequência na adoração da sinagoga. A música religiosa da nação tornou-se mais formal e triste. O cântico musical foi abandonado pelos leigos e o cântico na sinagoga ficou restrito à entoação ritualística dos sacerdotes.

Os fariseus tinham uma visão mais estreita em relação à música de adoração no templo e na sinagoga. Depois da destruição do templo em 70 d.C. os fariseus proibiram o uso de instrumentos, alegando que a clarineta, o címbalo, os gongos e os tambores eram usados nos cultos pagãos das seitas místicas da Ásia Menor, inclusive na adoração demoníaca. Talvez por essa razão Paulo tenha mencionado os sons incertos produzidos por sinos e pratos ("o sino que ressoa e o prato que retine" – 1 Co 13) como expressão de falta de amor. Paulo, porém, jamais condenou a música; ao contrário, ele incentivou salmos (salmos gregos, "cânticos com acompanhamento instrumental"), hinos e cânticos espirituais (Ef 5.18, 19 e Cl 3.16). A espiritualidade da nação hebraica pode ser determinada pela ascensão e/ou declínio do ministério de música e cânticos para o Senhor.

Para concluir a seção referente à música na nação hebraica, apresentamos um breve comentário sobre a atitude dos judeus modernos em relação à música e ao cântico. A Conferência Central de Rabinos Americanos compilou e publicou nos anos de 1897, 1914 e 1932, edições do *Union Hymnal* [Hinário da União], o mais usado nas sinagogas. O hinário foi compilado sob autorização direta da equipe de líderes espirituais do Judaísmo Reformado.

Os três principais ramos do judaísmo americano, reformado, conservador e ortodoxo, criticaram o empenho. O ramo ortodoxo não usa hinário. Uma voz masculina entoa um cântico em hebraico, sem acompanhamento, uma vez que não é permitido o uso de órgão nas sinagogas ortodoxas. O ramo reformado permite o uso de hinário e órgão, mas rejeitou o "Union hymnal" por causa da ausência de características judaicas nas músicas e nas letras.

Stevenson (p. 178), citando o rabino Isaac Moses, um editor de hinários da Sinagoga Central de Nova York, diz:

> É perfeitamente adequado que os hinários preparados para o culto judaico tenham características tipicamente judaicas e que os hinos de louvor sejam produzidos por autores judaicos [...] Uma coletânea de belos poemas e melodias selecionados dos hinários de outras igrejas (cristãs) não pode ser usada na sinagoga. Por acaso não somos capazes de produzir nada de valor a ponto de precisarmos mendigar às portas de todas as denominações?

O *Union Hymnal* é uma coletânea de belos poemas e melodias selecionados de hinários de diversas igrejas cristãs. As edições posteriores se empenharam em apresentar mais características judaicas que cristãs, já que foi solicitado um estilo de música marcadamente judaico, tanto quanto a fé judaica. Os judeus têm manifestado que o reinado dos organistas e cantores gentios no coro das sinagogas está chegando ao fim, uma vez que estão sendo substituídos por organistas e cantores judeus. Os judeus não querem mais depender do talento dos gentios.

Stevenson (p.183), citando Leonid Sabaneev em *The Jewish National School of Music* (julho de 1929), diz:

> De modo geral, o povo judeu é naturalmente mais musical que qualquer outro, e o número de músicos judeus é consideravelmente maior que o de outras nacionalidades [...] Os judeus sempre foram uma nação de cantores, sempre encontraram na música

um meio de dar vazão às suas perturbadoras aflições, suas tentações, sua ira. E, agora que a nação tem se destacado no aspecto intelectual, não só pode, *mas deve falar ao mundo através de sua própria linguagem musical.*

Certamente esse é um comentário lamentável na história da nação escolhida por Deus para proclamar sua glória através da música vocal e instrumental. Depois de terem rejeitado o Messias há muito prometido, eles continuam adorando um Deus a quem não conhecem. Ironicamente, os hinos selecionados das igrejas cristãs tratam apenas de Deus Pai, mas mostram claramente a rejeição do Filho de Deus, o Messias e Salvador do mundo, tanto pelos judeus quanto pelos gentios. Somente aqueles que receberam a Cristo como Salvador pessoal podem de fato cantar os cânticos de redenção entoados nas igrejas cristãs de todo o mundo.

A MÚSICA NO NOVO TESTAMENTO (PERÍODO APOSTÓLICO, 26-95 D.C.)

A música vocal e instrumental se estende também pelo período do Novo Testamento. A história da igreja registra o conflito relacionado ao uso de cânticos e instrumentos musicais nos cultos. Passaram-se vários séculos até que algumas denominações permitissem o uso de cânticos e instrumentos no culto cristão.

Um dos principais argumentos apresentados era de que os instrumentos musicais eram destinados apenas para o culto de Israel no Antigo Testamento, pois esse povo vivia sob a lei, debaixo de ritualismos, e todas essas coisas tinham sido abolidas por Jesus na cruz. Alegavam que o único "instrumento" que o Novo Testamento permitia no culto era um coração afinado com Deus. Ainda hoje vemos grupos cristãos que sustentam esse mesmo argumento.

É verdade que Deus deseja um coração que esteja em sintonia com Ele, senão tudo não passa de hipocrisia inaceitável para Ele. Mas, como iremos descobrir, o Novo Testamento interpreta o Antigo Testamento. Mesmo que o ritualismo tenha sido abolido na cruz, o *culto* e todas as expressões relacionadas a ele nunca foram abolidas, e jamais serão. A adoração começou na eternidade, continua na história dos redimidos e permanecerá para todo o sempre. A adoração não pode ficar restrita a períodos ou dispensações! Ela é para todos os tempos!

Jesus condenou o formalismo e a hipocrisia de sua época, aboliu o sacrifício de animais e todas as outras formas de rituais da lei, mas jamais repudiou a música vocal nem a instrumental do Antigo Testamento. Observe as referências do Novo Testamento quanto ao ministério da música.

1. Lucas 15.25. Jesus falou de "música e dança" no retorno do filho pródigo à casa do Pai. Mencionou também a atitude do filho mais velho. A maioria dos cristãos reconhece que a história é uma ilustração do coração de Deus Pai ao receber de volta um filho. Não se pode aceitar a parábola e desconsiderar o fato de que "música e dança" faziam parte da ocasião festiva.

2. Mateus 26.30; Marcos 14.26. Jesus cantou um hino (no grego: *hymneo*, isto é, um hino ou cântico religioso; implicitamente, celebrou a Deus com cântico ou um salmo) quando estabeleceu a Ceia do Senhor.
É geralmente aceito que se tratava do *Grande Hallel* ou Hino Pascal, que normalmente era cantado depois da Páscoa pelos judeus (Sl 113 – 118).

3. 1 Coríntios 14.26. O apóstolo Paulo escrevendo aos crentes gentios de Corinto em relação à ordem da igreja, incentivou-os a compartilhar os salmos, bem como outros

meios de edificação. A palavra grega para salmo é *psalmos*, que significa "uma peça musical ou ode sacra (acompanhada por vozes, harpa ou outro instrumento)".

4. Efésios 5.18, 19. Paulo exorta os crentes de Éfeso a cantarem salmos, hinos e cânticos espirituais, louvando de coração ao Senhor. Todas essas coisas fazem parte da vida cheia do Espírito, ou seja, cantar uma peça musical, uma ode sacra, acompanhada de voz, harpa ou outro instrumento (*psalmos*). A expressão "cantando louvores" em Tiago 5.13 corresponde ao verbo grego *psallo*, que significa "salmodiando" (Tg 5.13 – ARC).

5. Colossenses 3.16. Paulo faz a mesma exortação aos crentes de Colossos, para que cantem salmos, hinos e cânticos espirituais com gratidão a Deus no coração. É usada aqui a mesma palavra grega empregada em Efésios 5.19.

6. Tiago 5.13. Tiago também exorta o crente: "Há alguém que se sente feliz? Que ele cante louvores". A palavra grega empregada é psallo, que significa "esfregar ou tocar a superfície; tanger, isto é, tocar um instrumento de corda (celebrar o culto divino com música e odes)".

7. Atos 16.25. Paulo e Silas cantaram louvores (hymneo, hinos) a Deus à meia-noite, e Deus operou no meio do louvor deles. O carcereiro e sua família foram salvos naquela noite.

8. Hebreus 2.12. Este versículo é uma citação do Salmo 22.22, um salmo profético sobre Cristo. Declara: "cantar-te-ei louvores (hymneo, hino) no meio da congregação" (ARA). Logo, Cristo canta louvores ao Pai no meio de seu povo.

9. Romanos 15.9 e Salmo 18.49. O Senhor Jesus disse: "Por isso, eu te louvarei entre os gentios; *cantarei louvores* ([psallo, tocar a superfície; tanger], isto é, tocar instrumento de cordas [comemorar o culto divino com música acompanhada de odes, como em Tg 5.13]) ao teu nome".

10. 1 Coríntios 14.15. Paulo disse: "*cantarei* (psallo, como em Tg 5.13) com o espírito, mas também cantarei com o entendimento".

11. Apocalipse 5.8-10. Os quatro seres viventes e os 24 anciãos "cantavam um *cântico* novo", diante do Senhor Deus e do Cordeiro entronizado. Também tinham *harpas*, instrumentos musicais, para acompanhá-los. Assim, vemos música vocal e instrumental diante do próprio trono de Deus. Quem pode deixar de ver aqui uma alusão aos 24 turnos de cantores e músicos do Tabernáculo de Davi? A palavra grega para *cântico* é odee, a mesma de Efésios 5.19 e Colossenses 3.16.

12. Apocalipse 14.1-5. Os 144 mil cantavam "um *cântico* novo" (odee, ode) diante de Deus e o Cordeiro e eram acompanhados de harpas e instrumentos de corda.
As músicas vocal e instrumental se misturam nessa adoração. Novamente, vemos uma alusão aos 24 turnos de cantores e músicos do Tabernáculo de Davi.

13. Apocalipse 15.2, 3. Os que venceram a besta tomaram seus lugares no mar de vidro diante do trono. Eles seguravam instrumentos musicais (harpas) dados por Deus e cantavam o cântico de Moisés e o cântico do Cordeiro. Isso nos faz lembrar da vitória de Israel sobre o faraó (a besta) no mar Vermelho, do Cântico de Moisés e Miriã, e do poder de libertação do Cordeiro Pascal (Êx 12 – 15).

Em vista do que pudemos observar em todos esses textos do Novo Testamento, é impossível desconsiderar o ministério da música, vocal e instrumental, na adoração ao Senhor.

Nem o Senhor Jesus, nem os apóstolos jamais condenaram a música nos cultos, ao contrário, eles a apoiaram e incentivaram. A ordem eterna de culto no livro de Apocalipse confirma isso. Os crentes do Novo Testamento recorriam constantemente aos salmos na pregação e no ensino, bem como nas partes do culto destinadas à adoração.

O cântico de salmos na adoração cristã sem dúvida veio dos cultos na sinagoga, da tradição judaica para a igreja. Não há nenhuma palavra contra o emprego de música no culto cristão no Novo Testamento. O *coração*, as *mãos* e os *lábios* devem ser usados na adoração a Deus e ao Cordeiro. Orar, cantar, louvar e adorar são expressões de culto, assim como tocar instrumentos musicais.

O uso da música no culto não parecia ser um problema sério até o século IV. David Appleby, em *History of Church Music* (p. 31), afirma que havia três maneiras de cantar os salmos nas igrejas primitivas:

a. Salmodiando diretamente, ou seja, cantando o salmo inteiro, ou parte dele, sem acrescentar ou modificar nada.

b. Salmodiando responsivamente. Forma usada nas sinagogas judaicas, na qual o salmo inteiro era cantado por um solista, enquanto o coro ou a congregação respondia com uma breve exclamação afirmativa como, por exemplo, "amém" ou "aleluia".

c. Salmodiando com antífonas. Acredita-se que essa forma foi introduzida por Ambrósio, que utilizava dois grupos de cantores alternados, de acordo com a prática na Síria.

Temos assim o ministério de música de acordo com os escritores do Novo Testamento até o final do período apostólico, com o apóstolo João (26 – 95 d.C).

A MÚSICA NA HISTÓRIA DA IGREJA

Apresentamos apenas um breve histórico da música em relação à igreja. Incentivamos o estudante a consultar as obras que tratam exclusivamente desse assunto. A música eclesiástica será considerada aqui nos períodos patrístico, medieval, da Reforma, pós-Reforma e moderno.

1. Período patrístico (95 – 600 d.C.)

Os hinos cristãos mais antigos são os cânticos de Isabel (Lc 1.42-45) e de Maria (Lc 1.46-55). Os salmos também eram cantados pelos crentes. Com o tempo, os cristãos começaram a escrever suas próprias canções espirituais seguindo a linha do ensino apostólico, e desde então milhares de canções têm sido escritas. Foram encontrados antigos manuscritos em grego contendo vários poemas de louvor a Cristo denominados "odes cristãs".

Vejamos a atitude em relação à música nesse período através de alguns pais da igreja:

a. Inácio (30 – 107 d.C.) escreveu um hino pouco antes de ser martirizado.

b. O imperador romano indicou Plínio (nascido em 79 d.C.) para investigar os costumes, métodos e crenças dos cristãos. Em seu relatório, Plínio declarou que "eles tinham o costume de se reunir num determinado dia da semana antes do amanhecer para cantar vários hinos a Cristo".

c. Josefo, conhecido historiador judeu, relata que enquanto os cristãos esperavam a entrada dos leões na arena do Coliseu para devorá-los, eles costumavam cantar tão alto e de maneira tão triunfal que seu cântico superava o rugido dos leões e os gritos dos espectadores romanos, sedentos de sangue.

d. Clemente de Alexandria (150 – 220 d.C.) é um dos autores de hinos mais antigos, compondo um grande número de hinos. Todavia, Clemente condenava o uso de instrumentos musicais no culto público, por estes serem usados em rituais pagãos e ritos supersticiosos. Na era pós-apostólica foram debatidas várias questões relacionadas ao emprego da música nos cultos, entre elas: A música deveria ser instrumental ou somente vocal? Os salmos e os poemas sagrados poderiam ser cantados com novas melodias ou apenas com melodias judaicas? Poderiam ser usadas melodias pagãs?

Clemente possivelmente interpretava os instrumentos musicais do Salmo 150 de forma alegórica, como sendo significativos do crente adorando a Deus com todo o ser (*Anti-Nicene Fathers*, vol. II, p. 248,249). Tudo isso era uma reação contra o uso mundano e ímpio dos instrumentos musicais. Certa vez Clemente escreveu uma carta a um amigo dizendo: "Cultivamos nossos campos louvando; velejamos pelos mares cantando hinos; nossa vida é repleta de orações e louvores e de leitura das Escrituras, antes das refeições, antes de dormir e até durante a noite. Desta forma nos unimos ao coro celestial".

e. Atenágoras (177 d.C.) também compôs um hino antes de ser martirizado. Esse hino foi cantado durante vários séculos pelos cristãos.

f. Tertuliano (150-225 d.C.) registra na Apologia 39 que nas Festas do Amor (Ágape), depois que se fornecia água para lavar as mãos e as luzes eram acesas, se alguém lembrasse de alguma passagem da Escritura ou compusesse algum cântico (cf. 1Co 14.26, salmos improvisados), era convidado a cantar louvores a Deus, para deleite de todos. Tertuliano deixou muitos relatos dos hábitos dos cristãos primitivos do primeiro século, mencionando que em suas reuniões havia s canções, poesias, ditados e provérbios. Também é interessante notar que os falsos mestres (como Ário) faziam uso da música para insuflar suas doutrinas pessoais na mente e no coração das pessoas nesse período.

g. Eusébio Panfílio de Cesareia (260-340 d.C.) registra o seguinte em *History of the Church*:

Quando alguém começava a cantar um salmo com uma melodia suave, a congregação ouvia em silêncio e só cantava em coro os últimos versos do hino.

h. No terceiro século surgiu uma grande controvérsia a respeito do uso dos salmos de Davi e de hinos compostos por outras pessoas. Alguns argumentavam que só poderia ser cantado o que era inspirado pelo Espírito de Deus, como os Salmos, pois as outras músicas eram profanas. Outros achavam que Deus podia inspirar os crentes do Novo Testamento para compor hinos de louvor e adoração da mesma forma que fez com os santos do Antigo Testamento, alegando que os salmos de Davi falavam proféticamente de Cristo, enquanto os cânticos cristãos confirmavam o cumprimento desses salmos. Essa polêmica permaneceu pelo menos até o ano 1600 d.C.

i. João Crisóstomo (364-407 d.C.) advertiu seu povo contra o caráter licencioso de certos cânticos e ensinou que não havia necessidade de instrumentos, nem de vozes ensaiadas. Para ele, o verdadeiro cântico era aquele que vinha do coração do adorador; o coração era o "instrumento" do Novo Testamento.

j. Jerônimo (340-420 d.C.) confirmou que a música era uma ajuda na adoração e exortou os crentes a cantar salmos, hinos e cânticos espirituais, de coração. Advertiu contra a transformação da casa de Deus em teatro.

k. O Sínodo de Laodiceia (343-381) aprovou um regulamento estabelecendo que "os salmos compostos por pessoas comuns não deviam ser usados na igreja". Esse Concílio de Laodiceia também regulamentou que ninguém devia cantar na igreja, exceto os cantores indicados regularmente. Mais tarde, em 578 d.C. as mulheres foram excluídas do coro, exceto nos conventos. Isso é interessante, levando-se em consideração a carta de Cristo à igreja de Laodiceia em Apocalipse 3.14-22.

l. Basílio, o Grande (330-378 d.C.) preferiu o uso do saltério a todos os outros instrumentos no acompanhamento do cântico dos salmos.

m. Ambrósio (337-397 d.C.) incentivou o cântico congregacional, escreveu muitos hinos e deu grande apoio aos hinos compostos pelos crentes comuns.

n. Agostinho de Hipona (350-430 d.C.), embora tivesse sentimentos ambíguos em relação à música, escreveu um comentário sobre o Salmo 146 no qual parece favorecer o cântico do salmo acompanhado por um instrumento musical, o saltério, de acordo com Appleby (p.25).

o. Bispo Gregório (540-604 d.C.), um dos maiores papas da Igreja Católica Romana. Exerceu grande influência sobre o cântico cristão. Rejeitou o cântico congregacional, acreditando que os leigos não deveriam participar do cântico por ser uma função clerical. Fez muitas reformas na música religiosa da época e introduziu o "canto gregoriano", tornando a música nas igrejas mais imponente e solene. Fundou uma escola voltada para a música religiosa em Roma, enviando seus mestres por toda a Europa para ensinar suas teorias e princípios.

p. O Concílio de Braga (563 d.C.) proibiu todos os cânticos, exceto o cântico dos salmos de Davi.

Em nosso breve esboço do período patrístico, observamos o declínio da adoração em comparação ao cântico alegre, espontâneo e sincero da era apostólica. A desaprovação do uso de instrumentos musicais no culto cristão parece ter ocorrido na mesma época em que a adoração entrou em decadência. Enquanto a igreja passava da clandestinidade para a condição de igreja oficial, as pessoas iam se tornando menos espirituais, e o culto mais formal e litúrgico. O cântico congregacional foi abolido, os hinos compostos pelos crentes foram suprimidos e o cântico passou para as mãos do clero. Os hinos alegres e melodiosos e os cânticos espirituais foram substituídos pelos cânticos solenes e fúnebres. A criatividade musical praticamente desapareceu. Julgamentos em tribunais eclesiásticos, divisões, contendas, acusações de heresia e excomunhões foram característicos desse período na longa batalha sobre o lugar da música no culto cristão.

2. Período medieval (600-1517)

O período da Idade Média ficou conhecido como "Idade das Trevas" ou "Cativeiro Babilônico da Igreja". O cântico que vem do coração quase morreu durante esse período de mil anos. O canto congregacional praticamente desapareceu, e o cântico ficou restrito ao clero. Algumas poucas vozes se levantaram na tentativa de recuperar a arte perdida do cântico cristão:

a. Bernardo de Clairvaux escreveu belas canções e incentivou os cristãos a cantar.

b. São Francisco de Assis (1182-1225) também enfatizou a importância do cântico cristão. Ele compôs muitos cânticos alegres.

c. Os instrumentos musicais foram banidos da igreja. A Igreja Católica Romana desaprovou o desenvolvimento da música. Fora da igreja, o século XVI revelou um importante desenvolvimento dos instrumentos musicais, com o surgimento de uma grande variedade de novos instrumentos: de corda, sopro e de percussão. Há menção de viola, harpa, saltério, alaúde, trombeta, tambores, címbalos, sinos, flauta de fole, corneta e flauta. O órgão era considerado o "rei dos instrumentos".
A música secular se desenvolveu, mas a música da igreja permaneceu estagnada, devido às denúncias papais de secularização da música. Isso paralisou o esforço criativo dentro da igreja. Os músicos foram forçados a migrar para o mundo secular em busca de liberdade de expressão e reconhecimento. O órgão era geralmente aceito na igreja.

d. Cânticos à Virgem Maria e aos santos dominaram o cenário na Idade Média, principalmente nos séculos XI e XII. Pouquíssimos cânticos a Deus ou a Cristo foram compostos. Maria e os santos pareciam ser mais sensíveis às necessidades das pessoas, ao passo que Deus Pai e Cristo aparentavam ser duros e severos. A triste e depressiva condição espiritual dos séculos anteriores se aprofundou durante esse período.

Essa fase pode ser resumida na resistência da Igreja Católica Romana em relação à música na igreja. Stevenson, em *Patterns of Protestant Church Music* (p.147) afirma que o ensino do papa Pio X (1903) sobre a questão da música na igreja dizia que "o canto gregoriano sempre foi visto como uma herança peculiar da Igreja Católica Romana, portanto, um tipo de música muito apropriado – considerado como modelo supremo de música sagrada". Também dizia que a congregação e o coro deveriam aprender a cantar esse tipo de canto, já que o cântico gregoriano ou outros cânticos semelhantes seguiam os padrões ideais de música incorporados no canto gregoriano. Essa foi a postura da Igreja Católica Romana durante séculos, principalmente a partir de Gregório, o Grande, e da introdução dos "cantos gregorianos".

Resumindo esse período, o Salmo 137 pode muito bem ser empregado aqui. O que se aplicava ao cativeiro babilônico de Israel, também se aplica ao cativeiro espiritual da igreja. Como alguém poderia cantar a canção do Senhor numa terra estranha? Como alguém poderia tirar o instrumento musical das árvores enquanto a igreja estivesse no cativeiro? A ausência de música e dos cânticos na igreja manifestava a ausência da bênção divina sobre seu povo. Era evidência de juízo.

3. Período da Reforma (1517-1600)

Com o Renascimento e a difusão da Reforma protestante nos séculos XV e XVI, a música religiosa, assim como as demais artes, voltou a ocupar o seu devido lugar. O reavivamento da verdadeira experiência religiosa trouxe também o reavivamento da música cristã. O Senhor começou a "trazer de volta os cativos a Sião". Os lábios se encheram de riso e a língua de cântico. A música e o cântico voltaram a ser ouvidos na terra novamente, sinal evidente de que a bênção do Senhor estava novamente fluindo e enchendo *"o leito dos ribeiros no deserto"* (Sl 126).

Citaremos aqui apenas os nomes que mais se destacaram na restauração do cântico e da música na igreja durante o período da Reforma.

a. Martinho Lutero (1483-1546)

Lutero foi o pai da Reforma Protestante. Desempenhou um dos papéis mais importantes na reforma da música na igreja. Outros antes dele tinham preparado o caminho, mas Lutero deu à música cristã o impulso necessário.

John Huss (martirizado em 1415), líder dos Irmãos da Boêmia, e seus seguidores cantavam. Ele publicou o primeiro livro de cântico congregacional.

Lutero não só deu ao povo alemão a Bíblia em sua própria língua, como também canções cristãs em língua alemã. A Igreja Católica Romana tinha restringido o cântico ao clero e em latim, uma língua que o povo não entendia (cf. 1 Co 14.13-17). Lutero compôs novos hinos e incentivou outros a fazerem o mesmo. O surgimento da imprensa tornou possível a distribuição de Bíblias e hinários. Os hinos à Virgem Maria e aos santos caíram em desuso. Algumas pessoas que possuíam hinários de Lutero foram presas, torturadas e condenadas à morte.

A música contribuiu grandemente para a fama de Lutero. Milhares de pessoas começaram a cantar o cântico da Reforma, levando a verdade para seus corações e para o coração de outros. Lutero reconheceu que a música Católica Romana era solene demais, e procurou trazer beleza e melodia, vivacidade e alegria para os cânticos cristãos. Para ele, a música ocupava o segundo lugar em importância, logo depois da teologia. Embora condenasse muitas práticas romanas, ele nunca condenou a música em si.

Lutero conhecia bem os cantos gregorianos. Ele manteve a música polifônica (usada em outras partes), que vinha sofrendo oposição durante séculos. Lutero entendia que o campo musical era um vasto celeiro, do qual a igreja deveria retirar e usar o melhor para louvar a Deus. Algumas pessoas excessivamente escrupulosas acreditavam que a música mais elaborada tinha um caráter sensual, como a música ímpia. Elas não conseguiam perceber que a música em si não era má, e não sabiam distinguir entre o bom e o mau uso da música. Lutero utilizou canções folclóricas alemãs, canções populares, e adaptou-lhes letras apropriadas para glorificar a Deus.

Robert M. Stevenson, em *Patterns of Protestant Church Music* (p.4), depois de analisar e pesquisar muitos documentos relaciona oito razões específicas que colaboraram para tornar a música eclesiástica de Lutero tão atraente, tanto naquela época quanto nos dias de hoje:

1. Lutero demonstrou um admirável discernimento ao avaliar os compositores contemporâneos e revelou ter um padrão de julgamento musical correto.
2. Ele concebia a música como uma arte que deveria ser estudada e não apenas ouvida para ser devidamente apreciada.
3. Lutero tornou o estudo da música parte obrigatória do currículo em todas as escolas organizadas sob seus auspícios.
4. Exigiu que os ministros sob sua liderança estudassem canto e tornou o conhecimento musical um pré-requisito para a ordenação.

5. Superou os escrúpulos daqueles que, seguindo o exemplo de Santo Agostinho, temiam a música eclesiástica mais elaborada por razões morais.
6. Defendia constantemente e ardorosamente a excelência na música da igreja.
7. Embora exaltasse o papel da congregação, nunca menosprezou o papel do organista ou do coro na música da igreja.
8. Defendeu o direito dos músicos a um salário adequado, obtido com recursos da igreja.

Esses eram os conceitos de Lutero em relação à música, que são perfeitamente válidos para os dias de hoje também. O hino que marcou a luta pela Reforma foi composto por Lutero: "Castelo Forte é nosso Deus". Embora não tivesse formação acadêmica em instrumentos musicais na igreja, Lutero permitiu o órgão juntamente com o canto congregacional e coral. Permitiu também que se cantassem hinos compostos por pessoas comuns, e não apenas os salmos. Nunca deixou que os instrumentos musicais fossem destruídos, como fizeram os seguidores de Calvino.

Portanto, assim como Lutero foi usado para plantar a semente verdadeira da "justificação pela fé", ele também foi usado para restaurar a semente da música do cântico de hinos e canções ao Senhor. Essa "semente" seria regada pelo Espírito no devido tempo e produziria a harmonia de Deus na igreja.

b. João Calvino (1509-1564)

Quase no mesmo período que Lutero estava sacudindo a Alemanha, João Calvino (que deu origem ao presbiterianismo) fazia o mesmo na França e na Suíça. Embora divergisse doutrinariamente de Lutero em algumas áreas, Calvino pregava a salvação pessoal por meio de Cristo. Multidões alcançaram a salvação através de seu ministério.

Calvino, como Lutero, tinha consciência da necessidade de se expressar vocalmente as experiências cristãs. Incentivou o canto congregacional, porém, ao contrário de Lutero, desaprovou com veemência os hinos compostos por pessoas comuns, insistindo que apenas os salmos inspirados de Davi podiam ser cantados no culto cristão. Naquela época, os salmos eram arranjados metricamente e muitos deles eram cantados com melodias conhecidas. Quando o salmo 150 foi finalmente metrificado, todos os salmos foram reunidos num hinário que ficou conhecido como "O Saltério de Genebra". Cada salmo tinha sua própria música, apesar de algumas melodias servirem para vários salmos. A maior parte dos saltérios usados na Inglaterra e na Escócia se originou desse Saltério de Genebra. O canto congregacional foi restaurado na França e na Suíça, e a maioria dos crentes trazia seu saltério para o culto.

É importante reafirmar que Calvino nunca permitiu o uso de instrumentos musicais (órgão) nas igrejas de Genebra, nem a divisão de vozes no canto congregacional. Stevenson (p. 14, 15) afirma que Calvino ensinava que a música instrumental só foi tolerada em Israel debaixo da lei porque o povo nessa época ainda era imaturo. Calvino, comentando sobre Salmo 92.4 em relação aos instrumentos musicais, afirmava que todas essas coisas eram sombras de uma dispensação que havia se encerrado. Em um comentário sobre o Salmo 149, ele afirmou que "os instrumentos musicais [...] eram característicos do início da igreja, e nós não deveríamos imitar tolamente uma prática que foi planejada apenas para o povo de Deus daquela época!". Em 1 Coríntios 14.13, como argumento contra os instrumentos musicais, Calvino afirmava que Paulo estaria dizendo que devemos orar e louvar a Deus somente em língua conhecida.

Calvino ordenou que os órgãos das igrejas da Europa, Inglaterra e Escócia fossem destruídos e queimados, para aproveitar o bronze dos tubos. Os calvinistas ensinavam que "o cântico acompanhado com instrumentos era típico da adoração cerimonial, portanto fora abolido".

Calvino conhecia e temia a força emocional da música, por isso tinha aversão a órgãos, hinos e à divisão dos cânticos em vozes pela congregação. Para ele, a música na igreja deveria se restringir ao cântico dos salmos de Davi, pois não acreditava que o poder do Espírito Santo inspirasse pessoas para louvar a Deus de novas maneiras.

Foi sobre o alicerce lançado por Calvino, o cântico de salmos, que foi edificado o cântico inglês e o escocês. Tanto a Igreja da Inglaterra quanto a Igreja da Escócia usavam apenas os cânticos do Saltério.

Houve um período na Inglaterra, no reinado do rei Carlos I e da rainha Mary (conhecida como "Maria, a sanguinária"), em que os cânticos foram totalmente banidos dos cultos da igreja. Entretanto, nenhum esforço conseguiu impedir que as pessoas louvassem a Deus no coração. Há relatos de que milhares de pessoas se reuniam depois dos cultos para cantar e louvar a Deus. Depois de certo tempo a proibição foi suspensa e o cântico voltou a ser usado nos cultos cristãos.

Somente trezentos anos mais tarde, por volta de 1866-1883, alguns ramos da igreja presbiteriana permitiram órgãos dentro de seus edifícios, juntamente com hinos compostos por pessoas comuns e o cântico de partes pelo cântico congregacional. Entretanto, algumas igrejas rejeitam isso até hoje. Atualmente, são poucas as igrejas presbiterianas que concordam com o pensamento calvinista em relação ao uso de hinos e órgãos.

Adam Clarke em *A Commentary and Critical Notes of the Old Testament* (p. 610), expressa com clareza a visão das pessoas que rejeitavam o uso de instrumentos musicais nos cultos cristãos. Em um comentário sobre 1 Crônicas 16.42, que menciona os músicos que Davi colocou no Tabernáculo de Moisés em Gideom, Clarke coloca as seguintes questões:

Deus alguma vez ordenou o uso de instrumentos musicais em seu culto? O uso de instrumentos nas igrejas cristãs estaria de acordo com o espírito do cristianismo? Jesus Cristo ou seus apóstolos alguma vez manifestou aprovação ou condenação ao uso de instrumentos? Há relatos de utilização de instrumentos por alguma igreja da época apostólica? O uso de instrumentos pelas congregações cristãs atuais colabora para aumentar o espírito de devoção? Os conjuntos musicais, tanto em seu aspecto coletivo como individual, aparentemente são mais espirituais ou tão espirituais quanto os outros elementos que fazem parte da igreja de Cristo? Há menos orgulho, obstinação, insubordinação, leviandade e frivolidade entre as pessoas que ministram nessa área do que entre os outros cristãos que participam do mesmo grupo religioso? Alguma vez se constatou que os músicos da casa de Deus atingiram maior profundidade de fé ou uma compreensão superior das coisas de Deus? Alguma vez se observou que as igrejas cristãs que usam instrumentos musicais no culto divino são mais santas, ou tão santas quanto as que não usam? Por acaso aqueles ministros que apreciam instrumentos e recomendam seu uso nos cultos do Deus Altíssimo são mais espirituais e suas pregações são mais proveitosas? A música apenas instrumental, sem nenhuma palavra expressa, pode ser considerada louvor a Deus? Tubos ou cordas de qualquer tipo podem louvar a Deus? Deus se agrada de sons emitidos apenas por instrumentos, sem expressar nenhum sentimento ou significado? Se não se pode responder afirmativamente a essas perguntas, então, a introdução desses instrumentos no culto de Deus não pode ser considerada anticristã e capaz de destruir o espírito e a influência do evangelho de Jesus Cristo? Se for assim, não deveriam todos aqueles que desejam difundir e estabelecer a religião pura e imaculada, levantar as mãos, a influência e a voz contra eles? O argumento de que os instrumentos eram usados no culto judaico é inútil ao extremo quando aplicado ao cristianismo.

A maior lição que podemos aprender com isso é que a resistência à mudança pode se tornar uma fonte de força e/ou fraqueza no que diz respeito ao progresso da igreja. Isso tem se mostrado especialmente verdadeiro no campo da música na igreja.

4. Período pós-Reforma (1600-1800)

O período da Reforma foi certamente o da restauração do cântico (se não dos instrumentos musicais) na igreja, com ênfase particular para o cântico de Salmos. A batalha foi longa e dura até restaurá-lo à igreja, no culto a Deus.

No período pós-Reforma essa luta continuou, mas o ponto de contestação dessa época girou em torno da recuperação e do uso do cântico de *hinos* (isto é, hinos compostos por pessoas comuns). Lutero tinha lutado em favor dos cânticos de salmos e hinos, assim como pelo uso limitado de instrumentos musicais e pela divisão do canto congregacional e coral. Calvino lutou apenas pelo cântico de salmos, sem órgão, sem instrumentos, sem coro, sem canto congregacional. Em termos gerais, o Saltério permaneceu como vencedor dessa batalha durante séculos na maioria das igrejas.

No ano de 1623, o rei James (Tiago) da Inglaterra sancionou um livro de "Hinos e Cânticos da Igreja" juntamente com os salmos metrificados. Foi forçado a revogar a sanção por causa da grande oposição da igreja.

Os grandes músicos desse período (1700-1750) foram Bach e Handel, no que diz respeito à música religiosa e à ópera. Ambos tiveram que enfrentar uma dura batalha para ter seus talentos reconhecidos.

Os puritanos se opunham fortemente à música coral e instrumental. Os hinos compostos por homens comuns eram considerados sacrílegos e qualquer hino alegre ou prazeroso não era visto com bons olhos. A pregação deles se concentrava em torno da santidade, da morte e do inferno. Em 1640, foi impresso o *Bay Psalm Book*, restringindo todos os cânticos apenas ao saltério. O cântico de salmos tornou-se uma expressão sem vida para as multidões. Mas a música e o cântico permaneciam vivos no coração do povo de Deus, esperando uma oportunidade de se expressar de maneira diferente do cântico sem vida dos salmos. Mencionamos a seguir algumas pessoas que se destacaram por sua contribuição à música cristã na área do cântico de hinos.

a. Isaac Watts (1707).

Deu novo impulso aos hinos compostos pelos homens, bem como ao cântico de salmos metrificados. Ele sustentava que o livro de Salmos era principalmente um livro hebraico e que muitos salmos não eram adequados à mente do adorador do Novo Testamento. Como a igreja da época não aceitaria nada que não fosse de autoria davídica, ele usou "imitações dos salmos" (paráfrases dos salmos) como ponto de partida para o cântico regular, e assim abriu o caminho para os hinos de composição humana. Watts escreveu muitos hinos e também compilou outros. O cântico de hinos como parte da vida congregacional sofreu forte oposição das igrejas dissidentes da Inglaterra e Escócia. Watts, embora defendesse opiniões heréticas sobre a pessoa de Cristo (tendência ao arianismo) escreveu muitos hinos notáveis sobre a humanidade de Cristo. Ele também acrescentou um tom alegre em muitos hinos. O século XX deve muito a Watts, por ter aberto o caminho para o uso de hinos no cântico congregacional, mesmo enfrentando forte oposição.

b. Os morávios
Foram os primeiros cristãos na América a permitir o uso de instrumentos musicais em seus cultos. Esses cristãos eram discípulos de John Huss (1722), e se tornaram conhecidos também como Irmãos Unidos. Referências bastante antigas mencionam o uso de violino, clarineta, trombeta, trombone, harpa e órgãos em seus cultos.

c. John e Charles Wesley (1737-1784)
Os irmãos Wesley deram grande impulso ao cântico, principalmente ao cântico de hinos. Wesley recebeu grande influência dos salmos e hinos de Watts e também dos cânticos alegres e triunfantes dos cristãos morávios.

Após a conversão de John, os irmãos Wesley se convenceram da importância do cântico congregacional para a adoração. É interessante notar que em 1737, quando Wesley ainda pertencia à Comunhão Anglicana, ele foi chamado à comparecer diante do Tribunal eclesiástico para responder acusações sobre mudanças na ordem litúrgica e por cantar versões modificadas dos salmos, que não tinham ainda recebido o aval das autoridades competentes.

Entre os anos de 1737-1784 foram publicados vários volumes da "Coleção de Salmos e Hinos". De fato, o primeiro hinário anglicano mais tarde se tornou o primeiro hinário metodista.

Os irmãos Wesley escreveram mais de seis mil hinos, tratando de assuntos teológicos e de experiências cristãs. Milhares de pessoas foram atraídas por esses hinos e gostavam de cantá-los. Há mais teologia sólida em seus hinos do que nos hinos de outros autores. Os irmãos Wesley costumavam também utilizar melodias seculares já conhecidas e adaptá-las para uso na igreja, além de compor suas próprias músicas.

As colônias norte-americanas foram sacudidas pela influência do avivamento wesleyano. As pessoas começaram a deixar de lado o cântico sem vida dos salmos para desfrutar do cântico de hinos. Os movimentos de reavivamento liderados por Charles Finney, Jonathan Edwards e Whitefield (século XVIII) deram grande impulso ao cântico dos hinos de Isaac Watt.

Com a independência dos Estados Unidos, os autores e compositores de hinos passaram a ter um lugar onde podiam se expressar. Como nas gerações anteriores, também nessa época o cântico de hinos teve que enfrentar forte oposição. As igrejas Congregacional, Batista e Presbiteriana, que defendiam os hinos compostos por homens, se contentaram com os hinos de Watt, enquanto que os hinos de Wesley agradaram aos metodistas.

A questão dos instrumentos musicais continuou sendo motivo de controvérsias por muitas gerações. O órgão tinha sido rejeitado pelos primeiros batistas e presbiterianos. Os primeiros metodistas também aceitaram aos poucos o uso de instrumentos no culto da igreja, seguindo o exemplo dos irmãos Wesley da Igreja Anglicana.

5. Período moderno (1800-1976)
a. O Exército de Salvação (a partir de 1879)
William Booth, fundador do Exército de Salvação, foi batizado na Igreja Anglicana, mas cresceu sob a influência do metodismo. Quando ele e sua esposa se afastaram da igreja metodista, passaram a se dedicar à grande paixão de suas vidas, a salvação de almas. O lema de William Booth era "Busque as almas perdidas, especialmente as piores". E foi isso que eles fizeram.

Com o tempo, o Exército de Salvação criou seu próprio hinário, compilando hinos de várias denominações, principalmente do hinário metodista, além dos hinos compostos pelos seus membros, com base nas experiências dos primeiros convertidos.

A origem das bandas do Exército de Salvação é bem interessante. Booth e alguns de seus oficiais observaram que alguns presbiterianos costumavam usar instrumentos metálicos nos cultos de rua, e daí surgiu a ideia de formar uma banda. Assim, a música de bandas se tornou parte vital do culto do Exército de Salvação. Booth, assim como Lutero, Wesley e outros, também adaptou canções e melodias populares bem conhecidas, transformando-as em louvor ao Senhor.

Para as pessoas acostumadas à música de órgão nas igrejas e à solenidade do cântico congregacional, os cultos do Exército de Salvação, com palmas, pandeiros, gritos de "aleluia" e instrumentos de metais e tambores, eram bem chocantes. Porém, todas essas coisas são, na verdade, expressões bíblicas de culto ao Senhor. A oposição e a resistência enfrentada pelos primeiros salvacionistas agora pertencem ao passado.

b. A música *gospel*
Há alguns séculos a igreja lutou pela aceitação do cântico dos *Salmos*. Posteriormente, a luta foi para aceitar o cântico de *hinos*. O período moderno tem assistido à difícil ascensão da *música gospel*.

No início do século XIX, houve maior aceitação dos hinos de compositores alemães, ingleses e americanos e foram publicados novos hinários. Por volta da metade do século surgiram vários hinários. Inicialmente, muitos hinários traziam apenas as letras dos hinos, mais tarde começaram a surgir algumas músicas selecionadas numa seção. Com o tempo, grande parte dos hinários passou a trazer as letras e as músicas dos hinos, conquistando seu lugar na igreja. Os instrumentos musicais também surgiram aos poucos nas igrejas, depois de longa e dura batalha. Foi durante o século XIX que a canção evangélica conquistou seu espaço. Phil Kerr (p. 56) colocou bem esse fato ao escrever: "Do mesmo modo que, um século atrás, os cantores de *salmos* se opuseram ao uso de hinos, agora os cantores de *hinos* se opõem ao uso da *música gospel*".

A música *gospel* veio para suprir uma necessidade específica, ou seja, a necessidade de um tipo de música capaz de permitir às pessoas expressar a experiência do coração nascida como consequência da ênfase evangelística. A canção *gospel* nasceu na atmosfera carregada de emoção das reuniões nos acampamentos, nos grupos de oração e nas pregações evangelísticas.

Dentre os muitos nomes que poderíamos mencionar, um deles se destaca pela forma notável como foi usado pelo Senhor nessa área: Ira D. Sankey. Ele começou como cantor nas campanhas de D.L Moody, e seu ministério na área de cântico e música atraiu milhares para o reino de Deus. Ele conseguiu vencer a oposição à canção *gospel* do mesmo modo que outros homens de Deus venceram a oposição ao uso de hinos e salmos, tempos atrás.

Kerr (p. 57) fazia a seguinte distinção entre salmos, hinos e música *gospel:*

1. *Salmo* é uma forma de *louvor* que pode ser adaptado a uma música. Usado principalmente no saltério.
2. *Hino* é um tipo de oração que também pode ser adaptada a uma música. Em geral os hinos se dirigem a Deus Pai, Filho e Espírito Santo.
3. *Canção gospel* é um tipo de *testemunho* adaptado a uma música. Geralmente dirigido às pessoas, como forma de testemunho ou exortação.

É preciso reconhecer que algumas canções cristãs não se adaptam estritamente a uma determinada categoria, já que muitas são uma combinação de louvor, oração e testemunho. Somente a letra poderá evidenciar isso.

A canção *gospel* representa a contribuição mais típica dos Estados Unidos para a música cristã, já que os hinos vieram da Inglaterra e os salmos da Europa.

A história da igreja certamente é uma prova de que a natureza humana teme as mudanças e resiste a elas o quanto for possível. É o que temos visto acontecer ao longo da história do desenvolvimento da música na igreja cristã.

c. O movimento pentecostal (1900-1950)

No século XIX, Deus derramou seu Espírito sobre crentes sedentos, que esperavam nele para receber o batismo do Espírito Santo, de acordo com Atos 2.4. O "reavivamento pentecostal" se espalhou rapidamente pelo mundo, trazendo com ele um tipo diferente de música, característico dos pentecostais: um cântico alegre, espontâneo e convicto. Eles utilizavam hinos e canções evangélicas, além de inúmeros coros para expressar sua fé. Alguns desses hinos nasceram das doutrinas características desse movimento. Há uma grande variedade de igrejas pentecostais, mas a maioria delas aceita o uso de instrumentos musicais de todos os tipos em seus cultos. Algumas denominações pentecostais maiores possuem grandes orquestras e a música desempenha um papel fundamental em seus cultos.

d. A renovação carismática (a partir de 1950)

Nos últimos trinta anos, tem havido um claro derramamento do Espírito Santo sobre a igreja. Esse acontecimento tem sido identificado com vários nomes, por causa das várias verdades recuperadas à igreja nesse período. Para simplificar, a palavra "carismático" é empregada em sentido mais amplo para abranger as verdades que Deus tem enfatizado na igreja durante esses anos. Não é nosso propósito aqui discutir essas verdades. Àqueles que têm interesse no assunto, recomendamos a leitura do livro *Present Day Truths*, do reverendo K.R. (Dick) Iverson.

Nos anos de 1948 e 1950, Deus derramou seu Espírito sobre algumas pessoas que estavam em oração e jejum, buscando o Senhor para que lhes concedesse uma renovação dos ministérios e dons do Espírito que pertenciam à igreja. Deus atendeu essas pessoas e lhes deu uma revelação específica das coisas que Ele desejava restaurar à igreja nestes últimos dias.

Enquanto esperavam em Deus, as pessoas se reuniam sob a orientação do Espírito e buscavam a face de Deus. Certo dia, o Espírito do Senhor passou sobre a congregação que se mantinha em santa adoração. Muitos ouviram o "coro celestial", outros ouviram música celestial. O Espírito de Deus desceu sobre a congregação e surgiram louvores e cânticos ao Senhor como o "som de muitas águas". Nasceram canções espirituais em meio à espera em Deus.

A partir daí, a "semente" plantada naquele derramamento do Espírito tem produzido frutos e gerado louvores no meio do povo de Deus por todo o mundo. Os cânticos espirituais estão surgindo, os louvores da congregação estão sendo cantados, ouve-se música vocal e instrumental em muitas igrejas. O povo de Deus está descobrindo que existe um novo nível de adoração na música e na canção, que o Senhor deseja trazer ao seu povo.

Os ventos de mudança estão soprando sobre a igreja. Muitas igrejas estão sendo desafiadas pelo que o Senhor tem feito atualmente. Como de costume, a resistência à mudança tem-se manifestado, mas muitos corações sedentos, cansados do formalismo vazio, estão respondendo a essa nova expressão da vida de Cristo.

Uma característica própria do ministério de música entre esses crentes é o cântico de passagens bíblicas. As Escrituras estão sendo cantadas como talvez nunca tenham sido cantadas antes na história da igreja. Canções, melodias e novos arranjos têm sido criados para cantar as Escrituras para o coração e a mente dos cristãos. Não músicas tristonhas e melancólicas, mas melodias de alegria, louvor, triunfo e regozijo.

e. Salmos, hinos e cânticos espirituais
Este autor acredita que Deus deseja ter uma igreja equilibrada, uma igreja capaz de cantar e louvar ao Senhor de coração, com *"salmos e hinos e cânticos espirituais"* (Cl 3.16; Ef 5.18, 19).
Deus concedeu que a igreja manifestasse louvor através da música de três maneiras. Ninguém precisa se opor a outra pessoa. A história da igreja revela a resistência à música no culto cristão: a oposição aos salmos, em seguida aos hinos, depois às canções *gospel* e atualmente às canções espirituais.
Nos próximos capítulos, indicaremos as normas para a escolha da música adequada e que mais convém à casa do Senhor. Por ora, seria proveitoso reconhecer a necessidade das três áreas de música mencionadas em Colossenses e Efésios.

1. Salmos (grego, *psalmos*)
Salmos são canções acompanhadas por instrumentos musicais, principalmente a harpa. Não se sabe exatamente o estilo de melodia usado pelos hebreus ao cantar os salmos. Entretanto, Deus é um Deus de infinita variedade, e pode conceder as melodias apropriadas aos salmos, sem necessidade de se recorrer ao tom fúnebre e monótono dos salmos. Os salmos de modo geral expressam louvor e adoração. Deus tem inspirado lindas melodias para muitos versos dos salmos que são adequadas ao cântico congregacional.

2. Hinos (grego, *hymneo*)
Há milhares e milhares de hinos belíssimos na igreja. Hinários não são para ensino de teologia, mas muitos hinos revelam uma sólida teologia. Hoje em dia costuma-se reclamar que os hinos são desprovidos de vigor. No entanto, não podemos esquecer que muitos hinos nasceram de experiências genuínas com Deus e que muitas vidas foram verdadeiramente tocadas quando cantados pela primeira vez. O problema é que as gerações seguintes careciam dessa experiência e com isso o espírito do hino não foi vivificado pelo Espírito para essas gerações. Como, então, pessoas "mortas nos pecados" poderiam cantar um hino que foi "vivificado pelo Espírito"? O problema não estava no hino, mas naqueles que o cantavam. Era isso que fazia muitos hinos parecerem mortos e desanimados para aqueles que os cantavam séculos mais tarde. Alguns desses mesmos hinos, vivificados pelo Espírito de Deus para uma congregação viva pelo mesmo Espírito, ministram vida aos que cantam. Sempre haverá lugar para os hinos com belas melodias e sólida teologia, bem como para aqueles que se originam de experiências reais.

3. Cânticos espirituais (grego, *odes*)
Cânticos espirituais são aquelas canções insufladas pelo Espírito Santo. Podem surgir de forma espontânea num determinado culto, ou de uma revelação concedida a um crente, que todos podem aprender e ser edificados. Não deve ser confundido com o *"negro spiritual"*, que eram expressões de adoração a Deus próprias dos negros. Também não deve ser confundido com a "música *gospel*" que surgiu na época de Ira D. Sankey. Cada um possui características próprias. O "cântico espiritual" é mais uma ex-

pressão espontânea do coração dos crentes reunidos em adoração, ou de um indivíduo adorando a Deus em seu momento devocional.

"Cantem ao Senhor um novo cântico" (Sl 96.1; 98.1).
"De noite recordo minhas canções" (Sl 77.6).
"[Deus] pôs um novo cântico na minha boca" (Sl 40.3).
"De noite esteja comigo a tua canção" (Sl 42.8).
"Com o meu cântico lhe darei graças" (Sl 28.7).

Concluindo nosso esboço sobre o papel da música na história da igreja, pelo que vimos acima, o verdadeiro teste para determinar qual o tipo de música que pode ser usada na igreja vem pela *Palavra de Deus*.

"Habite ricamente em vocês *a palavra de Cristo* [o Ungido]; ensinem e aconselhem-se uns aos outros com toda a sabedoria, e cantem salmos, hinos e cânticos espirituais com gratidão a Deus em seu coração"

(Cl 3.16).

Toda música e todo cântico deve passar pelo teste da Palavra do Senhor. Se for contrário à Palavra, se não for útil para o ensino nem para edificação, então não está qualificado para ser usado na casa do Senhor.

A igreja está apenas começando a entrar no reino da música celestial. Certamente a história da igreja tem revelado as várias tentativas de se retornar à ordem de culto estabelecida no Tabernáculo de Davi.

Evangeline Booth, do Exército de Salvação, afirmou acertadamente:

A música é um dom de Deus para o homem! É a única arte celestial concedida à terra e a única arte terrena que enviamos de volta ao céu. Como todo dom, ela nos é dada como uma semente. Devemos descobri-la e cultivá-la, para que suas maravilhosas flores possam abençoar nosso caminho e todos aqueles que encontramos em nossa caminhada. Cante com o coração, ou então não cante.

Este autor acredita que o entendimento correto da relação do Tabernáculo de Davi com a ordem de ministério e adoração da igreja ajudou a derrubar muitos obstáculos relacionados ao papel da música dentro da história da igreja.

MINISTÉRIO DE MÚSICA NAS ESCRITURAS
(MINISTÉRIO DE CRISTO)

Êx 25.10-22; 37.1-9; 40.20,21; Lv 16.13-15

Eternidade passada
Música na criação
Numericamente
Música e criação
Resposta de Jó 38.7
Cântico da criação
Ministério dos anjos
Hb 1.6; Sl 148.2

Música em Gênesis
Livro dos começos
Jubal – Gn 4.21

Cântico dos libertos de Israel
Moisés – Êx 15
Josué
Débora – Jz 5
Gideão

Saul
Ministério profético
1Sm 10.5

Samuel e Davi
Ordem de culto estabelecida
Instrumentos, sacerdócio levítico.
Tabernáculo de Davi estabelecido
1 Cr 15 – 16
1 Cr 23
2 Sm 6

Salomão segue o modelo do Tabernáculo de Davi (2 Cr 5)
"Cânticos de Salomão"

Restauração da ordem de culto davídica durante as reformas realizadas por esses reis e líderes piedosos.
1. Joás – 2 Cr 23.13
2. Ezequias – 2 Cr 29 – 30
3. Josias – 2 Cr 35
4. Esdras e Neemias – Ne 12.27-47; Ed 3
5. Cânticos dos profetas: Isaías, Jeremias, Ezequiel, Amós, Habacuque, Sofonias.

Coro angelical
Anúncio do nascimento do Messias aos pastores
Lc 2.13

Música nos evangelhos
Mc 14.26
Lc 19.37
Lc 15.25

Música nas epístolas
Cântico espiritual e profético; Ordem de culto davídica.
At 15.16; Cl 3.16; Ef 5.18; Hb 2.12; Tg 5.13; 1 Pe 2.5-9.

Restauração de
1. Salmos
2. Hinos
3. Cânticos espirituais

Ministério de música paulino
1 Co 14.15; At 16.25; At 24.14

Eternidade futura
Apocalipse
Ap 2.28
Ap 1.6
Ap 4
Ap 5.8, 9
Ap 7.9-11
Ap 11.16
Ap 14.3
Ap 15.3
Ap 19.1-4

Cânticos de redenção

Ministério de Lúcifer
Is 14.12-14; Ez 28; Jó 38.7

DIAGRAMA DESENHADO POR MIKE HERRON

CAPÍTULO 23

A ORDEM DOS CANTORES E MÚSICOS

O ministério dos cantores e músicos conquistou proeminência na época de Davi. Não há dúvida que esse foi o período culminante da história da nação de Israel em muitos aspectos, principalmente quanto à adoração.

Apresentamos aqui uma síntese da ordem de Davi em relação aos privilégios, ministério e responsabilidade dos cantores e músicos no Tabernáculo de Davi e, posteriormente, no Templo de Salomão.

Os cantores e músicos foram nomeados (1 Cr 16.9, 23; 15.16-28)

Em 2 Crônicas 20.21, a palavra "nomeado" significa "designado para assumir um cargo, ou posição". Eles foram designados para exercer uma função, ordenados e preparados para esse ofício. Não se tratava simplesmente de usar um talento, mas prestar serviço ao Senhor.

Os cantores e músicos foram separados (1 Cr 25.1)

A palavra "separado" significa que eles foram escolhidos e separados para essa função. Separados para exercer o ministério de cântico.

Os cantores e músicos foram preparados (1 Cr 25.1-7; 2 Cr 23.13)

Os cantores e músicos foram preparados para o ministério de louvor ao Senhor. Todos foram ensinados por seus pais a cantar louvores a Deus. Os 288 cantores precisavam ser preparados para realizar o que Deus lhes tinha colocado no coração.

Os cantores e músicos tinham um chefe (1 Cr 15.22, 27)

Quenanias, cujo nome significa "preparado ou feito por Deus, favorecido de Deus" foi escolhido para ser o chefe dos cânticos. Ele era na verdade o regente e diretor do coro. Os cantores e músicos foram preparados sob sua orientação.

Os cantores e músicos foram dispostos em várias ordens (1 Cr 15.16-18)

Havia três cantores e músicos principais. Em seguida havia outros do "segundo escalão", isto é, secundários. Assim, há pessoas na casa do Senhor com habilidades diferentes no ministério de música.

Os cantores e músicos foram escolhidos nominalmente (1 Cr 16.37-41)

Davi escolheu esses levitas e chamou-os expressamente pelo nome. Todos aqueles que participavam do ministério dos cânticos eram reconhecidos. Seus dons os tornaram conhecidos.

Os cantores e músicos eram competentes (1 Cr 15.22; 2 Cr 34.12; Sl 33.3)

A palavra "competente" diz respeito a pessoas que têm prática, que têm habilidade e capacidade para compreender, apreender e executar a obra do Senhor. A ignorância e a falta de habilidade não servem para as coisas de Deus. Davi tocava bem e com esmero quando ministrava diante do rei Saul (1 Sm 16.16, 17, 23). Portanto, aqueles que têm esse ministério devem demonstrar ser competentes diante do Senhor.

Os cantores e músicos foram empregados para esse trabalho (1 Cr 9.22, 26-33; Ez 40.44)

Vários sacerdotes tinham uma função específica no templo. Alguns deles eram encarregados do serviço de louvor no templo, dia e noite. Muitas nações dos tempos bíblicos encarregavam os músicos mais talentosos de ministrar em seus palácios, empregando-os para exercer essa função.

Os cantores e músicos eram encarregados dos cânticos (1 Cr 6.31, 32)

A direção dos cânticos era uma incumbência característica dos levitas no Tabernáculo de Davi, posteriormente incorporada no Templo de Salomão. Há pessoas a quem o Senhor concede o ministério específico de liderar os cânticos na igreja.

Os cantores e músicos serviam de acordo com as normas (1 Cr 6.31, 32; 2 Cr 7.6; 35.15)

Os que tinham esse ministério tinham de servir de acordo com as normas. Nada deveria ser feito acidentalmente, mas com senso de responsabilidade diante do Senhor. Como outros no Corpo de Cristo que servem em seus ministérios como sacerdotes, assim também os cantores e músicos precisam servir em seu ministério (Rm 12.7).

Os cantores e músicos recebiam sua porção (Ne 7.1, 44, 73; 10.28, 39; 11.22, 23; 12.28-47; 13.5, 10).

Na volta da Babilônia, os cantores e músicos deviam receber sua porção da casa do Senhor. Neemias lamentava o fato de que eles não tinham recebido seu quinhão para que pudessem atuar no ministério de cântico. A mesma coisa acontece na igreja hoje. Aqueles que se dedicam ao ministério de cântico e música devem receber uma parcela das ofertas da igreja. Se isso não acontecer, a função deles cessará.

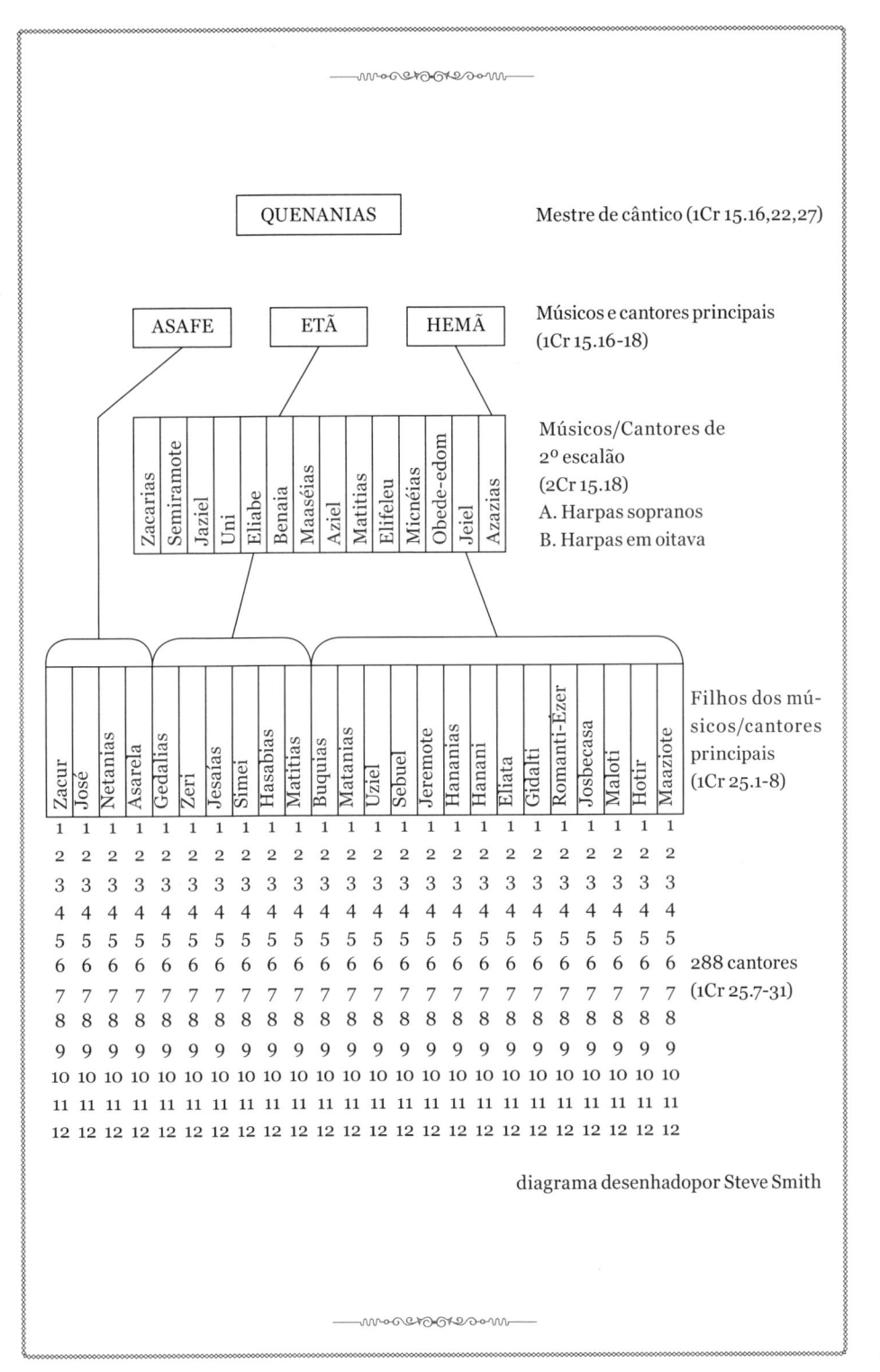

A ORDEM DOS CANTORES E MÚSICOS

QUENANIAS — Mestre de cântico (1Cr 15.16,22,27)

ASAFE | **ETÃ** | **HEMÃ** — Músicos e cantores principais (1Cr 15.16-18)

Músicos/Cantores de 2º escalão (2Cr 15.18)
A. Harpas sopranos
B. Harpas em oitava

Zacarias, Semiramote, Jaziel, Uni, Eliabe, Benaia, Maaséias, Aziel, Matitias, Elifeleu, Micnéias, Obede-edom, Jeiel, Azazias

Filhos dos músicos/cantores principais (1Cr 25.1-8)

Zacur, José, Netanias, Asarela, Gedalias, Zeri, Jesaias, Simei, Hasabias, Matitias, Buquias, Matanias, Uziel, Sebuel, Jeremote, Hananias, Hanani, Eliata, Gidalti, Romanti-Ézer, Josbecasa, Maloti, Hotir, Maaziote

1	1	1	1	1	1	1	1	1	1	1	1	1	1	1	1	1	1	1	1	1	1	1	1
2	2	2	2	2	2	2	2	2	2	2	2	2	2	2	2	2	2	2	2	2	2	2	2
3	3	3	3	3	3	3	3	3	3	3	3	3	3	3	3	3	3	3	3	3	3	3	3
4	4	4	4	4	4	4	4	4	4	4	4	4	4	4	4	4	4	4	4	4	4	4	4
5	5	5	5	5	5	5	5	5	5	5	5	5	5	5	5	5	5	5	5	5	5	5	5
6	6	6	6	6	6	6	6	6	6	6	6	6	6	6	6	6	6	6	6	6	6	6	6
7	7	7	7	7	7	7	7	7	7	7	7	7	7	7	7	7	7	7	7	7	7	7	7
8	8	8	8	8	8	8	8	8	8	8	8	8	8	8	8	8	8	8	8	8	8	8	8
9	9	9	9	9	9	9	9	9	9	9	9	9	9	9	9	9	9	9	9	9	9	9	9
10	10	10	10	10	10	10	10	10	10	10	10	10	10	10	10	10	10	10	10	10	10	10	10
11	11	11	11	11	11	11	11	11	11	11	11	11	11	11	11	11	11	11	11	11	11	11	11
12	12	12	12	12	12	12	12	12	12	12	12	12	12	12	12	12	12	12	12	12	12	12	12

288 cantores (1Cr 25.7-31)

diagrama desenhado por Steve Smith

OS CANTORES E MÚSICOS ATUAVAM EM TURNOS (1 CR 25.1-31)

Os cantores foram divididos por Davi em 24 turnos. Sempre havia alguém de serviço durante as 24 horas do dia, louvando ao Senhor dia e noite (Sl 134). Havia louvor contínuo subindo ao Senhor, uma vez que os levitas serviam cada um em seu turno. Que atmosfera maravilhosa havia ali. Deus habita entre os louvores de seu povo (Sl 22.3).

Assim também acontece na igreja atual. Deus tem concedido dons aos cantores e músicos para eles servirem diante do Senhor e do povo de Deus. Não se trata de mera exibição de talento e habilidade, mas de executar uma função para a qual Deus os indicou e ordenou. Aqueles que exercem esse ministério têm a responsabilidade de buscar o Senhor e servi-lo de acordo com sua capacidade, liderando o povo de Deus nas áreas da adoração que Ele deseja.

A igreja é o cumprimento neotestamentário dessa ordem no Tabernáculo de Davi. A visão final dessa ordem se encontra no livro de Apocalipse, onde vemos a ordem de Davi representada nos 24 anciãos com harpas e taças de ouro cheias de incenso, que são os louvores e as orações dos santos. Esses 24 anciãos lideram as multidões dos redimidos no "cântico novo" de adoração e redenção ao Senhor e ao Cordeiro, do mesmo modo que os líderes dos 24 turnos eram representantes de adoração no Israel do Antigo Testamento (Ap 4.4; 5.1-14). A compreensão correta dos 24 turnos de sacerdotes e seu múltiplo 144 mil no Tabernáculo de Davi, que foram incorporados na ordem do templo, ajuda o crente a entender a ordem de culto no Apocalipse. Aí vemos os 24 anciãos com seus instrumentos de adoração, cantando uma nova canção, da mesma forma que os 144 mil selados, separados do verdadeiro Israel de Deus (Ap 5.9, 10; 14.1-3).

CAPÍTULO 24

TÍTULOS E EPÍGRAFES DOS SALMOS

O livro dos Salmos era o hinário nacional ou livro de louvor de Israel. É um livro de cânticos sagrados, cânticos de louvor, oração, adoração, confiança, fé, ação de graças, alegria, história, profecia e teologia. Quase todos os temas podem ser encontrados no livro dos Salmos.

Definição da palavra

1. O título hebraico do livro é *Sepher Tihillim*, que significa "louvor", "hinos", ou "Livro de Louvores".
Outro título hebraico é *Tephilloth*, que significa "orações". Unindo essas duas ideias, vemos que o livro dos Salmos é um "Livro de Louvor e Oração".

2. O título grego na Septuaginta é *Psalmos*, que significa "cânticos" ou "cânticos acompanhados de instrumentos musicais". Os primeiros pais da igreja o chamavam de "Saltério", que vem de *psalterion*, que significa "harpa ou instrumento de corda".

3. O título do livro em português é *Salmos* (Lc 20.42; 24.44; At 1.20; At 13.33; 1 Co 14.26).

4. Salmo é uma poesia adaptada, uma ode para ser cantada com acompanhamento de instrumentos musicais, principalmente a harpa. Muitos salmos são poemas líricos adaptados para instrumentos musicais para adoração no santuário (1 Cr 16.4-8; 2 Cr 5.12, 13).

O uso de salmos na igreja primitiva

Um estudo do Novo Testamento mostra claramente que a igreja primitiva fazia bom uso dos salmos.

1. Os salmos eram usados nos cultos da igreja (1 Co 14.26).
2. Os salmos eram usados para manifestar alegria e louvor (Tg 5.13).
3. Os salmos eram usados para ensinar, admoestar e instruir na Palavra do Senhor (Cl 3.16).
4. Os salmos eram cantados juntamente com hinos e cânticos espirituais (Ef 5.19).
5. O Senhor Jesus e seus discípulos cantaram salmos ou hinos na última ceia (Mc 14.26; Lc 24.44, 45).
6. O Senhor exorta seu povo a cantar louvores a Ele com salmos (Sl 81.2; 95.2; 98.5; 105.2; 1 Cr 16.9).
Os santos da época do Antigo e do Novo Testamento usavam os salmos nos cultos.

Salmos – títulos e epígrafes

Mais de uma centena de salmos contém epígrafes. Os títulos e epígrafes dos salmos foram, durante muito tempo, misteriosos e de difícil explicação. Nas Escrituras originalmente não havia espaços entre os salmos, apenas uma numeração, o que tornou difícil saber se esses títulos pertenciam ao final de um salmo ou ao início de outro. A solução para esse quebra-cabeça veio à luz recentemente.

The Companion Bible e J. Sidlow Baxter, em *Explore the Book* (p. 91-97) fornecem algumas informações interessantes sobre esses títulos. De acordo com esses autores, as epígrafes (inscrições *superiores*) seriam inscrições colocadas no fim do salmo anterior.

Para um estudo mais completo sobre esse assunto, o leitor deve consultar as obras mencionadas acima. Para o propósito deste livro, é suficiente observar as cinco áreas sugeridas pelos títulos dos Salmos. É importante lembrar que alguns salmos não apresentam nenhuma inscrição, enquanto que outros têm uma ou mais. Entretanto, quando vistos em conjunto, eles fornecem material bastante interessante, que nos ajuda a entender a adoração em Israel e o uso dos salmos. Todos esses títulos reunidos fornecem instruções e diretrizes para o uso apropriado dos salmos.

Mencionamos aqui as cinco áreas sugeridas pelos vários títulos dos salmos, abordando-as da forma como são citadas na Nova Versão Internacional da Bíblia.

1. Instruções ao mestre de música

Há aproximadamente 55 salmos com esta epígrafe: "Para o mestre de música". Os Salmos 4, 5, 6, 44, 45, 46, 60, 61, 64, 109, 139, 140 são alguns exemplos.

No Tabernáculo de Davi, Quenanias era o mestre de música (1 Cr 15.16, 22, 27). Era o supervisor, o regente, o mestre de cântico, o líder do coro. Como tal, os salmos eram dirigidos a ele. Sua responsabilidade era determinar a ordem da música e do cântico. Por isso a inscrição "Para o mestre de música".

2. Nome do autor do salmo

Nem todos os salmos têm uma autoria definida, mas muitos deles têm. Há 73 salmos atribuídos ao rei Davi, 12 atribuídos a Asafe, dez ou doze aos (ou para) filhos de Coré. Além desses, há salmos atribuídos a Hemã, Etã, Moisés e Salomão.

Veremos mais adiante que os autores dos salmos eram homens piedosos. Nenhum salmo que não tivesse o selo da inspiração divina encontrou espaço no Hinário de Israel. Observe alguns salmos como exemplo de seus autores: 6, 23, 24, 25, 27, 44, 46, 47, 49, 88, 90, 127.

Isso mostra que as pessoas que compilaram os salmos verificaram seu conteúdo antes de inclui-los. A lição que podemos apreender desse tipo de procedimento é que aqueles que hoje são responsáveis pela escolha dos hinos e cânticos a serem cantados pela congregação devem verificar se seus conteúdos estão de acordo com a Palavra de Deus. A Palavra de Deus deve ser o padrão e o teste para todos os cânticos e poesias da igreja (Cl 3.16).

3. Contexto histórico do salmo

Vários salmos apresentam em sua epígrafe o assunto ou a ocasião histórica em que foram escritos. Os salmos 3, 7, 18, 34, 51 e 52 são alguns exemplos disso. Compreendemos melhor o salmo quando consideramos seu contexto histórico. Muitos hinos e cânticos usados nas igrejas hoje adquirem maior valor quando se conhece a situação espiritual em que foi escrito.

4. Estilo de música e poesia

Alguns salmos anunciam na epígrafe o estilo de música que deve ser usada como acompanhamento. Alguns exemplos na Bíblia são os salmos 6, 8, 88 e 102 e Habacuque 3.19. Às vezes a própria poesia conduz a uma música alegre e vitoriosa. Outras vezes pode levar a uma melodia em tom melancólico, ao descrever os sofrimentos, a angústia e os conflitos do autor. Em outras ainda a linguagem pode exigir uma melodia que leve à devoção e adoração mais profundas. O estilo da poesia determina o estilo da música. O Mestre de música era o responsável por examinar o estilo tanto da poesia quanto da música antes de entregá-lo ao Senhor através dos cantores e músicos.

5. Instrumentos para acompanhar o salmo

Iremos observar aqui uma série de expressões musicais mencionadas em determinados títulos dos salmos. Algumas têm significado próprio e outras sugerem o tipo de instrumento adequado para acompanhar o cântico do salmo. Determinados salmos pediam o uso de certos tipos de instrumentos.

Nota: Há certa divergência quanto à definição dos títulos que estamos considerando. Depois de muito pesquisar essa área, optamos por simplesmente colocar aqui o que parece ser a explicação mais significativa dessas epígrafes. O mais importante é ter em vista que os salmos pretendiam, através de seus títulos e/ou epígrafes, transmitir algumas instruções aos cantores e músicos.

a. Aijelete-Hás-Saar
Aparece no título do salmo 22 na versão ARC. Alguns escritores sugerem que o título do salmo significa "de acordo com a melodia *A corça da manhã*" (cf. NVI).

b. Alamote (1 Cr 15.19-21; Sl 46 – título)
A Nova Versão Internacional (NVI) traz no título do salmo 46: "Para o mestre de música. Dos coraítas. Para vozes agudas. Um cântico."
Alamoth (SC 5961, hebraico) é o plural de Almah, "moça, donzela, virgem". Talvez um coro de jovens donzelas cantoras, com vozes agudas ou sopranos. O Salmo 68.25 fala de jovens (*almah*) tocando tamborins junto com os cantores e músicos.
Apocalipse 14.1-4 menciona 144 mil homens "castos" cantando um cântico novo, acompanhados de harpas de acordo com a ordem estabelecida pelo rei Davi.
Quanto a 1 Crônicas 15.20, outros autores dão a entender que Alamote pode simplesmente significar "vozes agudas", quer de rapazes ou de moças, por causa dos oito homens que tocavam liras (*nebel*) acompanhando o soprano (alamote).

c. Al-Tachete
Essa epígrafe aparece nos títulos dos salmos 57, 58, 59 e 75. A NVI traz "Para o mestre de música. De acordo com a melodia *Não destruas*. Poema epigráfico davídico. Quando Davi fugiu de Saul para a caverna." A Concordância de Strong sugere que al-tachete significa "não destruas", provavelmente as palavras iniciais de uma canção popular.

d. Gitite
A palavra *gitite* deriva de Gate, que significa "lagar". Os salmos 8, 81 e 84 trazem essa inscrição. A NVI traz "Para o mestre de música. De acordo com a melodia *Os lagares*". Strong (SC 1665) dá a entender que se trata de uma harpa gitita, instrumento musical usado para acompanhar o salmo. A palavra deriva da raiz hebraica que significa "lagar". Os frutos trazidos para a Festa dos Tabernáculos eram pisados para fazer vinho.

Os trabalhadores do lagar dançavam, andavam e cantavam de alegria, falando uns aos outros da bondade do Senhor. Jesus foi ao Getsêmani, "lagar", por nós, para que recebêssemos o vinho do Espírito e pudéssemos cantar e nos alegrar diante do Senhor em nosso culto.

e. Jedutum
A NVI traz "Para o mestre de música. Ao estilo de Jedutum. Salmo davídico." Jedutum era um dos três mestres de canto da adoração do templo (1 Cr 16.41, 42; 25.1-6; 2 Cr 5.12). Os salmos 39, 62 e 77 trazem o nome dele no título. O significado do nome de Jedutum é "o que louva" ou "que louvem". Seu nome estava de acordo com seu ministério. Todos os crentes são chamados a louvar ao Senhor. Entretanto, há os que têm um ministério específico de louvor e música.

f. Jonate-Elém-Recoquim
Esse nome se encontra apenas no título do Salmo 56 (ARC). Na NVI, o título é "Para o mestre de música. De acordo com a melodia *Uma pomba em carvalhos distantes*. Poema epigráfico davídico. Quando os filisteus prenderam Davi em Gate". Salomão, no *Cântico dos Cânticos* compara Cristo e sua igreja a duas pombas respondendo uma a outra em amor (Ct 2.14).

g. Maalate
Na ARC, os salmos 53 e 88 têm essa inscrição. Na NVI, o título do Salmo 53 é "Para o mestre de música. De acordo com *mahalath*. Poema davídico". Em nota de rodapé, essa versão explica que *mahalath* possivelmente seria uma "melodia solene". Strong (SC 4257) sugere que essa palavra significa "doença, enfermidade" e que o título seria a palavra inicial de uma canção popular. Outros sugerem que significa "cântico melodioso", "dança notável", ou ainda "alaúde", acompanhado de instrumentos de corda. De qualquer modo, essa expressão demonstra que o salmo era um cântico acompanhado por certos instrumentos musicais.

h. Masquil
A expressão "Masquil" aparece em dezoito salmos: 32, 42, 44, 45, 52, 53, 54, 55, 74, 78, 88, 142. Strong (SC 4905) afirma que "masquil" significa "didático" ou "poema" (NVI). Trata-se de um salmo de instrução, para dar entendimento ou instruir. De fato, os salmos são repletos de conselhos para a igreja atual.

i. Mictão
Na versão ARC, os salmos 56, 57, 58, 59, 60 trazem esse título e expressão musical. A NVI indica nos títulos desses salmos que são "poemas epigráficos" (gravados indelevelmente). Strong (SC 4387) diz "um poema gravado", indicando ênfase e permanência por ser gravado. A lição espiritual que podemos extrair de "mictão" é que a Palavra de Deus deve ser gravada e implantada no coração do crente pela oração e meditação (Tg 1.21).

j. Mute-Lában
Essa inscrição é encontrada apenas no título do Salmo 9. A NVI cita: "Para o mestre de música. De acordo com *muth-laben*. Salmo davídico", colocando em nota de rodapé: "*muth-laben* é expressão de sentido desconhecido. Tradicionalmente: De acordo com a melodia *A morte para o Filho*".

Strong (SC 4192) diz que a expressão significa "morrer para o filho" e que era provavelmente o título de uma canção popular. [Os autores que defendem a ideia de que essas inscrições pertenceriam ao salmo anterior sugerem que "A morte do Filho" se refere à morte do inimigo, o gigante Golias (1 Sm 17.4, 23).] Qualquer que seja o verdadeiro significado desse título, sabemos que, por meio da morte do Filho de Deus, Ele venceu todos os gigantes do domínio de Satanás.

k. Neginote
Os salmos que trazem esse nome no título são 4, 54, 55, 61, 67 e 76 (ARC). Isaías 38.20 também usa essa expressão. Nos títulos dos salmos 54, 55, 61, 67 e 76 a NVI traz "Para o mestre de música. Com instrumentos de cordas". Strong (SC 5058, de SC 5059) diz que se trata de "música instrumental; por dedução, um instrumento de corda; um poema musicado". A palavra é traduzida por "instrumentos de corda, música, Neginote, cântico" em Isaías 38.20 e Habacuque 3.19.
Neginote é o plural de *neginah,* palavra hebraica que significa "tanger uma corda", ou tocar uma melodia com os dedos. Diz respeito a instrumentos musicais de corda. Em 1 Samuel 16.16, 18, vemos que Davi "sabia tocar harpa" (SC 5058. *nagan*) e costumava tocar para o rei Saul para acalmar-lhe o espírito e a mente. A palavra Neginote é uma das inscrições mais evidentes e confirma o uso de cânticos com instrumentos musicais para adorar e louvar ao Senhor.

l. Neilote
Somente o salmo 5 (ARC) tem essa expressão no título. Na NVI o título é "Para o mestre de música. Para flautas". Strong (SC 5155) diz que *neilote* significa "flauta". A expressão se refere a um objeto "perfurado", como flauta ou outro instrumento de sopro semelhante.

m. Seminite
Essa inscrição se encontra nos salmos 6 e 12 e em 1 Crônicas 15.21 (ARC). Na NVI, o título desses salmos é: "Para o mestre de música. Com instrumentos de cordas. Em oitava". Strong (SC 8067, de 8066, que significa "oito") diz que seria provavelmente um instrumento de oito cordas, como a lira.
Alguns sugerem que estaria se referindo ao oitavo grupo ou divisão que fazia parte da procissão que trouxe a Arca de volta (1 Cr 24.1,5; 26.1, 12). Outros afirmam que significa simplesmente uma oitava, ou vozes (ou instrumentos) uma oitava abaixo (para vozes masculinas) do alamote da escala aguda, ou soprano, para as cantoras.

n. Sigaiom, Sigionote
Na ARC, esse nome aparece no título do Salmo 7 e em Habacuque 3.1. Na NVI, em ambas as referências aparece a palavra "confissão". No final do capítulo 3 de Habacuque (3.19), a NVI acrescenta: "Para o mestre de música. Para os meus instrumentos de corda". Strong (SC 7692) interpreta essa palavra como "poema divagante, ou poema melancólico, fúnebre, cântico pungente, brado (de alegria ou de tristeza)".
Sigaiom é interpretado de formas variadas, podendo significar "errante, melancólico ou cântico de aflição". Sigionote é interpretado como "errantes; de acordo com melodias variáveis". Para a igreja triunfante haverá um tempo em que a música será empolgante, entusiástica e triunfante, por causa da obra do Senhor em favor de seu povo. A igreja já teve grande quantidade de cânticos fúnebres, pungentes e melancólicos em sua história. Mas no fim Deus dará vitória para sua igreja.

o. Sosanim
Na ARC, os salmos 45 e 69 citam essa expressão. Na NVI, o título do salmo 45 é "Para o mestre de música. De acordo com a melodia *Os lírios*. Dos coraítas. Poema. Cântico de casamento". A Concordância de Strong (SC 7799) interpreta essa palavra como "lírio, por causa da brancura, como flor ou ornamento; também uma trombeta reta, por causa do formato tubular". Sosanim é interpretado também como "melodia ou cântico de casamento" e "um instrumento musical".

p. Susã-Edute, Sosanim-Edute
Na ARC, aparece nos títulos dos salmos 60 e 80. É muito relacionado com o título do item anterior. Na NVI, o título do salmo 60 é "Para o mestre de música. De acordo com a melodia *O lírio da aliança*. Strong (SC 7802, de SC 7799 e 5716) interpreta como "lírio ou trombeta de conjunto; o título de uma canção popular". Em geral se aceita que o significado seja *Lírios de testemunho*. Talvez esteja se referindo à reunião da congregação do Senhor para o testemunho da lei (Dt 31.10-13). O próprio Jesus é o Lírio dos Vales (Ct 5.13; 6.2-4; Lc 12.27). O Espírito de Profecia é o testemunho de Jesus (Ap 19.10).

q. Higaiom
Aparece no final do v. 16 do salmo 9 na versão ARC. Strong (SC 1902) interpreta *higaiom* como "som murmurante, isto é, uma expressão musical". Na NVI, é interpretada em Salmo 9.16 como "interlúdio"; em 19.14, como "meditação". Em Salmo 92.3 na ARC, é interpretada como "som solene". Significa "falar consigo mesmo, meditar, pensar, refletir". Também se acredita que seja um "murmúrio de harpa, um interlúdio musical no salmo" (Sl 9.16). O higaiom seria uma pausa musical para meditação. A meditação também faz parte do culto da igreja.

r. Selá
A palavra Selá é empregada 71 vezes nos salmos e três vezes no profeta Habacuque. Ao que parece, Habacuque era um profeta-sacerdote relacionado com os cantores do templo (Hc 3.1, 3, 9, 13, 19). Strong (SC 5542) interpreta como "suspensão da música, isto é, pausa". Exemplos do emprego dessa palavra nos salmos estão em 3.2, 4, 8; 39.5, 11; 46.3, 7, 11; 89.4, 37, 45, 48; 140.3, 5, 8. Na NVI é traduzida por "pausa" em todas essas ocorrências.
John Stainer (p. 82,83) escreve sobre a palavra Selá, dizendo:

> O termo Selá ocorre três vezes no livro de Habacuque e não menos que 71 vezes nos salmos. Tem interpretações variadas, indicando: 1) pausa; 2) repetição (o mesmo que *da capo*); 3) fim de uma estrofe; 4) tocar com toda força (fortíssimo); 5) curvar o corpo em sinal de respeito; 6) sinfonia curta recorrente (*ritornelli*). Numa aula sobre o assunto, dada por Sir F. Ouseley, era cantado um salmo em que nesses *ritornelli* (interlúdio de instrumento musical em música cantada) eram introduzidos instrumentos de corda e trombetas a cada ocorrência da palavra "selá". O efeito era considerado imponente e devocional. O fato de 28 dos 39 salmos em que essa palavra aparece apresentarem inscrições musicais nos títulos leva a crer que essa expressão seria uma instrução para os músicos.

Stainer comenta ainda que "selá" seria uma tentativa de retratar uma imagem através de sons, como um interlúdio musical.

Parece realmente tratar-se de um interlúdio musical. Pretende ser descritiva, e conforme a linguagem do poema poderia ser cantada ou tocada. Stainer sugere que esses "selás" eram imagens sonoras, e a música instrumental especialmente tinha o propósito de descrever essa imagem poética. Ele descreve vários tipos de selás, aqui considerados em categorias:

1. Voo ou tempestade Selá (Sl 55.1-7; 61.4)
Os salmos aqui referidos descrevem a fúria da tempestade enquanto a pomba assustada bate asas em direção a um deserto para encontrar repouso. Palmas, batida dos pés e batida de címbalos representariam a tempestade e o relâmpago através de efeitos sonoros. Logo, esse selá – interlúdio musical – seria o "Vôo e a tempestade" Selá.
O profeta Habacuque apresenta um quadro mais vívido de uma tempestade tropical, com trovão e relâmpagos, e Deus entrando em ação para salvar seu povo (Hc 3.3, 9, 13). Cada selá aqui teria uma mensagem diferente.

2. O selá da morte (Salmo 52.5; 55.19; 57.3; 59.5, 13)
Julgamento, aflição e morte são observados nessas referências. Nesse tipo particular de selá – interlúdio musical – as flautas de junco entoavam um lamento fúnebre, tocando as notas de morte, descritivo do julgamento final de Deus sobre os perversos. Esse selá certamente fazia que os ouvintes e os músicos "fizessem uma pausa e meditassem na Palavra de Deus".

3. O selá sacrificial
Stainer (p. 92) comenta sobre esse selá dizendo: "Sabe-se que o som de trombetas acompanhava o ritual do altar, produzindo um ressoar de trombetas de prata, como se fosse a fumaça do sacrifício subindo ao céu. Depois que a vítima era consumida, a música do ofertório silenciava. Aqui cabe uma explicação das palavras difíceis: 'Deus subiu em meio a gritos de alegria; o Senhor, em meio ao som de trombetas' (Sl 47.5). O selá que precede esse versículo era o interlúdio sacrificial das trombetas aumentado com aleluias altos, que iam desaparecendo à medida que a fumaça diminuía até que, acima das brasas quase extintas do sacrifício, os levitas entravam novamente para dizer que o Senhor, que lhes pareceu descer até eles do mais alto céu para receber a oferta, tinha voltado novamente para seu trono sublime".

4. O selá de guerra (Salmo 60.4; 76.1-3)
Nesses salmos vemos Deus quebrando as armas de guerra e entrando na batalha. O Senhor é apresentado aqui como "Senhor dos Exércitos". As trombetas, provavelmente o "shofar", feito com chifre de carneiro retorcido, seriam utilizadas aqui. Essa trombeta era usada especialmente nas batalhas, para conduzir as tropas. Quando os líderes de Israel tocavam essa trombeta, Deus entrava em ação em favor de seu povo. Veja estas referências: Josué 6.5,20; Juízes 3.27; 6.34; 7.16, 18; 1 Samuel 13.3; Neemias 4.18,20; Jeremias 4.19, 21; 42.14.
Esse selá de guerra – um interlúdio musical – servia certamente para descrever a ira e a fúria da batalha.

5. O selá triunfal (Salmo 49.15)
Aqui o salmista declara: "Mas Deus redimirá a minha vida da sepultura e me levará para si. Selá".

Nos versículos 13 e 14, observa-se o selá da morte, quando as flautas tocavam uma melodia fúnebre sobre o perverso. Mas o interlúdio musical (selá) do v. 15 seria o ressoar da trombeta – imagem do triunfo e da ressurreição dos mortos.
Talvez isso indique a ressurreição dos justos na segunda vinda de Cristo, ao som da última trombeta (1 Co 15.51-57; 1 Ts 4.13-18). Esse será sem dúvida o "selá triunfal". *"Graças a Deus que nos dá a vitória por meio de nosso Senhor Jesus Cristo."*
Essas interpretações do termo Selá certamente servem de ajuda para ensinar a verdade. Às vezes compreendemos os versos apenas pelos selás. O selá não é apenas uma pausa, é também um interlúdio musical descritivo que ilustra e interpreta o que vem antes e depois dele, dando um "tom colorido" ao cenário, estimulando a imaginação dos ouvintes. A orquestra e os músicos do templo assim ajudavam os cantores com esses selás descritivos, selás de sinfonia melódica, sacrifício, guerra, voo e tempestade, paz e triunfo. Cada tipo específico de selá requeria um tipo especial de instrumento. Isso tornava nítido na mente dos cantores e adoradores aquilo que Deus estava dizendo através das palavras dos salmos.

Ao concluir nosso comentário sobre os títulos e epígrafes dos salmos, constatamos que essas inscrições tornam os salmos muito mais significativos para a igreja, embora haja muitas dúvidas a respeito da interpretação dessas inscrições. Sem dúvida essas inscrições esclarecem sobre o tipo de melodia e instrumentos musicais mais adequados a vários salmos e demonstram que o cântico e os instrumentos musicais desempenhavam papel importante na adoração da igreja do Antigo Testamento, Israel. Portanto, a igreja do Novo Testamento poderia ter uma compreensão mais rica e plena dos salmos por causa da revelação do Senhor Jesus Cristo e sua obra consumada na cruz.

CAPÍTULO 25

INSTRUMENTOS MUSICAIS NOS TEMPOS BÍBLICOS

Os instrumentos musicais utilizados nos tempos bíblicos se dividem (como hoje) em três categorias principais: instrumentos de cordas, de sopro e de percussão. Os instrumentos, por si só, não são capazes de dar vida aos sons, mas nas mãos de um músico podem transmitir uma mensagem especial para seus ouvintes (1 Co 14.7).

Parece que havia cerca de quatro mil instrumentos musicais na orquestra do templo (1 Cr 23.5). Eles eram chamados de instrumentos de Davi ou instrumentos do Senhor. Embora não seja possível uma descrição plena e precisa dos instrumentos dos tempos bíblicos, os arqueólogos têm fornecido informações muito interessantes sobre essas três categorias. O Salmo 150 convida os redimidos a louvarem a Deus com todo tipo de instrumento, apresentando uma lista de instrumentos de sopro, de cordas e de percussão. Examinaremos rapidamente aqui os instrumentos mencionados nas Escrituras.

INSTRUMENTOS DE CORDAS

1. *Kin-nohr* (SC 3658, hebraico, "harpa")

O primeiro instrumento de cordas mencionado na Bíblia é o *kin-nohr*, traduzido todas as vezes por "harpa". John Stainer, em *The music of the Bible*, sugere que esse instrumento seria provavelmente uma espécie de "lira portátil". A palavra hebraica deriva de uma raiz incomum, "tanger", e é traduzida por "harpa". É o único instrumento de cordas mencionado no Pentateuco (Gn 4.21). Stainer acredita que esse instrumento seja de origem Síria.

O instrumento é mencionado em muitas passagens da Bíblia, entre elas: 1 Samuel 10.5; 16.16, 23; Jó 21.12; 30.31; Salmo 33.2; 43.4; 49.4; 108.2; 147.7; 149.3; 150.3; Isaías 5.12; 16.11; 23.16; 1 Crônicas 15.16, 21, 28; 16.5; 25.1; 2 Crônicas 5.12.

A palavra grega *kitharizo* (SC 2789) significa "tocar uma lira". As referências do Novo Testamento são 1 Coríntios 14.7; Apocalipse 5.8; 14.2; 15.2; 18.22.

Os redimidos são convidados a adorar e louvar o Senhor com harpas. No Tabernáculo de Davi havia aqueles que profetizavam ao som da harpa. Música e adoração liberam o Espírito de profecia no meio do povo de Deus.

Os desenhos a seguir dão uma ideia de como seriam essas harpas primitivas.

2. *Neh-vel* (SC 5035, hebraico, "saltério")

A palavra hebraica para saltério é *neh-vel*, que é usada também para designar um saco de pele (odre) para líquidos. É traduzida como "garrafa, jarro, saltério, vaso e viola". O *Unger's Bible Dictionary* declara que a tradição rabínica afirma que a harpa é chamada de *nebel* porque tem a forma de uma garrafa de pele de animal. A palavra é empregada 27 vezes referindo-se a um instrumento musical.

A primeira ocorrência da palavra é em 1 Samuel 10.5. Outras referências bíblicas que mencionam a palavra saltério são: 2 Samuel 6.5; 1 Reis 10.12; 1 Crônicas 13.8; 15.16, 20, 28;

16.5; 25.1, 6; 2 Crônicas 5.12; 9.11; 20.28; 29.25; Neemias 12.27; Salmo 33.2; 57.8; 71.22; 81.2; 92.3; 108.2; 144.9; 150.3; Daniel 3.5, 7, 10, 15. A mesma palavra é traduzida como lira em Isaías 5.12 e Amós 5.23.

3. *P'san-teh-reen* (SC 6460, "saltério")

A palavra caldeia *p'san-teh-reen* é uma transliteração da palavra grega *psalterion*, que significa "lira". É traduzida por "saltério" em Daniel 3.5, 7, 10, 15.

4. *Sab-b'chah* (SC 5443, caldeu, "cítara")

A palavra hebraica *sah-vach* (SC 5440) vem de uma raiz primitiva que significa "entrelaçar". A Concordância de Strong refere-se a ela como "lira". De acordo com o *Bible Study Source Book* (Donald Demaray, p. 256), "citar", também traduzido por "triângulo". Na forma mais primitiva, era um instrumento semelhante à harpa, preso à cintura do músico e colocado no sentido vertical para ser tocado.

A cítara era um dos instrumentos usados na adoração da imagem de Nabucodonosor (Dn 3.5, 7, 10, 15).

Os desenhos a seguir ilustram que forma teria o "triângulo" ("sambuca"), juntamente com formas egípcias dessa harpa grande e potente.

5. *Kee-tha-rohs* (SC 7030, caldeu, "harpa")

A palavra caldeia *kee-tha-rohs* é uma transliteração da palavra grega *kithros*, que significa "lira". É traduzida por "harpa" em Daniel 3.5, 7, 10, 15. O desenho mostra que era uma espécie de lira mais encorpada.

6. *Gah-sohr* (SC 6218, hebraico, "instrumento de dez cordas, cítara")

Gah-sohr significa "dez", abreviação de "dez cordas". É traduzida por instrumento de dez cordas em Salmo 33.2; 92.3; 144.9. Alguns consideram que seria uma *cítara* de dez cordas, mas a maioria interpreta como uma *lira* de dez cordas.

O Salmo 150.4 exorta o povo do Senhor a tocar "instrumentos de cordas". Refere-se a um grupo de instrumentos de corda semelhantes, não a um determinado instrumento.

Qualquer que seja a forma exata ou o estilo dos instrumentos de corda, é evidente que esse tipo de instrumento musical era muito usado nos tempos bíblicos, tanto em Israel quanto em outras nações.

John Stainer resume suas conclusões sugerindo que os instrumentos a seguir eram os principais instrumentos de corda dos tempos bíblicos (ortografia hebraica de acordo com Steiner):

> *Kinnor* – lira portátil
> *Nebel* – harpa de tamanho médio, mas portátil.
> *Psanteriyn* – saltério
> *Sabbekaw* – harpa triangular
> *Qiytharoc* ou *kithros* – harpa mais encorpada
> *Nebel-asor* – harpa de dez cordas

INSTRUMENTOS MUSICAIS NOS TEMPOS BÍBLICOS

1. KIN-NOHR (HARPA)

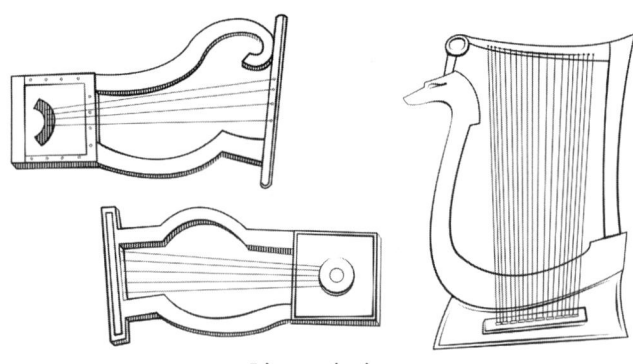

Liras egípcias

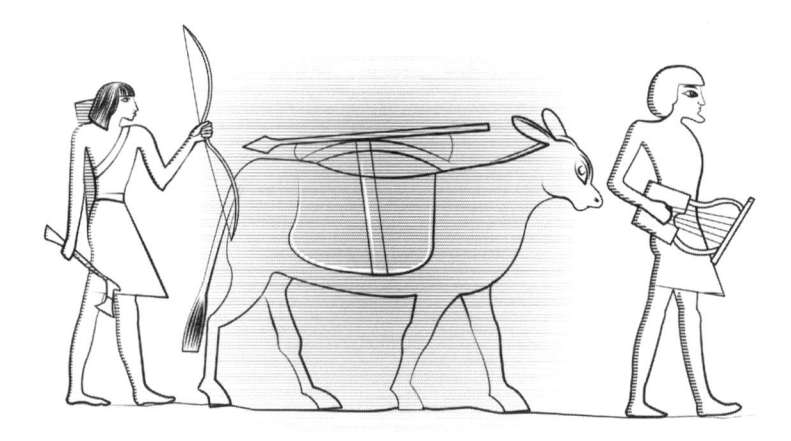

Uma companhia de estrangeiros no Egito, supostamente os irmãos de José

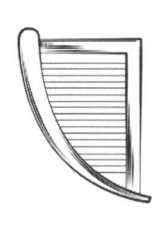

A forma mais primitiva de harpas - supostamente o kin-nohr

217

2. NEH-VEL (SALTÉRIO)

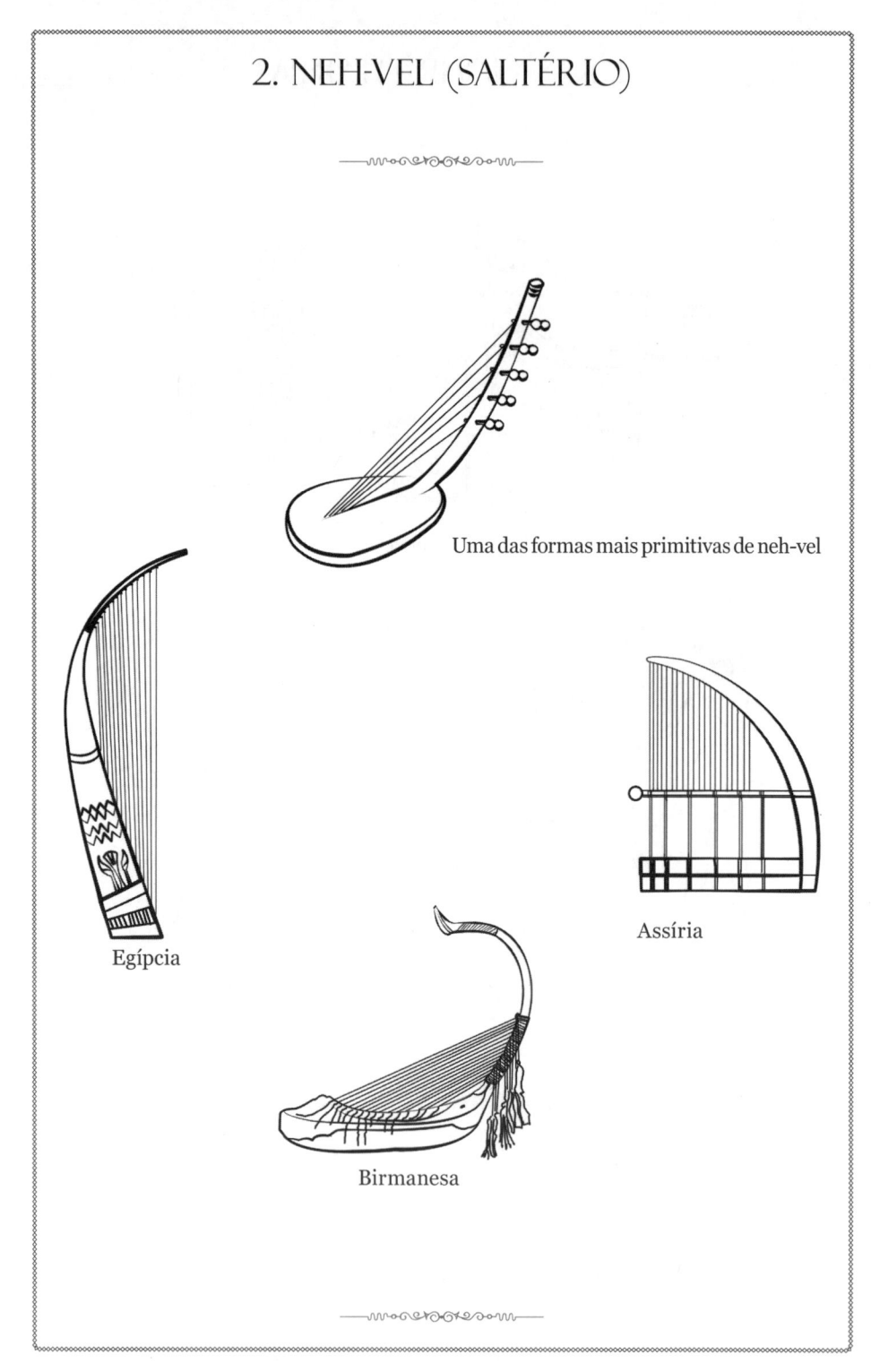

Uma das formas mais primitivas de neh-vel

Egípcia

Assíria

Birmanesa

3. P'SAN-TEH-REEN (SALTÉRIO)

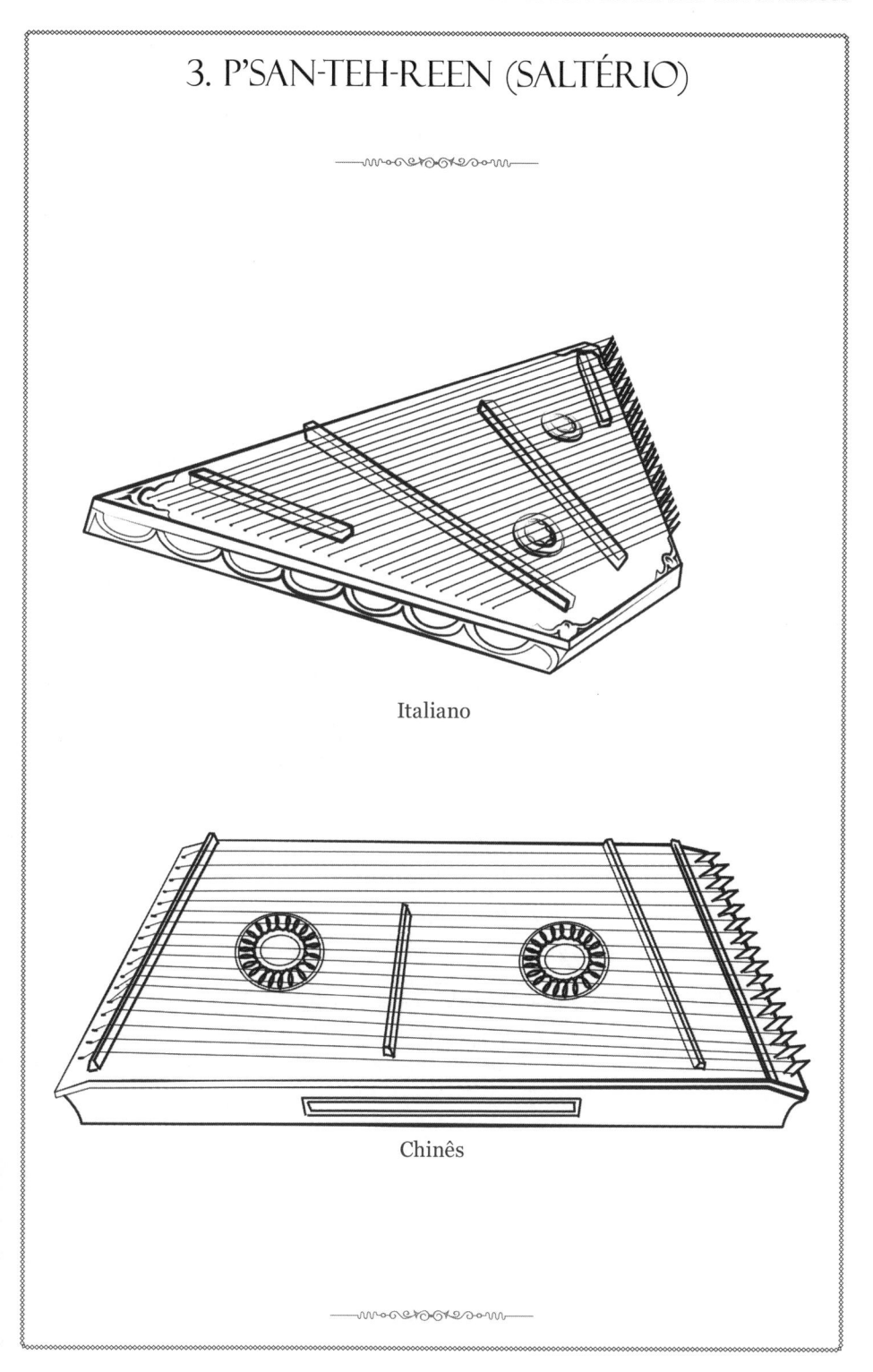

Italiano

Chinês

4. SAB-B'CHAH (CÍTARA)

Formas Egípcias

Triângulo

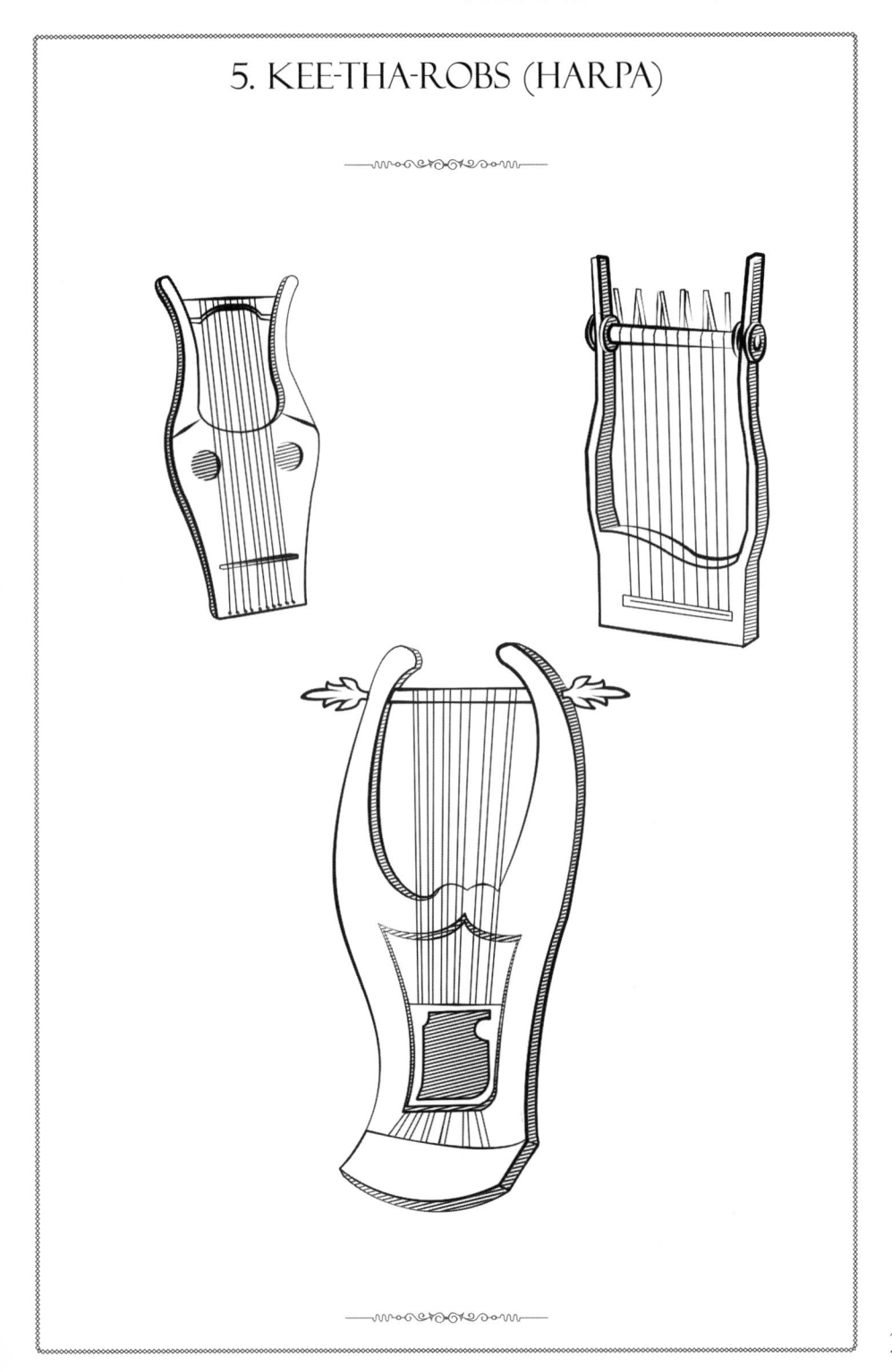

INSTRUMENTOS MUSICAIS NOS TEMPOS BÍBLICOS

5. KEE-THA-ROBS (HARPA)

INSTRUMENTOS DE SOPRO

1. *Ghah-leel* (SC 2485, de SC 2490, "tubos")

Ghah-leel significa "flauta (perfurada)" e é traduzido dessa forma nas referências: 1 Samuel 10.5; Isaías 5.12; 30.29; 1 Reis 1.40; Jeremias 48.36. Era um instrumento de sopro, chamado também de oboé.

2. *Mash-roh-kee-thah* (SC 4953, caldeu, "flauta")

Essa palavra caldeia é traduzida por "pífaro" em Daniel 3.5, 7, 10, 15. Era um tubo musical, com som sibilante e fazia parte da orquestra sinfônica caldeia na adoração da imagem de Nabucodonosor.

As figuras a seguir sugerem alguns dos vários tipos de flautas ou pífaros.

3. *Goo-gahv (ou goog-gahv)* SC 5748, vem de SC 5689, "órgão")

A palavra hebraica *goo-gahv* (SC 5748) deriva de uma palavra cujo sentido original é "fôlego"; um instrumento musical de junco; traduzido por "órgão" (Gn 4.21; Sl 150.4; Jó 21.12; 30.31).

Esse tipo de instrumento é mencionado apenas quatro vezes na versão King James (em inglês) e na versão Almeida revista e corrigida (ARC) das Escrituras. É o primeiro instrumento mencionado na Bíblia. Provavelmente seriam vários tubos presos uns aos outros e ordenados do mais curto ao mais longo, conforme o desenho abaixo. Na NVI, essa palavra é traduzida por "flauta".

4. *Soom-poh-n'yah* (SC 5481, caldeu, traduzido por "flauta dupla")

Essa palavra caldeia é de origem grega (*symphonia*) e significa "gaita de fole" (com dois tubos) e é traduzido por "flauta dupla" (Dn 3.5, 10, 15).

O desenho sugere como seria esse instrumento.

5. Trombeta

Há três palavras específicas para designar "trombetas" na história de Israel. São elas *keh'-ren, sho-phahr* e *ghatzoh-tzrah*.

a. *keh'-ren* (SC 7161, hebraico, "corneta" ou "buzina")

A palavra caldeia *keh'-ren*, SC 7162 vem de SC 7161, que significa "chifre", literalmente ou pelo som. É traduzida por "buzina" ou "corneta". É mencionada como "corneta" em Daniel 3.5, 7, 10, 15. É chamada de buzina em Josué 6.5; 1 Samuel 2.1; 1 Crônicas 25.5. No Tabernáculo de Davi havia pessoas designadas para profetizar ao som de cornetas. Era usada como instrumento musical.

O chifre usado para esse instrumento provavelmente pertencia a algum animal oferecido em sacrifício (touro ou carneiro). Em Josué 6, as trombetas eram feitas de chifre de carneiro e usadas como sinal para o povo começar a gritar na queda dos muros de Jericó. Ao que parece, *keh'-ren* era usada como sinônimo para "sofar", ou "chifre de carneiro".

As formas sugeridas para as buzinas podem ser vistas nos desenhos a seguir.

b. *Shoh-phar* (SC 7782, hebraico, "corneta" ou "trombeta")

A palavra hebraica *shoh-phar* (ou *shofar*) tem originalmente o sentido de "estridente", uma corneta com som forte e claro, ou chifre curvo. É traduzida por corneta ou trombeta.

Essa trombeta é um dos instrumentos musicais mais importantes em Israel, sendo mencionada cerca de setenta vezes nas Escrituras.
A trombeta (*shoh-phahr*) ressoava no monte Sinai (Êx 19.16, 19; 20.18), no ano do jubileu (Lv 25.9). A trombeta do jubileu, feita de chifre de carneiro, ressoou em volta dos muros de Jericó (Js 6.5,20).
Leia também estes textos: 1 Samuel 13.3; Juízes 3.27, 28; 6.34; Isaías 18.3; 27.13; Joel 2.1, 15; Zacarias 9.14; Ezequiel 33.3-6; 2 Samuel 6.15; Salmo 47.5; 81.3; 150.3.
Era bastante usada nos tempos difíceis, mas não necessariamente como instrumento musical. Também era usada nos anos do Jubileu e nas luas novas.

c. *Yoh-vehl* (SC 3104, hebraico, traduzida por "jubileu", "chifre de carneiro" e "trombeta")
De acordo com Strong, *yoh-vehl* significava o ressoar de uma buzina (por causa de seu som contínuo); principalmente das trombetas de prata. A expressão passou a designar o próprio instrumento e o festival por ele apresentado.
A palavra é traduzida por "jubileu" em Levítico 25.10, 11, 12, 13, 15, 28, 30, 31, 33, 40, 50, 52, 54; "chifre de carneiro" em Josué 6.4, 6, 8, 12; e "trombeta" apenas uma vez, em Êxodo 19.13.

d. *Ghatzoh-rehr* (SC 2689, "trombetas [de prata]")
Essa expressão provavelmente se refere às trombetas de prata que Deus ordenou a Moisés que fizesse (ver Números 10.2). A palavra *ghatzoh-rehr* significa "trombeta", por causa do som estridente ou vibrante, e é traduzida por "trombeta". Alguns sugerem que seria uma espécie de trombeta reta com um sino.
O Arco de Tito (Roma) traz desenhos de trombetas retas, como no diagrama a seguir (80 d.C.). Em Números 10.2, 8, 9, 10; 29.1 observamos que as trombetas de prata eram usadas para vários propósitos, principalmente na Festa das Trombetas. Na dedicação do Templo de Salomão ouviu-se o som de trombetas (2 Cr 5.12, 13).
Leia também: 2 Crônicas 7.6; 15.14; 1 Cr 13.8; 15.24, 28; 16.6, 42; Esdras 3.10; Neemias 12.35, 41; Oseias 5.8; 2 Reis 11.14; Salmo 98.6).

2. MASH-ROH-KEE-THAH (FLAUTA)

Arab Zamr

Flauta de junco egípcia

3. GOO-GAHV (ÓRGÃO)

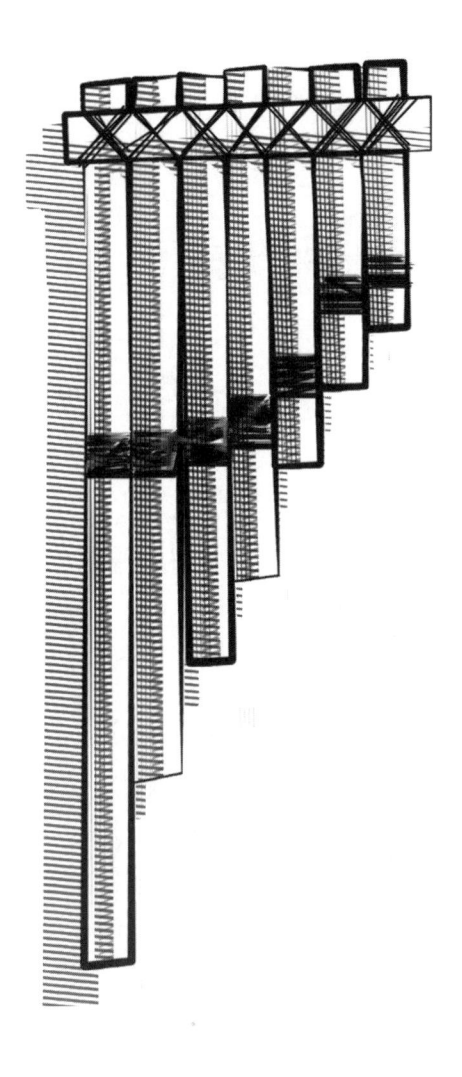

4. SOOM-POH-N'YAH (FLAUTA DUPLA)

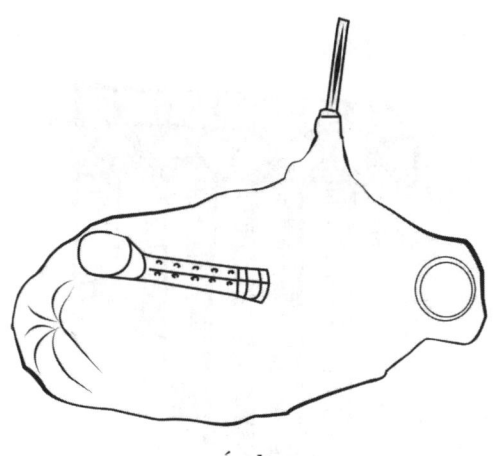

Árabe

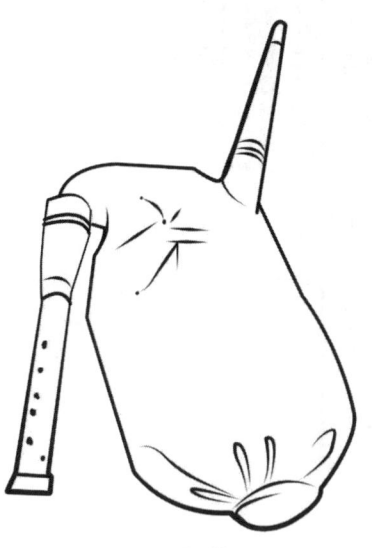

Indiano

5. TROMBETA
A. KEH'-REN (CORNETA OU BUZINA)

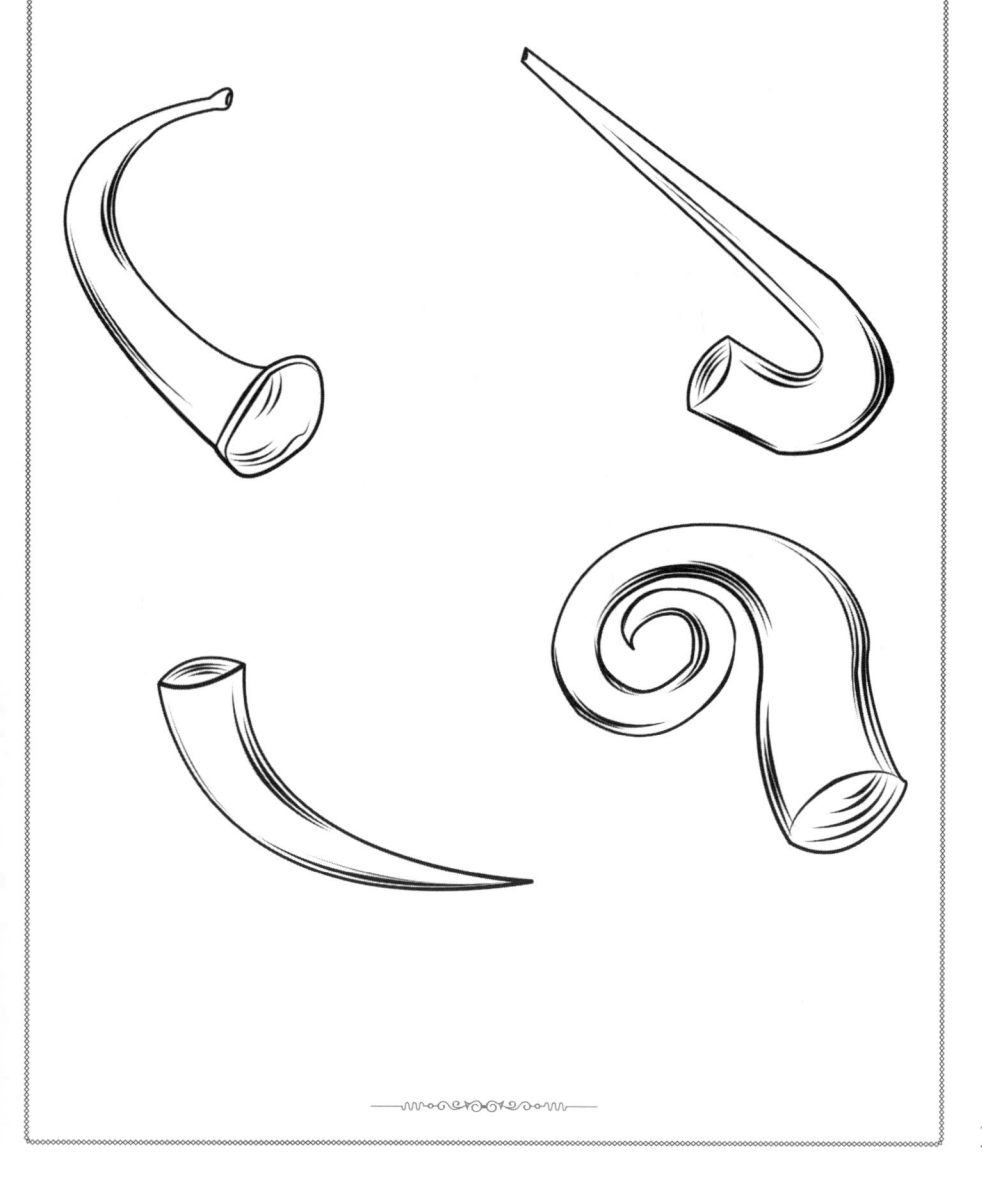

5. TROMBETA
B. SHOH-PHAR (CORNETA OU TROMBETA)

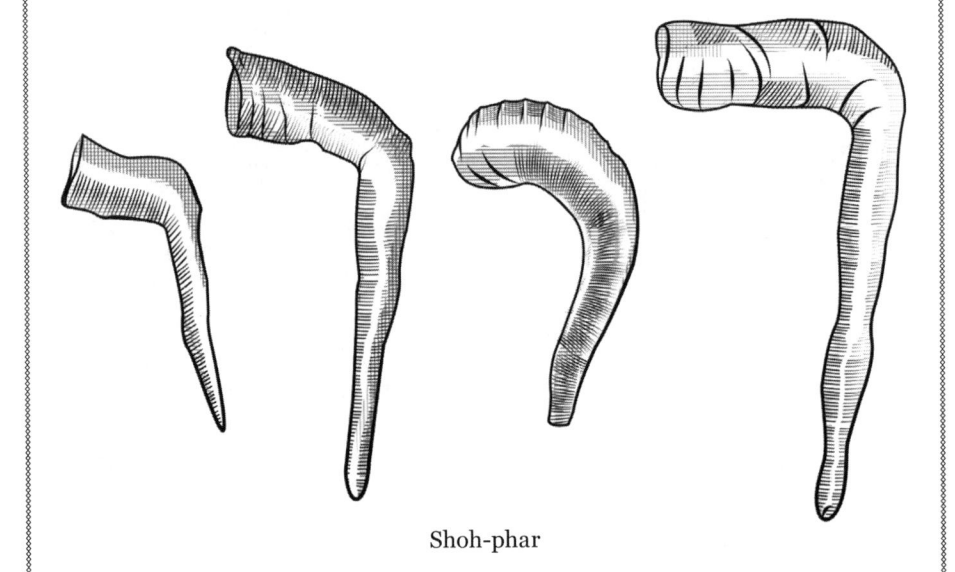

Shoh-phar

5. TROMBETA
C. GHATZOH-REHR (TROBETAS [DE PRATA])

Trombeta sem válvula

Instrumentos de percussão

1. Tz'lah-tzahl
Hebraico, címbalos, dando a ideia de vibração; retinir, isto é, som de chocalhos. Címbalo significa "retinir"; como o som de sinos batendo. Essa palavra é empregada em 2 Samuel 6.5 e Salmo 150.5.

2. M'tzil-tah-yim
Hebraico no plural, címbalos, duplo tinido. A palavra é empregada nestas passagens: 1 Crônicas 13.8; 15.16, 19, 28; 16.5, 42; 25.1, 6; 2 Crônicas 5.12, 13; 29.25; Esdras 3.10; Neemias 12.27. É traduzida por "sinos" em Zacarias 14.20.

3. Kymb alon
Grego, "címbalo". O címbalo mencionado aqui é um címbalo raso, um tipo de prato (1 Co 13.1). Ao que parece, havia dois tipos principais de címbalos. Os címbalos sonoros e os címbalos ressonantes (Sl 150.5).

4. Pah-gamohn, hebraico, "sinos"
A palavra significa simplesmente "batida ou pancada". É traduzida por sino apenas duas vezes, em Êxodo 28.33, 34; 39.25, 26. Não se utilizavam sinos como instrumentos musicais, mas as Escrituras relatam que nas vestes do sumo sacerdote eram costurados pequenos sinos. Os sinos eram usados como percussão.

5. M'nah-gan-geem
é traduzido por "chocalho" em 2 Samuel 6.5 (NVI). A palavra significa "sacudir de um lado para outro". Era um instrumento de metal, em que argolas metálicas se moviam para cima e para baixo e de um lado para outro em hastes metálicas. Talvez "o metal que soa" mencionado em 1 Coríntios 13.1 (ARC) seja uma alusão a esse instrumento.

6. Shah-leesh, hebraico, origem do caldeu
Um triângulo, isto é, um instrumento musical talvez mais para um alaúde de três cordas. A palavra é empregada apenas uma vez, em 1 Samuel 18.6. Quando Davi voltou do massacre dos filisteus, as mulheres de Israel se encontraram com ele cantando e dançando ao som de instrumentos musicais de três cordas. Talvez um objeto fácil de ser tocado enquanto se dançava e cantava, que mantinha o rítmo para o estilo de dança das mulheres. Os desenhos sugerem possíveis formas desses instrumentos de percussão.

7. Tohph
Hebraico, "bater no tambor", tocar como tamborim. É traduzido por "tamborim".

A palavra tohph é empregada dezoito vezes na Bíblia. A palavra "tamborim" é usada em várias passagens, como Êxodo 15.20; Jó 21.12; Salmo 81.2; 149.3; 150.4; Juízes 11.34; 2 Samuel 6.5; 1 Crônicas 13.8; Salmo 68.25; Gênesis 31.27; 1 Samuel 10.5; Jó 17.6; Isaías 5.12; 1 Samuel 18.6; Isaías 24.8; 30.32; Jeremias 31.4; Ezequiel 28.13. As referências em Gênesis mostram quanto é antigo o uso do pandeiro ou tamborim como instrumento de percussão. Os desenhos a seguir mostram alguns tipos de pandeiro ou tamborim usados por vários povos.

8. Tímpanos ou tambores
O livro apócrifo de Macabeus (9.39) traz a primeira menção específica de "tambor" em hebraico. "E o noivo saiu e seus amigos e seus irmão foram encontrá-lo com tambores ("tímpanos") e instrumentos musicais e muitas armas".

INSTRUMENTOS MUSICAIS NOS TEMPOS BÍBLICOS

3. KYMB ALON (CÍMBALO)

Assírio

231

6. SHAH-LEESH (TRIÂNGULO OU ALAÚDE)

Egípcio

INSTRUMENTOS MUSICAIS NOS TEMPOS BÍBLICOS

7. TOHPH (TAMBORIM)

Egípcio

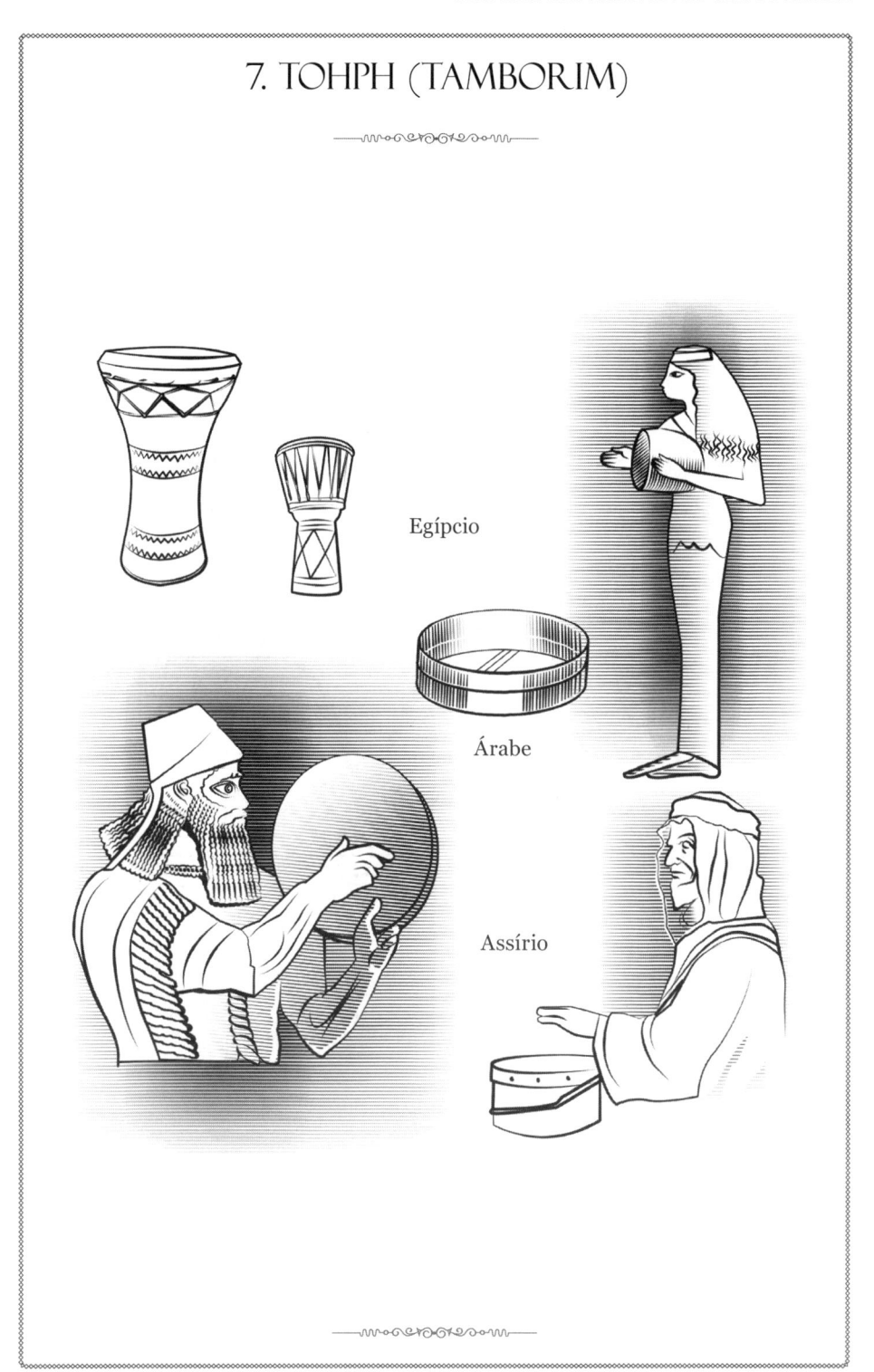

Árabe

Assírio

233

8. TÍMPANOS OU TAMBORES

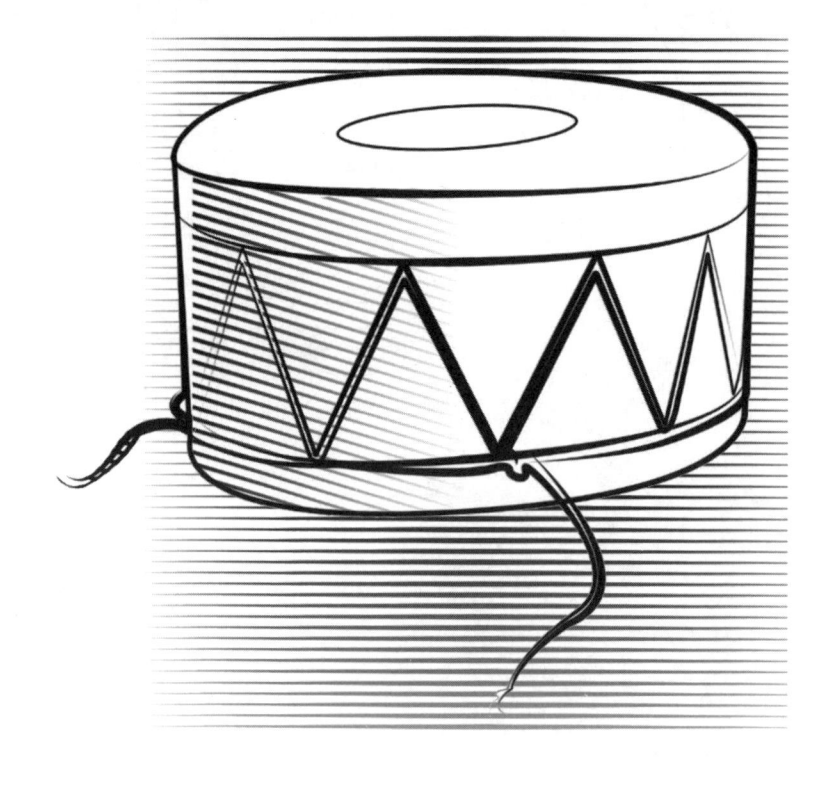

Embora as pesquisas arqueológicas tenham revelado muito pouco sobre o uso de instrumentos musicais na história hebraica, outras nações vizinhas fornecem uma boa quantidade de informações. A nação hebraica, seguindo estritamente a letra da lei, que proibia a fabricação de qualquer imagem ou escultura, se absteve desse costume, ao contrário das outras nações. Todavia, qualquer que seja a descrição exata dos instrumentos dos tempos bíblicos, uma quantidade suficiente de informações mostra que eles se classificam nas mesmas categorias básicas mencionadas no Salmo 150. Isto é, instrumentos de cordas, de sopro e de percussão. A fabricação de instrumentos no mundo atual certamente é maior do que em épocas passadas. E todos esses instrumentos musicais podem ser usados no louvor ao Senhor. O salmo 150 é a forma adequada de concluirmos este capítulo:

Aleluia!
Louvem a Deus no seu santuário,
Louvem-no em seu magnífico firmamento.
Louvem-no pelos seus feitos poderosos,
Louvem-no segundo a imensidão de sua grandeza.
Louvem-no ao som da *trombeta,*
Louvem-no com *a lira* e *a harpa,*
Louvem-no com *tamborins* e *danças,*
Louvem-no com *instrumentos de cordas* e com *flautas,*
Louvem-no com *címbalos sonoros,*
Louvem-no com *címbalos ressonantes.*
Tudo o que tem vida louve ao Senhor!
Aleluia!
(Sl 150)

Assim temos:
Instrumentos de *corda:* saltérios e harpas.
Instrumentos de *sopro*: trombeta e órgãos.
Instrumentos de *percussão*: címbalos sonoros, címbalos ressonantes.

CAPÍTULO 26

A MÚSICA FALSIFICADA DE SATANÁS

Depois de constatarmos que a música se originou de Deus e que por si mesma não é moral nem imoral, consideraremos agora como Satanás tem usado o poder da música para atrair as pessoas. Com a restauração da música de adoração na igreja, Satanás tem procurado falsificar esse reavivamento introduzindo um gênero corrompido de música. Aliás, Ele sempre faz isso com tudo que Deus procura restaurar à igreja.

Lúcifer – o líder da música celeste

Como vimos na história da música, Lúcifer inicialmente era o chefe de música do céu, líder do coro celestial. Ele era o querubim ungido, e recebeu o ministério de música como querubim guardião do trono de Deus. Quando ele caiu, Deus não retirou dele a sabedoria nem sua capacidade musical e ministério. É importante refletir sobre o fato de que o pecado e a dissonância entraram no universo por meio do arcanjo rebelde, o líder de música e cântico.

Desde a queda, Satanás tem usado o poder da música para desviar para si o culto ao Deus verdadeiro. Satanás deseja ser adorado. Uma das mais poderosas expressões de adoração é a música. Logo, a música pode ser corrompida pelo mau uso.

O mau uso da música

Já mencionamos que a música, em si, não é moral ou imoral, é amoral. A música em si não é má. O uso pervertido de algo é que o torna mau. Vejamos alguns usos errados da música mencionados nas Escrituras.

1. Gênesis 4.21 é a primeira menção específica de instrumentos musicais na Bíblia. Esses instrumentos foram usados pelos descendentes de Caim, composta de assassinos e polígamos. Sem dúvida o uso da música por eles não teria um caráter piedoso.

2. Êxodo 32.17-19. Israel, pouco depois do livramento do Egito, caiu novamente em idolatria. Arão fez um bezerro de ouro com os brincos das pessoas. O povo se reunia para festejar, e as pessoas cantavam, gritavam e dançavam nuas. O uso satânico da música é evidente, já que devia ser um tipo de música sensual e ousado para fazer o povo despir-se, deixando de lado toda restrição.
Há uma grande diferença entre a dança santa de Miriã e as mulheres em Êxodo 15.20 e essa dança sensual diante do bezerro de ouro.

3. Jó 21.7-12. Jó lamentou o modo como os ímpios dançavam, usando pandeiros, harpa e órgão em suas atividades musicais. A era da dança moderna também tem sido relacionada à depravação.

4. Salmo 69.12. Davi era motivo de escárnio na canção dos bêbados. O cântico que acompanha um episódio de bebedeira é grosseiro e vil, e com certeza não glorifica a Deus.

5. Isaías 23.15,16. Nos tempos bíblicos, as prostitutas tocavam harpa (violão) para atrair os homens. Não é difícil imaginar o tipo sensual de música que elas tocavam para seduzir os homens para o mal.

6. Amós 6.5 com 5.21-23. Havia em Israel aqueles que improvisavam em instrumentos musicais, como Davi. Deus declarou o quanto Ele desprezava a música e o cântico do templo por causa da hipocrisia deles. Essa música não agradava a Deus, pois o coração desses homens estava longe dele. O Senhor irá julgar essas pessoas (Am 8.10).

7. Daniel 3. A música era usada para incitar os habitantes da Babilônia a se prostrarem e adorarem a imagem do rei Nabucodonosor. Vemos nisso o uso satânico da música na adoração para fazer o homem adorar outro homem no lugar de Deus. Música e adoração não podem ser separadas, quer sejam dirigidas ao Deus verdadeiro, quer dirigidas a falsos deuses ou a homens.

8. Levítico 18.21; 2 Reis 23.10; Jeremias 32.28. A história registra que a adoração a Moloque pelos cananeus era do tipo mais vil e indigno. Sacrificando os próprios filhos, os sacerdotes batiam tambores para abafar os gritos das crianças oferecidas no altar a Moloque. A música desempenhava um papel importante em suas festividades. Enquanto o sacerdote subia os degraus do altar, ele ia se despindo, e ao dar um sinal, as pessoas se juntavam em todos os tipos de orgias vis. A música certamente era de inspiração satânica para produzir esse resultado. Foi por essa razão que Deus não permitiu degraus em seus altares em Israel, para que não se visse nenhuma nudez (Êxodo 20.25, 26; Atos 7.43).

9. Marcos 6.22; Mateus 14.6. Herodes mandou cortar a cabeça de João Batista por causa da dança sensual de sua filha.

10. Apocalipse 18.22, 23. A Babilônia dos últimos dias é caracterizada por músicos. Deus fará cessar a música da Babilônia. Babilônia significa "confusão religiosa". A Babilônia certamente não será caracterizada por música piedosa.

Assim, ao longo das Escrituras podemos ver claramente que a música pode ser usada tanto para o mal como para o bem. Como o martelo, que em si mesmo não é bom nem ruim, pode ser usado para construir ou para destruir, assim também a música, que foi criada por Deus para o bem, pode ser corrompida para produzir música ímpia e destruir seus ouvintes. Embora originariamente um instrumento de Deus, a música se tornou uma das ferramentas mais poderosas de Satanás. Ele tem usado estilos e formas diferentes para desencaminhar gerações, culturas e nações. Satanás tem usado os vários estilos de música, dos mais primitivos aos mais sofisticados, para motivar a humanidade a praticar o mal e afeiçoar o coração a tudo que não vem de Deus. Satanás usou a música primitiva dos povos das selvas para manter o homem preso pela sensualidade e pela superstição demoníaca. Ele usou a "marcha" militar para inspirar os homens a matar uns aos outros nos campos de batalha. Ele usou até a sofisticada música "clássica" para fazer os homens adorarem a música por si mesma. Na civilização ocidental moderna, Satanás implementou vários estilos de música para afetar o coração e a mente dos homens. O cenário da música contemporânea é altamente complexo e está em constante mudança. Uma avaliação completa seria uma tarefa gigantesca. Por isso escolhemos uma das formas modernas de música – a música "rock" – para demonstrar o poderoso uso da música por Satanás.

A MÚSICA *ROCK*

Sem dúvida, a música *rock* representa um dos grandes desafios para o crente e a igreja dos dias de hoje. A história da igreja mostrou que ocorreram várias crises a respeito do uso da música na igreja, e o *rock* é apenas mais uma dessas crises.

A assim chamada "música *rock*", tanto secular quanto religiosa, alcançou uma posição de destaque no mundo por volta dos anos 1960-65. Desde então ela só tem crescido. (Aqueles que têm interesse em obter mais informações sobre esse tipo de música devem procurar na bibliografia os livros indicados para o assunto em questão).

Todo crente que deseja manter um alto padrão musical deve analisar com bastante atenção e critério esse tipo de música. O *rock* é uma das principais armas usadas por Satanás para corromper o evangelho do Senhor Jesus Cristo dentro das igrejas. O lema do Diabo sempre foi: "Se você não pode vencê-los, junte-se a eles; se não conseguir destruí-los, tente corrompê-los". A música é apenas um dos métodos de que Satanás lança mão para fazer isso com a igreja.

O *rock* se classifica em duas categorias básicas: o *rock* secular, um produto do mundo ímpio, anticristão, e o *rock* cristão, uma mistura da música *rock* do mundo com conteúdo cristão ou ético. O *rock* secular é dividido em várias categorias, sendo que o mais pesado é ligado ao mundo das drogas. Expressões como *acid rock*, *hard rock*, *Satan rock* e *love rock* vêm e vão, conforme as tendências do mundo do *rock*. "Psicodélico" é um termo usado geralmente para designar o *acid rock* e sua mistura de sons. É preciso lembrar que o cenário musical sofre mudanças com o passar dos anos, mas a raiz dos problemas continua a mesma. O *rock* continua associado ao mundo das drogas, da sensualidade e do ocultismo.

O *rock* cristão também apresenta muitas variações, sendo conhecido como *gospel rock*, *Jesus rock* ou *christian rock*. Por se tratar de um assunto bastante amplo, iremos focalizar apenas alguns aspectos mais importantes relacionados ao *rock*, tanto o secular como o assim chamado "*rock* cristão".

As Escrituras ensinam claramente que a árvore é conhecida por seus frutos. Uma árvore corrompida só pode dar frutos corrompidos; uma árvore boa só dá bons frutos. Se o fruto é mau, a raiz é má (Mt 7.16-20). Muitas vezes os frutos de uma árvore parecem bons e talvez sejam até doces, mas depois de ingeridos, seu veneno começa a produzir efeito no organismo da pessoa. O problema está na raiz.

Outra ilustração do mesmo fato é a parábola do joio e do trigo. O Diabo semeou sementes de joio no meio do trigo, produzindo uma mistura de plantas (Mt 13.24-30, 36-43). O *rock* é o joio no meio do trigo da música santa. O joio e o trigo são muito parecidos no início, não se distingue um do outro. O joio imita muito bem o trigo, mas, quando está maduro, produz uma semente venenosa que, se ingerida com o pão, provoca tonturas. O *rock* tem som e aparência de "música". Para muitos evangélicos ansiosos por se relacionarem com o mundo no mesmo nível, trata-se apenas de mais um estilo de música, que pode ser útil para alcançar a geração "atual".

Somente quando chegar o tempo da colheita é que eles irão descobrir o que realmente é o *rock*. Essa música, como o joio, tem veneno mortal e causa tontura espiritual naqueles que se alimentam de seu fruto misturado ao "Pão da Vida". Nada pode ser feito para consertar isso, porque o problema está na raiz. A raiz é ruim.

Apresentamos a seguir alguns fatos relacionados ao *rock* e sua ligação com o mal:

1. O *rock* está associado com descrições do mal

Em geral é difícil descrever exatamente o que é o *rock*. A revista *Look Magazine* (edição de 22-08-67) oferece uma boa descrição desse tipo de música:

> A música *rock*, seja o *love-rock* ou o *acid-rock*, é o elemento vital de todo um estilo de vida. Quando ouvido de forma ideal – em ritmo acelerado e tão barulhento que ouvidos normais quase não conseguem suportar – ele esvazia a mente, entorpece os sentidos e provoca um forte estímulo nas fibras nervosas, levando o indivíduo a pular e se contorcer ao contagiante ritmo da bateria, entregando-se de forma inconsciente.

Os elementos fundamentais do *rock* são: bateria, guitarra elétrica, baixo, ritmo e uma batida alucinante. A batida rítmica e pesada é a própria essência do *rock*. Quando se consegue distinguir a melodia, a harmonia e o ritmo (os três componentes básicos da música) é mais fácil definir o estilo de *rock*. Como existe uma grande variedade de estilos, é difícil dar uma definição precisa.

Porém, a marca registrada do *rock* é o ritmo acelerado e a batida alucinante. A ênfase é mais na batida que na melodia. A música adequada enfatiza a melodia. No *rock,* a melodia é secundária. A música *rock* é vibrante e sincopada, com uma batida forte e marcada, atraente ao ritmo do corpo humano.

2. O *rock* é um estilo musical de origem pagã

Os povos pagãos da África são conhecidos há séculos por suas feitiçarias praticadas juntamente com as danças tribais, em meio à batida da música da floresta. A batida incessante dos tambores na floresta, as danças sensuais e a promiscuidade sexual estão na origem dos atuais festivais de *rock* do mundo ocidental.

Bob Larson, em *The Day Music Died* (p. 109, 179), conta que um missionário fez um teste para verificar a influência da música sobre os nativos de uma região não civilizada da África. A música clássica produziu atitudes agradáveis; o *rock* despertou as tendências ao canibalismo. A música *soul* negra também foi muito influenciada pelas danças tribais africanas.

3. O *rock* está associado às revoltas culturais

As revoltas culturais procuram fazer de Jesus Cristo o fundador desses movimentos. O *rock* se originou dos movimentos rebeldes e tem reproduzido esse modelo na sociedade, expressando o som da derrubada do sistema. O som do *rock* é o som da rebeldia, o som da iniquidade e da discórdia. Incita as pessoas a agir de acordo com sua vontade – o que é uma expressão de rebeldia. O corte de cabelo, o tipo de roupa e o estilo de música em geral são símbolos associados à rebeldia – o espírito do anticristo.

4. O *rock* está relacionado ao uso de drogas

Drogas e *rock* estão intimamente relacionados. As drogas, a meditação transcendental e a imoralidade estão interligadas. Algumas pessoas creem que as drogas abrem a porta para a percepção de Deus. O *rock* enaltece os benefícios da droga. É interessante notar que a palavra empregada no Novo Testamento para "feitiçaria" vem da palavra grega *pharmakia*, que significa "fabricante e usuário de drogas, encantador".

5. O *rock* está relacionado à imoralidade

A música *rock* apela para o corpo e para os desejos carnais. Muitas vezes tem caráter lascivo e efeminado. É semelhante à excitação sexual. Drogas e sexo são como gêmeos siameses. Sob a capa do "amor", as pessoas se entregam à luxúria e à satisfação física. Os festivais de *rock* nos Estados Unidos, com suas músicas, danças, nudismo, e orgias não passam de repetições das festas religiosas dos cananeus. Israel passou por uma situação desse tipo quando começou a cultuar o bezerro de ouro (Êx 31.17-25).

Os festivais de *rock* são réplicas das danças, da sensualidade e da imoralidade dos povos pagãos. É a música dos feiticeiros brancos. Os cantores de *rock* geralmente são idolatrados pelas pessoas, e costumam levar um tipo de vida corrompido pelo pecado.

6. O *rock* está relacionado aos espíritos malignos

Os espíritos operam com música. O Espírito Santo opera com música íntegra; os espíritos malignos operam com música corrompida. Do hinduísmo às religiões africanas, os espíritos atuam ao som da música e das danças tribais. O objetivo das danças, da batida de tambores e do ritmo do corpo é invocar os espíritos malignos para tomarem conta da mente de um indivíduo. A pessoa pode ser torturada de forma sobrenatural sob o poder do *rock*, por causa do poder sobrenatural dado pelos espíritos demoníacos. Isso é bastante comum entre os povos pagãos. Adoração de Satanás e práticas ocultistas são quase sempre acompanhadas pelo som de música *rock*.

Alguns tipos de música certamente estão envolvidos com espíritos demoníacos. Muitas vezes, as pessoas que se convertem a Cristo só conseguem quebrar o poder desses espíritos quando quebram seus discos de *rock*.

7. O *rock* está relacionado à meditação hinduísta

O *rock* ajuda a sintonizar a mente ocidental com a mente oriental, principalmente ao hinduísmo, a religião oriental praticada por milhões de pessoas. A prática do misticismo ou da meditação transcendental não requer arrependimento nem abandono do pecado. O hinduísmo acredita em adoração do sol, reencarnação e desenvolvimento do deus interior. O *rock* ajuda o indivíduo nesse tipo de meditação que abre a mente para a influência de espíritos maus. Essa é a falsificação satânica da verdadeira meditação na Palavra de Deus (Sl 1.2; 19.14).

8. O *rock* está relacionado à letras que exaltam o pecado

Em Gálatas 5.19-21 são mencionadas dezessete obras da carne. Imoralidade sexual, impureza e libertinagem estão incluídas entre as obras da carne, pois são pecados do corpo.

Idolatria e feitiçaria se relacionam à adoração demoníaca. Ódio, discórdia, ciúmes, ira, egoísmo, dissensões, facções e inveja, embriaguez, orgia e coisas semelhantes são pecados da alma, da mente e do corpo. O *rock* glorifica esses pecados, despertando desejos sexuais e prazeres desenfreados.

Muitas letras não passam de palavras com duplo sentido, com sentido pervertido, mas bem conhecido pelos que estão envolvidos nesse mundo do mal. As palavras são sugestivas e pesadas, incluindo as obras da carne. Música dissonante, sons conflitantes e ritmo frenético caracterizam esse estilo de música. O musical *Hair* é um claro exemplo de obscenidade.

Tudo isso é totalmente contrário às nove características do fruto do Espírito. Amor, alegria, paz, paciência, amabilidade, bondade, fidelidade, mansidão e domínio próprio representam o fruto do Espírito Santo na vida do crente.

No mundo atual, certos tipos de música clássica são tidos em alta consideração, e são usados para proporcionar um ambiente de paz e criar uma certa melancolia. Mas isso não passa de uma falsificação do fruto do Espírito de Deus. Todavia, o resultado final revela qual é o fruto verdadeiro e qual o falsificado. Tudo aquilo que glorifica e produz as obras da carne não vem de Deus.

9. O *rock* corrompe o evangelho de Cristo

É neste ponto que os evangélicos se confundem. Muitas bandas do chamado *rock* cristão, ou *rock* de Cristo ou *gospel rock* utilizam letras religiosas. Entretanto, muitas delas são na verdade antibíblicas e antiteológicas. Muitas vezes as palavras do evangelho de Cristo são distorcidas ou deturpadas. Alguns belos cânticos evangélicos foram distorcidos por uma adaptação musical de estilo *rock*. Apesar de haver um bom propósito para o uso desse estilo musical – alcançar o pecador onde ele está – "o fim não justifica os meios".

O emprego de temas religiosos na música *rock* não faz com que ele se torne adequado ou correto. É possível fazer a coisa certa da maneira errada. Os grupos que utilizam esse estilo musical esperam que o Espírito Santo se manifeste através dele, mas dificilmente percebem que são os maus espíritos que geralmente atuam com esse estilo de música.

Satanás não se preocupa com o joio religioso e pode até mesmo usar o nome de Jesus Cristo, se isso lhe for conveniente. A ópera *rock Jesus Christ Superstar* é apenas um dos muitos exemplos de deturpação do evangelho. Trocar o rótulo da garrafa não altera o veneno que está em seu conteúdo.

O *rock* é como usar a "carroça nova dos filisteus" (1 Cr 13.1-14) para levar a mensagem do evangelho ao pecador. Porém, isso termina em morte. Para ser aceito pelo pecador, o evangelho de Cristo fica comprometido por um sentimentalismo subjetivo ou por uma abordagem ética inferior. Os próprios fãs do *rock* reconhecem que essa forma de abordagem é enganosa.

As doutrinas fundamentais da cruz, o sangue de Jesus, o arrependimento e a salvação por meio da fé em Cristo são negligenciadas no desejo de "tornar-se tudo para com todos, para de alguma forma salvar alguns" (1 Co 9.22). Os grupos de *rock* descartaram a linguagem bíblica por acharem-na obsoleta, recorrendo à linguagem da "subcultura", aos textos com tons psicodélicos e à música rock.

É importante lembrar que ninguém precisa se tornar bêbado para ganhar os bêbados ou se tornar prostituta para alcançar as prostitutas. Jesus Cristo desceu até nós para nos ganhar para ele, mas ele jamais se transformou em pecador para ganhar o pecador. Portanto, nenhum cristão deve se tornar negligente no estilo, na aparência ou na música para ganhar os pecadores. A igreja não precisa se assemelhar ao mundo para ganhar o mundo. Deus deu instruções bastante específicas quanto a roupas, cabelos e barba e quanto ao estilo de culto na Israel no Antigo Testamento. Tudo que reportasse à religião e ao culto dos cananeus era abominação ao Senhor e proibido por Ele.

Isto não significa que devemos voltar a usar o estilo de música usado na Idade das Trevas, com seus cânticos monótonos e fúnebres, mas música de boa qualidade, saudável que leva o crente a adorar a Deus e convence o pecador. A maior parte das pessoas adultas, mesmo as não-crentes rejeitam o *rock*. Não por motivos espirituais, mas por causa do choque cultural e do conteúdo imoral as implicações morais. Contudo, alguns cristãos recorrem ao *rock*, imitando o mundo. A igreja não deve ser influenciada pelos estilos do mundo, como muitas vezes acontece. Muitos pecadores, descontentes com o mundo do *rock* ficam mais aborrecidos ainda ao encontrar esse tipo de música na igreja, sob o disfarce da religião. Em geral, essas pessoas reconhecem que esse *rock* religioso é apenas mais um "bezerro de ouro" feito com os "brincos" do *rock* e recheado com letras de conteúdo religioso, em torno do qual alguns cristãos gostam de dançar.

De modo geral, tudo que é duvidoso não é bom! O simples fato de que a música *rock* enaltece o uso de drogas, o sexo ilícito e o homossexualismo, e incita as pessoas à rebeldia, revela sua natureza maligna. Ele pertence às obras infrutíferas das trevas (Ef 5.11; 2 Co 6.14; Rm 13.12).

O crescimento da música satânica coincidiu com a escalada musical do jazz, do *rock*, da cultura rebelde, das drogas e da meditação transcendental, culminando no ocultismo e na adoração a Satanás. Parece que essa é a tendência do período compreendido entre 1930-1970.

Para concluir este capítulo, reforçamos o apelo para que os crentes verifiquem a letra e a melodia de todas as músicas tocadas na igreja. É possível que a letra de alguns cânticos esteja correta, mas o estilo de música esteja errado, ou vice-versa, ou ainda pode acontecer de a letra e a música estarem erradas.

Os homens que Deus usou na história da igreja lutaram por melodias e letras que fossem fiéis às Escrituras, glorificassem a Deus e edificassem o crente. O *rock* não tem as qualificações necessárias para entrar na casa do Senhor.

Não se trata de simplesmente rejeitar estilos de música diferentes. Não é motivo suficiente justificar o rock na igreja dizendo que cada geração tem seu próprio estilo musical e que a igreja precisa adaptar-se para alcançá-la. Cada geração tem seu próprio ritmo, e precisa ser alcançada, mas com músicas e letras que glorifiquem a Deus, apelem para o espírito do homem, não para seus apetites carnais! Para entrar na casa do Senhor, a música precisa ser purificada pelo fogo de Deus (cf. 1 Co 3.6-15 com Nm 31.21-24).

Na igreja primitiva não havia orquestra, nem shows ou festivais de música para conquistar o mundo pagão. Os crentes apenas pregavam o evangelho, a tempo e fora de tempo (2 Tm 4.2). A Palavra estava em primeiro lugar; a música, em segundo. Portanto, o ministério de música jamais deve tomar o lugar do ministério da Palavra. Quando a música relega a Palavra de Deus para segundo plano, a ordem divina é transgredida (Sl 138.2).

Certamente não haverá música rock no céu quando estivermos diante do trono de Deus e do Cordeiro. Nenhuma nota dissonante será ouvida, apenas a harmonia celestial e do coro dos redimidos adorando a Deus e ao Cordeiro. Assim, qualquer música que não possa ser cantada diante do trono de Deus no céu, não deve ser cantada também na igreja, a casa do Senhor na terra.

Observação: É evidente que na última década houve muitas mudanças na área da música *rock*. Como nossa intenção não é fazer uma cobertura completa desse assunto, recomendamos a leitura de algumas obras excelentes, escritas por autores especializados:

Rock, Bob Larson
Why knock rock?, Dan e Steve Peters
Satan's music exposed, Lowell Hart
Rock revised, Steve Lawhead

Consulte a bibliografia para mais informações sobre esses livros. Recomendamos que a leitura desses livros seja feita em atitude de oração, para permitir a cada leitor fazer sua própria avaliação diante do Senhor.

CAPÍTULO 27

AVALIAÇÃO DO PODER DA MÚSICA

Não deveríamos ter dúvidas quanto ao fato de que a música é poderosa e tanto pode ser usada para o bem como para o mal da humanidade. A música pode ter efeitos benéficos ou prejudiciais. Sob influência da música saudável e de boa qualidade, o indivíduo pode ser elevado a alturas sublimes e capacitado para atividades espirituais. Sob a influência da música corrompida, o indivíduo pode ser rebaixado para atividades odiosas e desmoralizantes de inspiração satânica. Essas duas influências podem ser vistas na história de Israel assim como na história da humanidade em geral, e também são evidentes no mundo atual. Nesse capítulo, iremos avaliar o ministério e o poder da música.

O PODER DA MÚSICA

1. Efeito positivo da música
   a. Os médicos acreditam que boa música nos hospitais tem efeito positivo sobre os pacientes internados, acalmando as tensões nervosas. Phil Kerr, em *Music in evangelism* (p. 18), afirma que a música comprovadamente acalma consideravelmente os doentes mentais e pode até prevenir algumas crises de epilepsia. Tanto médicos quanto dentistas usam música para ajudar o paciente a relaxar e suportar melhor a dor. O rei Saul se sentia aliviado quando Davi tocava para ele, e o espírito maligno o deixava (1 Sm 16.15-17,23).

   b. As indústrias têm usado música nas fábricas ou nos grandes armazéns, tanto para relaxar os nervos dos trabalhadores quanto para acelerar a produção.

   c. Os cientistas também descobriram que a música ajuda as vacas a produzirem mais leite e as galinha a pôr mais ovos. Até o crescimento e o desenvolvimento das plantas é afetado pela música.

   d. A música é empregada constantemente para incentivar o patriotismo em todas as nações da terra. Os hinos nacionais despertam as emoções e aumentam a disposição dos cidadãos para a lealdade e o sacrifício.

2. Efeito negativo da música
   a. A música tribal, repetitiva e monótona, serve para despertar a mente, as emoções e o corpo para a guerra, e também para liberar as pessoas para as orgias canibalescas. Reações anormais e atitudes contrárias à natureza são resultado da música maligna.

   b. Certos tipos de jazz, e mais especificamente a música *rock*, provocaram resultados desmoralizantes nas recentes gerações da cultura ocidental. Os movimentos sugestivos e sensuais estimulados por esse tipo de música produziram um colapso moral na sociedade.

A música tem poder por si mesma. Ela pode ser repousante ou aviltante, edificante ou degradante. Pode ser usada para bons ou maus propósitos.

3. Música e emoção

O poder da música está intimamente relacionado às emoções. De acordo com Phil Kerr (p. 18-23), a música é uma expressão das emoções humanas. Uma característica básica da natureza humana é o desejo de expressar suas emoções. Deus nos deu dois canais para isso, o movimento físico rítmico e o som vocal.

a. Toda emoção implica prazer ou dor. O bebê expressa alegria batendo palmas ou sacudindo as mãozinhas. A maioria das pessoas expressa impaciência batendo a ponta dos pés no chão. A tristeza pode ser manifestada pela aparência curvada de dor de uma pessoa ou pelos gemidos. As pessoas geralmente expressam sua ira ou mau humor gritando de maneira rude com alguém ou com algo. A alegria e o prazer se manifestam através do riso ou às vezes com lágrimas.

b. Toda emoção humana procura se expressar de uma maneira física ou vocal. Kerr (p. 24) afirma que a expressão *física* da emoção é a base do ritmo. Dançar é uma expressão desse tipo. Ele também afirma que a expressão *vocal* da emoção é a base para a *música*. Logo, esses dois fatores, *ritmo* e *música* estão intimamente relacionados, sendo cada um individualmente um canal para expressar emoção.

Kerr (p. 8) sugere que a capacidade individual de uma pessoa em expressar sua emoção quase sempre determina sua capacidade de produzir música. Os maiores músicos e compositores que já existiram, praticamente sem exceção, eram altamente temperamentais e intensamente emocionais. Não há nada de errado em ter emoções, o problema é quando as emoções nos controlam em vez de nós controlarmos as emoções. As emoções bem canalizadas e corretamente controladas fazem parte da constituição humana planejada por Deus desde o princípio.

c. A música e as reações emocionais são intimamente ligadas. A música, tanto vocal como instrumental, pode ser classificada em três grupos:

Música como expressão das emoções
Qualquer emoção pode ser expressa através da música ou estimulada por ela. Sentimentos como amor, ódio, ira, medo, coragem, fé ou desespero, ou qualquer outra emoção do fundo do coração humano podem ser expressas mediante o poder da música.

Música como estímulo das emoções
As pessoas reagem à música por meio das emoções, de forma boa ou ruim. A música afeta e estimula as pessoas para o bem ou para o mal, tanto no aspecto emocional quanto psicológico e físico.

Música como descrição das emoções
Qualquer imagem pode ser representada por sons musicais. Imagens de tempestades, guerra, situações de perigo, tumulto ou confiança e paz. A música pode ser usada para descrever beleza e harmonia, ou usada para corromper.

Assim, um dos critérios para avaliar a música é observar que tipo de fruto ela tem produzido no campo das emoções: o fruto do Espírito de Deus, expressando e incitando emoções santas, ou os frutos da carne, expressando e incitando sensualidade e toda sorte de obras da carne, pertinentes ao reino das trevas?

Avaliação da música

Para uma avaliação correta da música, é proveitoso fazer algumas perguntas específicas com relação a ela. O que é exatamente a música? Que tipo de música agrada a Deus? Qual o tipo de música que os crentes deveriam gostar? Há diretrizes claras que permitem uma avaliação correta da música?

Essas perguntas podem ser respondidas se houver um entendimento geral do que a música realmente é e de quais são seus componentes. Há certos elementos integrantes da música que podem determinar se ela é boa ou má. Esses elementos têm papel importante na avaliação da música quanto ao fato dela poder entrar na casa do Senhor e na vida do crente. Vamos considerar aqui três elementos básicos da música: melodia, harmonia e ritmo.

1. Melodia

A parte fundamental da música é a *melodia*. Esta é a parte mais criativa da música, portanto deve ser a mais forte. A melodia apela para o lado *espiritual* ou para o espírito do homem. Uma melodia pode ser considerada adequada e boa quando permite ser cantada por si mesma, sem necessidade de acompanhamento musical.

O teste fundamental para a avaliação de uma música é se ela tem boa melodia. As Escrituras mencionam melodia nas seguintes referências:

Isaías 23.16 "Pegue a harpa... cante muitas canções(ou melodias) para se lembrarem de você".

Isaías 51.3 "Alegria e contentamento serão achados nela, ações de graças e som de canções" (isto é, uma peça musical ou canção para ser acompanhada por instrumentos, SC 2172).

Amós 5.23 "... o som das suas canções e a melodia das suas liras".

Efésios 5.19 "Falando entre si com salmos, hinos e cânticos espirituais, cantando [melodias] e louvando de coração ao Senhor".

Toda melodia deve equilibrar períodos de tensão e relaxamento, altos e baixos. A elevação no tom musical expressa tensão, e a diminuição produz relaxamento. Se a música não alternar de forma adequada seus altos e baixos, os efeitos desse desequilíbrio serão notados. Excesso de tensão produz uma sensação de frustração, insatisfação ou gera paixão. Excesso de queda na melodia gera depressão e desespero. Alternar altos e baixos na música melodiosa é significativo das várias experiências da humanidade em sua peregrinação por esse mundo.

A elevação e a queda na melodia podem ser comparadas às caminhadas entre colinas, vales e planícies. Ambas são necessárias para produzir boa melodia. Se a melodia seguir uma tonalidade monótona e repetitiva, seria como caminhar por uma extensa planície. Se tiver muitas elevações de tonalidade ou tensão, seria como um andar em um terreno montanhoso. Se tiver muitas quedas de tonalidade, seria como vagar por um vale. Mas a boa melodia, a melodia de qualidade, alterna altos e baixos, montanhas e vales, colinas e planícies, produzindo variedade musical.

2. Harmonia

A próxima parte importante da música é a *harmonia*. O que é harmonia? Harmonia é o arranjo dos acordes de forma a acompanhar a melodia. O dicionário Webster define harmonia, em relação à música, como a "combinação agradável de tons num acorde, sucessão agradável de sons, em termos do arranjo, da progressão e dos acordes". Harmonizar é "acrescentar *acordes* a uma *melodia* para formar uma *harmonia*".

Um texto bíblico que ilustra o "princípio da harmonia" é Mateus 18.19-20:

> Também lhes digo que se dois de vocês concordarem [ficarem em harmonia, como os acordes de uma melodia] na terra em qualquer assunto sobre o qual pedirem, isso lhes será feito por meu Pai que está nos céus. Pois onde se reunirem dois ou três em meu nome, ali estou eu no meio deles.

A harmonia está relacionada ao aspecto *psicológico*, ou à mente e à alma, enquanto que a melodia diz respeito ao espírito. A harmonia deve acompanhar a melodia, e não dominar a linha melódica. Muitas vezes os músicos colocam um amontoado tão grande de sons harmônicos que não é possível distinguir ou reconhecer a melodia. A melodia deve predominar a harmonia, não o contrário. A melodia não deve se confundir aos arranjos do acompanhamento de modo a deixar escapar o tema melódico.

Nenhuma harmonia da terra é perfeita, por isso, quando se acrescentam acordes a uma melodia, pode ocorrer tanto dissonância quanto consonância na música. O dicionário Webster define consonância na música como "concordância de sons; uma combinação agradável de sons produzidos simultaneamente". Acordo, congruência e harmonia são sinônimos.

O mesmo dicionário define dissonância na música como "um som desagradável; um acorde cujo som é irritante e incompleto".

É importante reafirmar o quanto é preciso haver um equilíbrio delicado na harmonia. Muita consonância tende ao exibicionismo ou ao sentimentalismo. Muita dissonância cria confusão e rebelião nas emoções. Na harmonia é preciso ser cuidadoso para evitar variações menores prolongadas (dissonância) sem nenhuma variação maior (consonância). O uso excessivo de acordes alterados também deve ser evitado.

A harmonia tem suas variações menores e maiores. O *acorde menor* em geral é indicativo de tristeza, solidão, melancolia e tragédia. É utilizado para expressar as profundezas do espírito humano. Guerra, solenidade, tristeza, praga, fome, lágrimas, desalento e morte são característicos do registro menor.

A música fúnebre é em geral em registro menor. A música e o lamento pagãos em geral são em registro menor. Foi o pecado que introduziu a nota menor na criação. Uma nota pode transformar um acorde maior em menor (por exemplo, C, E e G é igual a um acorde maior. Trocando a nota E por E_b (bemol) o resultado é um registro menor). Quando o pecado entrou na gloriosa harmonia do universo, as sinfonias de Deus sentiram o choque da dissonância. O registro menor também foi introduzido. Toda natureza ficou fora de registro quando Adão pecou. As aves, os outros animais, a criação e o próprio homem ouviram e experimentaram a nota menor.

O *acorde maior* em geral é usado para expressar alegria, contentamento, louvor, exaltação e vitória. É o estilo da marcha triunfante. Em geral, o cristianismo se eleva com a música em tom maior. Ela é indicativa da ressurreição.

Isso não quer dizer que a música atual não deve ter acordes no registro menor. As provações, os sofrimentos, as tribulações, a pressão e a tristeza dos santos se expressam em registro menor. As dores do Calvário e os acontecimentos que cercaram a morte de Cristo eram indicativos de registro menor. Mas foi a ressurreição que transformou o menor em maior. O que começou em menor terminou em maior. Portanto, o crente vitorioso cresce com o maior, mesmo nos tempos em que vive o menor. O menor se torna vitorioso quando misturado ao maior.

Há 24 registros – doze maiores e doze menores. Toda música é transmitida a nós em 24 registros. Quando o pecado desaparecer, tudo voltará à plena harmonia. As dissonâncias vão desaparecer porque o reino de Deus será cheio de melodia, harmonia e ritmo segundo a ordem eterna de Deus.

3. Ritmo

O terceiro componente da música é *o ritmo*. Ele diz respeito ao aspecto *físico*, ao corpo. Também aqui a melodia deve ser dominante. A melodia produz naturalmente o ritmo, mas o ritmo deve sempre se submeter à e à harmonia.

Na música, o ritmo é a recorrência regular (eventualmente irregular) de batidas agrupadas fortes e fracas, ou tons destacados de maneira alternada. É o *compasso* característico da música. É necessário que haja equilíbrio também no compasso, assim como na melodia e na harmonia.

Se não houver compasso nem ritmo, a música se torna sem vida e monótona. É como não ter pulsação. Se o compasso for palpitante ou vibrante, a música está enferma. Se o compasso está dissimulado na harmonia, e a melodia domina, a música é saudável. A música *rock* excede na batida, na tensão e repetição, ou dissonância, e distorce totalmente a melodia. Na verdade, inverte a ordem correta da música ao apelar às paixões físicas e aos apetites da natureza pecaminosa.

Com o ritmo há repetição e variação. Todavia, se houver muita batida repetitiva, a música tende à sensualidade. Se houver muita variação, haverá muita confusão. Aqui, novamente, deve haver um equilíbrio adequado.

A avaliação da música pode ser orientada por esses princípios básicos de melodia, harmonia e ritmo. O ritmo vibrante e os sons dissonantes e psicodélicos, que produzem reações físicas e sensuais, certamente não combinam com o estilo de música que deve ser encontrada entre o povo de Deus. Inverter a melodia (espírito), a harmonia (alma) e o ritmo (corpo) é inverter a ordem planejada por Deus para o ser humano e para a música como expressão saudável das emoções (1 Ts 5.23).

Bill Gothard, nos seminários *Basic Youth Conflict* [Conflitos básicos da juventude] (1974-75), utilizou o diagrama a seguir para fazer uma avaliação da música, que resume bem as considerações feitas nesse capítulo.

Outros critérios de avaliação

A música também pode ser avaliada em relação a outros aspectos, como origem, identificação e comunicação. Para concluir essa parte, analisaremos brevemente os aspectos positivos desse ministério da música.

1. Origem

Para avaliar esse aspecto, é preciso fazer algumas perguntas: "Qual a origem de determinada música? Quem a compôs?"; "Ela se originou do coração de um verdadeiro crente, e é baseada em princípios cristãos ou em princípios da carne?".

O texto de João 3.6 se aplica bem aqui: "*O que nasce da carne é carne*". A carne só consegue

PRÍNCIPIOS BÁSICOS DE AVALIAÇÃO DA MÚSICA

1 TS 5.23	ELEMENTOS BÁSICOS DA MÚSICA	ELEMENTOS BÁSICOS DA MÚSICA	TENSÃO / RELAXAMENTO	EFEITOS BÁSICOS DO DESEQUILÍBRIO
ESPÍRITO	MELODIA — Dominante	Orientação espiritual	Elevação/Queda	Tensão, insastifação, frustação, paixão, depressão, desespero
ALMA	HARMONIA — A base da melodia	Orientação psicológica	Dissonância/Cossonância	Confusão, rebeldia, orgulho, sentimentalismo
CORPO	RITMO — Deve estar de acordo com a harmonia e subordinado à melodia	Orientação física	Repetição/Variação	Sensualidade, confusão

produzir carne. Tudo que o mundo produz está de acordo com o espírito do mundo e com o sistema do mundo. A música que se origina da carne tem características da carne Apela para a natureza caída do homem que não nasceu de novo e para as obras infrutíferas das trevas (Ef 5.11). Se alguém semeia para a carne, da carne só colherá corrupção. *"O que o homem semear, isso também colherá"*. A música que nasce da carne produzirá reações carnais (Rm 8.5-8). O crente deve se manter imaculado do espírito do mundo (Tg 1.27; 4.4; Ef 2.2; Gl 6.7-9).

O aspecto positivo é que descobrimos que Deus é a origem de todas as coisas. Ele pode inspirar no coração dos santos a música do céu. Certamente Deus possui o domínio da música divina com a qual o homem nunca sonhou nem pôde ouvir, mas que está acessível à igreja nestes últimos dias, assim como na eternidade. Portanto, é preciso verificar a origem da música.

2. Identificação

A música precisa ser avaliada também quanto à identificação. Com que o ouvinte se identifica por meio do estilo de música que está sendo tocado?

A música geralmente se identifica com algo ou com alguém: Deus, o mundo, a carne ou o Diabo. Certos estilos de música se identificam com a sensualidade e outros com as obras das trevas.

Portanto, outro critério de avaliação é verificar se a música se identifica com as coisas de Deus.

3. Comunicação

A música é principalmente um meio para se atingir um fim. Toda música é planejada para comunicar uma mensagem e provocar uma resposta a essa mensagem. Deve-se perguntar: "O que essa música comunica? Que resposta ou reação ela produz? Quais são seus frutos?". A música deve transmitir uma mensagem fundamentada na Palavra de Deus. A música é um meio abençoado para se atingir um fim, e esse fim é glorificar a Deus.

O teste para todos os hinos, canções evangélicas e letras é perguntar: "Está de acordo? Está de acordo com a Palavra de Deus? (Cl 3.16). É bíblica? É teológica? Ensina, exorta e edifica de acordo com os padrões da Palavra de Deus?". Se a resposta a essas perguntas for negativa, a música deve ser rejeitada como indigna de Deus e de seu povo. Se a música deixa de comunicar sua mensagem, perdeu seu verdadeiro propósito como instrumento de comunicação. Portanto, a comunicação da mensagem é outro critério de avaliação para a música evangélica.

Ministração

Para concluir nosso comentário sobre os critérios de avaliação da música, considerando os aspectos negativo e positivo, constatamos que a música é um ministério positivo.

A música que se origina de Deus, com a qual o crente pode se identificar e que comunica uma mensagem é evidentemente um ministério. Como tal, pode ser dividido em três níveis: ministério para o Senhor, ministério para os santos e ministério para o pecador.

1. Ministério para o Senhor

O ministério mais sublime da música é a adoração, o louvor e a oração ao Senhor. Isso coloca o crente na posição de sacerdote, servindo a Deus na igreja (1 Pe 2.5, 9; Mt 18.20; Hb 13.15; Ef 5.19, 20; At 2.46, 47; 2 Cr 29.11; 1 Sm 3.1; At 13.1-3). Há milhares de salmos, hinos e cânticos espirituais totalmente dedicados ao ministério para o Senhor.

2. Ministério para os santos

Os santos também devem ministrar uns aos outros, ensinando, exortando e edificando uns aos outros com salmos, hinos e cânticos espirituais. Isso também faz parte do ministério sacerdotal no santuário, na igreja (At 2.42-46; Jo 13.34, 35; Gl 6.2; Ef 5.19). Cânticos de alegria, vitória, confiança, segurança e encorajamento fazem parte desse ministério para os crentes (Is 51.11). Só na eternidade poderemos saber quanto de ministração espiritual os santos receberam uns dos outros no campo da música.

3. Ministério para o pecador

Deus também usa o ministério da música para alcançar o pecador. É impossível imaginar a quantidade de pecadores que se converteram a Cristo por meio de uma canção. Muitas vezes, quando o sermão não consegue alcançar o pecador, a música cantada o leva ao Senhor. Esse também é um ministério e um meio de comunicar as boas-novas aos perdidos (Mt 5.14-16; Mc 16.16-20; Lc 10.17-20; At 2.43, 47; Mt 24.14). Isso faz parte do ministério sacerdotal, pois o Senhor deu ao crente a Palavra de reconciliação.

É bom testar todas as músicas quanto ao ministério. A música ministra para o Senhor? Ministra para os santos ou para os pecadores? O que ela ministra? Assim, é possível avaliar a música como um todo através desses critérios. A música é um glorioso ministério. É um instrumento poderoso, e quando animada pelo poder do Espírito Santo se transforma em fonte de bênçãos. O entendimento correto de todas essas coisas nos ajuda a cantar louvores com entendimento (Sl 47.7).

CAPÍTULO 28

O TABERNÁCULO NO LIVRO DE HEBREUS

As implicações teológicas do Tabernáculo de Davi são evidenciadas pelas verdades apresentadas na Epístola aos Hebreus. O livro de Hebreus destaca a importante doutrina do sacerdócio de Cristo segundo a ordem de Melquisedeque. É um livro de comparações e contrastes. A glória do Senhor Jesus Cristo é vista de forma vívida através dessas comparações e contrastes entre a Antiga Aliança e a Nova Aliança.

Um esboço dos capítulos do livro de Hebreus evidencia esses contrastes:

1. O Filho e os profetas (Hebreus 1.1-3) — Os dois porta-vozes
2. O Filho e os mensageiros angelicais (Hebreus 1.4-14) — Os dois mensageiros
3. O Filho e o primeiro homem (Hebreus 2) — Os dois Adão
4. O Filho e o servo Moisés (Hebreus 3) — Os dois mediadores
5. O Filho e o descanso de Josué em Canaã (Hebreus 4) — Os dois descansos
6. O Filho e Melquisedeque (Hebreus 5) — Os dois sacerdotes
7. O Filho e Abraão (Hebreus 6) — Os dois homens da Aliança
8. O Filho e o sacerdócio araônico (Hebreus 7) — Os dois sacerdócios
9. O Filho e a Antiga Aliança (Hebreus 8) — As duas alianças
10. O Filho e a adoração no Tabernáculo (Hebreus 9) — Os dois Tabernáculos
11. O Filho e os sacrifícios de animais (Hebreus 10) — Os dois sacrifícios
12. O Filho e os heróis da fé (Hebreus 11) — Os dois tipos de fé
13. O Filho e a Jerusalém terrena (Hebreus 13) — As duas Jerusalém
14. O Filho e a lei (Hebreus 13) — As duas leis

Uma rápida passada de olhos nesse esboço revela que a Epístola de Hebreus se caracteriza pelas comparações. Realmente, o propósito principal da carta aos Hebreus é apresentar os pontos em comum e os contrastes entre a *Antiga Aliança*, com seu sacerdócio araônico, seus sacrifícios de animais e sua adoração no santuário, e a *Nova Aliança*, com o sacerdócio de Melquisedeque, os sacrifícios espirituais e a adoração no santuário celestial.

O livro foi escrito especialmente para os crentes hebreus, para adverti-los contra os deslizes e a apostasia, e o retorno ao judaísmo. A intenção da carta é afastá-los totalmente de Moisés e firmá-los em Cristo. O escritor queria que eles se afastassem:

do natural, e se firmassem nas coisas espirituais,
das coisas terrenas, e se firmassem nas coisas celestiais, trocando o
humano pelo divino,
o temporal pelo eterno,
o visível pelo invisível,
o antigo pelo novo,
o bom pelo melhor,
a sombra pela substância,
a promessa pela resposta,

a profecia pelo cumprimento,
o tipo pela realidade.

O crente atual não consegue entender completamente ou avaliar o conflito interno e externo que os crentes hebreus enfrentavam. Ao aceitarem a Cristo, eles aparentemente não tinham templo, ou sacerdócio visível, nem sacrifício de animais, ou ritos e cerimônias judaicas. Eles tinham que se chegar ao reino do eterno, ao templo espiritual, aos sacrifícios espirituais, ao sacerdócio real em Cristo e sua igreja (1 Pe 2.5-9; 2 Co 4.18).

Através do princípio comparativo de interpretação os crentes hebreus puderam entender que tudo que eles tinham "em Cristo" era muito "melhor" (uma das palavras centrais da epístola, citada 13 vezes) do que tudo que eles tinham na Antiga Aliança.

Assim, quando o autor compara o sacerdócio araônico com o sacerdócio de Cristo, os sacrifícios animais com o sacrifício perfeito e definitivo de Cristo, a Antiga Aliança com a Nova Aliança, o clímax de sua argumentação é atingido em Hebreus 12, quando ele compara Moisés no monte Sinai e seu Tabernáculo, com Jesus no monte Sião e o verdadeiro Tabernáculo.

Um exame da epístola aos Hebreus à luz desses comentários mostra claramente que ela pode ser resumida à comparação dos dois Tabernáculos: o Tabernáculo de Moisés e o Tabernáculo de Davi. Isso se torna ainda mais evidente quando meditamos nessas coisas.

Philip Mauro (p. 223), citando George Smith, afirma:

A característica mais notável e importante desse grande evento histórico é que ele constituiu um rompimento decisivo com as ordenanças levíticas dadas por meio de Moisés, *em que a Arca da presença de Deus não mais estava no lugar santíssimo* do Tabernáculo no deserto (que estava então em Gibeom), mas no meio do Tabernáculo de Davi no monte Sião. *Não havia mais sacrifícios de animais ali,* somente sacrifícios de louvor e ação de graças; *não havia mais sacerdotes,* mas somente *levitas,* nomeados por Davi "para ministrar diante da arca do Senhor e para registrar, que literalmente significa 'fazer menção' ou *trazer à lembrança.* Em outras palavras, proclamar ou pregar as misericórdias e os atos maravilhosos de Deus", e agradecer e louvar o Senhor Deus de Israel (1Cr 16.4). Isso representava uma notável suspensão da lei e um igualmente notável prenúncio do evangelho.

A seguir vemos uma série de comparações referentes a esses dois Tabernáculos.

1. O Tabernáculo de Moisés dizia respeito à Antiga Aliança, uma aliança baseada na Lei e nas obras (Rm 9.32; 3.27).
   O Tabernáculo de Davi dizia respeito à Nova Aliança, uma aliança baseada na fé e na graça (Rm 4.16; 3.27; Mt 26.26-28; Hb 8).

2. O Tabernáculo de Moisés dizia respeito ao sacerdócio araônico e à ordem levítica. Somente os levitas podiam ser sacerdotes (Hb 7).
   O Tabernáculo de Davi dizia respeito ao sacerdócio de Melquisedeque, à ordem da igreja, onde todos os crentes são chamados para ser reis e sacerdotes (Hb 7; 1 Pe 2.5-9; Ap 1.6; Ap 5.9, 10).

3. O Tabernáculo de Moisés dizia respeito aos que eram apenas sacerdotes.
   O Tabernáculo de Davi incluía o rei Davi, que agia como rei e sacerdote segundo a ordem de Melquisedeque (Ap 1.6; Êx 19.3-6; Ap 5.9, 10; 1 Pe 2.5-9).

4. O Tabernáculo de Moisés tinha necessidade de sacrifícios contínuos de animais (Êx 29; Nm 28 – 29; Lv 1 – 7).
O Tabernáculo de Davi teve sacrifícios de animais somente na dedicação e depois disso teve somente sacrifícios espirituais de alegria, de ação de graças e de louvor (Sl 27.1-6; 1 Pe 2.5-9; Hb 13.15, 16).

5. O Tabernáculo de Moisés tinha um pátio externo, o Lugar Santo e o Lugar Santíssimo, que era separado por um véu (Êx 28.31-35; Hb 9.1-10).
O Tabernáculo de Davi não tinha véu, apenas o Lugar Santíssimo, o que significa a transferência do Lugar Santíssimo (Hb 6.19, 20; 9.8, 9; 10.19, 20).

6. O Tabernáculo de Moisés perdeu a Arca da Glória depois de tê-la durante anos (1 Sm 1 – 4). A Arca nunca mais retornou depois disso.
O Tabernáculo de Davi tinha a Arca da presença de Deus. Ele passou a ser a habitação para a Arca até a construção do Templo de Salomão (2 Cr 1.4; 1 Rs 8.1-3).

7. O Tabernáculo de Moisés tinha um altar de bronze, mas não tinha a Arca da Aliança.
O Tabernáculo de Davi tinha a Arca da Aliança, mas nenhum altar. Isso significa que não havia mais necessidade dos sacerdotes que ali ministravam.

8. O Tabernáculo de Moisés não tinha trono, exceto o Trono da Misericórdia em cima da Arca, que ficava ali. Entretanto, ninguém podia sentar nesse trono.
O Tabernáculo de Davi tinha a Arca, e o profeta Isaías predisse que alguém se sentaria no trono do Tabernáculo de Davi (Is 16.5; cf. Hb 1.3; 10.11-14; 12.2).

9. No Tabernáculo de Moisés havia apenas um sumo sacerdote e muitos outros sacerdotes, mas apenas o sumo sacerdote tinha acesso além do véu, uma vez por ano, no Dia da Expiação (Lv 16; Hb 9.1-10).
No Tabernáculo de Davi havia vários sumos sacerdotes e muitos sacerdotes e levitas, e todos tinham acesso, já que não havia nenhum véu (Hb 10.19, 20; 6.19,20).

10. O Tabernáculo de Moisés ainda mantinha um sistema sacrificial, mesmo com o Tabernáculo de Davi estando edificado e funcionando em Sião (2 Cr 1.1-3).
O Tabernáculo de Davi tinha apenas sacrifícios espirituais de louvor, alegria e ação de graças em Sião (Sl 27.1-6; 1 Cr 16; 2 Cr 1.4; 1 Pe 2.5-9).

11. O Tabernáculo de Moisés apontava para o monte Sinai, na Arábia, e era um tipo da Jerusalém terrena, que está no cativeiro com seus filhos (Gl 4.22-31; Hb 12.18-29).
O Tabernáculo de Davi apontava para o monte Sião, no qual está a Jerusalém celestial, que é livre e é a mãe de todos os crentes (Gl 4.22-31; Hb 12.18-29).

12. O ministério do Tabernáculo de Moisés era de acordo com a Lei e a ordem de Moisés, o Mediador da Antiga Aliança (Hb 3.1-5).
O ministério do *Tabernáculo de Davi* era de acordo com a Lei e a ordem de Davi, que era um tipo do Mediador da Nova Aliança, o Filho de Davi, Jesus Cristo (Hb 12.22-24; Hb 8).

13. O Tabernáculo de Moisés tinha Moisés como profeta, sacerdote e rei, como seu construtor e fundador (Hb 3.1-5).

O Tabernáculo de Davi tinha Davi como profeta, sacerdote e rei, como seu construtor e fundador (1 Cr 15 – 16; 2 Sm 6.12-19).

14. O Tabernáculo de Moisés não tinha cantores, nem instrumentos musicais, salmos ou cânticos de louvor. Tudo era feito em silêncio e numa antiga forma de culto.
O Tabernáculo de Davi tinha ministério de cantores, instrumentos musicais, salmos, hinos e cânticos espirituais. Havia uma nova ordem de culto e um som contínuo de adoração (Sl 134; 1 Cr 16; Cl 3.16).

15. O Tabernáculo de Moisés era apenas para a única nação escolhida, Israel.
O Tabernáculo de Davi é aberto a todas as nações, tanto judeus quanto gentios, circuncisos e incircuncisos (Ef 2.11-22; At 15.15-18).

16. O Tabernáculo de Moisés era uma figura e símbolo profético da era da lei ou do sistema que havia antes da cruz.
O Tabernáculo de Davi era uma figura e um símbolo profético da era da igreja ou do que viria depois da cruz.

Philip Mauro (p. 227-228) citando George Smith, comentou o seguinte:

A circuncisão caiu e desapareceu da igreja cristã diante da citação divinamente inspirada da profecia de Amós pelo apóstolo Tiago. O sacrifício foi abolido junto com a circuncisão, pois essa instituição não fazia parte do culto oferecido a Deus no monte Sião.
Com a circuncisão e os sacrifícios o sacerdócio também foi abolido. Na verdade, sacerdócio sem sacrifício é uma contradição, pois todo sacerdote é "ordenado a oferecer ofertas e sacrifícios" (Hb 8.3). Mas não havia nada desse tipo no Tabernáculo de Davi, cujos cultos sagrados representavam nitidamente a adoração própria da igreja, que é redimida pelo sangue do Cordeiro, cujo sacrifício único pelos pecados tem eficácia universal e eterna – "de uma vez por todas" (Hb 10.10). Tampouco se deve esquecer que, com esses elementos da tradição mosaica, todo objeto existente, *tipológico* ou *simbólico*, foi banido. (Equivale dizer que *todas* as "sombras" da lei foram abolidas e substituídas pelas correspondentes realidades espirituais). (Grifo do autor)

Ao refletirmos sobre todas essas coisas percebemos que essas são as grandes verdades teológicas tipificadas nos dois Tabernáculos, nas duas tendas, nos dois montes. Assim como Deus usou pessoas, lugares e coisas para prefigurar o evangelho de Jesus Cristo, Ele também usou essas duas estruturas para prefigurar os períodos da Antiga e da Nova Aliança.

Embora este autor não concorde plenamente com a analogia de Horger em *Fundamental Revelation in Dramatic Symbol*, é possível perceber que esses dois Tabernáculos representavam as duas Alianças e que o Tabernáculo de Davi tipificava a igreja dos tempos do Novo Testamento.

Horger (p. 204-207) diz:

Entretanto, outro traço constitucional importante que caracteriza essa cidade de modo especial é o fato de ser construída sobre duas pequenas elevações conhecidas como monte Sião e monte Moriá. Para a mente do autor, isso representa as duas alianças sobre as quais o plano da salvação foi construído e, portanto, é indicativo das duas obras da graça, a saber, o novo nascimento e o batismo do Espírito [...] Como já se afirmou, o coração, a vida e a glória do Tabernáculo era a Arca da Aliança no Lugar Santíssimo. Quando a Arca foi capturada pelos filisteus, como relata 1 Samuel 5, foi registrado que a Glória partiu do Tabernáculo para jamais retornar, pois a Arca nunca retornaria para o Tabernáculo construído por Moisés. Todavia, quando Davi tomou Jerusalém dos jebuseus, e Deus a designou como a cidade escolhida, onde Ele habitaria com seu povo e o abençoaria, Davi construiu um novo Tabernáculo no monte Sião. Esse novo Tabernáculo construído por Davi era um tipo da nova igreja construída por Jesus Cristo, pois Davi sempre foi um tipo de Cristo. Continuando na mesma linha de tipos, Davi construiu o novo Tabernáculo e o colocou no monte Sião, não no monte Moriá, pois este estava reservado para localização do templo construído por Salomão, como tipo da alma santificada e cheia do Espírito na dispensação do Espírito Santo.

A passagem de Hebreus 12.18-24 ganha um novo significado à luz dessas comparações dos dois Tabernáculos:

Vocês não chegaram ao *monte* que se podia tocar e que estava em chamas, nem às trevas, à escuridão, nem à tempestade, ao soar da trombeta e ao som de palavras tais, que os ouvintes rogaram que nada mais lhes fosse dito...o espetáculo era tão terrível que até *Moisés* disse: "Estou apavorado e trêmulo!" Mas vocês chegaram ao *monte Sião*, à Jerusalém celestial, à cidade do Deus vivo...Vocês chegaram a Deus, juiz de todos os homens, aos espíritos dos justos aperfeiçoados, a *Jesus*, mediador de uma nova aliança... (Hb 12.18-24).

O crente, tanto judeu como gentio, não chega ao monte Sinai, o Tabernáculo de Moisés, mas ao monte Sião, o Tabernáculo de Davi; não a Moisés, o mediador da Antiga Aliança, mas a Jesus, o mediador da Nova Aliança.

O entendimento das diferenças entre esses dois Tabernáculos se tornou a chave para revelar a glória e as verdades da Epístola aos Hebreus.

CAPÍTULO 29

O SACERDÓCIO DE ZADOQUE

Nenhum Tabernáculo está completo sem um sacerdote ministrante. O fato de existir um Tabernáculo só tem propósito se houver um sacerdote (Hb 8.1-6).

O Tabernáculo de Moisés tinha o sacerdócio araônico. O Tabernáculo de Davi tinha o sacerdócio levítico e o araônico. No Templo de Salomão também havia um sacerdócio. A igreja do Novo Testamento também precisa de um sacerdote, e ela tem: um sacerdote segundo a ordem de Melquisedeque. O Senhor Jesus Cristo é nosso grande sumo sacerdote da ordem de Melquisedeque, como revela o livro de Hebreus (Hb 5.1-11; 7.1-28; Sl 110).

Os crentes, tanto judeus como gentios, são chamados para ser reis e sacerdotes de Deus e de Cristo segundo essa mesma ordem. "Vocês, porém, são geração eleita, sacerdócio real, nação santa, povo exclusivo de Deus..." (1 Pe 2.9; veja também Ap 1.6; 5.9, 10).

Qual é a finalidade do Tabernáculo de Davi? O único propósito é para o sacerdote poder ministrar diante do Senhor no sacerdotal Corpo de Cristo. Por isso, nós também estamos sendo utilizados "como pedras vivas na edificação de uma casa espiritual", para sermos "sacerdócio santo, oferecendo sacrifícios espirituais, aceitáveis a Deus por meio de Jesus Cristo" (1Pe 2.5). Em relação a isso, descobrimos que havia dois sacerdócios ministrando no Tabernáculo em Gibeom e no Tabernáculo em Sião. Esses dois sacerdócios eram da mesma tribo levita, contudo cada um tinha suas funções específicas. Havia os sacerdotes que ministravam no Tabernáculo de Moisés e havia os sacerdotes que ministravam no Tabernáculo de Davi. Mas que notável contraste se vê nas respectivas funções desses sacerdotes! Um era exercido de acordo com a lei e a ordem de Moisés; o outro era exercido de acordo com a ordem de Davi (Nm 3.1-13 com 1 Cr 16.38-40; 2 Cr 1.1-3).

Nesses dois Tabernáculos havia dois sumos sacerdotes, mencionados de forma distinta nas Escrituras. Esses dois sacerdotes eram Abiatar e Zadoque. Abiatar era sacerdote no Tabernáculo de Davi, em Sião, e Zadoque era sacerdote no Tabernáculo de Moisés em Gibeom até ser sucedido por Abiatar (1 Cr 16.16, 39, 40; 21.29).

A história desses dois sacerdotes oferece alguns ensinamentos espirituais especiais, que podem ser aplicadas aos crentes do sacerdócio do Novo Testamento. Portanto, iremos fazer um breve relato da história desses dois homens, tal como o Espírito Santo nos concedeu através das Escrituras. Examinaremos as três provas enfrentadas por cada um e a forma como reagiram.

O sacerdote Abiatar

1. Abiatar e Davi – o deserto

Abiatar, cujo nome significa "pai da paz", "pai da fartura", ou "pai do remanescente", foi o décimo sumo sacerdote de Israel. Ele era filho de Aimeleque e o quarto sumo sacerdote da descendência de Eli, da linhagem de Itamar, filho mais novo de Arão. Ele foi o único filho de Aimeleque que escapou da vingança de Saul no massacre de 85 sacerdotes na cidade de Nobe (1 Sm 21.1-9; Mc 2.26; 1 Sm 22.9-23). Foi a misericórdia do Senhor que lhe permitiu escapar com vida.

Abiatar fugiu para se juntar a Davi em Queila, na época em que Davi estava sendo perseguido por Saul. Davi pediu a Abiatar que ficasse ao lado dele, prometendo protegê-lo.

Davi foi abençoado por ter o sacerdote Abiatar ao seu lado durante sua difícil experiência no deserto.

Quando Abiatar escapou do massacre em Nobe, ele levou o colete sacerdotal consigo. Davi então pôde consultar a Deus por meio do sacerdote e receber a comunicação divina pelo ministério de Abiatar. Graças a isso, ele conseguiu escapar de Saul em várias ocasiões. (Compare Êx 28 com 1 Sm 23.6, 7-13).

O rei Saul tinha anteriormente o sobrinho de Icabode, Aia, o filho de Aitube, como seu sacerdote, mas mesmo assim ele foi impaciente e não quis esperar que Deus lhe falasse (1 Sm 14.3, 17-20, 35-37). Saul havia perdido a unção, e o Espírito de Deus o havia abandonado. A apostasia tomou conta de seu coração, culminando com o assassinato dos sacerdotes do Senhor pelas mãos de Doegue, o edumeu. No final de sua vida, Saul procurou consultar um espírito (1 Sm 28.6, 7; 1 Cr 10.13, 14). Por isso, Deus foi misericordioso com Davi permitindo que ele tivesse um sacerdote para poder consultar o Senhor e receber o conselho de Deus.

No conflito de Ziclague, Davi consultou Deus por meio de Abiatar, o sacerdote, e o Senhor lhe mostrou que ele recuperaria tudo que havia perdido na batalha (1 Sm 30.6-8). Abiatar, como sumo sacerdote, estava em contato com o Senhor e podia ministrar ao rei.

Algum tempo depois, Saul morreu e Davi subiu ao trono. Ele estabeleceu o Tabernáculo no monte Sião. Abiatar e Zadoque compartilharam o transporte da Arca para o Tabernáculo de Davi (1 Cr 15.11). Eles também participavam dos turnos dos sacerdotes por Davi (1 Cr 24.6; 27.34). Esses dois homens tiveram o glorioso privilégio de estar entre os conselheiros de Davi. Abiatar tinha sido um sacerdote fiel e leal durante os tempos difíceis do deserto e agora era honrado no período do reinado. "Se perseveramos, com Ele também reinaremos" – esse versículo se aplica bem aqui (2 Sm 8.17; 1 Cr 18.16; 2 Tm 2.12).

Abiatar demonstrou ser fiel ao passar pela prova do deserto, permanecendo ao lado de Davi, o rei ungido, embora ainda rejeitado. Ele reconhecia que Saul tinha perdido a unção do Espírito de Deus e que a unção agora estava com Davi. Provações, dificuldades, tentações e privações eram constantes nos dias do deserto. Mas, como de costume, primeiro viriam os sofrimentos e depois a glória do reino.

2. Abiatar e Absalão – o filho rebelde

Depois de aproximadamente vinte anos de glorioso reinado, começaram os dias maus para o rei Davi, por causa do seu pecado. O filho rebelde de Davi, Absalão, cobiçava o trono do pai, e procurou conquistar o coração do povo, tramando contra o rei (2 Sm 15. 1-18). O rei Davi novamente precisou fugir de Jerusalém para o deserto, como havia feito nos tempos de Saul.

Zadoque e Abiatar, acompanhados de outros levitas, foram com Davi, levando com eles a Arca de Deus. Davi pediu que Zadoque e Abiatar retornassem a Jerusalém com a Arca de Deus e se mantivessem em contato com ele no deserto, informando-o dos acontecimentos que estavam ocorrendo lá (2 Sm 15. 24-30).

Husai, o arquita, também desejava ir com Davi. Todavia, Davi sugeriu que ele também fosse para Jerusalém com Zadoque e Abiatar e vigiasse as atividades de Absalão. O filho de Zadoque, Aimaás, e o filho de Abiatar, Jônatas, serviam como informantes de Davi no deserto (2 Sm 15.32-37). Em várias ocasiões esses sacerdotes e seus filhos conseguiram entregar mensagens a Davi (2 Sm 17.15, 16; 18.19-32).

Pouco tempo depois, Absalão, o rei usurpador, foi morto. Davi enviou uma mensagem a Zadoque e Abiatar incentivando-os a encorajar os anciãos a reconduzi-lo ao trono (2 Sm 19.11-15).

Assim, Abiatar, juntamente com Zadoque, provou sua lealdade e permaneceu fiel ao legítimo rei durante a revolta de Absalão e seus homens.

3. Abiatar e Adonias – o rei usurpador

Abiatar ainda iria enfrentar mais um grande teste, e este aconteceria com a rebelião de outro filho, Adonias. O Livro de Reis relata essa história.

O rei Davi estava velho e abatido pelos anos, e em breve iria morrer. Adonias, filho de Hagite, irmão de Absalão, proclamou-se rei, procurando usurpar o trono de seu pai. Para isso, ele fez um acordo com Joabe, o comandante-chefe do rei, e Abiatar, o sumo sacerdote, para ajudá-lo a conquistar o trono. Zadoque, entretanto, não se envolveu nessa conspiração (1 Rs 1.1-10).

O profeta Natã contou à rainha-mãe, Bate-Seba, sobre a conspiração contra o rei e a iminente tentativa de usurpação do trono de Davi. Natã e Bate-Seba contaram tudo a Davi, relatando que até Abiatar, o sacerdote, tinha se unido a Adonias (1 Rs 1.11-27).

Davi prometeu a Bate-Seba que Salomão era o herdeiro que o Senhor tinha escolhido para assumir o trono e que certamente ele seria o futuro rei (1 Rs 1.29-31).

Em seguida, Davi chamou Zadoque, o sacerdote e o profeta Natã. Eles tomaram o chifre com o óleo da unção do Tabernáculo e ungiram Salomão para ser o novo rei, em meio a grande alegria e júbilo (1 Rs 1.32-40).

O trágico desfecho dessa história é que Abiatar, apesar de merecer a morte, por causa de sua identificação com o rebelde Adonias, foi poupado por Salomão por causa da fidelidade que ele havia demonstrado a Davi nas aflições pelo deserto, bem como durante a revolta de Absalão. Porém, Abiatar foi expulso de sua função sacerdotal e do ministério ao Senhor, cumprindo desse modo a profecia contra a casa de Eli, proferida anos antes em Siló (Compare 1 Rs 2.26, 27, 35; 4.4 com 1 Sm 2.27-36).

Abiatar foi provado três vezes. Na primeira vez ele se mostrou fiel, permanecendo ao lado de Davi, o rei ungido, durante o período do deserto. Ele foi aprovado nos testes sob Saul e Jônatas. Na segunda vez ele também foi aprovado, quando o usurpador Absalão tomou o trono, durante um período de grande agitação e perturbação interna. Abiatar foi fiel ao rei ungido de Deus.

Porém, ele falhou no terceiro teste sob Adonias, ao ser dominado pelo espírito de rebelião e de iniquidade que estava operando no reino na época. Depois de tudo que enfrentou ao lado do rei Davi, depois de todas as alegrias do Tabernáculo de Davi, ele falhou no último teste, perdendo seu ministério sacerdotal.

As lições espirituais desse episódio podem ser aplicadas aos crentes, como sacerdotes do Novo Testamento. Todos os crentes enfrentam tentações e provações semelhantes. É possível participar da ordem do Tabernáculo de Davi e ainda assim fracassar no final, deixando-se influenciar pelo espírito de rebelião e perdendo o ministério sacerdotal diante do Senhor e de seu povo.

O SACERDOTE ZADOQUE

O outro sacerdote preeminente no tempo de Davi foi Zadoque. Vejamos a reação de Zadoque quando enfrentou testes semelhantes junto com Abiatar.

1. Zadoque e Davi – o trono de Davi

Zadoque, cujo nome significa "justo", "justificado" ou "reto", era filho de Aitube, da linhagem de Eleazar, um dos filhos de Arão (1 Cr 6.8-15, 50).

A primeira menção direta a Zadoque encontra-se em 2 Samuel 8.17, onde o vemos juntar forças com Davi, em Hebrom, como líder tribal da casa de seu pai. Ele era um homem poderoso e valente (1 Cr 12.23-28). Assim vemos que Zadoque, como Abiatar, permaneceu ao lado de Davi, o ungido de Deus, depois de todos os problemas que aconteceram no reinado de Saul.

2. Zadoque e Absalão – o filho rebelde

Em 2 Samuel 15.24-37 vemos Zadoque, juntamente com Abiatar, permanecendo fiel a Davi durante o período da rebelião de Absalão contra seu pai. Zadoque deixou que seu filho fosse o informante de Davi no deserto, assim como fez Abiatar. Zadoque e Abiatar juntos ajudaram a preservar a vida do rei Davi nesses tempos de perturbação. Aimaás, filho de Zadoque, porém, foi impaciente e não transmitiu a mensagem com clareza (2 Sm 17.15, 16; 18.19-32).

Davi enviou uma mensagem a Zadoque e Abiatar, depois da morte de Absalão, pedindo que eles reunissem os anciãos para conduzi-lo de volta ao trono (2 Sm 19.11).

Esses dois sacerdotes juntos partilharam o ministério no reinado de Davi (1 Cr 18.16; 2 Sm 20.25). Os dois participaram do transporte da Arca de Deus para o Tabernáculo de Davi e ambos tinham suas funções nos turnos do sacerdócio estabelecido por Davi (1 Cr 15.11; 16.39-42; 24.3, 6, 31; 27.17). Zadoque serviu especialmente no ministério do Tabernáculo de Moisés em Gibeom, enquanto Abiatar permaneceu no Tabernáculo de Sião. Esses dois sacerdotes foram fiéis, sendo aprovados no teste durante o período de Absalão.

3. Zadoque e Adonias – o rei usurpador

No terceiro teste ocorreu a trágica separação. Como vimos, Abiatar tomou parte na conspiração de Adonias para tomar o trono de Davi enquanto Zadoque permaneceu fiel ao rei. Zadoque estava disposto a esperar a declaração do rei sobre quem deveria sucedê-lo no trono, e não iria se envolver no espírito de rebelião (1 Rs 1.1-45).

Foi nesse ponto que Abiatar e Zadoque se separaram. Zadoque teve a alegria de ungir o novo rei, de derramar óleo sobre o homem escolhido por Deus (1 Rs 2.26, 27, 35; 4.1-6; 1 Cr 29.22).

Ele foi submetido a três testes com Davi. Abiatar e Zadoque estiveram juntos com Davi no deserto durante o reinado de Saul. Estiveram juntos com Davi nos tempos de rebelião de Absalão. Mas se separam no teste final durante o governo do usurpador Adonias. Depois de tudo que passaram juntos, no final Abiatar falhou, e ele e Zadoque se separaram. Zadoque foi tirado do Tabernáculo de Moisés e passou a ministrar para o rei Salomão no Tabernáculo de Davi.

Por causa da fidelidade desse sacerdote Deus prometeu que iria estabelecer a linhagem sacerdotal de Zadoque. Isso está relatado nas profecias de Ezequiel no templo do Senhor (Ez 44.15, 16) e também representa o cumprimento da Palavra do Senhor a Fineias, filho de Eleazar, o filho de Arão, em Números 25.6-13. O Senhor disse: "Diga-lhe, pois, que estabeleço com ele a minha aliança de paz. Dele e dos seus descendentes será a aliança do *sacerdócio perpétuo*, porque ele foi zeloso pelo seu Deus e fez propiciação pelos israelitas" (Nm 25.12, 13; veja também Êx 40.15).

Isso não significa que o sacerdócio aarônico seria eterno, uma vez que o único sacerdócio eterno é o da ordem de Melquisedeque (Sl 110 e Hb 7). Significa que permaneceria na linhagem de Arão, ou enquanto ele tivesse descendentes. A aliança de sacerdócio perpétuo é dada a Jesus Cristo e à igreja. A única forma de alguém da Antiga Aliança, ou de algum crente anterior à cruz, ter um "sacerdócio perpétuo" seria estando em Cristo e por meio dele recebendo a vida eterna (Ap 1.6; 5.9-10). É desse modo que essas promessas finalmente se cumprem.

A genealogia do sacerdócio da linhagem de Arão mostra que Abiatar descendia de Arão por meio de seu filho Itamar, a Eli, sobre cuja casa foi pronunciado juízo. Também mostra que Zadoque veio de Arão por meio de seu filho Eleazar, e Fineias, e é a essa descendência que foi dada a aliança de sacerdócio perpétuo (consulte a genealogia do diagrama do sacerdócio araônico no final deste capítulo).

Abiatar perdeu seu direito adquirido pelo nascimento; Zadoque adquiriu plenamente seu direito. O primeiro foi desleal, o segundo foi leal. A linhagem sacerdotal de Zadoque se tornou sacerdócio perpétuo através do sacerdócio perpétuo do Senhor Jesus Cristo.

O nome Zadoque aparece várias vezes na relação de sacerdotes do Antigo Testamento, o que pode sugerir que esse nome era usado pelo Senhor para designar um sacerdócio santo, verdadeiro e sobre o qual era dispensada uma bênção especial. Certamente isso é decorrência do que foi exemplificado na história do primeiro sacerdote conhecido por esse nome nos tempos de Davi. (Leia as seguintes passagens referentes aos outros Zadoques: 2 Rs 15.33; 1 Cr 9.11; 2 Cr 27.1; 31.10; Ed 7.2; Ne 3.4, 29; 10.21; 11.11; 13.13).

O SACERDÓCIO DE ZADOQUE

Para concluir este capítulo, seria proveitoso observarmos os privilégios e bênçãos que o Senhor concedeu ao sacerdócio de Zadoque, de acordo com o relato de Ezequiel 44. 9-31.

Esse texto menciona dois grupos de sacerdotes: os sacerdotes levitas e os sacerdotes descendentes de Zadoque. Cada grupo desempenhava uma função no ministério sacerdotal, mas os privilégios da linhagem de Zadoque eram maiores. Para efeito de comparação, apresentamos essas funções de forma esquematizada.

1. Os levitas no ministério sacerdotal (Ez 44.9-14)

Esse grupo de sacerdotes levitas foi designado para as seguintes funções:

a. para ministrar no santuário;
b. como encarregados das portas do templo;
c. para servir no santuário;
d. para oferecer holocaustos pelo povo, no pátio;
e. para colocar-se diante do povo e servi-lo;
f. não podiam se aproximar para servir como sacerdotes;
g. não podiam se aproximar do Lugar Santíssimo, nem das coisas sagradas.
h. Essas limitações eram consequência da sua iniquidade, por terem servido na presença de ídolos e praticado abominações, quando Deus os chamara para o serviço sacerdotal.

Assim, esses sacerdotes podiam servir o Senhor em seu santuário, mas não podiam entrar no Lugar Santíssimo como sacerdotes por causa de seus pecados. Eles sofriam restrições no serviço de Deus. O sacerdócio deles apresenta um grande contraste com o sacerdócio de Zadoque.

2. Os sacerdotes levitas e descendentes de Zadoque (Ez 44.15, 16)
A descendência de Zadoque foi escolhida pelo Senhor para:

a. aproximar-se do Senhor;
b. ministrar diante do Senhor;
c. permanecer diante do Senhor;
d. oferecer o sacrifício de gordura e de sangue (a melhor parte da oferta);
e. entrar no Lugar Santíssimo;
f. aproximar-se da mesa do Senhor;
g. servir ao Senhor e executar os deveres do santuário.
h. Todas essas funções foram designadas a esses sacerdotes por terem fielmente executado suas obrigações sacerdotais e não se desviado quando Israel se afastou do Senhor (leia também Ezequiel 40.46; 43.19; 48.11).

Certamente, os crentes atuais podem extrair excelentes lições espirituais desses fatos. Todos os crentes são chamados para serem sacerdotes. Todos são chamados a permanecer diante do Senhor e a servi-lo na função sacerdotal (1 Pe 2.5-9; Ap 1.6; 5.9, 10). Todos são chamados para serem santos diante do Senhor (1 Pe 1.15, 16). As epístolas do Novo Testamento exortam os crentes a viverem uma vida de santidade.

Porém, quantos crentes serão como Abiatar e Zadoque? Quantos crentes serão como os levitas mencionados em Ezequiel, que deixaram de se purificar da iniquidade e da idolatria (Gl 5.19-21; 1 Co 6.9-11) e com isso sofreram restrições em sua função sacerdotal? Isso não significa que Deus faz acepção de pessoas, mas os próprios crentes é que determinam até que ponto desejam chegar em relação às coisas do Senhor.

O serviço mais sublime e mais excelente é aquele demonstrado pelo ministério sacerdotal de Zadoque nos tempos de Davi, relatado em Ezequiel.

Alguns serão como Abiatar, e assim serão expulsos do sacerdócio e da glória do reino por causa da deslealdade, infidelidade e do envolvimento com o espírito de rebelião (Gl 5.21; 1 Co 6.10).

Outros serão como Zadoque e seus descendentes e desfrutarão das bênçãos do sacerdócio perpétuo em Cristo Jesus; serão sacerdotes segundo a ordem de Melquisedeque. Esses finalmente adentrarão o santuário interior, além do véu e ministrarão no santuário celestial para sempre (Hb 6.19, 20; 10.19-22; Ap 5.9, 10).

DIAGRAMA DA GENEALOGIA DA ORDEM DE ARÃO

		* 1.	Arão		Êx 23.13; 6.20
			Primeiro sumo sacerdote de Israel		1 Cr 6.3-15, 49-53
Nadabe	Abiú	2.	Eleazar	Itamar	Lv 10.1; Nm 3.4; 1 Cr 24.2
		3.	Fineias	|	Êx 6.25; Sl 105.30; Nm 25.11; Êx 40.15
		4.	Abisua	|	"Aliança de sacerdócio perpétuo"
		5.	Buqui	|	
		6.	Uzi	Eli	1 Sm 1.3
		7.	Zeraías	Fineias-Hofni	1 Sm 3.2, 22, 33; 4.11
		8.	Meraiote	Aitube-Icabode	1 Sm 4.19-22; 14.3
		9.	Amarias	Aimeleque-Aías	1 Sm 22.9 (Aimeleque é morto por Doegue por ter ajudado Davi)
				|	1 Sm 14.3, 18 (Aías, sacerdote de Saul)
		10.	Aitube	Abiatar	1 Sm 22.20-23; 23.6 (Ficou com Davi, mas falhou no caso de Adonias)
		11.	Zadoque	|	Abiatar foi expulso; Zadoque assumiu a função como primeiro sumo sacerdote do Templo de Salomão; juízo sobre a casa de Eli
		12.	Aimaás		1 Rs 2.26, 27, 35
		13.	Azarias		1 Cr 6.8, 9
		14.	Joanã		1 Cr 3.15 (supostamente Josias) 2 Rs 11 – 12; 2 Cr 23, 24
		15.	Azarias		2 Cr 26.17-20; 1 Cr 6.10, 11 (Zacarias)
		16.	Amarias		1 Cr 6.11
		17.	Aitube		
		18.	Zadoque		
		19.	Salum		Ne 11.11; 1 Cr 9.11; Mesulão
		20.	Hilquias		2 Rs 22.4; 2 Cr 24.9 com o rei Josias
		21.	Azarias		1 Cr 9.10, 11; 2 Cr 31.10
		22.	Seraías		
		23.	Jeozadaque (sacerdócio araônico no cativeiro babilônico)		2 Rs 25.18, 21; Ed 1.1; Ne 11.11; Jr 3.24, 27; 2 Rs 25.18-21; Ed 3.2; 5.2; Jozadaque
		24.	Josué (sumo sacerdote no retorno do cativeiro)	|	Ed 3.2; 5.2; Ne 12.26; Ag 1.1, 12; 2.2; Zc 3.1; 6-11
			|		
			Anás e Caifás (Junta de dois sumos sacerdotes no tempo do Messias. Crucificaram Jesus; não eram descendentes de Arão)		Lc 3.2; Jo 18.13, 24; At 4.6; 5.17-27; 7.1; 23.4 (últimos sacerdotes mencionados nas Escrituras)

O Senhor Jesus Cristo Aliança de sacerdócio perpétuo segundo a ordem de Melquisedeque Sl 110; Hb 7; Ap 1.6; 4.10; 20.6; Êx 19.6; 1 Pe 2.5-10.

Destruição do templo em 70 d.C.   Os judeus estão sem sacerdote e sem sacrifício desde essa época.

Assim, essa é a ordem do sacerdócio araônico de Arão até o cativeiro da Babilônia; do cativeiro à crucificação do Messias, Sacerdote-Rei; e até a destruição do templo de Jerusalém.
* Os nomes dos sacerdotes de 1 a 23 seguem a ordem da genealogia de 1 Crônicas 6.3-15

CAPÍTULO 30

"COMO OS MONTES CERCAM JERUSALÉM"

O profeta Isaías, juntamente com Miqueias, prevendo a era messiânica, profetizou:

Nos últimos dias o monte do templo do Senhor será estabelecido como o principal; será elevado acima das colinas, e todas as nações correrão para ele. Virão muitos povos e dirão: "Venham, subamos ao monte do Senhor, ao templo do Deus de Jacó para que Ele nos ensine seus caminhos, e assim andemos em suas veredas". Pois a lei sairá de Sião, de Jerusalém virá a palavra do Senhor .
(Is 2.2, 3; veja também Mq 4.1, 2).

Uma análise dessa profecia à luz da história tanto do Antigo quanto do Novo Testamento revela que os profetas estavam falando de Cristo e sua igreja.

A expressão "últimos dias" é o elemento temporal que marca o cumprimento dessa profecia. Os profetas geralmente mencionavam a expressão "aquele dia" ou "os últimos dias" e a revelação do Novo Testamento mostra que essas expressões se referem ao período messiânico iniciado com a primeira vinda de Cristo e que se consumará com sua segunda vinda (Is 12.1-6; 26.1-4; 27.1-3, 13; Jr 31.31-34; Dn 2.44; Hb 1.1, 2).

Duas das mais notáveis declarações referentes "aos últimos dias" se encontram em Joel e em Isaías. Joel prediz o fato de que Deus derramaria seu Espírito sobre toda carne nos últimos dias (Jl 2.28-32). No dia de Pentecostes, Pedro identificou esse derramamento original do Espírito como o início dos "últimos dias" (At 2.14-21). Entretanto, isso não representava o pleno cumprimento do Pentecostes, pois nenhum dos sinais relacionados havia ocorrido. O principal sinal foi o derramamento do Espírito sobre os 120 discípulos, evidenciado pelo falar em outras línguas (At 2.1-4). O Pentecostes foi apenas o primeiro sinal do derramamento dos últimos dias, que será consumado nos acontecimentos do livro de Apocalipse. Esse derramamento devia continuar na dispensação do Espírito Santo até a volta de Jesus Cristo.

A segunda declaração notável referente aos "últimos dias" encontra-se no livro de Isaías, o maior profeta do Antigo Testamento no que se refere à revelação messiânica. Isaías enfatiza o fato de que nos "últimos dias" o monte da casa do Senhor seria estabelecido.

Joel e Isaías, juntamente com Miqueias, mencionam duas coisas notáveis sobre os últimos dias: o derramamento do Espírito e o estabelecimento da casa do Senhor. Estamos no último desses últimos dias (cf. Sl 90.1-4 com 2 Pe 3.8). O verdadeiro propósito de Deus ao derramar o seu Espírito é a edificação de sua casa.

O profeta Isaías disse que a casa do Senhor seria estabelecida no alto dos montes. Ele chamou esse monte de "o monte da casa do Senhor". Um exame do que as Escrituras mencionam em relação aos montes em seu contexto geográfico ajuda a interpretar essa declaração de Isaías. Os montes têm um papel de destaque nas Escrituras por estarem vinculados à ação de Deus. A mentalidade hebraica era saturada com o conceito de Deus operando nos montes. O salmista declara: "Os que confiam no Senhor são como o monte Sião, que não se pode abalar, mas permanece para sempre. *Como os montes cercam Jerusalém*, assim o Senhor protege o seu povo, desde agora e para sempre" (Sl 125.1, 2).

O estudo do tema relacionado aos "montes nas Escrituras", tanto no Antigo quanto no Novo Testamento, envolve uma grande quantidade de material bastante interessante. A região da Palestina é cheia de colinas e vales. Deus muitas vezes relacionava sua obra com certos montes. A entrega das Tábuas da Lei ocorreu no monte Sinai (Êx 19). Podemos mencionar também o monte Gerizim, o monte da bênção, e o monte Ebal, o monte da maldição (Js 8.30-35 com Dt 27.1-20). Podemos citar mais alguns montes importantes: o monte Nebo, o monte Hermom, o monte Seir e o monte das Oliveiras. E ainda poderíamos mencionar mais alguns, todos bastante interessantes.

A região de Jerusalém era cercada de montanhas. Entretanto, três montes se destacam por sua importância especial: o monte Gibeom, o monte Sião e o monte Moriá. Por que esses montes eram tão importantes? Porque cada um deles estava relacionado a uma habitação de Deus. De acordo com o pensamento hebraico, as expressões "monte" e "casa" estão intimamente relacionadas. Apresentamos a seguir cada monte e sua respectiva estrutura típica e apropriada à sua ordem:

1. Monte Gibeom   Local onde foi erguido o Tabernáculo de Moisés.
2. Monte Sião   Local onde foi erguido o Tabernáculo de Davi.
3. Monte Moriá   Local onde foi construído o Templo de Salomão.

Geograficamente, o monte Gibeom ficava cerca de onze quilômetros ao norte de Jerusalém. O monte Sião e o monte Moriá ficavam a pouca distância um do outro, na própria Jerusalém. Assim, esses montes eram importantes porque era ali que estava a casa do Senhor. O Tabernáculo de Moisés ficava no monte Gibeom (1 Cr 16.29 com 2 Cr 1.1-5,13). O Tabernáculo de Davi ficava no monte Sião (1 Rs 8.1; Sl 48.2, 11, 12; 2 Sm 6.12-14). O Templo de Salomão ficava no monte Moriá (2 Cr 3.1).

O Rev. J. T. Horger, em *Fundamental Revelation in Dramatic Symbol* (p. 195-197, 204-207), escreveu o seguinte sobre o Tabernáculo e o templo:

> Por volta de 1491 a.C. Moisés edificou um Tabernáculo temporário no monte Sinai, que funcionou até a construção do Tabernáculo, no mesmo ano, de acordo com o modelo específico dado por Jeová no monte Sinai, onde os israelitas estavam acampados. Os israelitas carregaram esse Tabernáculo durante os quarenta anos de peregrinação pelo deserto, e ele permaneceu como um santuário santo de adoração na terra de Canaã por mais de 380 anos. Mais tarde, por volta de 1045 a.C. Davi construiu um novo Tabernáculo no monte Sião, em Jerusalém, e foi buscar a Arca, que estava fora do Tabernáculo de Moisés há quase cem anos, colocando-a no novo Tabernáculo que havia edificado em Sião. (Leia 1 Sm 4 e 1 Cr 15 e 16). Quarenta anos depois de Davi ter colocado a Arca em seu novo Tabernáculo, Salomão construiu uma das maravilhas do mundo, o magnífico templo no monte Moriá, também em Jerusalém [...] Tiago se refere ao Tabernáculo construído por Davi e estabelecido no monte Sião, no extremo sudoeste de Jerusalém, como uma figura da igreja composta pelos discípulos de Jesus Cristo. Ele afirmou, citando o profeta: *"Depois disso voltarei e reconstruirei a tenda caída de Davi"* (At 15.16,17).

O profeta Isaías disse que o monte do templo do Senhor seria elevado acima das colinas, ou seja, o templo do Senhor, que é a igreja, seria elevada acima do monte Gibeom, do monte Sião e do monte Moriá. Os montes e as edificações simplesmente apontavam para uma casa espiritual, representada por Cristo e sua igreja. O fato histórico, desta forma, prenunciava uma situação que se cumpriria totalmente, no aspecto espiritual, pela igreja do Novo Testamento.

Nas Escrituras, de modo geral, *"monte"* (ou "montanha") significa reino, podendo se referir ao reino de Deus, ou ao reino de Satanás, ou ainda ao reino desse mundo (Leia Jr 51.25; Dn 2.35, 45; Jl 2.1; Ap 17.9; 21.10).

Casa, nas Escrituras, geralmente se refere à igreja, verdadeira ou falsa. A igreja é a casa de Deus (Hb 3.6). Os crentes, juntos, constituem a casa de Deus (Ef 2.19). A igreja é uma casa espiritual e os crentes são reis e sacerdotes que oferecem sacrifícios espirituais aceitáveis a Deus através de Cristo (1 Pe 2.5-9; Hb 10.21; 1 Co 3.9; Ef 2.20-22).

Nessas duas expressões, "monte" e "casa", temos o Reino e a igreja reunidos. O Novo Testamento revela que a igreja é o instrumento para expressar e representar o Reino de Deus na terra, nos "últimos dias" (Mt 16.16-19; 24.14).

A profecia de Isaías adquire significado à luz da história do Antigo Testamento. Deus tinha uma casa num monte. O Tabernáculo de Moisés em Gibeom (concedido pela revelação no monte Sinai) foi outrora a casa de Deus, sua habitação. O Tabernáculo de Davi, no monte Sião, também foi a casa de Deus, o lugar de habitação de Deus no meio de seu povo. O Templo de Salomão, no monte Moriá, também foi a casa de Deus. Cada uma dessas casas representava uma estrutura típica de cada monte e apontava para a igreja dos últimos dias, no monte do reino de Deus.

Isaías também afirmou que a casa do Senhor seria estabelecida e elevada nesses últimos dias. No Novo Testamento vemos Deus construindo, estabelecendo e exaltando sua casa (At 16.5; Rm 1.11; 2 Pe 1.12; Mt 16.18; 1 Pe 2.5; 1 Co 3.16).

Qual o propósito de Deus ao estabelecer sua casa? Isaías responde dizendo que *"todas as nações correrão para ele"* (Is 2.2). Essa afirmação certamente diz respeito ao evangelho de Cristo sendo pregado em todas as nações. O evangelho começou a ser pregado em Jerusalém, em seguida na Judeia, depois em Samaria e daí até os confins da terra (At 1.8; Lc 24.47-49; Mt 28.18-20; Mc 16.15-20).

As casas "tipológicas" estabelecidas nesses montes do Antigo Testamento se destinavam apenas à nação escolhida. A igreja revelada no Novo Testamento, ao contrário, é para todas as nações que correrem para ela. Na casa de Deus todas as nações aprenderão os seus caminhos para poderem andar em suas veredas. Ali elas aprenderão suas leis, as leis da Nova Aliança (Is 2.2, 3; Jr 31.31-34; Hb 8).

O poder de atração do Cristo ressuscitado fará com que as nações corram para a casa do Senhor. Gente de toda tribo, língua, povo e nação, judeus e gentios, todos entrarão na casa de Deus (Ap 5.9, 10).

Deus não se preocupa mais com construções e montes geográficos. Ele está preocupado com sua igreja e seu reino. Esses elementos do Antigo Testamento apenas indicavam seu cumprimento espiritual do Novo Testamento.

Portanto: o esquema a seguir ajuda a ilustrar as verdades expostas neste capítulo.

Os últimos dias estão se aproximando. Deus está construindo sua casa e as nações estão correndo para a igreja. A adoração no Tabernáculo de Davi (incorporada pelo Templo de Salomão) está sendo estabelecida na verdadeira Sião, a habitação espiritual de Deus, que é a sua igreja.

Antigo Testamento		Novo Testamento
(Os dias passados)		(Os últimos dias)
1.Tabernáculo de Moisés no monte Gibeom		A igreja, o Tabernáculo de Deus,
2. Tabernáculo de Davi no monte Sião		a casa de Deus
3. Templo de Salomão no monte Moriá		
O natural, material e temporal, o tipológico	Apontando para	O espiritual e o eterno, a realidade

COMO OS MONTES CERCAM JERUSALÉM

[1] Monte Gibeão
Tabernáculo de Moisés

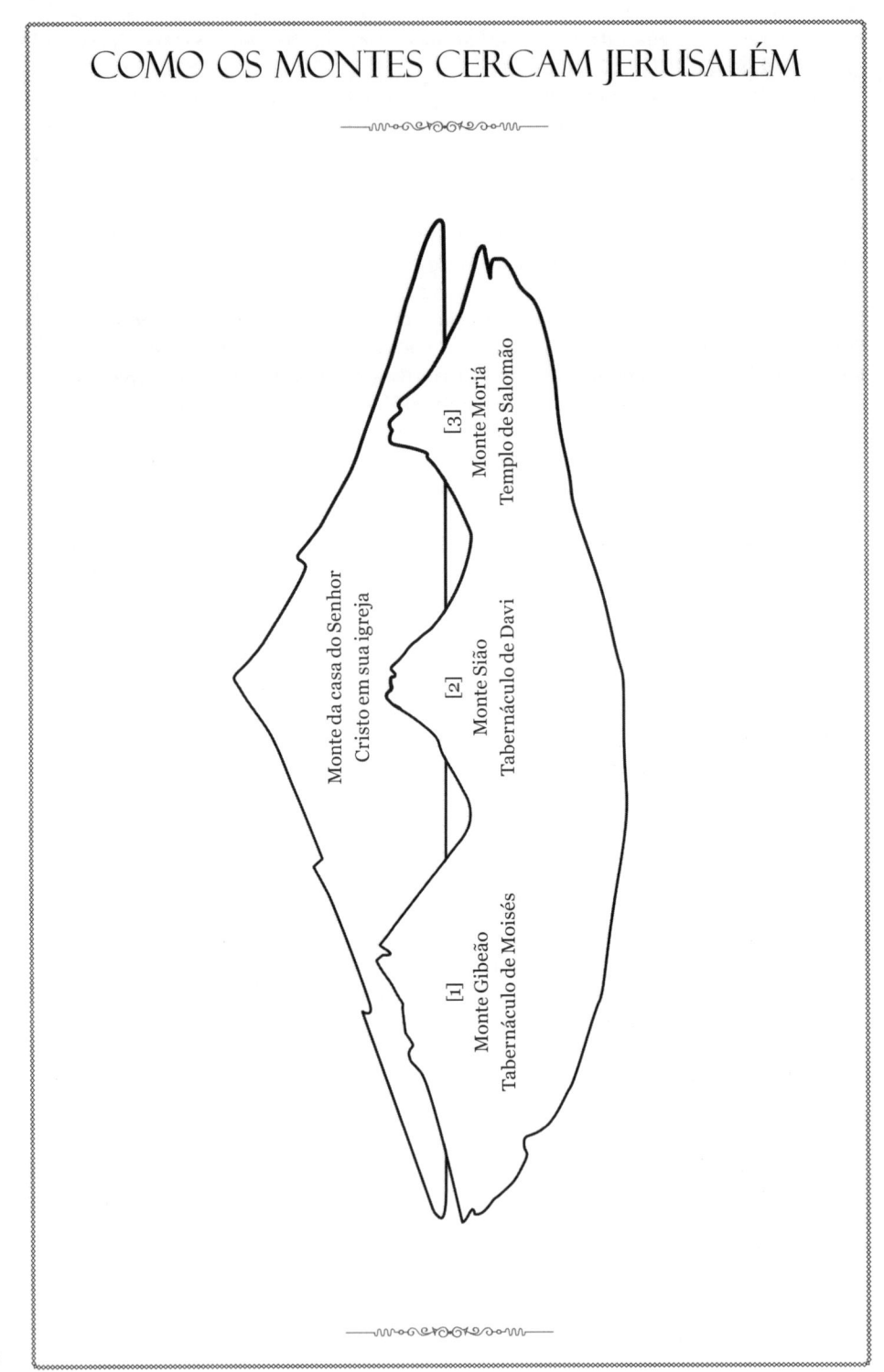

[2] Monte Sião
Tabernáculo de Davi

[3] Monte Moriá
Templo de Salomão

Monte da casa do Senhor
Cristo em sua igreja

CAPÍTULO 31

A ARCA NO TEMPLO DE SALOMÃO

Neste capítulo chegamos ao lugar de descanso final do Senhor: o Templo de Salomão. Temos acompanhado as jornadas da Arca desde sua construção no monte Sinai até chegar ao Tabernáculo de Davi no monte Sião. A Arca do Senhor estava com o povo de Israel durante toda a peregrinação pelo deserto. Quando Israel entrou em Canaã, a Arca foi colocada no Tabernáculo de Moisés no monte Siló. Com a corrupção do sacerdócio em Siló na época de Eli, a Arca foi retirada de Siló e capturada pelos filisteus. Depois que a Arca permaneceu vários meses nas mãos dos filisteus, eles foram obrigados a devolvê-la por causa dos castigos de Deus. Depois de certo tempo, Davi cumpriu a ordem de Deus referente à Arca em trânsito, e levou-a para o Tabernáculo de Davi no monte Sião. Em Sião, Davi estabeleceu a ordem de culto em torno da Arca de Deus. A Arca foi transferida do Tabernáculo de Moisés para o Tabernáculo de Davi e nunca mais retornou para o primeiro. Como já mencionamos, a Arca representava a presença e a glória de Deus no meio de seu povo.

O Tabernáculo de Davi permaneceu em atividade por mais de trinta anos no tempo de Davi e continuou pelos primeiros anos do reinado de Salomão, até que chegou o tempo em que o templo foi construído e as jornadas da Arca chegaram ao fim.

É importante lembrar que Davi não só estabeleceu o Tabernáculo de Sião de acordo com a vontade de Deus, como também recebeu a revelação e o modelo do templo (1 Cr 28.11-21; 29.1-25). Davi não só recebeu o modelo para a construção do templo. A ordem de culto estabelecida em seu Tabernáculo foi incorporada na ordem do Templo de Salomão. O próprio Davi não pôde construir o templo, pois havia derramado muito sangue e empreendido muitas guerras. Salomão, um homem de paz, iria construir o templo durante seu reinado, período em que Israel viveu em paz com todos os seus vizinhos (1 Cr 22.6-10).

O Templo de Salomão, assim como o Tabernáculo de Moisés, pode ser interpretado de várias maneiras, cada uma destacando um aspecto da verdade. O templo pode ser entendido como:

1. Um tipo do Senhor Jesus Cristo. Ele é O templo de Deus (Jo 2.19-21).
2. Um tipo da igreja, o corpo de Cristo (1 Co 3.16; 6.19; Ef 2.18-22).
3. Um tipo da ordem eterna do reino, presente na cidade de Deus, chamada de Tabernáculo de Deus com os homens (Ap 21.3).

Os escritores do Novo Testamento confirmam todas as coisas que mencionamos aqui. O Templo de Salomão por si mesmo é um esboço completo, assim como o Tabernáculo de Moisés e o Tabernáculo de Davi. O Templo de Salomão é o terceiro aspecto da verdade revelada aqui, porque é coerente com a interpretação da tipologia observada através desse livro.

Os detalhes da construção do Templo de Salomão estão registrados nos livros dos Reis e das Crônicas (1 Rs 5 – 7; 2 Cr 3 – 4).

O templo foi construído com madeira e pedras e revestido de ouro. As paredes internas do Lugar Santo e do Lugar Santíssimo eram revestidas de ouro e ornamentadas com todo tipo de pedras preciosas e figuras esculpidas de querubins, leões, bois e palmeiras, também revestidas de ouro. Até o assoalho do templo era recoberto de ouro. No Lugar Santo havia dez candelabros de ouro, dez mesas de pães da proposição e o altar de incenso. Tudo foi construído de acordo com o padrão divino entregue à Davi.

A última coisa a ser feita no dia da dedicação do templo foi retirar a Arca do Senhor do Tabernáculo de Davi, no monte Sião, e trazê-la para o templo, no monte Moriá.

As Escrituras dizem que Salomão reuniu todas as autoridades de Israel, os líderes das tribos e os chefes das famílias israelitas para levarem a Arca de Deus. Isso aconteceu, de forma bastante significativa, no sétimo mês, durante a festa dos Tabernáculos (1 Rs 8.1, 2; 2 Cr 5.1-3). A Festa dos Tabernáculos era a festa mais solene do ano; mais que a festa da Páscoa e a de Pentecostes (Lv 23). Essas festas eram representações figuradas daquilo que seria cumprido através de Cristo e sua igreja.

Salomão, os anciãos e os levitas trouxeram a Arca de Deus do Tabernáculo de Davi e a colocaram no Lugar Santíssimo, no templo. O Lugar Santíssimo era chamado também de "Oráculo Santo". Era um local quadrado, com nove metros de comprimento e nove metros de largura.

Assim que a Arca de Deus foi colocada no Lugar Santíssimo, as varas foram retiradas e deixadas ao lado da Arca. Essas varas eram feitas de madeira de acácia e recobertas de ouro, e o Senhor havia ordenado a Moisés que colocasse essas varas nas laterais da Arca, de onde elas nunca tinham sido removidas (Êx 25.13-15 com 1 Rs 8.8; 2 Cr 5.9).

As varas eram usadas para transportar a Arca durante a peregrinação pelo deserto, e colocadas sobre os ombros dos sacerdotes. As varas significavam que o Senhor estava ao lado de seu povo, que era estrangeiro e peregrino neste mundo, e esperava pela cidade cujo construtor e criador é Deus (Mt 18.20; Jo 15.19; 1 Pe 2.11; 1 Jo 3.1; Hb 11.10-16; 13.14).

Não havia descanso nem permanência durante as peregrinações pelo deserto. Porém, quando as varas foram retiradas da Arca isto significava que a peregrinação havia terminado. No templo do Senhor encontramos descanso duradouro.

A Bíblia relata que as varas foram retiradas e que não havia nada na Arca, exceto as duas tábuas da Lei (1 Rs 8.9; 2 Cr 5.10). O vaso de ouro com o maná tinha desaparecido, assim como a vara de Arão que florescera. Somente a lei eterna de Deus havia permanecido.

Durante o culto de dedicação do templo, os sacerdotes e os levitas, juntamente com os corneteiros e os cantores ficaram louvando e adorando a Deus, conforme Davi lhes ordenara. As preparações para esse dia levaram cerca de trinta anos, e agora finalmente havia chegado o dia da dedicação do templo. Os cantores e os corneteiros, em uníssono, tocaram e louvaram ao Senhor, e então as Escrituras relatam que a Glória do Senhor encheu o templo. Os sacerdotes não podiam desempenhar o seu serviço por causa da Glória do Senhor (1 Rs 8.10, 11; 2 Cr 5.11-14). Tudo isso ocorreu na Festa dos Tabernáculos, a festa mais gloriosa de Israel.

Anos antes, na dedicação do Tabernáculo de Moisés no monte Sinai, a Glória tinha descido sobre a Arca, enchendo o Tabernáculo com sua luz. Nenhum homem pôde ministrar por causa dessa glória (Êx 40.34-38). Agora, anos depois, a glória veio sobre a Arca de Deus no Templo de Salomão, no monte Moriá.

Deus, de fato, tinha ido de "tenda em tenda e de um Tabernáculo a outro" (1 Cr 17.3-5; 2 Sm 7.4-7). E agora Ele havia saído da tenda do Tabernáculo de Davi para ir ao templo.

O período das tendas também foi ilustrativo do caráter de peregrinação do povo de Deus. Eles moraram em tendas nos dias do deserto. Agora as casas de Canaã substituíam as tendas, e a permanência tomava o lugar das peregrinações. Os dias de caminhadas pelo deserto haviam chegado ao fim. Paz, descanso e permanência são elementos que caracterizam o período do templo. Sem varas, sem maná, sem vara florescida, apenas a Lei de Deus e a glória Shekiná de Deus habitando sobre a Arca, o trono de Deus. Depois de tirar seu povo do Egito, o lugar da servidão, depois de ter viajado com eles pelo deserto, depois de ter ficado com eles durante as provações, a servidão e o livramento em Canaã, Deus manifestou sua glória e sua presença de forma visível. Agora Ele tinha um lugar onde poderia habitar para sempre, sobre o trono de misericórdia manchado de sangue. Os sacerdotes agora podiam servir no templo do Senhor em seus 24 turnos.

É nesse ponto que nosso tipo se completa. Para concluir esse capítulo, apresentamos um quadro comparativo entre as verdades representadas pelo templo e as verdades cumpridas na Cidade de Deus, a habitação eterna dos redimidos.

O Templo de Deus (Tipo no Antigo Testamento)	A Cidade de Deus (Antítipo no Novo Testamento)
1. O templo, a habitação de Deus	— A Cidade, o Tabernáculo de Deus
2. A Arca de Deus no Lugar Santíssimo, que era quadrado.	— A Cidade de Deus é quadrada
3. A glória de Deus era a única luz	— A glória de Deus é a luz da cidade
4. A presença de Deus no meio de seu povo	— A presença de Deus e do Cordeiro no meio dos redimidos
5. As varas são removidas da Arca, fim das jornadas	— O trono de Deus e do Cordeiro – fim das jornadas
6. Sem maná na Arca	— Cristo, o maná escondido (Ap 2.17)
7. Sem vara florescida na Arca	— Cristo e a igreja têm o cajado de Deus (Ap 2.26, 27)
8. Somente as tábuas da Lei permaneceram na Arca	— A Lei de Deus agora escrita em tábuas de carne no coração dos redimidos (Jr 31.31-34).
9. Monte Sião e Monte Moriá intimamente ligados ao Tabernáculo de Davi e ao Templo de Salomão como habitação de Deus	— A Cidade Deus, situada no mais alto e sublime monte, é a habitação eterna de Deus
10. Paredes e assoalho do templo revestidos de ouro. Sacerdotes andavam em um piso de ouro	— A Cidade com ruas de ouro para os redimidos caminharem
11. As paredes eram ornamentadas com todo tipo de pedras preciosas	— As paredes são ornamentadas com doze pedras preciosas
12. Dedicação do Templo durante a festa do descanso e glória, a Festa dos Tabernáculos	— Os santos irão usufruir do descanso e da glória eterna no Tabernáculo de Deus
13. A festa do sétimo mês era chamada de Festa dos Tabernáculos	— O número sete é uma característica marcante do livro de Apocalipse, que termina com o Tabernáculo de Deus entre os homens para sempre.
14. Descanso, paz e permanência eram as características do templo	— Descanso, paz e permanência caracterizam a Cidade de Deus.
15. Os sacerdotes ofereceram sacrifícios e incenso ao Senhor	— Os redimidos são reis e sacerdotes do Senhor e do Cordeiro e oferecem sacrifícios espirituais de oração e louvor eternamente.
16. Os sacerdotes serviam em 24 turnos, dia e noite	— Os redimidos irão ministrar dia e noite diante do Senhor, eternamente
17. A ordem de culto de Davi com com seus cantores e músicos, foi incorporada ao Templo de Salomão	— A ordem de culto do Filho de Davi, seus cânticos e músicas, será estabelecida para sempre no Tabernáculo de Deus.

Poderíamos estender ainda mais essas comparações, mas já temos o suficiente para observar o aspecto da verdade tipificado na Arca sendo levada do Tabernáculo de Davi para o templo, como lugar de descanso final. A Cidade de Deus é o Tabernáculo de Deus com os homens. É a habitação eterna de Deus com os redimidos.

Deus sempre desejou habitar entre seu povo redimido. As habitações do Antigo Testamento são tipos que mostram a revelação progressiva do tema da redenção.

Ele habitou com o homem no Jardim do Éden (Gn 3.8, 24).
Habitou no meio de seu povo, Israel, no Tabernáculo de Moisés (Êx 25.8, 22)
Habitou com seu povo Israel no Tabernáculo de Davi (1 Cr 17.1-3).
Habitou com seu povo no Templo de Salomão (2 Cr 5).

A revelação completa veio com o Senhor Jesus Cristo, que é o Tabernáculo e o templo de Deus encarnado (Jo 1.14; 2.19-21; Cl 1.19; 2-9). Seu lugar de habitação eterna é a Cidade de Deus, a Nova Jerusalém celestial (Ap 21 – 22).

Vi a Cidade Santa, a *nova Jerusalém*, que descia dos céus, da parte de Deus, preparada como uma noiva adornada para o seu marido. Ouvi uma forte voz que vinha do trono e dizia: "Agora *o Tabernáculo de Deus está com os homens*, com os quais ele viverá. Eles serão os seus povos, o próprio Deus estará com eles e será o seu Deus. Ele enxugará de seus olhos toda lágrima. Não haverá mais morte, nem tristeza, nem choro, nem dor, pois a antiga ordem já passou"

(Ap 21. 2-4).

CAPÍTULO 32

VERDADES TEOLÓGICAS NO TABERNÁCULO DE DAVI

É reconhecido como um princípio de interpretação bíblica o fato de Deus ter usado pessoas, funções e instituições do Antigo Testamento como figuras tanto de Cristo como de sua igreja, ou de ambos.

Nos capítulos anteriores, vimos que Deus sempre fez com que as ações das pessoas no Antigo Testamento prenunciassem o que iria se cumprir de fato no Novo Testamento. Esse princípio se aplica tanto para a vida como ao reinado de Davi.

Embora nossa doutrina não seja baseada em tipos, podemos usá-los para ilustrar a doutrina. Observamos exaustivamente no último capítulo algumas das principais verdades teológicas prefiguradas e tipificadas no Tabernáculo de Davi, quer no Tabernáculo real, quer no Tabernáculo sacerdotal. Agora, apresentamos um resumo dessas mesmas verdades.

1. A aliança davídica se cumpriu na Nova Aliança, através de Jesus Cristo, a Raiz de Davi, o Rei dos reis e Senhor dos senhores (Mt 1.1; 2 Sm 17; Sl 89; Jr 33.17-26; Ap 5.5; 22.16).

2. O trono de Davi apontava para o trono de Cristo. Cristo se assentou no trono de Davi. Deus ressuscitou Jesus e o exaltou, fazendo-o assentar-se à destra do Pai. Agora Ele reina e governa em seu reino (At 2; Sl 2; Sl 24; Sl 72).

3. A Arca da Aliança do Senhor, com o trono de misericórdia manchado de sangue, prefigura a obra de expiação de Cristo. Essa obra foi consumada, por isso Cristo está assentado à direita do Pai até que Ele ponha todos os seus inimigos como estrado para os seus pés (Sl 2; Sl 110; Hb 7).

4. O monte Sião, em Jerusalém, apontava para o monte Sião e a Jerusalém celestial. Sião foi a capital política e sede do governo do rei Davi durante seu reinado. Sião também era o centro religioso e espiritual, onde os sacerdotes ministravam diante da Arca de Deus, sob a ordem de Davi. O poder político (o rei) e o poder sacerdotal estavam estabelecidos em Sião, assim como na Sião celestial, de que a terrena era apenas uma sombra.

5. Davi exercia tanto a função de rei como de sacerdote. Isso prefigurava o sacerdócio real, a ordem de Melquisedeque, cumprida em Cristo e sua igreja. Os crentes são o sacerdócio real, do qual Cristo é a cabeça (1 Pe 2.5-9; Ap 1.6; 5.9, 10; 20.4-6; Hb 7; Sl 110; Gn 14.18-20).

6. A cessação dos sacrifícios de animais após a dedicação dos sacrifícios indicava o sacrifício de dedicação do corpo e do sangue de Cristo e a cessação dos sacrifícios de animais após o Calvário (Dn 9.24-27; Hb 9 – 10).

7. Sacrifícios de louvor, alegria, ação de graças e adoração passaram a ser a ordem do Tabernáculo de Davi em torno da Arca (trono) de Deus (Sl 27.5, 6; Hb 13.13-16; Rm 12.1,

2; 1 Pe 2.5-9). Davi estabeleceu a ordem de cantores e músicos no Tabernáculo. Esses são os sacrifícios dos crentes na igreja atual, já que eles louvam e adoram o Senhor.

8. A transferência da Arca da Aliança do Tabernáculo de Moisés em Gibeom para o Tabernáculo de Davi em Sião representava a transferência da glória e da presença de Deus na Antiga Aliança para a igreja da Nova Aliança. Simbolizava o acesso além do véu, à presença de Deus, o acesso ao Lugar Santíssimo (Mt 27.51; Hb 6.19, 20; Hb 10).

9. O Tabernáculo de Davi seria aberto tanto para os gentios como para os judeus na era messiânica. Assim ele prenunciava a entrada de judeus e gentios no reino de Deus e na igreja da Nova Aliança como um só corpo. Na igreja eles adorariam juntos sem os cerimoniais e o ritualismo da lei mosaica (At 10 – 11; At 15; Rm 9, 10, 11; Zc 2.11; Ml 1.11; Is 11.10).

10. O Senhor disse que ia reconstruir a tenda (Tabernáculo) caída de Davi. Disse que ia edificar sua igreja. A igreja da Nova Aliança é o Tabernáculo do Senhor, que está sendo construído hoje (Mt 16.15-19; At 15.15-18; Am 9.11). Tudo isso estava prenunciando a ordem de louvor e adoração, no que diz respeito ao espírito e verdade, que encontra cumprimento na igreja de nosso Senhor Jesus Cristo.

CONCLUSÃO

Encerramos aqui nosso estudo. Com o derramamento do Espírito Santo tanto sobre judeus como gentios na igreja primitiva, Tiago, pela palavra de sabedoria citou a profecia de Amós relativa à reconstrução do Tabernáculo de Davi. O único propósito disso era a chegada dos gentios. Os gentios não deviam se sujeitar à Lei, isto é, ao Tabernáculo de Moisés na Antiga Aliança. A chegada deles devia se basear na graça, isto é, no Tabernáculo de Davi, que era um símbolo da Nova Aliança. Nesse Tabernáculo, judeus e gentios se tornariam um em Cristo, através da graça, sem as obras da Lei e os rituais da aliança mosaica.

O estudo do contexto histórico do Tabernáculo de Davi e suas implicações mostraram os significados figurados e espirituais prenunciados.

Através dessa experiência, Davi se debruçou sobre outra dispensação: a dispensação da graça. Seu Tabernáculo se tornou a representação tipológica e simbólica do que o Filho de Davi cumpriria na era do Novo Testamento.

Algumas pessoas na dispensação do Antigo Testamento tiveram permissão de Deus para alcançar a dispensação do Novo Testamento e experimentar os poderes da era vindoura. Enoque passou pela experiência da mudança da mortalidade para a imortalidade, sendo trasladado da terra para o céu sem provar a morte. Ele se estendeu sobre milhares de anos e provou de uma experiência que está especialmente reservada para a geração que estiver viva na segunda vinda de Cristo (Gn 5.21-24; Hb 11.5; Jd 14, 15 com 1 Ts 4.13-18).

Elias também passou por uma experiência semelhante (2 Rs 2.9-11). Como mencionamos anteriormente, a entrada de Arão além do véu do Tabernáculo também prenunciava a entrada de Cristo além do véu no santuário celestial (Hb 9.1-10; 6.19, 20; 10.19, 20). Abraão experimentou a verdade da justificação pela fé e foi considerado homem justo e de fé (Rm 4), embora a revelação plena de justificação pela fé esteja baseada no sangue de Cristo na dispensação do Novo Testamento.

Isso também é verdade no caso de Davi e seu Tabernáculo. O período de tempo em que os acontecimentos relativos ao Tabernáculo de Davi ocorreram prefigurava a vinda da dispensação da graça. O rei Davi e os levitas na ordem de culto diante da Arca de Deus alcançaram a dispensação do Novo Testamento. Tudo apontava para a transferência do Lugar Santíssimo e a entrada além do véu, acessível para judeus e gentios na era da Nova Aliança.

A dispensação do Novo Testamento é o cumprimento dessa representação histórica, tipológica e profética do Tabernáculo de Davi no Antigo Testamento. Deus não está construindo literalmente nenhuma tenda material, como a que Davi ergueu para a Arca. Ele está construindo sua igreja, uma casa espiritual, a habitação de Deus pelo Espírito (Mt 16.18; 1 Co 3.9; 1 Pe 2.5; Ef 2.20-22; At 15.16). Judeus e gentios juntos constituem a igreja, a casa de Cristo. Houve somente um Tabernáculo de Moisés, um Tabernáculo de Davi e um Templo de Salomão. Todos apontavam para o fato de que haveria somente um Cristo e uma igreja verdadeira, que é seu corpo. Nessa casa, judeus e gentios, juntos se tornam um em Cristo. Nela, judeus e gentios se reúnem em torno da verdadeira Arca, o Senhor Jesus Cristo, para adorá-lo além do véu.

Hoje, a ordem de culto e a liberdade para entrar além do véu, perdidas para o coração do povo de Deus durante a "idade das trevas" da história da igreja, estão sendo redescobertas, permitindo a entrada de todos.

APÊNDICE I

INTERPRETAÇÃO DE "SELÁ"

A citação a seguir foi extraída do livro *Music of the Bible* (p. 82, 83), de John Stainer, publicado por Novello & Company, Ltd., Londres, 1879. O autor sugere algumas interpretações para a palavra *selá*:

"O Senhor é conhecido pelo juízo que Ele executa: o perverso é capturado pela obra de suas próprias mãos. Higaiom. Selá." A nota de rodapé traduz *Higaiom* por "meditação", ou "murmúrio", como a raiz da palavra sugere e é empregada em Lm 3.52 (o murmúrio dos inimigos), onde dificilmente pode ser interpretado como uma instrução musical. Por outro lado, essa mesma palavra ocorre em Salmo 92.3, relacionada de forma a indicar uma referência musical quase necessária: "Ao som da lira de dez cordas e da cítara, e da melodia da harpa". Algumas versões em língua inglesa trazem uma nota de rodapé que substitui, mais acertadamente, "melodia da harpa" por "do *higgaiom* (som solene) da harpa". A versão *Prayer-book* traduz esse trecho por "com um instrumento sonoro". É possível que esteja se referindo a uma apresentação solene e ao som profundo de harpas, propício para meditação. O fato de estar relacionado com *selá* torna esta explicação mais provável.

O termo *selá* ocorre três vezes no livro de Habacuque e não menos que 71 vezes nos salmos. As interpretações são variadas, indicando: 1) pausa; 2) repetição (como *da capo*); 3) fim de uma estrofe; 4) tocar com força (fortíssimo); 5) curvar o corpo em sinal de respeito; 6) melodia curta e repetitiva (*ritornelli*). Numa palestra sobre o assunto, Sir F. Ouseley introduzia o cântico de um salmo em que durante os *ritornelli* (interlúdio de instrumento musical em música cantada) eram introduzidos instrumentos de corda e trombetas a cada ocorrência da palavra "selá". O efeito era considerado imponente e devocional. O fato de 28 dos 39 salmos em que essa palavra aparece apresentarem instruções musicais parece indicar que realmente se trata de uma instrução aos músicos.

Stainer (p. 90-94) expressa seu reconhecimento ao Rev. E. Capel Cure por suas pesquisas sobre poesia e instruções musicais no Saltério, e pelo relato claro e convincente em relação ao emprego do termo *selá*.

Por se tratar de uma obra de difícil acesso ao leitor comum, a explicação do Rev. E. Capel Cure é reproduzida na íntegra por Stainer em seu livro *Music of the Bible*:

Beethgen e outros comentaristas consideram que *selá* é uma tentativa dos escribas hebreus de representar a palavra grega *psalle*?, que significa "tocar", derivada de algum maestro grego e utilizada como instrução para um interlúdio musical. De qualquer forma, devo expressar meu reconhecimento ao rev. E. Capel Cure, por sua pesquisa na *Revised Version*: "Dizer que *selá* – qualquer que seja sua origem – é um interlúdio musical não diminui a dificuldade do problema que essas passagens apresentam, tais como no Salmo 55. 7,19. Aqui há pouco sentido em interlúdios orquestrais introduzidos em símiles incompletos e sentenças inacabadas, reduzindo ambos a uma incoerência sem sentido. Com certeza a introdução de música nessas passagens e em outras semelhantes não deve ter sido planejada com uma interrupção inútil, mas com uma finalidade clara, isto é, para uma ilustração sonora da mensagem cantada, do mesmo modo que um quadro representa uma ilustração em traços e cores da composição tipográfica. Esse quadro sonoro ao mesmo tempo protela e sustenta a imaginação, enchendo (no primeiro exemplo mencionado acima) os ouvidos e a mente dos ouvintes com a fúria e o ruído da tempestade através da qual a pomba assustada bate as asas à procura de um lugar ermo e tranquilo. Quanto mais tempo duravam as palmas e o bater dos pés (imitando o ribombar do trovão e o som do granizo), mais se ouviam as vibrações dos arpejos da harpa (tão singularmente parecidos com o bater de asas da pomba), perdidos na confusão dessa mistura de descrições musicais. E quando o vento impetuoso se acalmava e a chuva diminuía, levantando-se com um senso triunfante de segurança final, essa introdução de imagem musical fazia mais sentido, aplicada às palavras com que finalmente entra o coro "eu fugiria para bem longe, e no deserto eu teria o meu abrigo". Como também no versículo 19 do mesmo salmo: "Deus, que reina desde a eternidade, me ouvirá e os castigará". Assim canta o coro e não há necessidade do poeta dizer mais, pois os instrumentos, com eloquência impressionante, indicam o horror da resposta. Como no *selá*, as gaitas de fole exprimem um conhecido canto fúnebre, e todos os homens sabem qual é a resposta de Deus. Quando o lamento termina e reina o silêncio, o coro completa a sentença para a qual essa importante interrupção permitiu uma sutil ironia, "Deus responderá [...] aos homens que jamais mudam sua conduta" com a mudança da Morte. *Selá*, portanto, é sempre um interlúdio musical, mas nem sempre é aquilo que os críticos consideram como "música pura". Onde separa estrofes, pode ser mero apelo sonoro pela beleza de sua melodia ou combinação de instrumentos. Com mais frequência representa o que chamamos hoje de "projeto de música", um trecho musical concisa e deliberadamente descritivo do texto que acompanha.

Além do motivo da luta e da tempestade, que atribuímos às harpas e ao bater de palmas e dos pés, encontrado também no salmo 61 após o versículo 4: "refugiar-me no abrigo das tuas asas. *Selá*", e do motivo da morte (possivelmente emitido pelas gaitas de fole), que ilustra tantos salmos com seus indícios de crueldade (Sl 52.5; 57.3; etc.), há dois *selás* empregados constantemente: o *selá* de sacrifício e o de guerra, ambos com som de trombetas, embora, talvez, com tipos diferentes de trombetas.

Sabe-se que o som de trombetas acompanhava o ritual do altar, produzindo um som de trombetas de prata semelhante à fumaça do sacrifício subindo aos céus. Uma vez consumida a vítima, a música silenciava. Temos aqui a explicação para as difíceis palavras do Salmo 47.5: "Deus subiu em meio a gritos de alegria; o Senhor, em meio ao som de trombetas". O *selá* que precede esse versículo era o interlúdio sacrificial de trombetas junto aos gritos de aleluia, que iam diminuindo à medida que a fumaça ficava mais rarefeita, sobre as brasas quase extintas do sacrifício. Os levitas então entravam novamente para dizer que Jeová, que parecia ter-se inclinado do mais alto céu para receber a oferta, tinha voltado mais uma vez para o seu trono sublime.

O *selá* de Salmo 66.15 demonstra que o poema é o verdadeiro culto do altar. É cantado, "Oferecerei a ti animais gordos" e em seguida, com uma pausa que os

sacerdotes preenchem com o som das trombetas, os animais são de fato oferecidos. Logo depois os cantores retomam o cântico.
O motivo de guerra é encontrado de maneira bem ilustrativa em Salmo 60.4 e Salmo 76.3 e, com menos clareza, em Salmo 50.6. Provavelmente era produzido pelo *shofar*, o chifre curvo de carneiro, que, por si só, era associado ao alarme e terror (Êx 19). Em Salmo 49, há uma extraordinária combinação de motivos. Entre os versículos 13 e 14 aparece o *selá* de morte para realçar a terrível ameaça: "a morte lhes servirá de pastor", enquanto as palavras do versículo posterior, 15, "[ele] me levará para si", encontram explicação no *selá* sacrificial, com as trombetas declarando o favor de Deus sobre o sacrifício vivo da alma e do eu do adorador.

O hino de Habacuque (Hc 3) demonstra o efeito eloquente que o *selá* poderia adquirir quando empregado por alguém que era artista e profeta. Em nenhum outro lugar do Antigo Testamento é possível se encontrar algo tão parecido com nosso moderno libreto, onde é evidente que as palavras foram escritas propositadamente para um acompanhamento musical.
Trata-se da descrição verbal bastante expressiva de uma tempestade tropical, que, todavia, depende da orquestra para produzir um efeito mais completo. O motivo da tempestade com a imitação de um trovão entra no primeiro *selá* (v. 3) para explicar como "Deus veio de Temã". Para os israelitas, o Criador sempre estava por trás de sua criação, mas aqui a presença dele é audível. A música descreve as pesadas nuvens que envolvem o monte Temã e se formam nas alturas a partir do lado ocidental do horizonte. Mas logo as palavras são introduzidas para dar uma descrição mais clara da passagem e do avanço da devastadora tempestade. A melodia impetuosa é sustentada e reforçada pelo vibrante *agitato* do acompanhamento orquestral. Em efeito contrastante, o compositor providencia uma dupla oportunidade para um novo tom orquestral em mais dois *selás*, com a intenção não apenas de aliviar os ouvidos, mas também para iluminar e adornar as verdades reveladas por Deus. O poder de Deus, exibido na rajada de vento e no ribombar dos trovões, é semelhante à sua palavra imutável e à sua terrível justiça. "Os juramentos feitos às tribos foram palavras firmes. *Selá*" (v. 9 – ARC) – imediatamente as cordas silenciam diante do ressoar das trombetas, trazendo consigo as associações solenes do sacrifício e tudo que estava implicado no pacto de proteção de Deus. Mas, se há misericórdia, há também julgamento, e a terrível visão do campo de batalha, expondo a podridão dos ossos e as cabeças dos inimigos traspassadas por lanças, é intensificada pelo impressionante *selá* da morte, que vem a seguir (v. 13).

Nessa interpretação da palavra *selá* observamos que não há excessiva exigência na técnica nem nos recursos dos músicos. Porém, enquanto todos os efeitos eram produzidos por meios mais simples, os músicos do templo faziam para os cantores o que o artista plástico faz quando acrescenta cor ao esboço. Na verdade, muitos fazem que alguns salmos dependam da atuação instrumental, tornando as frases mais inteligíveis através da compreensão adequada dos *selás*, enquanto que nos casos em que o *selá* não é uma simples melodia entre as estrofes, os interlúdios aprofundam a exuberante intensidade das palavras do mesmo modo que a música de Wagner abrilhantava seus libretos.

APÊNDICE II

A DANÇA

Uma das formas mais expressivas de adoração é a dança. Assim como outras formas do ser humano se expressar, a dança pode ser associada tanto ao bem como ao mal. Phil Kerr, em *Music in Evangelism* (p. 24), afirma: "A dança, originalmente, era empregada apenas no culto religioso. A dança, assim como a música, é uma forma de expressar emoção utilizada pelos homens para expressar o desejo natural de adorar". Desde os tempos bíblicos até os nossos dias, a dança tem sido associada com o bem ou com o mal em várias culturas.

A DANÇA ASSOCIADA COM O BEM

1. Em Êxodo 15.20, Miriã e as mulheres de Israel cantaram, dançaram e tocaram tamborins diante do Senhor depois de Ele lhes ter concedido a vitória no mar Vermelho. Tudo foi feito para o Senhor, não para os homens, e também não foi feito por exibição. Essa é a primeira dança registrada na Bíblia. Depois de algumas centenas de anos de escravidão, Deus os havia libertado. Por causa dessa libertação essas mulheres dançaram de alegria diante do Senhor. A palavra hebraica *mekholaw* (SC 4246) significa "dança de roda, grupo de dançarinos". O crente também foi liberto da escravidão pelo sangue do verdadeiro Cordeiro Pascal, Jesus Cristo, portanto, também pode dançar diante do Senhor.

2. Juízes 11.34. A filha de Jefté saiu para encontrar o pai com pandeiros e danças depois da vitória que o Senhor lhe havia concedido na batalha contra os amonitas. A mesma palavra hebraica (SC 4246) é empregada aqui e em Êxodo 15.20.

3. 1 Samuel 18.6, 7; 21.11; 29.5. As mulheres de Israel cantaram e dançaram com pandeiros e instrumentos musicais depois que Davi matou Golias, o gigante filisteu. O Senhor havia concedido a Davi uma grande vitória. A palavra hebraica aqui é a mesma empregada nas passagens anteriores e significa "dança de roda, grupo de dançarinos".

4. 2 Samuel 6.14-16. Davi dançou diante do Senhor na chegada da Arca, no dia da dedicação do Tabernáculo de Davi. A palavra hebraica *karar* (SC 3769) significa "dançar, girar". Portanto, Davi dançou ou girou vigorosamente diante do Senhor como atitude de adoração. Mical desprezou-o por essa demonstração de alegria, mas Davi disse a ela que fizera aquilo para o Senhor.

5. 1 Crônicas 15.29. O relato aqui é o mesmo que o da passagem anterior, e registra que Davi dançou diante da Arca do Senhor. Aqui o escritor empregou a palavra hebraica *raqad* (SC 7540), que significa "bater os pés ou saltar, de maneira descontrolada ou de alegria", traduzida como "dança", "pulo" ou "salto. Outras referências que contêm essa mesma palavra são Salmo 114.4, 6 e Salmo 29.6.

6. Jeremias 31.(4), 12, 13. Jeremias profetizou que chegaria o tempo em Sião em que o Senhor restauraria a dança aos jovens e aos velhos. Eles se alegrariam diante do Se-

nhor com dança e cântico. A virgem, o jovem e o velho teriam a tristeza transformada em alegria e dançariam diante do Senhor com louvor. A palavra hebraica empregada aqui é derivada de *chuwl* (SC 2342) e significa "trançar ou girar em espiral ou formando círculos". Essa palavra hebraica pode ser usada de várias formas, relacionada à tristeza extrema, dor, medo, temores e até mesmo às dores de parto. A palavra é utilizada para designar expressões de tristeza ou de alegria. Nessa profecia de Jeremias é indicativa de grande alegria na dança. Leia também Deuteronômio 2.25; Miqueias 4.10; Salmo 10.5; 29.8, 9; Jó 15.20.

7. Lamentações 5.15. Nenhuma dança em Israel era sinal de luto ou pesar. Quando Judá foi levado para o cativeiro da Babilônia, a dança se perdeu. "Dos nossos corações fugiu a alegria; nossas danças se transformaram em lamentos". Quando alguém está em cativeiro espiritual, não consegue se alegrar ou dançar (SC 4234).

8. Salmo 30.11. Davi se regozijou por Deus ter transformado sua tristeza em dança. A palavra hebraica *chuwl* (Consulte SC 4246, 4234 com 2342) revela novamente que Davi dançou diante do Senhor rodopiando ou girando.

9. Salmo 149.3. Devemos louvar o nome do Senhor com danças.

10. Salmo 150.4. Devemos louvar o Senhor com tamborins e danças (SC 4234).

11. Lucas 15.25. Na volta do filho pródigo à casa paterna, houve música e dança. O irmão mais velho se recusou a entrar. Sua atitude de afronta para com seu pai e seu irmão privou-o de participar da alegria da festa. A palavra grega *choros* (SC 5525) significa "uma roda, ou dança de roda ('coro'), dança".
Deus Pai está trazendo de volta os filhos pródigos para sua casa hoje, assim a música e a dança fazem parte da festiva alegria. Os crentes não devem ter o espírito ou a atitude do irmão mais velho e se privarem do que já lhes pertence.

12. Mateus 11.17; Lucas 7.32. As crianças costumavam tocar flauta e dançar no mercado. A palavra grega *orcheomai* (de *orchos*, S.C. 3738) significa "dançar formando fila ou roda", por causa dos movimentos regulares.
Podemos observar então que a dança era uma forma de expressar alegria, louvor e adoração na história da nação de Israel, o povo de Deus.

A DANÇA ASSOCIADA COM O MAL

1. Êxodo 32.19. Israel dançou diante do bezerro de ouro numa festa idólatra e ao som de músicas sensuais. A mesma nação que havia dançado de alegria diante do Senhor na vitória do mar Vermelho agora dançava diante de um bezerro de ouro. A dança ficou corrompida por causa da adoração do bezerro e pela música que a acompanhava. A palavra hebraica é a mesma de Êxodo 15.20 (SC 4246).

2. Juízes 21.21-23. Os homens da tribo de Benjamim usaram as danças de Siló para conseguir esposas por causa do castigo que tinha caído sobre eles por seus pecados (Veja SC 2342 e 4246).

3. Jó 21.7-12. Os ímpios também usavam tamborins, harpa e órgão em suas danças (SC 7540). A mesma palavra é empregada em 1 Crônicas 15.29.

4. 1 Samuel 30.16. Os amalequitas estavam comendo, bebendo e dançando sobre os despojos da batalha. A palavra hebraica *chagag* (SC 2287) significa "andar em círculos, marchar em procissão sagrada, acompanhar um cortejo", de forma implícita, "estar atordoado". Logo, os amalequitas estavam festejando, girando de um lado para o outro, dançando e marchando por causa da vitória sobre Davi e seu exército.

5. Mateus 14.6; Marcos 6.22. A filha de Herodias dançou diante de Herodes. Ele ficou tão impressionado com a dança da moça que mandou decapitar o profeta João Batista por causa da promessa irresponsável que fizera. A palavra grega empregada é *orchemai* (SC 3738) e é a mesma palavra empregada em Mateus 11.17 e Lucas 7.32.

Outras expressões relacionadas

Há outras palavras hebraicas e gregas nas Escrituras usadas também para indicar uma expressão emocional ou física, para o bem ou para o mal. Relacionamos a seguir essas palavras:

1. No Antigo Testamento

a. *Regozijo*, hebraico *geel* ou *gool* (SC 1523)
Essa palavra significa "rotação", "girar em torno de um eixo", ou "estar sob influência de forte emoção". É traduzida por "regozijo" ou "alegrar-se". Veja Salmo 2.11; 32.11; 9.14; 13.4, 5; 14.7; 51.8; 53.6; 118.24; Isaías 35.1, 2; 65.18; Joel 2.21.

b. *Saltar*, hebraico *dah-lag* (SC 1801)
Essa palavra significa "saltar ou pular". Encontramos alguns exemplos nas seguintes referências: Sofonias 1.9; 2 Samuel 22.30; Salmo 18.29; Isaías 35.6; Cântico dos Cânticos 2.8.

2. No Novo Testamento

a. *Regozijo*, grego *agalliao* (SC 21)
De *agan* (muito) e *hallomai* (pular ou saltar)
Significa "saltar de alegria"; traduzida por "exultar", "estar extremamente alegre", "com muita alegria", "regozijar-se muito" (Lc 1.14, 44, 47; 10.21; Mt 5.12; Jo 5.35; 8.56; At 2.26, 46; 16.34; 1 Pe 1.6, 8; Ap 19.7).

b. *Saltar*, grego *skirtao* (SC 4640)
Essa palavra significa "pular, mover-se, saltar (de alegria)". É empregada em Lucas 1.41, 44; 6.23.

c. *Saltando*, grego *hallomai* (SC 242)
A palavra significa "saltar, pular" (Jo 4.14; At 3.8; 14.10). O homem aleijado entrou no templo saltando e louvando a Deus, junto com Pedro e João.

Constatamos assim que a dança nas Escrituras pode ser interpretada como forma de expressão usada tanto para o bem como para o mal. Todas as nações da terra têm alguma forma de dança. A dança pagã, vista nas tribos africanas assim como em outros lugares, geralmente envolve movimentos sensuais, insinuando tendências sexuais. As danças tribais são acompanhadas de músicas turbulentas e relacionadas à idolatria. Juntas, a dança e a música abrem o caminho para os maus espíritos entrarem e assumirem o controle. Essas danças geralmente terminam com as orgias mais vis. Os rituais pagãos de feitiçaria, com seus movimentos sensuais e vulgares, encontram a contrapartida moderna nos festivais de *rock* dos últimos anos.

Ao longo dos séculos, vários tipos de dança surgiram e desapareceram. A dança tem sido usada por Satanás de forma corrupta, para expressar uma linguagem corporal terrena, sensual e diabólica.

O tipo de música também influi na dança. Como a música e a dança passaram a ser associadas com a sensualidade e a imoralidade, a igreja, em geral, tem evitado qualquer manifestação desse tipo, principalmente quando associada à adoração ao Senhor.

Mas a alegria e o contentamento verdadeiros pertencem ao povo redimido do Senhor. Quando manifestações desse tipo são feitas para a glória e o louvor de Deus, elas são expressões de adoração. Mas se for motivada por exibicionismo ou incluir movimentos sensuais do corpo, não passa de expressão de carnalidade, glorificando a Satanás.

A expressão "dançar no Espírito" não aparece nas Escrituras, mas "dançar diante do Senhor" é uma expressão bíblica. A música e a dança eram em geral associadas com *adoração*! Se os pagãos podem adorar falsos deuses através da dança, e os não regenerados adoram seus "ídolos" com danças, o crente pode muito bem adorar o Deus verdadeiro através da dança, individual ou coletiva. É curioso assinalar que Eliseu, o profeta com dupla porção do Espírito, nasceu em Abel-Meolá, que alguns dicionários bíblicos interpretam como sendo "o prado da dança", provavelmente um espaço reservado para as pessoas dançarem por motivo de alegria ou tristeza.

O crente pode adorar verdadeiramente o Senhor através da dança, individualmente ou junto com outros crentes. Há ocasiões em que o Espírito do Senhor estimula e impulsiona o crente a se alegrar, a exaltar e saltar diante do Senhor. Há ocasiões em que vários crentes se alegram juntos em adoração e júbilo, como um grupo de dançarinos. A motivação para esse tipo de dança não é ruim nem sensual, mas por desejo de glorificar o Senhor com todo o ser.

Entretanto, as Escrituras nos alertam afirmando: "Para tudo há uma ocasião certa; há um tempo certo para cada propósito debaixo do céu [...] há *tempo* de dançar... (Ec 3.1, 4). Os líderes do louvor e da adoração em grupo não devem padronizar os cultos, mas deixar que o Espírito Santo os oriente sobre quando usar essa expressão de louvor. Um bom teste para o emprego dessa expressão de louvor é observar se os crentes estão sendo edificados e Deus está sendo glorificado.

APÊNDICE III

HISTÓRICO BÍBLICO DA ARCA DA ALIANÇA

Devido à importância da Arca e ao grande número de referências a ela, oferecemos a seguir um breve histórico bíblico, que poderá ser desenvolvido pelo leitor.

A história da Arca da Aliança é profética da vida de Jesus Cristo. É a própria *história* de Jesus! Um conceito central e algumas referências do Novo Testamento podem nos revelar algumas verdades sobre isso, lembrando que há mais referências à Arca nas Escrituras do que a todas as outras peças do Tabernáculo, o que mostra a importância dessa peça para o Senhor Deus.

Assim como a Arca era o objeto mais importante da história de Israel, também Jesus Cristo tem a primazia sobre todas as coisas diante do Pai e da igreja, o Israel espiritual. Colossenses 1.17-19 afirma: "Ele [Jesus] é antes de todas as coisas, e nele tudo subsiste. Ele é a cabeça do corpo, que é a igreja; é o princípio e o primogênito dentre os mortos, para que em tudo tenha a supremacia".

As jornadas da Arca apontam para o nascimento, a unção, a vida, o ministério, a morte, a ressurreição, ascensão e glorificação do Senhor Jesus, bem como para sua presença com a igreja na jornada terrena até chegar ao lugar de descanso eterno, a Cidade de Deus.

A Arca no monte Sinai

1. O Senhor dá a Moisés as instruções sobre como fazer a Arca (Êx 25.10-22).

a. Feita de madeira de acácia. Simbolizando a humanidade perfeita, sem pecado e incorruptível de Cristo (Sl 16.10; Lc 1.35; 1 Pe 1.23; 1 Jo 3.5; Jr 23.5; Zc 3.8; 6.12).

b. Revestida de ouro por dentro e por fora. Simbolizando a divindade de Cristo, a plenitude da divindade em sua natureza divina (1Tm 3.15, 16; Is 7.14; Jo 1.14; Cl 1.19; 2.9). Madeira e ouro = duas naturezas em uma só pessoa, Cristo.
Divindade e humanidade juntas fazendo a nova criação.

c. A coroa (ou moldura) de ouro em volta da Arca. Jesus coroado com glória e honra (Hb 2.9; Ap 19.11-21).

d. As quatro argolas de ouro nos quatro cantos da Arca. O ministério de alcance mundial (nos quatro cantos da terra) de Cristo para seu povo (At 1.8; Mc 16.15-20).

e. As varas. Usadas para manter a Arca em posição equilibrada. A apresentação equilibrada do Evangelho de Cristo (Sl 85.10).

f. O trono de misericórdia e os querubins (Hb 9.1-5; Rm 3.20-27). Cristo foi oferecido como sacrifício para propiciação, mediante a fé, pelo seu sangue. Ele é o nosso trono de misericórdia, manchado de sangue, diante de Deus Pai. Os dois querubins perfeitamente ligados ao trono de misericórdia simbolizam a união perfeita da trindade eterna, Pai, Filho e Espírito Santo. Três figuras moldadas numa única peça de ouro!

g. O conteúdo da Arca: a lei, o maná, o ramo que floresceu. Simbolizando a lei do Pai, o maná celestial que é Cristo, e a frutificação do Espírito. Plenitude da Divindade (Hb 9.1-5; Êx 16; Nm 17; Êx 19 – 20).

h. Suas medidas eram um metro e dez centímetros (2,5 côvados) de comprimento; setenta centímetros (1,5 côvado) de largura; e setenta centímetros (1,5 côvado) de altura. Simbolizando o padrão divino de Deus para todos aqueles que chegam a seu trono.

2. A posição da Arca no Lugar Santíssimo, o Santo dos Santos (Êx 26.34; 40.3).

3. Feita por Bezalel, de acordo com o modelo dado a Moisés no monte (Êx 35.12; 37.1-9; cf. Hb 10.5-7; Gl 4.4). Isso também se aplica à humanidade de Cristo.

4. Levada a Moisés para ser inspecionada depois de pronta (Êx 39.33-35).

5. Ungida com o óleo sagrado para as unções (Êx 30.26; 40.9; cf. At 10.38; Is 61.1-3). Jesus é nossa Arca ungida (Lv 8.10; Lc 4.18).

6. Era o único lugar de encontro entre o Senhor e Moisés, o mediador da Antiga Aliança (Nm 7.89; Êx 25.22; cf. 1 Tm 2.5,6). Cristo Jesus é o único mediador entre Deus e o homem na Nova Aliança.

7. A Arca era aspergida com sangue uma vez por ano, no Dia da Expiação (Lv 16.1 2, 14; cf. Hb 6.18-20; 10.19, 20; Jo 14.1, 6). Cristo foi oferecido de uma vez por todas por nossos pecados. Assim, temos plena confiança para entrar no Lugar Santíssimo pelo sangue de Jesus.

8. Os coatitas eram encarregados de cuidar da Arca e carregá-la sobre os ombros Nm 3.27-32).
9. A Arca deveria estar coberta durante as peregrinações pelo deserto (Nm 4.5, 6) da seguinte forma:

véu protetor – simbolizando o corpo encarnado do Filho.
pano azul – simbolizando o Espírito Santo.
Peles (ou couro) de animais – simbolizando Deus Pai, que está acima de todas as coisas. Nenhum olho humano via a Arca em trânsito.

10. A Arca ocupava a posição *central* na marcha pelo deserto, quando a nuvem se movia e a trombeta soava para as jornadas de Israel (Nm 4.13-28; 10.[21], 14-28).

11. A Arca devia ser colocada "*no meio*" do acampamento, quando o povo de Israel acampava (Nm 2.17; cf. Mt 18.20). Cristo está no meio de seu povo.

12. A Arca tinha vários nomes que expressavam sua glória e seu ministério:

A Arca da Aliança (Êx 25.22)
A Arca da Aliança do Senhor (Nm 10.33)
A Arca do Soberano, o Senhor (1 Rs 2.26)
A Arca do Senhor, o Soberano de toda a terra (Js 3.13)
A Arca de Deus (1 Sm 3.3)

A Arca Sagrada (2 Cr 35.3)
A Arca onde está o teu poder (Sl 132.8)
A Arca do Senhor (Js 4.11)
A Arca do Deus de Israel (1 Sm 5.7)
A Arca de madeira de acácia (Êx 25.10)

Cristo também tem muitos nomes, cada um indicando seu ministério e sua glória na igreja. Cada um expressa um aspecto particular da verdade.

A ARCA NO DESERTO

1. A primeira jornada da Arca, saindo do monte Sinai em direção à Terra Prometida, em busca de um lugar de descanso para Israel, durou três dias (Nm 10.33-35; Sl 66.1-19; cf. Mt 11.28-30; 12.38-40). Cristo nos leva ao lugar de descanso através dos três dias e três noites do seu Calvário.

2. Sem a Arca do Senhor, o povo de Israel era derrotado nas batalhas (Nm 14.44). A igreja também é derrotada sem a presença do Senhor.

3. O ramo de Arão reviveu e floresceu diante da Arca do Senhor, e foi colocado dentro da Arca como testemunho da unção do sacerdócio de Arão diante de Deus e Israel (Nm 17.10; Hb 9.4). Cristo é o sumo sacerdote ungido e indicado por Deus (Hb 4.14; Sl 110.1-4).

4. Tudo indica que a Arca deve ter sido levada junto com os "instrumentos santos" na batalha contra Midiã (Nm 31.6). Israel obteve vitória ali com a Arca.

5. O livro da Aliança da Lei foi colocado ao lado da Arca (Dt 31.9-26; cf. Hb 10.5-7). Somente Cristo guardava a lei em seu coração.

A ARCA NA TERRA PROMETIDA

1. A Arca abriu o rio Jordão para a nova geração entrar em Canaã, do mesmo modo que o cajado tinha aberto o mar Vermelho para a geração anterior entrar no deserto. A Arca ia à frente do povo a uma distância de aproximadamente um quilômetro ou 2.000 côvados (Josué 3,4). Jesus também venceu as águas da morte, e está 2.000 anos à frente da igreja, guiando-a para o lugar de descanso.

Jericó só caiu depois que no sétimo dia os sete sacerdotes com as sete trombetas deram sete voltas em torno da cidade, tendo a Arca da Aliança à frente (Js 6; cf. Ap 8.1-14; 5, 19). Figura profética do final dos tempos e do livro de Apocalipse, na segunda vinda de Cristo.

ota em Ai por causa do pecado de Acã. Josué se prostrou diante da Arca por causa do de Israel (Js 7). Não haveria nenhuma vitória enquanto o pecado estivesse

4. A Arca foi colocada entre o monte Ebal, o monte da maldição, e o monte Gerizim, o monte da bênção. As bênçãos e as maldições da lei são proferidas pelos levitas diante das tribos de Israel, estando seis tribos em cada monte (Js 8.30-35; cf. Mt 25.31-41). Abençoados ou amaldiçoados na vinda de Cristo.

5. Lugares e acontecimentos históricos relacionados à Arca na terra de Canaã:

a. Arca em Gilgal, quando a terra foi dividida (Js 9.6; 10.7-43).

b. Arca em Siló (Js 18.1, 2).

c. Arca em Siquém (Js 24.1-28).

d. Retorno da Arca a Siló (Jz 20.18, 26, 27; 21.2, 12, 19; 1 Sm 1.1-6; 3.3).

e. Arca no cativeiro com os filisteus (Sl 78.60, 71; Jr 7.8-14). A Arca foi levada de Siló para a batalha em Afeque e Ebenézer (1 Sm 5.1).
Arca em Asdode, no templo de Dagom (1 Sm 5.1-7).

Dagom cai diante da Arca (cf. 1 Sm 5.1-7).
Arca em Gate (1 Sm 5.8,9).
Arca em Ecrom (1 Sm 5.10-12). Pragas, morte.
Arca nas mãos dos gentios.

f. Arca em Bete-Semes. Voltou numa carroça nova junto com a oferta pela culpa dos filisteus. Os homens de Bete-Semes foram mortos por olhar para dentro da Arca. Morte de 50070 (Sl 132.1; 1 Sm 6.19, 20 ver comentário da NVI).

g. Arca em Quiriate-Jearim durante vinte anos (1 Sm 6.21; 1 Sm 7.1, 2).

h. Arca possivelmente em Gibeá durante um breve período de tempo no reinado de Saul (1 Sm 14.16-18).

i. Retorno da Arca a Quiriate-Jearim, ou Baalá em Judá (2 Sm 6). Davi resgatou a Arca numa carroça nova.

j. A Arca na casa de Obede-Edom. Uzá é morto por tocar na Arca quando o tropeçaram. A Arca é levada para a casa de Obede-Edom e fica ali durante t ses (2 Sm 6.1-11; 1 Cr 12.11-14). Deus poderia até permitir que os filisteu' uma carroça nova, mas não seu próprio povo. Israel deveria se subme' do Senhor.

k. A Arca é levada para o Tabernáculo de Davi em Sião, ou Jerusalém lugar para a Arca: uma tenda ou Tabernáculo. A Arca é transport? dos sacerdotes da casa de Obede-Edom para o Tabernáculo de 11.11; 1 Cr 15.1-29; 16.1-3). Estabelecida a ordem de culto. Figur na igreja do Novo Testamento e da transferência da glória de para a igreja do Novo Testamento.

NB: O Tabernáculo de Moisés com sua ordem permaneceu no monte Gibeom até a época do templo (1 Cr 16.38; 21.29; 1 Rs 3.4-15; 2 Cr 1.1-13; 1 Rs 8.4).
O Tabernáculo de Davi também estava em funcionamento no monte Sião. A Arca jamais retornou para o Tabernáculo de Moisés.

l. A Arca é retirada do Tabernáculo de Davi e colocada no Templo de Salomão, no Oráculo Santo. As varas são retiradas. A Arca é colocada sob as asas de dois grandes querubins esculpidos em madeira de oliveira, na festa do sétimo mês, a Festa dos Tabernáculos (1 Rs 6. 23-30; 2 Cr 3.1-13; 1Rs 8). Davi não teve permissão para construir o templo, mas recebeu o modelo para Salomão construir (1 Cr 17.1; 2 Sm 7.2). (2 Cr 35.1-3 – a Arca provavelmente foi tirada do templo durante o período da apostasia, e colocada no templo novamente durante o reinado de Josias).

Quando a Arca foi colocada no Oráculo, no Templo de Salomão,

o maná não estava mais lá;
a vara de Arão que havia florescido não estava mais lá;
as varas foram retiradas da Arca.
Restavam apenas as duas tábuas da lei (1 Rs 8.9; 2 Cr 5.9, 10; cf. Ap 2.17; 1.6).

Isso significa que o crente se tornou sacerdote de Deus e toma parte do maná escondido, alcançando o padrão divino de justiça através de Cristo. A peregrinação da igreja na terra havia chegado ao fim. Observe o *"assoalho de ouro"* no Templo de Salomão (cf. "rua de ouro puro" – Ap 21 e 22).
m. Última menção da Arca no Antigo Testamento (Jr 3.16, 17). Nunca mais foi lembrada ou veio à mente, nem ninguém procurou. Depois que o templo foi destruído, a Arca nunca mais foi vista.
n. A única referência à Arca no Novo Testamento (Ap 11.19). A Arca verdadeira é vista no céu. O Senhor Jesus Cristo é a personificação da Arca de Deus.

Assim, o Senhor Jesus caminha com sua igreja peregrina, através de toda a história da Arca até chegar à Cidade Eterna de Deus, o lugar de descanso, a Nova Jerusalém celestial (Ap 21.1-3). Então finalmente tudo que foi prefigurado se tornará real.

"Agora o tabernáculo de Deus está com os homens..." (Ap 21.3)

"A cidade na precisa nem do sol nem da lua... pois a *Glória* de Deus a *ilumina* e o *Cordeiro* é a sua *lâmpada*" (Ap. 21.23 – ARA)

PANORAMA DAS ALIANÇAS, SANTUÁRIOS, SACERDÓCIO E REINADO

PERÍODO DO ANTIGO TESTAMENTO

- Aliança abraâmica
- monte Moriá
- Melquisedeque
- Pão e vinho
- Dízimo
- Jerusalém
- Graça/Fé
- Gn 14; Hb 7

- Gn 22
- Reinado
- Gn 17

- Moisés
- Monte Sinai

- Tabernáculo de Davi
- Ohel
- Sookah
- Trono
- Casa/descendência
- Reinado
- Is 16.5

- Aliança davídica
- Monte Sião

- Tabernáculo de Davi
- Ohel
- Arca de Deus
- Adoração
- Sacerdócio
- 2 Sm 6.17
- Sl 110
- Melquisedeque

- Aliança mosaica
- Sacerdócio aarônico
- Sacerdócio levítico
- Tabernáculo do Senhor
- Mishkan/ohel
- Tabernáculo/tenda
- Êx 25 – 40
- Arca de Deus
- Monte Sinai

- Tabernáculo do Senhor
- Monte Gibeom

430 anos

PERÍODO DO NOVO TESTAMENTO
Monte Calvário

- Salomão
- Monte Moriá

- Templo
- Arca de Deus

- Nova Aliança – a Igreja
- Monte Sião Cidade da Jerusalém celestial

- Sacerdócio de Melquisedeque
- Reis e sacerdotes
- Ceia do Senhor
- Dízimo
- Hb 7
- Presença do Senhor
- Glória/graça/fé

ABOLIDOS PELA CRUZ

De kevin J. Conner

BIBLIOGRAFIA

1. Appleby, David P. *History of Church Music*, Moody Press, Chicago, 1965. (Usado com permissão)

2. Clarke, Adam. *A Commentary and Critical Notes on the Holy Bible*, Nova York, Abingdon-Cokesbury Press.

3. Fausett, A.R., *Fausett's Bible Dictionary*, Grand Rapids, Michigan, Zondervan Publishing House, 1963.

4. Hart, Lowell. *Satan's Music Exposed*, Huntington Valley, Pennsylvania. Salem Kirban, 1980.

5. Henry, Matthew. *Commentary on the Whole Bible*, Nova York, Fleming H. Revell Company, escrito em 1712, publicado em 1935.

6. Horger, Rev. J.T. *Fundamental Revelation in Dramatic Symbol*. Hondo, Texas.

7. Jamieson, Fausett e Brown. *Commentary on the Whole Bible*, Grand Rapids, Michigan, Zondervan Publishing House.

8. Kerr, Phil. *Music in Evangelism*, Grand Rapids, Michigan, Zondervan Publishing House, 1962.

9. Larson, Bob. *Rock and the Church*, Carol Stream, Illinois, Creation House, 1971.

10. _____. *The Day Music Died*, Carol Stream, Illinois, Creation House, 1972.

11. _____. *Hippies-Hindus and Rock and Roll*, McCook, Nebraska, 1969.

12. _____. *Rock & Roll, the Devil's Diversion*, McCook, Nebraska, 1967.

13. _____. *Rock*, Wheaton, Illinois, Tyndale House Publishers, 1980.

14. Lawhead, Steve. *Rock Revisited*, Downers Grove, Illinois, Intervarsity Press.

15. Mauro, Philip, *The Hope of Israel*, Swengel, Pennsylvania, Reiner Publications, 1970

16. Miller, Madeleign S. e J. Lane, *Encyclopedia of Bible Life*, Nova York e Londres, Harper & Brothers Publishers, 1944.

17. Pamphilus, Eusebius. *Eusebius' Ecclesiastical History*. Grand Rapids, Michigan, Baker Book House, 1974.

18. Peters, Dan e Steve. *Why Knock Rock?*, Minneapolis, Minnesota, Bethany House Publishers, 1984.

19. Spence, H.D.M, Exell, Joseph S., Deane, W. J., et al., *The Pulpit Commentary*, Nova York e Toronto, Funk e Wagnalls Co.

20. Stainer, John. *The Music of the Bible*, Londres, Novello & Co, 1879.

21. _____. *The Music of the Bible*, edição revisada por Francis Galpin, Nova York, Da Capo Press, 1970

22. Stevenson, Robert M. *Patterns of Protestant Church Music*, Duke University Press, England, 1953.

23. Strong, James. *Strong's Exhaustive Concordance*, Nova Jersey, Madison, 1890.

24. Truscott, Graham. *The Power of his Presence*, Burbank, California, World Map Press (Primeira edição, Poona, Índia, 1969).

25. Unger, Merrill F. *Unger's Bible Dictionary*, Chicago, Moody Press, 1972.

26. Wolfendale, James. *The Preacher's Homiletical Commentary*, Nova York, Funk e Wagnalls, 1892.

27. *The New Englishman's Hebrew and Chaldee Concordance*, Wilmington, Delaware, Associated Publishers & Authors, 1975.

Notas Reproduzidas

Living Word Bible College, Music History FA374, 115 W. Newmark, Monterey Park, Califórnia, 1975.

Shiloh Bible College, David's Tabernacle, Rev. Violet Kiteley, 3521 – 38th Avenue, Oakland, Califórnia, 1974.

OUTRAS OBRAS DISPONÍVEIS DE KEVIN J. CONNER

Kevin J. Conner

The Book of Acts
Church in the New Testament
Interpreting the Book of Revelation
Interpreting the Symbol 7 Types
Feast of Israel
Foundations of Christian doctrine
The kingdom cult of self
Mystery Parables of the kingdom
The name of God
O Tabernáculo de Moisés
O Templo de Salomão
Table Talks
Tithes & offerings
Today's propehts

Kevin J. Conner & Ken Malmin

The covenants
Interpreting the Scriptures
New Testament Survey
Old Testament Survey